대약탈박물관

The Brutish Museums: The Benin Bronzes, Colonial Violence and Cultural Restitution
By Dan Hicks
Copyright © Dan Hicks, 2020
First published by Pluto Press, London www.plutobooks.com
All rights reserved

Korean translation copyright © 2022 by CUM LIBRO

제국주의는 어떻게
식민지 문화를 말살시켰나

대약탈박물관

댄 힉스 지음 · 정영은 옮김

책과함께

일러두기

1. 이 책은 Dan Hicks의 THE BRUTISH MUSEUMS(Pluto, 2020)를 완역한 것이다.
2. 이 책에 등장하는 베닌 왕국은 현대 국가 베냉공화국과 다르며, 오늘날의 나이지리아에 위치하고 있다. 식민 지배를 거치며 약 250개 부족이 나이지리아라는 한 나라로 묶이게 됐는데, 현재 나이지리아는 베닌의 오바(왕)를 비롯한 전통적 부족 통치자들의 권한을 일정 부분 인정하고 있다.
3. 옮긴이가 덧붙인 해설은 ( )로 표시했다.

이 대륙은 이루 말할 수 없이 기만적이고 비열한 방식으로 도난당했다. 어둠의 대륙 아프리카에서 영국과 독일, 프랑스, 벨기에의 발이 닿는 곳은 기만적인 조약과 럼주, 살인, 암살, 신체절단, 강간, 고문으로 얼룩졌다. 세상은 이 모든 악행이 자행되는 동안 일부러 귀를 막고 모른 척 딴 얘기를 하며 그 끔찍함을 외면했다.

— W. E. B. 듀보이스 W. E. B. Du Bois, 〈아프리카에 뿌리를 둔 전쟁〉(1915)

유럽이 그렇게나 자랑스러워하는 박물관들은 또 어떠한가? 모든 점에서 미루어 볼 때, 애초에 박물관이라는 공간을 만들 필요가 없었다면 좋았을 것이다. 유럽인들이 자기들 대륙 밖에 존재하는 문명도 역동적인 모습으로 번영할 수 있도록, 여기저기 잘려나가지 않은 완전한 모습으로 함께 살아갈 수 있도록 내버려두었다면 좋았을 것이다. 다른 문명의 죽은 팔과 다리를 가져와 고상한 이름표를 붙여놓고 감상하기보다는 그 문명이 발전하고 번성하도록 그대로 두었다면 좋았을 것이다. 결국 박물관은 그 자체로서는 아무 것도 아니다. 박물관 자체에는 아무 의미도 없으며, 박물관은 아무런 말도 할 수 없다. 박물관을 가득 채운 자기만족적인 환희는 우리의 눈을 썩게 한다. 그 안을 채운 타자에 대한 은밀한 멸시는 우리의 심장을 메마르게 한다. 곳곳에 드러난, 혹은 드러나지 않은 인종주의 속에서 우리의 연민은 시들어간다. 세상의 박물관이 담고 있는 모든 지식을 합쳐도 한 조각의 연민이 지닌 무게를 이길 수 없을 것이다.

— 에메 세제르 Aimé Césaire, 《식민주의에 관한 담론》(1955)

차례

머리말

스벤 린드크비스트Sven Lindqvist가 전개한 '발 딛고 선 곳을 파헤치라Dig Where You Stand' 운동〔지역역사와 노동역사 연구에 대중의 참여를 독려해야 한다고 주장한 역사 및 교육 운동이다〕의 선언서에는 다음과 같은 문장이 등장한다. 참고로 이 문장은 전체가 대문자로 표기되어 있다.

공장의 역사는 새로운 관점에서 다시 쓸 수 있고, 다시 써야 한다.
그리고 그 서술의 주체는 자신의 일터를 연구하는 노동자여야 한다.

린드크비스트는 노동자가 서술의 주체가 되어야 하는 이유로 "업무에 대한 지식과 능력"을 들었다. 노동자는 "업무 경험을 발판 삼아" 자신의 일터에서 어떤 일이 행해지고 있는지, 또는 행해지지 않고 있는지 쉽게 파악할 수 있다.[1] 린드크비스트는 이 운동을 전개하며 스웨덴의 콘크리트 산업을 예로 들었다. 이 책에서 다루는 내용 또한 어찌 보면 콘크리트의 특성과 맞닿아 있다. 콘크리트처럼 토대를 만드는 일이고, 형태의 혼합성과 유동성에 관련이 있다. 또한 콘크리트와 마찬가지로 시간이 흐르면서 강화되고 단단해지기도 하지만, 노화와 침식, 구조적 약점으로 인해 붕괴되기도 한다. 붕괴는 외양의 파괴와 해체를 부르지만, 그 잔해 속에서 발견된 또 다른 구조가 새로운 목적으로 이어지는 다리가 되어주기도 한다.

이 책은 나의 일터, 즉 옥스퍼드대학의 인류학·세계고고학 박물관인 피트 리버스Pitt Rivers 박물관에 대한 이야기다. 나는 그곳에서 '세계고고학' 큐레이터로 일하고 있다. 나는 이 책을 쓰며 린드크비스트의 주문에 충실히 따르고자 노력했다. 내가 '하는 일'에 대해 연구하고, 내가 아는 것에 대해 더 파고들고, 때로는 전문가로서 가진 특수한 기술과 지식을 동원하여 과거와 현재를 새롭게 파헤치는 한편 더 나은 미래를 제안하기 위해 애썼다. 이 책의 시작은 일종의 '유럽 비관론'이었다. 인류학 박물관을 통해 유럽인들이 얻을 수 있는 지식은 흑인에 대한 폭력과 침탈로 만들어진 식민주의의 한계를 벗어날 수 없다는 비관론이다. 지금까지도 지속되고 있는 그 폭력의 과정에 대한 충분한 연구와 이해가 이루어지기 전에는, 빼앗은 것들에 대한 반환의 과정이 시작되기 전에는, 그리고 인류학 박물관과 '세계문화' 박물관에 존재하는 백인 위주의 구조가 사라지기 전에는 식민주의의 한계를 벗어날 수 없다.

나는 이 책을 옥스퍼드에서 썼다. 이 책은 베닌 원정에 대한 서사를 비롯하여 "영국이 자국의 입맛에 맞게 기록한 역사"[2]를 지적하고 바로잡기 위한, 의식적으로 "영국 중심적"인 이야기다.[3] 나는 반환의 과정에서 유럽이 목소리를 내야 할 의무가 있다고 믿는다. 영국은 베를린 회의가 열린 1884년부터 1차 세계대전이 발발한 1914년까지 30년의 기간 동안 아프리카에서 식민지적 폭력을 휘두르며 대량학살과 문화적 침탈을 자행했다. 우리에게는 그 30년의 '0차 세계대전' 기간 동안 벌어진 일들을 조사하고 그 내용을 밝힐 의무가 있다. 나는 이 책이 영국의 기업적·군국적 식민주의가 저지른 만행의 규모를 돌아보게 만드는 촉매제 역할을 할 수 있기를 바란다. 독일과 벨기에를 비롯한 다른 유럽 국가에서는 이미 자국의 과거 식민주의를 돌아보고자 하는 움직임이 일고 있다. 인류학 박물관은 이러한 사회적·정치적 과정을 수행할 수 있는 핵심적인 공공의 장소다. 박물관의 소장품, 즉 컬렉션에 대한 지식을 '탈식민화'하기 위해 가장 먼저 해야 할 일은 과거를 돌아보는 것이다. 탈식민화는 단순히 소장품에 대한 설명을 다시 쓴다고 해서, 훔쳐온 물건들의 자리를 새로 배치한다고 해서 이룰 수 있는 것이 아니다. 그 설명이 아무리 반성적이고 '비판적'이어도 결국 훔쳐온 물건은 제국의 역사를 다시 설파할 뿐이다.

폭력적으로 강탈한 약탈물을 계속 전시하는 행위는 그 자체로서 야만적이다. 영국의 박물관들은 '성찰'과 자각을 강조하는 현재의 접근법에서 벗어나야 한다. 그러한 태도는 자칫 관심의 초점을 약탈물이 아닌 인류학자와 큐레이터, 박물관에게로 다시 끌어오는 자기애적 접근이 될 수도 있다. 또한 특정한 일부 '원소장자 집단source community'과의 대화에 그치는 결과를 가져올 수도 있다. 우리는 박물관을 활짝 열고 필요한 모든 고고학적 도구를 동원하여 여전히 지속되고 있는 과거를 파헤쳐야 한다. 그 도구는 때에 따라 찻숟가락과 칫솔이 될 수도, 곡괭이가 될 수도, 또 전동드릴이 될 수도 있다. 박물관에 전시된 모든 물건의 역사는 두 단계로 나뉜다. 박물관에 도착하기 전의 역사와 도착한 이후의 역사다. 그러나 19세기 말에서 20세기 초 '인종과학'이라는 지식 체계하에 약탈물이 되어 박물관에 전시된 물건들의 경우 우리에게 알려진 것은 취득 이후 역사가 지배적이다. 약탈물의 경우 제대로 된 소장 내력이나 정상적인 수집의 역사가 거의 존재하지 않기 때문이다. 1897년 2월 18일 베닌시티 공격 당시 기업적 식민주의하에서 이루어진 군대의 폭력적인 약탈은 베닌의 물건들을 수백 개의 서양 박물관으로 뿔뿔이 흩어놓았다. 그리고 그 피해는 매일 아침 박물관의 문이 열리고 전리품들이 전시될 때마다 새롭게 반복된다. 유럽과 북미의 박물관들이 아프리카의 과거와 현재, 미래를 보다 의미 있는 방식으로 이해하기 위해서는 현재도 진행 중인 야만적인 '약탈'의 역사를 인정해야 한다. 그러기 위해서는 우선 사물의 생애사, 즉 사물이 새로운 문맥으로 이동할 때마다 새로운 층위의 의미와 중요성이 쌓이게 된다는 '바이오그라피biography'에만 집중하는 기존 연구 방식을 뒤집어야 한다. 그리고 박물관의 '본원적 축적primitive accumulation'으로 인해 그 사물이 박물관에 도달하기까지 겪은 죽음과 상실의 기록, 즉 '네크로그라피necrography'를 연구해야 한다. 문화재의 반환이라는 시급한 과제를 해결하기 위해서는 아프리카와 유럽 간에 새로운 형태의 협력관계를 구축해야 한다. 또한 박물관 스스로가 이전의 모습을 해체하고, 새로운 목적을 찾고, 문화재를 반환하고, 새로운 모습으로 태어나려는 노력을 기울여야 한다. 베닌 약탈물은 세계 곳곳에 흩어져 있다. 그 소재를 파악하고 각각의 기관과 소장자들, 즉 대학과 박물관, 자선기금, 지방정부, 국가, 약탈을 직접 자행한 군인의 자손, 개인 수집가들에게 약탈의 폭력이 현재도 진행되고 있다는 사실을 인지시키고 반환 행동에 나서줄 것을 요청하는 것은 결코 쉬운 일이 아니다. 하지만 그 시작의 의미로 이 책의 뒷부분에 현재 소재가 파악된 베닌 약탈물의 목록을 별도의 문서로 실어두었다. 수정 사항이나 추가적인 정보가 있다면 꼭 제보해주기 바란다. 혹시 언젠가 이 책의 개정판이 출간된다면, 수정된 목록과 반환 진행 상황을 함께 실을 수 있을지도 모르겠다.

많은 이들의 아량과 우정 덕에 이 책을 집필할 수 있었다. 이 책의 씨앗이 된 것은 20여 년 전 다비트 판 레이브라우크David Van Reybrouck와 나눈 대화였다. 레이브라우크의 대표작 《콩고: 사람들의 장대한 역사Congo: the epic history of a people》(2014)와 2017년 베를린에서의 만남은 새로운 영감을 주었다. 피트 리버스 박물관을 대표해 베닌 대화 그룹에 참여하여 나이지리아와 독일, 영국의 동료들을 만날 수 있었던 것도 행운이다. 베닌의 예술과 역사에 대한 해박한 지식을 자랑하는 이 동료들은 어떤 이들이 '껄끄러운' 역사라고 부르는 과거에 대해 상호 존중을 지켜가며 논의했다. 물론 우리에게 그 역사는 '껄끄러운' 역사가 아닌 매우 명확한 과거의 연장이었다. 당시 그룹에 속해 있던 많은 동료들, 특히 에노티 오그베머, 바버라 플랑켄스타이너, 조너선 파인, 헨리에타 리드치, 리산트 볼튼에게 특별히 감사의 말을 전하고 싶다.

이 책의 내용은 베를린 국제문학축제, 베를린 훔볼트대학의 박물관 문화재인류학 연구센터, 글래스고 헌터리안 박물관, 함부르크 로터바움 박물관, 에든버러 세계역사센터, 세인트앤드루스대학 인류학부, 낭테르대학, 암스테르담 자유대학, 튀빙겐대학, 케 브랑리 박물관 등에서 진행된 다양한 강연과 공공 대화를 바탕으로 쓴 것이다.

트위터에서 활동하는 학자들과 활동가들, 사상가들에게서도 많은 것을 배웠다. 특히 이 책의 16장은 2019년 6~7월 #BeninDisplays 스레드에서 이루어진 수많은 논의가 없었다면 집필할 수 없었을 것이다. 이 책의 내용 형성에 많은 도움을 준 @MuseumDetox, @KimAWagner, @SFKassim, @littlegaudy, @waji35, @CirajRassool, @NatHistGirl, @JuergenZimmerer와 맨체스터, 리버풀, 호니먼, 브라이튼, 케임브리지, 브리스틀, 엑서터 등의 비국립 박물관 동료들에게 감사의 말을 전한다.

이 책에 담긴 내용 중 상당 부분은 2017~2018년 케 브랑리 박물관에 객원교수로 있으며 진행한 강의에 바탕을 두고 있다. 케 브랑리에 머무는 동안 많은 것을 배울 수 있게 해준 학생들과 연구자, 동료들에게도 감사한 마음이다. 당시 지식 교류 플랫폼을 통해 이루어진 홈볼트대학의 클레멘틴 델리스, 콜레주드프랑스의 하마디 보쿰과 마리-세실 쟁수, 베를린 공과대학의 코쿤레 아본타엔 에가포나, 빅토리아 앨버트 박물관의 기슐렌 글라슨 데쇼메와의 교류는 이 책에 담긴 생각들을 발전시키는 데 큰 도움이 됐다. 해당 교류를 가능하게 해준 펠윈 사르와 베네딕트 사보이에게도 감사의 마음을 전하고 싶다.

1897년 베닌 원정에 대해 활발한 연구를 벌이고 있는 뛰어난 학자들에 대한 감사도 빼놓을 수 없다. 파리의 펠리시티 보덴스타인과 스톡홀름의 스타판 룬덴, 그 외에 나나 오포리아타 아임, 마이클 바레트, 이네스 데 카스트로, 필립 샤를리에, 빅터 아히크하메너, 마크 엘리엇, 산드라 페라쿠티, 모니카 하나, 프레데릭 케크, 앤 루터, 샤론 맥도널드, 사라 말렛, 닉 미르조예프, 웨인 모데스트, 크리스 모턴, 시라지 라술, 앤서니 리히터, 마이크 롤렌즈, 베네딕트 사보이, 올리비아 스미스, 아드레넬 소나리우, 캐롤 수터, 요나스 티니우스, 로라 반 브룩호벤, 오네카치 왐부, 윌리엄 화이트 등도 다양한 방법으로 이 책의 집필에 기여했다.

2019년 5월 사라 라비노웨와 메리-앤 미들쿱, 루이즈 샤이트, 오너

메이, 프레야 색빌-웨스트의 초청으로 참가한 케임브리지 킹스 칼리지의 예술, 법, 정치 심포지엄 또한 이 책의 집필에 큰 영향을 주었다.

책의 집필을 위한 연구는 헤들리 펠로십 예술 기금의 지원으로 진행됐음을 밝힌다.

* * *

약탈물을 박물관에 전시하는 행위와 사진을 찍는 행위 사이에는 공통점이 존재한다. 순간의 사건을 현재로 끌어와 연장시킨다는 점이다. 이 책의 목적은 그 연장에 개입하는 것이다. 우리의 목표는 과거 영국이 저지른 식민지적 폭력이 어떤 방식으로 현재까지 지속되고 있는지 밝히고 드러냄으로써 문화적 반환의 과정을 시작하는 것이다. 그럼 이제부터 발 딛고 선 이곳을 파헤쳐보자.

1장
두 번 발사되는 총

전복에 강하고 신속한 탈착이 가능한 7파운드포는 그야말로 완벽한 무
기였다. 원주민들은 이 총을 '두 번 발사되는 총'이라 부르며 아주 싫어했
다. 분명 사정거리에서 한참 벗어난 곳에 있다고 안심했는데 갑자기 지
척에서 한 번 더 터지는 이중유탄 때문이었다.

— 앨런 보이스래건 대위, 나이저해안보호령 부대 지휘관, 1897[1]

앨런 보이스래건Alan Boisrangon은 1894년부터 나이저강 인근 정글에서
자행된 수많은 '응징 작전punitive expeditions'에 참여했다. 이러한 응징 작
전에는 전함은 물론 맥심기관총, 로켓포와 마티니헨리소총 등 온갖 무
기가 동원됐다. 앞서 소개한 글은 1897년 2월 나이저해안보호령 부대
와 영국 해군이 진행한 우비니(베닌시티)[2] 공격에 대해 보이스래건이 쓴

《베닌 학살The Benin Massacre》이라는 책에 등장한다. 보이스래건이 묘사하고 있는 무기는 이동형 전장식 강선산악포로, 발사되는 포탄의 무게 때문에 '7파운드포'라고 불렸다. 18일 동안 진행된 공격에서 영국은 베닌시티와 인근의 여러 마을에 포격을 퍼붓고 수풀이 무성한 정글에 기관총과 로켓포를 난사했다. 그러나 보이스래건의 책에는 그 공격으로 얼마나 많은 아프리카 병사가 죽거나 다쳤는지, 그 이전에 자행된 수많은 '작전'과 공격으로 얼마나 많은 사람이 삶의 터전을 잃었는지는 전혀 기록되어 있지 않다. 그 이후 오포보에서, 쿠아에서, 아로와 크로스강, 나이저강, 파타니, 카노에서 영국이 '새로운 영토를 개발'하며, 내륙으로 '진출'하며, 반란을 '진압'하며, 문명에 대한 반항을 '처벌'하며 벌어진 수많은 원정에서 죽고 다친 무수한 사람들에 대한 언급도 없다.

그도 그럴 것이 이 책은 보이스래건이 쓴 자전적인 모험담이다. 책에 담긴 것은 소위 '베닌 학살'로 알려진 1897년 1월의 충돌에서 살아남아 탈출한 보이스래건 자신의 이야기다. 보이스래건의 주장에 따르면 평화로운 목적으로 베닌시티를 방문하려던 영국인 일행 중 일곱 명(또는 다섯 명)이 베닌 측의 갑작스런 공격으로 목숨을 잃었다. 살아남은 보이스래건과 동료는 닷새 동안 정글을 헤치고 걸어서 탈출한 끝에 문명의 품에 안겼다. 돌아온 보이스래건은 영국인 일행을 공격한 '야만적인' 베닌과 그들의 '미개한' 도시, '피의 도시'로 알려진 베닌시티에 복수를 가할 준비가 되어 있었다.[3]

《데일리 메일》과 《타임스》는 영웅주의와 모험담으로 가득한 이 '학살' 이야기를 신문에 실었다. 영국은 1월에 벌어진 학살에 대한 보복으로 2월에 '응징 작전'에 나섰고, 언론은 모두 이것이 합당한 조치라고 평가했다. 베닌 원정에 참가했던 군인들은 1년 후 "평화로운 목적으로 방문한 대표단을 학살한 베닌 왕 처벌에 기여한 공"으로 훈장을 받았다.

　이 책은 1897년 2월 베닌시티에서 벌어진 영국 군대의 폭력적인 약탈에 관한 책이다. 나는 이 책을 통해 당시 영국군의 응징 작전들을 더 큰 군사적 움직임의 차원에서 분석하고 베닌시티에서 벌어진 파괴가 오늘날까지 어떤 영향으로 이어지고 있는지 재고해보고자 한다. 베닌시티 원정은 나이지리아를 영국의 보호령이자 식민지로 만드는 데 결정적인 역할을 한 사건이었다. 영국이 서아프리카에서 벌인 수많은 '응징 작전'은 사실 응징과는 크게 상관이 없었다. 베닌시티 원정에서 영국군이 약탈한 왕실 예술품과 종교적 성물들은 전 세계의 박물관과 미술관으로 뿔뿔이 흩어졌다. 현재 베닌 문화재를 전시하고 있는 것으로 알려진 박물관과 미술관의 수는 150곳 이상이다. 알려져 있지는 않지만, 베닌 유물을 소장하고 있는 비공개 컬렉션의 수도 그 절반은 될 것이다. 이 모든 것은 무엇을 의미할까? 그리고 우리가 살고 있는 현재에 어떤 영향을 주고 있을까? 이것이 바로 이 책을 통해 던지고 싶은 질문이다. 현재 베닌 문화재는 영국박물관(이 책에서는 'British Museum'의 번역어로 '대영박물관'을 대신해 이 용어를 사용한다)에서 뉴욕 메트로폴리탄 미술관까지, 토론토에서 글래스고, 베를린, 모스크바, 로스앤젤레스, 아부다비, 라고스, 애들레이드, 브리스틀에 이르기까지, 세계 곳곳에서 전시되고 있다. 일부는 엄청난 가치를 자랑하며 미술품 시장에서 수백만 달러에 거래되고 있다.

　베닌시티에서 약탈된 문화재는 현재 약 161개에 달하는 유럽과 북미 박물관에서 전시 중인 것으로 추정되고 있다. 그리고 이들 박물관은 거의 모두 베닌시티 원정이 공격에 대한 응징이었고 그곳에서 이루어진 약탈은 원정 비용을 충당하기 위한 것이었다는 특정한 서사를 반복하고 있다. 이것을 어떤 의미로 봐야 할까?

내가 세계고고학 큐레이터로 일하고 있는 옥스퍼드대학 피트 리버스 박물관은 식민지 폭력의 전리품을 가장 대규모로 소장하고 있는 박물관 중 하나다. 우리는 피트 리버스 박물관을 그저 중립적인 유물의 보관소로 보아야 할까? 박물관은 그저 아프리카의 예술품과 유럽의 조각, 회화를 나란히 전시함으로써 아프리카의 창의성을 보여주고 매년 박물관을 찾는 수백만의 관람객에게 세계문화유산을 보여주는 관리자의 역할을 하고 있다고 보아야 할까? 그렇지 않다. 식민지에서 학살을 통해 약탈한 왕실 유물과 성물을 지금처럼 계속 전시하는 한 박물관은 '인종과학'의 이름으로 서구 문명의 우월성을 선전하는 폭력적인 장소로 남을 것이다. 이러한 박물관은 전쟁기념관처럼 유럽과 북미 곳곳에 자리 잡은 채 남반구의 후진성을 강조하는 장치가 되고, 극단적 폭력과 문화적 파괴의 연장에 공모하는 장소, 대규모 학살과 문화재 파괴, 그리고 지속적인 비하의 상징으로 남게 되는 것이다. 또한 이러한 박물관은 박물관을 타자성의 도구로 활용했던 백인우월주의 사상인 사회적 진화론의 유물이 될 수밖에 없다. 이러한 도구는 여전히 유효하게 작동하고 있지만 우리는 이를 잘 알아차리지 못한다.

이 책은 주권과 폭력에 관한 이야기다. 이 책은 파시즘이 처음 태동하던 시기 박물관들이 아프리카 주권 약탈에 가담하게 된 과정을 살펴보는 동시에, 현대의 박물관들이 그 인종주의적 유산에 저항할 수 있는 방법을 제시하는 책이다. 동시에 이 책은 유럽 중심의 문화와 세계관을 변화시키는 데 있어 인류학 박물관이 할 수 있는 중요한 역할을 강조하고자 하는 책이기도 하다. 그러나 박물관이 그런 장소가 되기 위해서는 제국주의의 지속적 존재를 인정하고 문화재 반환 등의 행동을 통해 스스로 변화하여 박물관을 양심의 공간으로 바꿔나가야 한다. 박물관은 빅토리아 시대 식민주의 역사에서 특수한 역할을 했던 만큼 그 폭력적인 과거를 드러내는 데 있어서도 중요한 역할을 할 수 있다.

피트 리버스 박물관은 국립박물관은 아니지만 약탈의 박물관이다. 피트 리버스는 다른 인류학 박물관들과 마찬가지로 영국이 아프리카에서 소위 '작은 전쟁small wars'을 벌이며 약탈한 물건들을 전시함으로써 백인우월주의를 기반으로 한 군국주의를 설파하는 수단이 됐다. 이 책의 목표는 이러한 약탈의 박물관들을 변화시키고, 이들 박물관을 식민지 시대 영국이 아프리카에서 자행한 폭력을 직면하는 공공의 장소이자 양심의 장소로 거듭나게 하는 것이다. 그 과정에서 아프리카 문화재 반환을 위한 실질적인 움직임도 시작할 수 있을 것이다.

* * *

피트 리버스 박물관 중앙 홀에서 위층 로어 갤러리Lower Gallery로 올라가 동쪽 벽면으로 쭉 걸어가서 어둠 속에서 조용히 걸음을 멈춰보자. 박물관 특유의 고요한 적막을 등지고 서면, 정면의 진열장 안에서 어슴푸레한 조명을 받고 있는 베닌의 왕실 유물과 성물이 보일 것이다. 진열장에 한 발짝 가까이 다가가 "유물이 내뿜는 찰나의 숨결"을 깊이 들이마셔 보자.[4]

고요와 정적은 진열장 안에 전시된 물건들의 원래 상태가 아니다. 그 고요와 정적은 이동을 막은 억류로, 산탄총의 파편 같은 균열로 얻어진, 마치 소음기를 끼운 총소리처럼 부자연스러운 것이다.

9피트 높이의 빅토리아풍 목재 진열장에는 청동과 목재 두상, 청동 장식판, 의식용 검, 부적과 머리 장식, 상아 세공 장식품과 작은 상자 등 100여 점의 물건이 전시되어 있다. 두 개의 상아 장식품 중 하나는 베닌 약탈 당시의 모습 그대로 불길에 그슬려 있는 상태이다. 이 진열장에는 '베닌의 왕실 예술Court Art of Benin'이라는 제목과 함께 다음과 같은 안내문이 붙어 있다.

> 베닌은 서아프리카 나이지리아에 있는 왕국이다. 베닌 왕국은 14세기부터 '오바Oba'라고 불리는 왕의 통치를 받았다. 베닌은 긴 예술적 전통을 자랑하는데, 특히 청동 주조술이 뛰어나다. 1897년 1월, 영국인 관리들과 상인들로 구성된 소규모 사절단이 베닌시티로 향하던 중 기습공격을 받는 사건이 발생했다. 영국은 이에 대한 응징으로 군대를 파견하여 베닌시티를 공격했다. 그 결과 오바는 추방됐고, 군인들은 수천 점에 이르는 문화재를 영국으로 가지고 돌아왔다. 1914년부터 오바의 통치가 재개되며 베닌에는 다시 왕실이 들어섰다. 지금도 베닌의 예술가들은 오바와 왕궁을 위한 작품을 만들고 있으며, 전통적인 의식들 또한 여전히 진행되고 있다. 이곳에 전시된 물건들은 15세기에서 19세기 사이에 만들어졌다.

현재 피트 리버스에 걸려 있는 안내문의 내용은 영국박물관의 영국 및 중세 유물과 민족학 부서의 보존담당관이었던 찰스 허큘리스 리드Charles Hercules Read와 오몬드 매덕 달튼Ormonde Maddock Dalton이 1899년 2월 '베닌시티의 유물'을 소개하는 카탈로그에서 사용했던 공격과 응징 이야기에서 크게 달라지지 않았다. 카탈로그에는 "평화로운 목적으로 방문한 영국의 사절단을 무자비하게 학살한 베닌시티의 원주민들을 벌하고자 파견한 원정대가 획득한 물건들"[5]이라는 설명과 함께 다음의 내용이 실렸다.

이스트랭커셔연대의 갈웨이 대위는 1892년 베닌에 파견되어 정치업무를 담당했다. 그로부터 4년 후 필립스 영사가 이끄는 일행이 베닌시티로 접근하던 중 공격을 당했고, 구성원의 대부분이 학살당했다. 이에 분노한 영국은 당장 원정대를 파견했다. 이로 인해 베닌시티는 파괴됐지만, 그 결과 민족학을 공부하는 학생들은 이 카탈로그에 등장하는 흥미로운 원주민 예술을 접할 수 있게 됐다.[6]

박물관은 선택에 따라 서사를 고정하거나 재생산하기도 하고 억누르거나 약화시키기도 한다. 베닌 원정에 참여한 보이스래건은 자신이 이끌던 아프리카인 부대에서 힘이 센 장정들을 뽑아 7파운드포를 정글 속으로 실어 날랐다. 그리고 그 무기는 엄청난 위력으로 베닌시티의 시간에 개입했다. 박물관은 단순히 시간의 진행을 늦추는 장치를 넘어 그 자체로서 일종의 무기가 될 수 있다. 그렇다면 시간에 대한 박물관의 개입은 어느 정도까지 허용될 수 있을까? 우리는 진열대에 놓인 물건들이 경험한 일들이 지금과는 상관없는 동떨어진 시공간, 다른 대륙에서 다른 시대에 벌어진 일이라고만 생각한다. 그러나 그 안에는 과거의 폭발과 폭력이 깃들어 있다. 시간에 개입하고, 기억을 감속하고, 약탈품을 전시함으로써 박물관이 우리에게 보여주고자 하는 것은 무엇일까? 불확실하고 가공되지 않은, 미해결의 공간 속에 빛을 비췄을 때 우리의 눈앞에는 어떤 모습이 드러날까? 그 안의 시간과 공간이 다시 정렬됐을 때 어떤 연결이 만들어질까? 약탈품 하나하나는 폭력의 개입으로 멈춰버린 사건이고, 그 사건의 밀도는 시간이 흐를수록 높아진다. 빅토리아 시대의 군인들과 박물관 큐레이터들은 원정에서 가져온 베닌의 물건 안에 깨뜨려야 할 주술이 깃들어 있다고 믿었다. 진열장 앞에서 이 물건들을 가만히 들여다보고 있자면 놋쇠가 임계점에서 녹듯 눈앞의 단단한 광경이 녹아내리며 기억과 지식과 섞여드는 것이 느껴진다. 박물관과 제국에 새로운 시기가 닥치고 있다. 이 시기는 어떤 순간이 될까? 그 안에서 과거의 폭력과 상실은 어떤 방식으로 모습을 드러낼까?

* * *

영국군이 베닌의 '왕궁Court'을 잿더미로 만들고 가져온 물건들은 지금 옥스퍼드대학 박물관의 '중앙 홀court'과 로어 갤러리에 전시되어 있다. 한 세기 반 전에 지어진 창문 하나 없는 박물관에서 베닌의 물건들을 부자연스럽게 전시함으로써 보여주려는 것은 무엇일까? 인류학자들은 그 답을 알고 있다. 신화다. 그리고 신화는 시간과 관련된 장치다. 클로드 레비스트로스가 말했듯 신화는 "시간의 흐름을 고정"함으로써 "역사 속의 시간과 지금 흐르고 있는 시간의 이율배반을 극복"한다. 박물관의 설명표나 보존용 비닐 주머니, 자료 보존 기술 또한 시간에 대한 개입이다. 이러한 기술은 관람객을 박물관이 지시한 시간으로 돌려보내는 '달 세뇨dal segno' 표시로 작동한다. 그리고 그 결과 임시적인 시간의 멈춤이 발생한다.[7] 2017년 에드워드 웨이스밴드Edward Weisband는 20세기에 벌어진 집단적 폭력에 다양한 상징적·정치적 연출과 일종의 볼거리가 동원됐다고 주장하며 이를 '마카브레스크macabresque'라고 명명했다.[8] 마카브레스크는 폭력 속에서 '원시성'이라는 신화를 창조하고, 이 신화는 시간을 뛰어넘어 확장된다. 시간 자체가 무기화되는 것이다.

베닌시티는 나이지리아 에도 주 나이저 삼각주 북쪽에 위치해 있다. 원래는 열대우림이 무성했던 모래 평원에 위치한 이 도시의 인구는 150만이다. 약 1000년 전 서아프리카의 열대우림대를 따라 도시들이 형성되던 시기에 처음 건설된 베닌시티는 베닌 만을 통해 아프리카 내륙 지역과 대서양을 연결하는 강과 하천을 지배하며 식민지 이전 시절 왕국의 중심으로 발달했다. 에도와 요루바, 아칸 지역의 중심지 격이었던 이페와 일레사, 오요 등은 베닌시티와 비슷한 시기에 형성됐고, 아자와 폰, 베그호, 다호메이를 비롯한 도시국가들은 16세기경에 등장했다. 베닌 왕국은 영국의 엘리자베스 1세보다 약 한 세기가량 앞선 1440년 즉위한 에우아레 1세를 시작으로 지금까지 오바들에 의해 통치되고 있다. 처음 등장한 시기는 10~11세기 후기 철기시대로 추정된다. 2016년에 즉위한 에우아레 2세는 8세기째 끊이지 않고 이어져 내려온 제40대 오바에 해당한다. 베닌 왕국은 16세기부터 유럽과의 교역과 대서양 무역으로 세력을 키웠다. 포르투갈 상인들을 상대로 시작한 교역은 영국, 프랑스로 확대됐는데, 주요 교역 품목 중에는 노예가 있었다. 19세기가 되자 베닌시티는 다양한 건물과 왕릉이 어우러진 장엄한 풍경을 자랑하는 도시로 성장했다. 종교적 중심지이기도 했던 베닌의 왕궁은 해자와 둑이 있는 토루土樓로 둘러싸여 있었으며, 왕궁 중심의 보관소에는 왕국의 역사를 목격해온 수천 점의 유물이 보관되어 있었다. 베닌시티는 수세기 동안 종교와 왕권의 중심지 역할을 했다. 그리고 영국은 약 120년 전 베닌시티를 점령하며 1만여 점의 크고 작은 왕실 유물과 성물을 약탈했다.

인위적으로 조명을 낮춘 박물관에 전시된 이 물건들을 단순히 식민지 시절의 잡동사니로 보아서는 안 된다. 로랑 올리비에Laurent Olivier는 박물관의 물건들을 두고 역사의 파편을 담은 인간 기억의 한 형태라고 말했다.[9] 선구적인 고고학자인 자케타 호크스Jacquetta Hawkes가 말했듯 고고학자는 "세상의 기억을 다시 깨우는 의식의 도구"다.[10] 여기서 우리가 다시 떠오를 수 있도록 도와야 할 기억은 상실의 기억이다. 영국이 베닌시티에서 약탈한 청동 장식판과 왕실 유물, 성물들은 결코 식민주의의 부수적 피해가 아니었다. 같은 시기 이 지역에서 수탈된 야자유와 고무도 부수적 피해가 아니었다. 우리가 베닌 브론즈Benin Bronzes라고 부르는 베닌의 청동 물건들, 야자유, 고무는 군국주의적 식민주의 생태의 핵심이었다.

베닌은 영국의 문화적 학살로 거대한 상실을 경험했다. 그러나 유럽의 박물관에서 일하는 나 같은 백인 큐레이터에게 그 상실은 2020년대가 되어서야 본격적으로 눈에 들어왔다. 사실 박물관을 찾은 관람객 중에는 이미 그 상실의 존재를 너무나도 뚜렷하게 느낀 이들도 많았다. 그 상실을 마주할 수 없어서 '인류학' 박물관이나 '민족학' 박물관, '민속' 박물관, 또는 요즘 새롭게 등장하고 있는 '세계문화' 박물관에 발조차 들이지 않는 이들도 많았다.

'탈식민화'에 대한 관심은 높아지고 있지만 붉은 벽돌로 지어진 기차역 같은 건물에서 일하는 박물관의 고위직들은 제국주의와 인류학의 밀접한 관계나 제도적 인종차별의 문제를 여전히 외면하려 하고 있다. 이러한 상태에서 무턱대고 진행하는 탈식민화는 혼란과 형식주의에 빠질 위험이 있다. 무의미한 탈식민화 프로그램에 참여하는 아프리카나 '원소장자 집단' 인력의 노동을 전용하는 결과가 될 수도 있다. 어설픈 탈식민화로 과거의 빚을 청산했다고 오해하게 될 위험도 있다. 잘못된 방식의 탈식민화는 폭력의 지속을 끊지 못한다. 우리는 이제 상실을 새로운 방식으로 바라보아야 한다. 그 이유가 무엇일까? 그리고 왜 지금이어야 할까?

* * *

민족학 박물관은 일종의 장치이자 무기로 작동해왔다. 이 무기는 19세기 말 30여 년의 기간 동안 독일과 영국이 집중적으로 추구한 제국주의를 강화하기 위해 만들어졌다. 이 무기의 작동 방식을 이해하는 데 도움이 될 만한 인류학 이론이 있다. 우리는 1980년대에 세상에 대한 우리의 지식이 사회에 의해 구성된다는 '사회 구성주의' 개념에 익숙해졌다. 당시에는 과학과 기술 연구로 인해 물질적인 것들이 점진적으로 지식의 생산에 도입되고 있었다. 브뤼노 라투르Bruno Latour는 '행위자-연결망 이론Actor-Network Theory'을 통해 "기술은 사회가 지속될 수 있게 만들어진 것"이라고 주장했고,[11] 테크노 페미니즘techno-feminism을 펼친 도나 해러웨이Donna Haraway는 "무엇에 대한 사회적 구성인가?"라는 질문에 대한 답으로 사이보그라는 메타포를 내놓았다.[12] 물질문화 연구에 대한 토론도, 인간의 삶에서 사물의 작용을 파악하기 위한 주체와 객체의 위치 전환도, 인간과 세계의 구성에 대한 논의도 모두 이제는 과거의 일이 됐다.[13] 그러나 물질문화 연구가 활발히 이루어지던 초기의 논의들 중 우리의 주제와 관련하여 생각해볼 것들도 있다.

학자들이 '사물의 행위성'이라는 개념을 물질세계의 모든 분야로 일반화하기 전, 실패를 통한 시각화를 주장한 연구가 있었다. 가장 유명한 예시는 루스 코완Ruth Cowan이 쓴 〈냉장고는 어쩌다 웅웅대는 소리를 내게 됐는가?〉라는 글에서 찾을 수 있다.[14] 코완은 효율적인 면에서 훨씬 더 뛰어난 가스냉장고가 전기냉장고에 밀려나게 된 과정을 분석하며 여기에 이성적 판단이 아닌 다른 요소가 작용했다고 주장했다. 자동차 산업 초기에 전기차가 내연기관 자동차에 밀리게 된 이유를 분석한 마이크 쉬퍼Mike Schiffer의 연구 또한 비슷한 사례가 될 수 있다.[15] 사실 지금은 기술의 실패에 대해 복잡하게 인류학적으로 분석할 것도 없다. 오늘날 우리는 대부분의 기술이 제대로 작동하는 상태를 당연하게 받아들인다. 그래서 대개의 기술은 실패하기 전에는 거의 눈에 띄지도 인식되지도 않는다. 그러나 열쇠가 열쇠구멍 안에서 부러진 순간, 집에 도착하려면 멀었는데 쇼핑백 바닥이 터진 순간, 갑자기 자동차 시동이 걸리지 않는 순간, 우리는 멀쩡히 활용하면서도 5분 전에는 전혀 인지하지 못했던 그 기술의 존재를 인지한다. 유조선의 기름은 유출이 되어 바다로 흘러나온 후에야 충격을 준다. 제대로 막혀 있어야 할 마개가 뽑히고, 달리던 기차가 멈춰야만 눈에 들어온다. 기술의 실패는 개인 차원에서 벌어지는 경우에도 전 세계적인 차원에서 벌어지는 경우에도 그 기술에 갑작스런 시각성을 부여한다. 실패 이전에는 눈에 보이지 않았던 것이 갑자기 번쩍번쩍 빛을 내며 조치를 취해달라고 아우성을 친다. 그 순간 그 기술 또는 장치는 처음 보는 것 같은 낯선 물건이 된다. 기술의 실패를 직감하는 순간의 시간은 박물관 수장고를 채운 칠흑 같은 어둠처럼 갑자기 다른 속도로 흐른다. 실패의 조짐이 나타났을 때는 걱정이나 순간적인 현실 부정이 동반되기도 한다. 차가 멈췄을 때 괜히 타이어를 한 번 툭툭 차보는 것처럼 말이다.

식민주의 박물관은 실패했다. 그리고 현재의 박물관이 나를 비롯한 백인 큐레이터들의 눈에 선명하고도 강렬하게 들어온 것은 바로 이 실패 때문이다. 식민지적 폭력은 수십 년, 아니 수백 년째 진행 중이었지만 그동안 큐레이터들에게 이는 사건의 지평선 너머에 존재하는 일이었다. 그러다 갑자기 그 모든 것이 기관총에서 발사된 탄약이 남긴 여파처럼, 바다에 석유가 유출되어 퍼지는 유막처럼, 박물관 내부에 흘러든 빅토리아 시대의 스모그처럼 모습을 드러내게 된 것이다. 민족학 박물관의 실패는 전시를 통해 '미개인'을 정복한 군사적 승리의 순간을 전시하려고 했던, 그럼으로써 그 순간을 영원한 것으로 보이게 하려 했던 시간적·시각적 개입의 실패다. 이제는 고고학의 눈으로 동시대를 바라보며 가까운 과거와 현재가 남긴 물질적 잔해를 파치고 그와 관련된 장소와 기억을 따라가야 한다. 빛을 비춤으로써만 알 수 있는 지식을 탐구하고,[16] 그렇게 알게 된 상실의 역사를 기록할 새로운 언어를 찾아야 한다.

빅토리아 시대 식민주의의 역사에서 민족학적 전시의 발명은 맥심기관총의 발명만큼이나 중요한 역할을 했다. 맥심기관총은 1884년에 하이럼 맥심Hiram Maxim이 개발했다. 1884년은 피트 리버스 박물관이 개관한 해이자 베를린 회의가 열린 해이기도 했다. 맥심기관총은 최초의 반동식 기관총으로, 영국 육군은 1889년부터, 해군은 1892년부터 사용하기 시작했다. 총열에서 여러 개의 탄약이 발사될 때의 소리 때문에 '폼폼Pom Pom'이라는 별명으로 불리기도 하고, 총열을 식힐 냉각수를 사용한다는 점 때문에 '오줌 총piss gun'이라고 불리기도 했다. 이 기관총은 1초에 열 발, 1분에 600발의 탄환을 발사할 수 있었다.[17] 맥심기관총은 정글 전투의 양상을 바꿔놓았다. 초기에는 주로 포함에 장착하여 강과 하천에서 사용했지만, 나중에는 짐꾼이 들고 다닐 수 있도록 개조하여 깊은 정글 속 전투에서도 사용했다. 공격 이후의 약탈 또한 새로운 무기가 됐다. 두 번 발사되며 근거리의 적과 멀리 있는 목표물을 함께 공격하는 무기처럼, 약탈은 현재 눈앞의 적을 조롱하는 데 그치지 않고 활과 화살, 소총으로 대항하던 적을 기관총과 로켓포로 쳐부순 데 대한 우월감을 기록하고 기념하는 데 사용됐다. 사실상의 문화 말살이었던 이 행위는 전략도 계획도 없이 그저 마구잡이로 이루어졌다. 목적은 단순한 문화적 억압이 아닌 학살이었다. 바로 여기에 모두를 놀라게 한 헤아릴 수 없는 폭력이 내재되어 있었다.

* * *

군인들은 약탈한 베닌 왕실의 유물과 성물들을 멋대로 나눠가졌다. 부대에서는 군인들이 일기와 사진앨범에 넣을 수 있도록 사진을 찍어 여러 장씩 인화해 나눠줬다. 약탈된 물건들은 미래 역사를 위한 사진의 원판이 되어 끊임없이 재생산됐다. 약탈이라는 행위도 사진을 찍는 행위도 시간과 공간의 뒤틀림에 활용됐다. 언론은 1897년 봄에 진행된 베닌시티 공격을 보도하며 무역업자였던 시릴 펀치Cyril Punch가 1891년 베닌 방문 시 찍은 사진과[18] 리버풀 출신의 또 다른 무역업자 존 스와인슨John Swainson이 1892년 3월에 찍은 베닌 왕궁 사진을 마치 최근 사진인 것처럼 신문에 실었다.[19] 1897년 1월 베닌시티로 향하던 중 공격당한 필립스 영사 일행 중에도 예닐곱 명 정도가 카메라를 가지고 있었다. 이는 앨런 보이스래건이 과토라는 도시에 도착하며 남긴 기록에도 나타나 있다. "아홉 명이었던 우리 일행 중 예닐곱 명이 카메라를 지니고 있었다. 카메라를 가진 이들은 눈에 띄는 모든 것을 촬영했다. 사진을 찍던 이 중에는 골드코스트 지역의 아크라에서 온 총영사의 서기관 바두 씨도 있었다."[20]

베닌시티 약탈이 진행되던 현장에도 아마 사진사가 열 몇 명은 있었을 가능성이 높지만, 이때 촬영한 사진들은 당시 약탈된 물건들과 마찬가지로 제대로 된 기록도 없이 여러 박물관과 저장소, 개인 컬렉션에 흩어져 있다.[21] 다만 보호령 소속이었던 다음의 세 명이 사진을 찍었으리라는 점은 거의 확실하다. 마흔두 살의 군의관 로버트 올맨Robert Allman, 베닌 지구 지역책임자 휴 네빈스Hugh Nevins, 그리고 와리 지구 지역책임자 레지널드 커 그랜빌Reginald Kerr Granville이다.[22] 마치 두 번 발사되는 총처럼 카메라와 박물관의 전시는 폭력을 통해 하나의 사건을 영원히 끝나지 않는 기록으로 박제했다.

전리품을 챙기는 행위가 당시 기준으로는 보편적인 관행이었다고 주장할 수도 있을 것이다. 실제로 전쟁에서의 약탈은 예로부터 이어져 온 관행이었다. 그러나 영국의 베닌 약탈은 단순히 전장의 물건을 가져오는 것 이상의 행위였다. 그것은 시간에 개입하여 현재 안에 영원한 과거를 창조함으로써 타자성을 만들어내는 무기였으며, 물건 자체의 경제적 청산에 대한 권리뿐 아니라 명시되지 않은 모든 권리, 모방과 풍자의 권리까지 단번에 빼앗아오는 행위였다. 이 약탈은 폭력이 커지며 나타난 부수적인 현상도 아니었고 스크랩북이나 진열장을 채울 기념품을 모으는 행위도 아니었다. 영국이 베닌에서 약탈한 물건들은 '유물'이 되어 과거의 폭력을 몇 번이고 현재로 소환했다. 과거의 물건과 이미지, 시간과 지식은 박물관을 통해, 그리고 카메라를 통해 미래로 연장된다. 베닌의 물건들은 공공 박물관에서, 그리고 개인 컬렉션에서 일종의 무기가 됐다. 그러나 당연한 얘기지만 그 물건들은 그 이상의 의미를 지니고 있다.

이 책의 주된 주제 중 하나는 사진이나 유물을 과거의 얼어붙은 한 시점이 아닌 진행 중인 지속으로 보는 고고학적 시선이 필요하다는 것이다. 베닌시티 토벌에는 《일러스트레이티드 런던 뉴스》의 카메라를 비롯한 십여 개의 카메라가 따라붙었다. 열대용 군모를 쓴 병사들 앞에도, 왕궁의 벽 앞에도 청동과 상아로 만든 온갖 물건들이 쌓였고 그 모습은 사진으로 남았다. 원정에 참가한 군인과 식민지 관리들은 물건을 빼앗고(take) 사진을 찍었다(take). 이 두 행위 사이에는 시간적 유사성이 존재한다. 고고학과 사진은 모두 19세기 유럽의 식민주의 시절에 등장했다. 또한 고고학과 사진은 시간을 표시하기 위한 도구로 사용됐다. 날 것 상태의 이미지와 사물은 새롭게 구성되어 새로운 형태의 기억과 정보로 확장됐다. 날것의 사물을 가져다 박물관의 진열장에 원하는 모습을 연출하듯, 원판과 이미지, 사물과 삶의 시각적 재생산은 도용과 침탈, 전쟁과 같은 방식으로 진행됐다. 박물관의 어두운 전시실에 놓인 물건들은 멈춰 있지 않다. 이 물건들은 우리에게 식민지 폭력의 연장을 말하고 있다. 뤼시앙 레비브륄Lucien Lévy-Bruhl은 1922년 발표한 자신의 책에서 '원시적 사고방식'에 대해 설명하며 1890년대 초 남아프리카의 총가족族이 사진에 대해 지녔던 태도를 예로 들었다.

거의 모두가 사진 장비를 위협적인 물건으로 보았다. 앙리-알렉상드르 주노의 말에 따르면 '무지한 원주민'들은 '본능적으로 사진에 찍히는 것을 거부'했다. 원주민들은 이렇게 말하곤 했다고 한다. "백인들은 우리가 가진 것을 빼앗고 우리가 알지 못하는 먼 곳으로 데려가려 한다. 저들을 따라가면 우리는 불완전한 존재로 살아야 한다." 원주민들은 영사기로 크게 비춘 사진을 보면 이렇게 말하곤 했다. "백인들이 자꾸 우리의 사진을 찍으려고 하는 것은 저렇게 우리를 괴롭히기 위해서야!" 1894년 전쟁이 벌어지기 전, 나는 오지의 이교도 마을을 방문하여 원주민들에게 영사기로 사진을 보여준 적이 있다. 원주민들은 내가 오래 전에 죽은 이들을 다시 살려냈다며, 불운을 불러왔다고 비난했다.[23]

1898년 1월, 스물네 살이던 서아프리카 국경부대 소속의 조지 아바디George Abadie 중위는 고향인 저지로 편지를 보냈다. 아바디는 자신이 일로린의 왕궁에 갔을 때 겪은 일을 편지에 썼다. 아바디의 방문은 11개월 전 있었던 왕립나이저회사의 일로린 공격 이후 백인들의 첫 방문이었다(해당 공격에 대해서는 추후에 다시 논할 예정이다). 아바디는 일로린의 에미르에게서 말을 구매하려 했지만 에미르는 "작년에 나이저회사가 도시를 불태우고 말도 다 빼앗아갔다"고 답했다. 어쨌든 에미르는 아바디의 일행에게 말 다섯 필을 선물하고 사진을 찍고 싶다는 아바디의 요청에도 응해주었다. 그러나 "에미르의 부하들은 카메라가 총인 줄 알고 촬영에 응하지 않았다".[24] 한 세기가 흐른 후 역사학자 로렌스 제임스Laurence James는 그들이 카메라 삼각대를 보고 1년 전 일로린을 쑥대밭으로 만든 맥심기관총의 받침대가 떠올라 도망친 것이라는 해석을 내놓았다.[25] 그러나 다른 해석도 가능하다. 바로 그들이 사진에 찍히는 것이 (약탈물의 전시에 의한 경계 허물기와 시간의 지연처럼) 또 다른 수탈이 될 수 있다는 점을 이해했을지도 모른다는 해석이다. 군대의 무기는 도시의 직접적인 파괴에 활용됐지만 카메라라는 무기는 도시의 지배와 통치에 활용됐다. 포탄의 폭발 시간을 조절하는 지연 장치, 카메라의 렌즈 노출 시간 조절 장치, 박물관의 유리 진열장, 크고 어두운 전시실은 모두 경계를 허무는 흐릿함과 모호함을 만들어낸다. 이 흐릿함과 모호함은 현대의 식민주의 박물관에서 여전히 시각을 통한 폭력성을 연장하고 있다.

시간의 흐름은 되돌릴 수도 멈출 수도 없다. 큐레이터들은 전시를 통해 시간이 멈춘 것 같은 환상을 만들어내지만, 실제로 시간은 멈추는 일 없이 흘러간다. 박물관은 시간을 가로질러 사건을 연장하는 장치로 작동해왔고, 지금까지 그러한 연장과 반복을 통해 폭력을 강화해왔다. 그러나 연장은 새로운 가능성을 위한 공간을 열어주기도 한다. 박물관의 진열장에 전시된 베닌의 모든 물건과 사진, 기억, 사실, 생각은 아직 끝나지 않은, 진행 중인 사건이다. 진열장 안에 담긴 것들은 수천 개의 미래의 조각들이다. 병사들과 인류학자들, 그리고 유럽과 북미에 있는 수많은 '약탈의 박물관'들은 베닌의 물건들을 그저 특이한 유물로 생각했을지도 모르지만, 사실 그것들은 수세기에 걸쳐 진행되고 있는 문화적 연장이다. 이 '유물'들은 쇠로 된 받침대보다, 나무로 된 진열장보다 훨씬 더 오래 우리 곁에 존재할 것이다. 이 유물들이 보여주는 문화적 연장을 이해하기 위해서는 식민지 역사를 제대로 파헤쳐야 한다.

* * *

1890년대 인류학 박물관들은 백인우월주의 이념을 정당화하고 식민주의적 폭력을 확장하는 무기이자 수단, 장치로 활용됐다. 이 책은 그 사실을 철저히 파헤침으로써 재난자본주의적 식민주의의 창고로 전락한 현재의 박물관이 원래의 중요한 기능을 회복할 수 있도록 돕고자 한다. 박물관은 해체와 재목적화, 반환과 깨달음의 과정을 거쳐 양심의 공간으로 거듭나야 한다. 나는 이 책을 통해 현재 베닌시티 약탈에 대해 존재하는 세 가지 잘못된 서사를 바로잡고 싶다. 첫째는 베닌 원정이 영국인 사절단 공격에 대한 응징이었다는 서사다. 우리는 이 책에서 베닌시티 토벌 작전을 더 넓은 시대의 흐름 속에서 살펴봄으로써 그것이 19세기 식민주의적 폭력의 연장선상에 존재하는 사건이었다는 점을 깨달을 수 있을 것이다. 둘째는 베닌 브론즈 약탈이 원정 비용을 충당하기 위해 이루어졌다는 서사다. 앞으로 살펴볼 내용을 통해 우리는 그 주장에 담긴 거짓을 파악하고, 하나의 문화적 중심지가 무자비하게 파괴되어 20세기를 넘어 21세기까지 뿔뿔이 흩어진 채 부유하게 된 과정을 살펴볼 것이다. 셋째는 '인류보편 박물관'의 가치를 지키기 위해 약탈 문화재를 반환할 수 없다는 서사다. 이 책에서는 '인류보편 박물관'이라는 개념이 21세기 전 지구적 자본주의의 기업적·군국적 식민주의와 밀접하게 연결되어 있다는 점을 파헤칠 것이다. 이 모든 서사를 바로잡기 위해서는 국가라는 좁은 범위를 넘어 당시의 역사에 얽혀 있는 독일과 영국의 기업들과 학자들, 박물관들의 역할을 파악해야 한다. 아프리카 문화재의 반환 문제 또한 국가 대 국가의 차원을 넘어 생각해야 한다. 세계 곳곳으로 뿔뿔이 흩어진 베닌 브론즈는 다양한 사례에 대해 교훈이될 수 있다.

이 책은 아실 음벰베Achille Mbembe가 제시한 '죽음의 정치necropolitics'[26] 개념을 바탕으로 아프리카의 문화재가 약탈되어 서구의 박물관에서 인류보편의 문화재로 전시되는 과정을 따라가며 그로 인해 발생한 인적 피해를 분석한다. 이 과정에서 우리는 약탈에 대한 인류학적 이론(2장), 1차 세계대전 이전에 이미 전개된 '0차 세계대전'의 역사(4장), 생애사와 반대되는 개념으로서의 '죽음의 기록'(12장), '인종과학'을 앞세워 박물관을 무기화한 '시간의 정치학'(14장) 등 다양하고 실험적인 내용을 논하며 문화재 반환에 관련된 국제적 대화와 행동을 이끌어내기 위한 준비 작업을 함께할 것이다. 또한 1897년 베닌시티 원정에서 자행된 세 가지 형태의 폭력, 즉 조직적 대량학살과 문화유적 파괴, 그리고 약탈이 어떤 방식으로 이루어졌는지 살펴보고, 2년 후인 1899년 체결된 헤이그 조약에서 그러한 행위가 금지된 경위 또한 알아볼 것이다(8~11장). 아프리카를 수탈한 기업적·군국적 식민주의의 역사에 대한 재평가 또한 필요하다. 이를 위해서는 1차 세계대전이 일어나기 전인 1884년부터 1914년까지 '0차 세계대전' 30년 동안 점점 심화된 영국의 폭력 또한 들여다볼 필요가 있다. 정확히 같은 시기 독일과 벨기에가 서아프리카와 남아프리카에서 저지른 만행뿐 아니라 영국이 저지른 만행과 학살에 대해서도 주목해야 한다는 의미다. 이 책의 전반에 걸쳐 내가 주장하고자 하는 바는 박물관이 일종의 공모자로서 식민주의적·인종주의적 폭력에 협조했다는 것이다. 식민주의적 폭력과 인종적 폭력은 박물관이 보호해야 할 유산이 아니라 지적하고 타파해야 할 대상이다. 영국은 식민주의적이고 군국주의적이었던 빅토리아 시대를 완전히 다른 눈으로 바라보아야 한다. 이 어려운 일을 해내기 위해서는 박물관들이 양심의 공간, 반환과 배상의 공간, 화해의 공간으로 새롭게 태어나야 한다. 인류학 박물관은 지금까지의 모습을 바꾸고, 뒤집고, 해체함으로써 새로운 존재목적을 찾아야 한다.

　나는 이 책을 쓰는 내내 "국가를 구분하는 것이 국경이라면, 제국을 구분하는 것은 박물관"이라는 구절을 마음에 새겼다. 국경은 공간에 선을 그어 사람을 구분하고, 박물관은 시간에 선을 그어 사람을 구분한다. 박물관은 전보와 카메라 같은 기술, 그리고 고고학이나 인류학 같은 학문처럼 시간과 공간을 무효화함으로써 거리를 무기화한다. 물론 박물관이 실제로 시간을 멈출 수는 없다. 그러나 박물관은 카메라처럼 노출과 기간을 통제한다. 약탈의 시대는 반환의 시대에 자리를 내어주고 있다. 두 번 발사되는 총처럼, 두 번째 순간이 다가오고 있다. 그 시작을 위해 우리에게 필요한 것은 바로 다음 장에서 살펴볼 **약탈의 이론**이다.

2장
약탈의 이론

과거의 훌륭한 것을 받아들여 우리의 유산이라 부르고, 나쁜 것은 폐기 처분하여 그저 시간이 흐르면 저절로 잊힐 죽은 짐에 불과하다고 생각할 정도의 여유가 우리에게는 없다. 지하에서 흐르던 서구 역사의 흐름이 이제 마침내 표면으로 분출하여 전통의 품위를 침탈하기 시작했다. 이것이 바로 우리가 살고 있는 현실이다. 험악한 현재에서 탈출하여 여전히 온전한 과거에 대한 향수에 젖어들거나 아니면 더 나은 미래를 꿈꾸면서 만사를 망각하려는 노력이 모두 헛된 까닭도 바로 여기에 있다.

— 한나 아렌트, 《전체주의의 기원》 서론 중, 1950

많은 민족학 박물관이 '세계문화 박물관'이라는 새로운 간판을 달고 있다. 그러나 여전히 과거의 이름을 달고 있든, 세계문화 박물관으로 새롭게 태어났든 그 안의 컬렉션들은 과거에서 헤어 나오지 못하고 있다. 과거에 갇히기로는 인류학이라는 학문 자체도 마찬가지다. 좁은 의미에서의 역사적 사고가 아닌 인류학적 사고가 필요한 현 시점에서는 안타까운 일이 아닐 수 없다. 박물관은 원하는 서사를 전달하는 공간이 아닌 지식의 공간이 되어야 한다. 과거에만 머무르기보다는 현재에 존재하며, 단순한 입장이 아닌 관점을 제시할 수 있어야 한다. 그런데 이러한 박물관들은 아프리카와 남반구 국가, 아메리카 대륙의 원주민 국가에서 식민지 시대에 강제로 빼앗은 문화유산으로 채워져 있다. 물론 아프리카를 비롯한 지역의 박물관이나 전문가들과 탈식민화에 대한 논의가 진행되고 있기는 하다. 그러나 현재의 논의는 무늬뿐인 탈식민화가 될 위험을 내재하고 있다. 많은 서양의 박물관들이 이를 통해 식민주의 시절의 부채를 은근슬쩍 무효화하려는 모습을 보이고 있기 때문이다. 이에 더해 엘긴/파르테논 마블의 사례에서 박물관의 언론 담당자들이 보여주었던 것처럼 논점을 회피하거나 비난을 전가할 위험도 있다. 이와 관련하여 버밍엄 박물관 및 미술관에서 열린 '과거는 지금이다'라는 전시의 공동 큐레이터였던 수마야 카심 Sumaya Kassim은 다음과 같이 말한 바 있다.

> 탈식민은 단순한 대표성을 넘어서는 것이다. 우리는 '다양성', '포용성', '탈식민성'을 쉽게 내세우는 기관이나 프로그램을 늘 비판적인 눈으로 살펴보아야 한다. 탈식민성은 다양하고 복잡한 개념의 결합이다. 탈식민의 과정은 복잡할 수밖에 없고, 거기에는 공간과 돈, 시간이 든다. 이 사실을 이해하지 못하면 탈식민성은 '다양성'이 그랬듯 또 다른 유행어에 그칠 수밖에 없다. 탈식민에 대한 관심이 커질수록 박물관은 수집과 전

시 활동에 더 주의해야 한다. 자칫 잘못했다가는 과거의 제국들이 흑인이나 다른 유색인종의 시신을 '컬렉션'이랍시고 전시했듯 탈식민성을 전시할 위험이 필연적으로 존재하기 때문이다. 나는 탈식민화가 알맹이 없는 예쁘장한 수집품처럼 영국의 국가 서사가 되는 것을 원치 않는다. 영국이 **철도, 제1, 2차 세계대전, 월드컵 우승**과 더불어 **탈식민성**을 자국의 위대한 성과로 내세우는 것은 더더욱 원치 않는다.[1]

인류학 교수들은 매년 학기 첫 주에 물질문화 연구를 소개하며 당연하다는 듯 '증여$_{gift}$'라는 기본 개념을 활용한다. 마르셀 모스Marcel Mauss가 1925년 내놓은 《증여론》은 영향력 있는 인류학 이론이며, 채무, 받을 의무, 답례의 법칙, 선물의 순환 의지 등의 개념은 여전히 물질문화에 대한 인류학적 사유의 중심에 있다. 증여론은 증여, 즉 선물을 주는 행위를 사회적 결속의 핵심 요소이자 인간 문화에서 주체 구성의 핵심 요소로 보았다.[2] 이를 바탕으로 인류학은 사람 간에, 또는 공동체 간에 이루어지는 사물의 전달과 교환은 사회적 삶을 이루는 가장 기본적인 구조인 지속적 관계를 만들어낸다고 학생들에게 설명해왔다.

모스의 저서를 영어로 새로 번역한 제인 가이어Jane Guyer가 언급한 바와 같이, 《증여론》에는 증여, 선물, 급부, 기부, 선물 교환, 보답, 답례, 공여자, 수혜자, 정보 등 다양하고 미묘한 개념이 등장한다.[3]

그런데 정작 인류학이 물질문화 연구를 위해 만든 박물관이라는 장소는 증여받은 물건이 아닌 빼앗은 물건으로 채워져 있다. 박물관을 채운 물건들은 《증여론》의 언어로 설명할 수 없다. 그곳의 물건들을 설명하는 단어는 노획물, 폐허, 파괴, 유린, 노략질, 약탈, 몰수, 신성모독, 전리품, 훼손, 노예화, 약탈, **엘기니즘**, 전쟁 유물이다.

인류학 박물관에서 '사실'은 과거로부터 일방적으로 전달되기보다는 과정을 통해 그 모습을 드러낸다. 박물관의 사실, 즉 박물관에서 만들어진 모든 지식에는 "물건과 가치, 접촉과 사람의 혼합물"로서의 사물을 이해해보려는 열망이 내재되어 있다.[4] 박물관의 사물 안에 담긴 의무는 현세적이다. 그것은 과거로부터의 유예이자 망설임이며, 그러므로 현재로의 지속이다. 박물관 전체로 보아도, 또 그 안에 담긴 사물을 보아도 그 물질적 형태 안에 담긴 지식은 기억이며 회상이다. 그런 의미에서 인류학이라는 분야도, 그 분야를 연구하는 전문가들도 지금껏 인류학에서 약탈과 강탈, 침탈에 대한 이론이 한 번도 나오지 않았음을 부끄럽게 생각해야 한다.

도난의 역사를 지녔음에도 증여만을 강조하는 인류학의 역설은 분명 전 지구적 자본주의와 기업적 식민주의 속에서 탄생한 폭력적 침탈의 역설과 결코 무관하지 않다. 카를 마르크스는 1867년 발표한 《자본론》1권의 결론 부분에서 이러한 폭력적 침탈 과정을 '본원적 축적'이라는 개념으로 설명했다. 영국에서 진행된 본원적 축적은 "자본주의적 생산양식으로의 전환과정을 마치 온실처럼 촉진"하기 위해 열대지방의 시간과 공간을 "엄청난 힘"으로 압박했다.

> 아메리카에서 금·은의 발견, 원주민의 섬멸과 노예화 및 광산에서의 생매장, 동인도의 정복과 약탈의 개시, 아프리카의 상업적 '흑인 사냥터'화 따위가 자본주의적 생산 시대의 희망찬 도래를 알렸다. 이러한 목가적인 과정들은 본원적 축적의 주요한 계기들이었다. 그리고 그 뒤를 이어 전 지구를 무대로 하는 유럽 국가들의 무역 전쟁이 일어났다.[5]

로자 룩셈부르크는 본원적 축적에 대한 마르크스 공식의 중심적인 부분을 보완함으로써 오늘날 기업적·수탈적 식민주의를 이해하는 데 필요한 핵심적인 정의를 완성했다. 룩셈부르크는 1913년 발표한 《자본의 축적》에서 군국주의가 식민주의하에서 단순히 시원적 역할이 아닌 지속적 역할을 했다는 점을 다음과 같이 강조했다.

마르크스의 《자본론》 1권 24장은 유럽 자본의 식민지 약탈에 중점을 두고 영국의 무산계급과 자본주의적 소작인 계급, 그리고 산업 자본의 기원에 대해 다룬다. 그런데 이 모든 논의는 소위 본원적 축적의 관점에서만 다루어진다. 마르크스는 이 모든 과정을 부수적인 것으로만, 자본이 처음 세상에 출현하게 된 계기를 설명하는 용도로만 사용한다. 그러나 전술한 과정은 봉건사회에서 자본주의적 생산양식을 등장케 한 진통이기도 하다. 마르크스는 생산과 순환의 자본주의적 과정을 분석하며 자본주의적 생산의 보편적이고 독점적인 지배를 재확인했다. 그러나 우리가 목격한 바와 같이 완숙에 다다른 자본주의는 모든 측면에서 나란히 존재하는 비자본주의적 영역과 사회 조직에 의존하게 된다. 그것은 단순히 잉여생산물을 위한 시장의 문제만이 아니다. 자본의 축적과 비자본주의적 생산양식의 관계는 가치나 물질적 조건을 넘어선다. **비자본주의적 생산양식은 이 과정을 위해 반드시 전제되어야 하는 역사적 배경이다.**[6]

지난 한 세기 동안 많은 사상가들이 수탈적 식민주의에 대한 로자 룩셈부르크의 주장에 대해 논의하고 확장했다. 대표적인 인물로는 "강탈에 의한 축적"을 주장한 데이비드 하비 David Harvey가 있다.[7] 그러나 자본주의가 생존을 위해 남반구에 일종의 "동시대 속 과거"를 만들어낸다는 룩셈부르크의 주장은 지난 세기를 거치며 세계체제론부터 정체성 정치론까지 발전과 저발전의 지리적 속성에 초점을 맞추는 다양한 이론들에 밀려났다. 그런데 정말 전 지구적 자본주의는 비자본주의 사회가 지속될 수 있도록 스스로를 억제했을까? 서양은 현재에 새로운 과거를 창조하여 동시대의 남반구 국가들을 그 자리로 몰아넣었다. "완전히 자본주의화된 사회에서보다는 원시적인 사회에서 더 강한 추진과 무자비한 수단들이 허용되기 때문"이다.[8] 룩셈부르크는 1913년에 쓴 글을 통해 우리에게 질문을 던지고 있다. 우리는 아프리카가 비자본주의 영역에 남지 못하고 '전자본주의적' 영역으로 편입된 사실을 어떻게 받아들여야 할까? 시간적 배제와 편견, 수탈은 어떤 모습일까?

학문으로서 고고학과 인류학은 이 과정과 때를 같이하여 등장했고, 두 학문은 현재의 '세계문화' 박물관으로 이어졌다. 박물관은 내재적으로 시간성을 지닐 수밖에 없는 장치다. 어두운 전시실에는 영국이 제국 구석구석에서 약탈해온 "이행되지 못한 의무"가 빼곡히 들어차 있다. 모두 유럽이 제국을 건설하고 그 영향력을 현재까지 연장하는 데 사용한 도구들, 다시 말해 식민 세계(그리고 식민 이후 세계)의 폭력을 물질로 구현한 것들이다. 앤 로라 스톨러Ann Laura Stoler의 표현을 빌자면, 박물관에 전시된 사물들은 감상적인 흔적이 아닌 '강압' 상태의 연장이다. '강압'이라는 단어는 우리로 하여금 강제, 무자비함, 혹독함, 잔인함, 강요, 처벌을 연상하게 한다. 스톨러가 제국주의에 대해 설명하며 한 말은 세계문화 박물관에 적용해도 잘 들어맞는다. 지속은 단순히 잔존이나 잔재를 뜻하지 않는다. 지속은 계속해서 살아나는 연결이자 "폭력적인 부재"다.[9]

인류학은 박물관에서 이루어지고 있는 양도 불가능한, 즉 타인에게 증여할 수 없는 문화의 '영속적인' 전시에 대한 이론을 내놓지 못했다. 빼앗아온 것들을 큐레이션하는 것에 대한 이론 또한 내놓지 못했다. 마르셀 모스는 《증여론》에서 "증여를 거부하거나 초대를 소홀히 하는 행위, 상대가 주는 것을 받지 않는 행위는 계약과 공동체를 거부하는 행위로서 상대에 대한 선전포고나 마찬가지"라고 주장했다.[10] 그렇다면 빼앗아온 것을 되돌려주지 않으려는 행위는 어떻게 보아야 할까?

* * *

인류학은 더 이상 생각에만 잠겨 있어서는 안 된다. 나이지리아, 이집트, 에티오피아 등 아프리카 대륙 전역에서 가져온 문화재에 관한 논의를 더는 미룰 수 없다. 인류학계와 고고학계는 이제 아프리카 약탈에 대한 진지한 고찰을 시작해야 한다. 아프리카 약탈은 제국주의가 진행되며 우연히 발생한 부작용이 아니라 수탈적·군사적 식민주의와 간접적 통치를 달성하기 위해 동원된 핵심적인 기술이었다. '세계문화' 박물관은 분명 그 무자비한 약탈의 일부였으며, 그 상태는 현재까지도 이어지고 있다. 수탈에 대한 논의는 이제 오래 전 로마법이 정한 동산과 부동산의 구분을 탈피할 필요가 있다. 정착 식민주의의 맥락 안에서 이루어진 토지의 양도 불가성에 대한 논의는 비교적 많은 이에게 익숙한 편이다. 그러나 토지 못지않게 양도 불가한 왕실의 유물이나 성물에 대한 논의는 거의 이루어지지 않았다. 유물과 성물의 약탈은 빅토리아 시대 영국인들이 아프리카 식민지를 확장하며 벌인 '작은 전쟁들'의 우연한 부작용이 아니다. 정착 식민주의에서 토지가 지배의 중추였던 것과 마찬가지로 약탈은 수탈적·군국적 식민주의에서 중추적인 역할을 했다. 그러나 유럽의 제국주의에 대한 영어권 학계의 논의에서는 정착형 식민주의가 주요 모델로 다뤄졌고, 이는 수탈의 개념을 좁게 만들었다. 한편 에메 세제르나 스벤 린드크비스트 등의 학자는 1890년대 아프리카부터 1930년대 유럽까지 문화재 약탈의 계보를 추적하며 영어권 학계와는 대조적인 모습을 보이기도 했다.

인류학자 마셜 살린스Marshall Sahlins는 시장 경제의 대안을 논하며 이렇게 주장한 바 있다. "풍요로 가는 길은 두 가지다. 욕구를 충족시키기 위해 더 많이 생산함으로써 풍요로워질 수 있고, 욕구를 줄여 덜 원함으로써 풍요로워질 수 있다."[11] 그런데 불행하게도 풍요로 가는 세 번째 길도 있다. 바로 폭력을 써서 빼앗고 훔치는 것이다. 강탈은 어떤 형태의 생산양식으로 보아야 할까? 대개 강탈의 대상은 물건이지만, 이미지 또한 그 대상이 되기도 한다. 펜을 들어 종이 위에 지도를 그리는 행위, 박물관의 수집품 대장을 기록하는 행위, 그리고 이 책을 쓰는 행위조차도 어떤 의미에서는 강탈이 될 수도 있다. 분명한 것은 이미지의 차용이 일종의 문화적 생산으로 이어지는 경우 우리가 오늘날 '문화적 차용cultural appropriation'이라 부르는 형태의 가해가 될 수 있다는 점이다. 빼앗음의 이론을 논하기 위해서는 사물이 지닌 삶의 역사뿐 아니라 죽음의 역사에 대해서도, 그 사물의 약탈 과정에서 자행된 인간과 문화의 학살에 대해서도 논해야 한다. 이른바 사물의 '네크로그라피'다.

3장
죽음과 상실의 기록, 네크로그라피

1990년대부터 물질문화와 박물관에 대한 추상적이고 보수적인 두 개의 개념이 식민지 시대의 폭력이나 문화재 반환에 대한 담론을 지배하며 제대로 된 논의를 가로막아왔다. 바로 **'사물의 생애사**social life of things'라는 개념과 문화의 상호적 **'얽힘**entanglement'이라는 개념이다. 그중 첫 번째 개념은 영국박물관이 소장 중인 '엘긴 마블Elgin Marbles' 반환 논의에서 주목을 받았다. 엘긴 마블은 기원전 5세기 그리스에서 만들어진 일군의 대리석 조각상으로, 7대 엘긴 백작 토머스 브루스Thomas Bruce가 1812년 영국으로 가져왔다. 엘긴 마블 사례는 영국의 문화재 반환 논의에서 일종의 기준 역할을 하기도 하는데, 2019년 1월 영국박물관 관장인 하트위그 피셔Hartwig Fischer는 "문화재를 박물관으로 옮겨오는 행위는 그것을 기존의 문맥에서 떼어내는 행위"라면서도 "그러한 이

동이 창의적 행동이 될 수도 있다"는 주장을 펼쳤다.[1]

'사물의 문화적 일대기cultural biography of objects' 측면에서만 본다면, 사물에게 일어나는 모든 새로운 사건은 그 사물의 역사에 새로운 층위를 더한다. 이를 바탕으로 영국박물관은 문화 간의 교류, 또는 친구 간의 증여와 마찬가지로 문화재가 박물관으로 옮겨짐으로써 사물에 새로운 가치와 사회적 연결, 문화적 의미가 부여된 것이라고 주장했다.[2] 한 세대 전까지 '사물의 사회적 삶'이라는 개념은 물질문화 연구에 있어 유용한 분석 도구였지만[3] 영국 국립박물관의 언론 담당자들은 이 개념을 남용했다.[4] 그들은 문화재 반환 요구에 대한 대중의 관심을 딴 데로 돌리고, 타국의 문화재를 가져오는 행동이 과거 어느 시점의 '가치 체계' 하에서는 용납 가능한 행동이었다는 잘못된 믿음을 심어주려 했다. 이 모든 것은 여전히 현재 진행 중인 박물관의 폭력을 정당화하기 위한 행동이었다. '사물의 생애사'라는 개념은 60년 전 영국 학교의 단골 작문 주제가 '1페니 동전의 일생'이었던 시절과 크게 달라지지 않은 채 예술사, 인류학, 박물관학 교육에서 널리 활용되면서[5] 사물 자체에만 집중하려는 기존의 박물관들의 태도에 새로운 확신을 심어주었다. 박물관들은 맥락의 이동 속에서도 안정성과 일관성을 유지하는 사물의 능력을 과장하여 평가했다. 맥락의 이동 속에서도 사물은 변하지 않는다는, 다양한 문화 안에서도 고정된 사물성을 유지한다는, 의미는 유동적이지만 사물은 고정적이라는 주장을 통해 사물 자체에만 집중함으로써 고정된 '물질성'을 얻고자 한 것이다. 그러나 박물관의 사물을 고정불변이라 느끼는 것은 보존과 큐레이션이라는 기술을 거친 결과물만을 보는 박물관의 간부나 현실을 잘 모르는 이사진에게나 가능한 일이다. 사물 중심적인 생애사식 접근, 그리고 그에 동반된 사물의 고정성이라는 오해는 식민주의적 폭력을 반복하고 강화했으며, 그로 인한 침탈을 재생산하고 연장했다.

지금까지 식민주의적 폭력에 대한 논의를 가로막은 것이 **문화적 일대기**식 접근이라면, 문화재 반환에 대한 현재의 대화와 행동을 가로막고 있는 것은 **얽힘**이라는 개념이다. 이와 관련된 핵심 텍스트로는 알프레드 겔Alfred Gell이 1998년 발표한 《예술과 행위자성 Art and Agency》을 들 수 있다. 신기능주의적 주장을 담은 이 책은 인류학자들에게 많은 영향을 주었다. 겔은 상징적이거나 심미적인 용어를 통한 인류학 연구를 거부하고 스스로 '방법론적 실리주의methodological philistinism'라 이름붙인 방식을 택했다. 겔에게 예술 연구는 미학에 대한 연구가 아닌 사회적 관계에 대한 연구였다. 겔은 예술가가 창작활동을 하는 것은 작품이라는 물질적 인공 기관을 통해 자신의 행위자성을 확장하기 위해서라고 주장했다. 겔은 책에서 서양의 박물관에 전시되어 있는 태평양, 아프리카, 아메리카의 문화재의 사례들도 소개했지만 그 사실 자체에 대해서는 문제를 제기하지 않았다. 겔은 문화재의 분산이 외부의 힘에 의해 강제로 진행된 것이 아니라 마치 자발적으로 행해지기라도 한 것처럼 '분산된 인격성distributed personhood' 이론을 제시했다. 이 책은 런던정경대 경제인류학의 전통적인 기능주의적 접근에, 1980년대에 경영학과에서 등장한 소위 '행위자-연결망 이론'을 접목하여 예술가는 작품을 멀리 파견함으로써 자신의 영향력을 강화한다고 주장하고,[6] 사람과 사물이 전적으로 교환 가능한 '대칭적인' 존재라는 입장을 취했다. 사물 그 자체에는 행위자성이 없으며, 사물은 예술가의 의지를 전달할 뿐이라는 겔의 주장은 상당 부분 니콜라스 토머스Nicholas Thomas의 '얽힘' 개념에서 끌어온 것이다. 겔은 토머스의 이론을 활용하여 힘의 정치학이라는 불편한 주제를 배제한 채 '민속예술에 대한 평가'와 '예술에 대한 진정한 인류학적 이론'을 구분했다. 니콜라스 토머스가 1991년 내놓은《사물의 얽힘 Entangled Objects》이라는 책은 어떤 과정을 거쳐 겔에게 이론적 토대를 제공하게 됐을까? 시작은 마르셀 모스의 선물 교환 이론에 대한 토머스의 재해석이었다. 토머스는 토착민적 행위자성과 "지역 사회의 지속적인 역동성"을 강조하기 위해 선물과 상품의 경계에 대한 의문을 제기하며 태평양 지역 식민지 역사의 "창조적 재맥락화"를 내세웠다.[7] 인류학 이론의 관점에서 토머스의 책은 '서구의 비서구 지배'라는 개념을 거부했고,[8] '서구'와 '비서구'라는 이분법 자체를 비판했다. 토머스는 '토착사회의 유럽 문화 전유'와 '유럽의 토착사회 문화 전유'에 같은 무게를 부여해야 한다고 주장했다. 비서구 사물에 대한 서구의 '간섭'과 서구 사물에 대한 비서구의 '간섭'이 대등한 수준으로 진행됐다 가정하며 '사물과 인간의 상호 얽힘'과 '국제적 불균등과 현지의 문화 전유 간의 변증법'에 문화 혼종성 이론을 접목한 것이다.[9] 토머스는 사람과 사물이 서로 얽힌 것처럼 '토착민'과 유럽인의 범주 또한 서로 얽히게 됐다고 주장했다. 니콜라스 토머스는 겔의 책 서문에서 '동양의 고급 예술'이나 '서구 예술'만이 아닌 '원시적 예술'과 '일반적인 부족 예술'에도 인류학적 이론을 적용한 것에 대해 환영의 뜻을 밝히기도 했다.[10]

토머스는 식민지적 '얽힘'의 이론을 '수단으로서의 박물관'이라는 모델로 발전시켰다. 그러면서 원래는 '비판적 담론을 차용'하는 학자들과 탈식민주의 이론에 대해 제시했던 기존의 비평을 "원시성의 전시를 지적하거나 박물관의 전시에서 정치성을 모색하는" 학자들에게로 확장했다.[11] 얽힘의 이론에서 분석의 초점은 사람과 사물의 '행위자성' 사이를, 그리고 '토착사회'와 '서구사회' 사이를 끊임없이 오간다. 문제는 이 이론이 그 과정에서 얽힘이 아닌 분리로 인해 형성된 관계를 적극적으로 누락시킨다는 점이다. 니콜라스 토머스는 세계가 파편화됐을 때, 연결이 단절됐을 때, 경로가 막혔을 때, 움직임이 강제됐을 때, 불안정성이 단순히 말과 개념이 아닌 물리적인 형태로 나타났을 때 나타나는 일들을 박물관에서 지워버렸다. 그리고 이것은 마르셀 뒤샹식의 추상적이고 유희적인 관념에 따라 사물을 일종의 '중단'로 보는 알프레드 젤의 주장으로 이어졌다.[12] 박물관에 있는 물건들이 그곳에 존재하기 위해 수천, 수만 명의 사람들이 학살당되고, 신전과 마을이 초토화되고, 문화재와 보물들이 약탈당해 팔려나갔다는 사실을 무시한 것이다. 니콜라스 토머스는 '수단으로서의 박물관'을 얘기했지만, 우리가 논의해야 할 것은 '무기로서의 박물관'이다.

'사물의 생애'와 '상대적 얽힘'이라는 두 개념은 기존의 인류학 이론과 연결되며 1990년대부터 서구 박물관들의 주된 사고방식으로 자리 잡았다.[13] 그러나 이제는 변화가 필요하다. 변화를 위해서는 이 두 개의 개념이 지금까지 식민주의적 폭력에 대한 숙고와 문화재 반환 행동을 어떤 방식으로 막아왔는지 살펴보아야 한다. 지금부터 소개할 예시는 내가 일하고 있는 피트 리버스 박물관의 사례지만, 서구의 다른 인류학 박물관은 물론 유럽과 북미, 호주의 수많은 박물관학 관련 학과 및 '비판적 문화유산' 관련 학과에서도 유사한 사례를 찾을 수 있을 것이다.

내가 근무를 시작한 2007년 무렵 피트 리버스 박물관은 '인류학 및 세계고고학 박물관'이라는 이미지를 벗고 '민족학 유물'을 전시하는 '민족학 박물관'의 이미지로 다시 태어나기 위한 노력을 막 마친 상태였다. 피트 리버스는 '민족학 박물관'이 됨으로써 밝히고 싶지 않은 다양한 경로를 통해 취득한 유물들의 소장 내력을 "20세기 민족학 연구를 위한 참여관찰 작업 중 수집함"이라는 모호한 설명으로 대체할 수 있었다. 취득의 윤리성에 대한 문제는 인류학 현장조사의 윤리라는 더 큰 주제에 가려져 희석됐다. 나는 박물관을 일종의 고고학 발굴 현장으로 보고 컬렉션에 대한 새로운 연구 모델을 개발하고자 했다. 고고학에서 발굴을 진행하며 기록을 수정하고 보완하듯 박물관 내에서 컬렉션과 보관소를 발굴함으로써 지금까지 잘못 알려져 있던 부분을 수정하고 보완하려 한 것이다.[14] 그러나 인류학 박물관에 근무하는 사람으로서 한 걸음 물러난 참여관찰이 아닌 일종의 개입을 위해 고고학적 기술을 활용한다는 행위가 그동안 내가 연구해온 분야의 전통에 어긋나는 것 같은 느낌을 받은 것도 사실이다. 이 책은 박물관이 지금까지 보여온 애매한 방어와 변명, 몽매주의적 태도를 지적하고자 하는 첫 번째 시도다. 백인으로서, 그리고 남성으로서 지금껏 누려온 특혜와 박물관에서 내가 맡고 있는 역할을 생각할 때, 분명 내게는 책을 통해 주장하고 목소리를 낼 의무가 있다. 서구의 인류학 박물관은 지금까지 '죽은 백인 제국주의자'들을 기념하는, 자족적인 공간이었다. 인류학자 팀 잉골드Tim Ingold는 박물관과 민족학에 대해 "모든 것이 큐레이션을 거치는 박물관이라는 공간에서 민족학을 논하는 것은 모순"이라는 주장을 펴기도 했다.[15] 이 책의 목표는 적절한 학문적 도구를 활용하여 박물관에 전시된 사물들의 층위를 한 층 한 층 발굴해 들어가는 것이다. 그러한 발굴을 통해 현재 박물관들이 실제 소유하고 있는 컬렉션의 모습을 세상과 공유하고,[16] 내면을 향하는 사물 중심의 큐레이션에서 벗어나 외부를 향하는 행동 중심의 큐레이션으로 나아갈 수 있도록 노력하려는 것이다.

피트 리버스 박물관은 내가 근무를 시작하기 직전인 2004~2007년 진행된 '관계적 박물관Relational Museum' 프로젝트를 통해 빅토리아 시대의 폭력을 지우려는 시도를 했다. 이 프로젝트는 사물의 생애사 개념과 상대적 얽힘 개념을 바탕으로 제임스 클리포드James Clifford가 《경로들Routes》(1997)에서 주장한 '문화적 접촉 지대로서의 박물관' 이론에 브뤼노 라투르의 행위자-연결망 이론을 접목했다. 박물관은 '사물의 행위자성object agency'이라는 개념을 활용하여 "사물이 사람을 연결한다"거나 "컬렉션은 사물에 안정적인 구조를 제공함으로써 생산성 있는 교류를 가능하게 한다"는 다소 추상적인 주장을 펼쳤다. 여기에 "박물관은 늘 변화하는 사람과 사물로 구성된 역동적인 공간"이며, "사물이 사람들을 수집하는 공간"이기 때문에 "연쇄적인 연결을 유발"하는 관계의 과거 네트워크를 밝혀 "서로 얽힌 역사가 만들어지기까지 작용한 지적·제도적·식민지적·개인사적 요소"를 파악할 수 있게 해준다고 주장했다.[17] 이 프로젝트의 내용은 제임스 클리포드의 《경로들》에 대한 조너선 프리드먼Jonathan Friedman의 평가를 연상시킨다. 프리드먼은 클리포드의 책이 '여정routing'의 폭력성을 흐릿하고 모호하게 만든다고 평한 바 있다.[18] 피트 리버스 박물관은 2007년 '관계적 박물관' 프로젝트의 결과물을 《사물 알기Knowing Things》라는 제목의 책으로 묶어 내놓았다.[19] 그러나 이 책에는 식민시대의 폭력이나 약탈에 대한 내용은 전혀 실리지 않았고, 문화재 반환 문제에 대한 언급은 한 마디도 없었다. 대신 이 책은 다음과 같은 말로 독자와 방문객들을 '인류학적 모험'의 세계로 초대했다.

모험의 시작점은 피트 리버스 박물관이지만 그 여정은 전시물을 따라 세계 곳곳으로 이어진다. … 마음에 드는 전시물에서 여정을 시작해도 좋고, 특정한 주제의 진열장을 골라도 좋다. 관심 있는 인물을 골라 연쇄적인 연결고리를 따라가다 보면 과거와 현재의 다양한 장소로 이어질 것이다. 어느 길로 갈지 미리 선택할 필요도 없고, 어디서 쉬어 갈지 미리 결정할 필요도 없다. 시작점은 기존의 관심사에 따라 결정될 가능성이 높지만, 그 후 모습을 드러내는 다양한 경로들은 관람객이 지닌 지적·문화적 체계에 따라 얼마든지 달라질 수 있다. … 박물관을 알아간다는 것, 그것은 세상을 알아가는 것과 마찬가지로 일종의 인류학적 모험이다.[20]

피트 리버스 박물관은 빅토리아 시대에 머물러 있는 '박물관들의 박물관'이라는 평가를 오랫동안 받아왔다. 피트 리버스는 이러한 평가에 반발하며 스스로를 역동적이고 현대적이고 다문화적인 공간이라고 주장해왔지만, "빅토리아 시대의 진화론적인, 때로는 인종주의적인 전시가 가득한 식민주 박물관이라는 변치 않는 고정관념에 좌절"하기도 했다.[21] 설립자인 피트 리버스에 대한 박물관의 연구 프로젝트에서는 그를 현재가 아닌 "살았던 시대를 기준으로" 평가해야 한다며, 그가 "피트 리버스家家의 유산에는 무관심한 사람"이었다고 묘사했다.[22] '민족학 박물관의 미래'를 논하는 주요 국제회의에서는 "민족학 박물관은 죽었다"라는 "도발적인" 주제를 던지고는 정반대의 결론을 내기도 했다. "민족학 박물관은 꿈을 꾸고 발견하는 기억과 만남의 장소"가 될 수 있고, "인간이 만들어낸 물건의 다양성과 독창성에 감탄할 수 있는 장소"가 될 수 있다는 결론이었다.[23] 한편 이 시기 피트 리버스에서는 로라 피어스Laura Peers의 주도로 캐나다 원주민 조상의 유해를 반환하는 선구적인 작업이 이루어졌다.[24] 크리스 모튼Chris Morton은 사진을 통한 '디지털 반환' 작업을 진행하기도 했다.[25] 그러나 **사물의 생애사**와 **관계의 얽힘**이라는 두 개의 이론, 그리고 사회적 관계의 구축과 유지에 있어 사물의 역할을 강조하는 두 이론에 대한 뒤르켐적인 강조는 변함없이 식민지적 폭력과 문화재 반환 문제에 대한 침묵을 조장하여 잘못된 역사적 서사를 지속시켰다. 여기에는 막스 베버가 말한 약탈 자본주의나 마르크스가 말한 본원적 축적, 그 외 비유럽 지역의 학자들이 지적한 다른 이론은 전혀 끼어들지 못했다.

나는 사물의 생애사와 관계의 얽힘을 강조하는 인류학적·사회학적 이론과, 이를 바탕으로 나온 하트위그 피셔의 엘긴/파르테논 마블에 대한 입장에 분명한 반대를 표하고자 한다. **유럽의 박물관들은 물건을 훔쳤다. 그리고 이는 잘못된 행동이다.** 훔쳐온 사물에 대해 박물관이 해야 할 일은 그것에 대해 긍정적이거나 냉정한, 또는 중립적인 생애사를 내놓는 것이 아니다. 박물관을 일종의 "영향을 주고받는 접촉 지대"로 만드는 것도 아니다.[26] 박물관이 해야 할 일은 훔쳐온 사물이 지닌 최초의 층위, 죽음과 상실이 발생했던 그 근본적인 층위에 대한 이야기를 전달할 방법을 찾는 것이다. 그 외 20세기에 일어난 다른 형태의 수많은 약탈들에 대한 대화 또한 이루어져야 한다. 그 많은 약탈과 상실의 이야기를 어떤 방식으로 모으고 전달해야 할까? 그동안의 피해를 마치 없었던 일처럼 덮어버리려 해서는 안 된다. 우리는 폭력과 수탈과 상실의 역사가 박물관의 시선과 박물관의 그림자에서 벗어날 수 있도록 어두운 역사에 빛을 비춰야 한다.

푸코는 18세기 말 이전에는 '죽게 만들고 살게 내버려두는 것'이었던 주권자의 권력이 19세기에 들어서며 '살게 만들고 죽게 내버려두는' 새로운 형태의 권력으로 변화됐다며 이를 '생명정치biopolitics'라고 정의

했다.[27] 개인의 신체에 집중하는 '해부정치anatomo-politics'에서 생명 전체를 관리하는 '생명정치' 차원으로 변화한 것이다.[28] 푸코의 생명정치적 접근은 조르조 아감벤Giorgio Agamben의 '벌거벗은 생명bare life'[29] 개념으로 발전하여 수탈적·군국적 식민주의하에서 폭력적으로 자신의 자리를 잃은 사람들에 대한 연구에서 다양하게 활용됐다.[30] 그렇다면 폭력적으로 자리를 잃은 사물에 대해서는 어떻게 적용해볼 수 있을까? 아프리카 연구에 있어 아실 음벰베가 제시한 '죽음정치' 개념은 유럽중심적인 푸코의 생명정치 개념을 보강하는 한편 아감벤의 '벌거벗은 생명' 개념에서 빠져 있는 제국주의의 유산에 대한 내용을 짚어준다. 음벰베는 식민 역사의 역할과 그 영향을 강조하고, 인간의 신체에 집중했던 푸코의 생명정치 개념을 확장했다. 음벰베는 팔레스타인에서 벌어지고 있는 신식민주의를 언급하며 불도저를 동원하여 생활의 터전을 파괴하는 것과 전투기를 동원하여 사람을 정밀 타격하는 것은 모두 죽음정치에 해당한다고 주장했다.[31] 우리는 음벰베의 주장으로부터 죽음정치가 인간의 신체에 대한 공격은 물론 인간이 아닌 환경에 대한 공격을 통해서도 이루어질 수 있다는 점을 배울 수 있다.[32]

푸코의 글 중 박물관을 주제로 한 것은 거의 없다. 푸코는 아마 박물관에 별 관심이 없었을 것이다. 그러나 1980년대 중반부터 부흥한 '박물관학'은 질서, 통제, 계보학, 규율, 권력 등 푸코식 용어를 적극 사용했다. 박물관들은 식민주의에 대한 비난이 제기될 때면 마치 자신과는 상관없는 일이라는 듯 익숙하지만 암호 같은 언어로 관조적인 비평을 내놓았다. 이 책은 진열장이 들어찬 박물관의 한가운데서 쓴 책이지만 푸코식 접근과는 거리가 멀다. 그러나 한 가지, 푸코가 '시신'에 대해 쓴 내용, 그중에서도 특히 부검에 대해 쓴 내용은 다시 생각해볼 만하다. 반환과 배상이 진행되지 않는 매일이 식민주의적 폭력의 반복이라는 사실을 잘 알면서도 이를 무시한 채 호기심과 창의력, 보편적 가치를 이야기하며 관람객 수만 따지고 있는 박물관 관장들의 세계관에서 벗어나기 위해서다. 지금 식민주의적 박물관들이 필요로 하는 것은 바로 부검을 통한 법의학적 분석 기록일지도 모른다. 박물관에 전시된 물건의 가까운 과거와 현재를 발굴해내는 이 현대적인 고고학 작업에 법의학이라는 표현을 쓰는 것은 그것이 범죄 현장의 진실을 파헤치기 위한 작업이기 때문이다. 우리에게 필요한 것은 바로 이 죽음의 역사, 즉 **네크로그라피**다.

역사상 가장 폭력적이고 의도적인 범주 착오, 즉 인간과 사물의 범주를 혼동한 사례는 서아프리카를 끼고 벌어진 노예무역이었다. 노예무역을 통해 인간은 상품화되고 신체는 재산이 됐다. 이고르 코피토프Igof Kopytoff가 주장했듯 인간과 사물의 경계는 인간의 정체성과 개인으로서의 특성을 제거하여 인간의 지위를 낮춤으로써 흐릿해졌다. 인간의 상품화는 포획에서 판매까지의 기간 동안만 적용된 것이 아니다. 팔려간 노예들은 맡은 역할을 수행하는 동안 다시 개인화되지만, 언제나 판매를 통해 교환가치를 실현할 수 있는 '잠재적 상품' 상태를 유지하게 된다.[33] 일반적인 사물의 경우 생애사라는 개념이 그 경계를 강하게 고정하기 때문에 코피토프가 말하는 '가치 체계regimes of value' 속을 이동할 때도 큰 영향을 받지 않는다. 그러나 그렇지 않은 사물도 있다.[34] 이러한 현상은 아프리카에서 조상의 일부라고 보았던 왕실의 유물과 성물들이 약탈을 거치며 한낱 화물로 전락했던 사건에서 가장 극명하게 드러난다. 결코 양도할 수 없는 이 성물들은 약탈되고, 파괴되고, 녹여지고, 뿔뿔이 흩어지고, 한 줌 먼지가 됐다. 올란도 패터슨Orlando

Patterson의 표현을 빌자면 약탈된 사물들은 노예가 된 인간처럼 '사회적 죽음'을 경험했다. 죽음 이후 사물들은 인종적 이데올로기의 세상에 편입되어 백인들에게 '패배한 적의 상징'이 됐다.[35] 누군가 상대의 소유물과 생사, 환경을 모두 좌지우지할 수 있다면 그것은 주인과 노예의 관계일 것이다. 서아프리카에서 왕실 유물과 성물을 멋대로 파괴하고, 더럽히고, 팔아서 돈을 번 행위는 노예제와 많은 부분에서 닮아 있다.[36] 식민주의하에서 조상의 과거와 후손의 현재는 폴 길로이Paul Gilroy가 말하는 "제3의 것", 즉 "더 쉽게 가두고 파괴할 수 있는 무언가"가 됐다.

> 원주민, 적, 죄수, 그 밖에 모든 어두운 '제3의 것'은 짐승과 인간 사이의 존재로, 특수한 긴급 조치나 계엄령하에서만 책임을 물을 수 있었다. 제3의 것은 부유한 포획자나 정복자들, 판사들, 집행자들, 그 밖의 우월한 인종과 동등한 인간성을 부여받을 수 없었다.[37]

아실 음벰베는 '반反박물관' 개념을 소개하며 현재 박물관들이 대서양 노예무역을 다루는 방식을 지적했다. 음벰베에 따르면 현대의 박물관들은 노예제를 다룰 때 "다른 역사에 곁들이는 부록"이나 "다른 사람이나 장소, 사물을 다룬 이야기에 몇 줄 인용하는 정도"로만 취급한다. 음벰베는 "노예제에 대한 역사가 박물관에 제대로 전시되기 시작하면 박물관은 존재를 멈추게 될 것"이라고 말했다.[38]

  현재의 유럽 인류학 박물관은 공공의 공간인 동시에 현재도 진행 중인 식민역사의 지표다. 박물관은 이 사실을 염두에 두고 두 가지 시급한 과제에 집중해야 한다. 그 두 가지는 바로 대영제국에 대한 잘못된 서사를 바로잡는 것, 그리고 남반구의 다양한 공동체를 지원하여 완전히 새로운 모델의 박물관을 만드는 것이다. 죽음과 상실의 역사를 연구하는 것이야말로 기존의 '얽힘' 이론과 '사물의 생애사' 이론에 저항할 수 있는 가장 효과적인 방법이다. 물론 사물의 생애사와 얽힘이라는 이론을 주장한 니콜라스 토머스는 "비교문화적 호기심을 폄하하고 낙인 찍는 세태"와 "지나치게 자주 제기되고 있는 반환 문제"에 대해 다음과 같이 불만을 제기하기도 했다.[39]

> 가전제품 업계에서 사용하는 용어를 빌리자면, 문화재 반환이라는 이슈에는 문화재와 정체성, 집단성, 소유권 등에 대한 전제가 '내장'되어 있다. … 공론정치의 영역에서 반환은 제로섬적인 경쟁이 될 수밖에 없다. 그러나 박물관의 작업실에서 기념품 판매점까지 다양한 곳에서 이어진 협력은 관계의 지속에 대한 가능성을 열기도 했다. 요구가 있는 경우, 특정한 형태의 큐레이션 권한이나 디지털 이미지 등을 '반환'하는 것은 고려해볼 수 있다. '보관인'이 되어 상대의 문화재를 보관하며 관리하는 것도 한 방법이다. 그 외에도 다양한 방법이 있다. 소장품의 장기 대여, 원소장자 집단에 대한 식민 본국의 교육, 인턴십 등의 프로그램 제공, 그 외의 기술 육성을 …

굳이 더 인용하지 않아도 니콜라스 토머스의 입장은 충분히 파악됐으리라 믿는다. 이렇듯 지금까지 학계에서는 교육훈련과 소장품 대여에 대한 논의만 지속적으로 반복되어왔다. 그러나 우리에게 필요한 것은 박물관의 실질적인 변화와 해체, 재목적화를 위한 의미 있는 반인종주의적 행동이다.

고고학은 단순히 과거의 잔재를 연구하는 학문이 아니다. 고고학이 연구하는 것은 지속되는 존재로서의 인간이다. 이 책을 통해 밝히고자 하는 1897년 베닌 침공의 '네크로그라피'는 인류역사학적 연구가 아닌 법의학적 발굴이다. 우리의 목표는 법의학자가 되어 과거를 들여다보며 과거의 범죄를 폭로하고, 단순히 희생자 수를 파악하는 것을 넘어 현재의 행동을 이끌어내는 것이다.

우리는 이제 인류학 박물관의 존재 이유를 새롭게 정의해야 한다. 박물관은 재현의 공간에서 벗어나 한나 아렌트가 말하는 '현상의 공간space of appearance'이 되어야 한다.[40] 그러한 공간 속에서 박물관은 큐레이션 권한을 대폭 축소하고 분산시키는 한편, 컬렉션에 대한 전문적 연구에 투자하여 그 지식을 세계와 공유하기 위해 힘써야 한다. 그럼 이제 우리의 '네크로그라피'를 본격적으로 시작하기에 앞서 빅토리아 시대 '인종과학'의 심각한 병폐 중 하나였던 '백인적 투사white projection'에 대해 알아보자.

4장
백인적 투사投射

일반적으로 어느 정도 폭력을 동원하지 않고 물건을 손에 넣는 것은 어려운 일입니다. 추측건대 귀하의 박물관에 있는 물건 중 절반은 훔친 물건일 것입니다.

— 리하르트 칸트, 1897[1]

이것은 베닌시티 약탈이 발생한 몇 주 후 독일의 의사이자 탐험가였던 리하르트 칸트Richard Kandt가 베를린 민족학 박물관의 펠릭스 폰 루산Felix von Luschan에게 한 말이다. 칸트가 저 먼 과거에 보인 날카로운 통찰을 어째서 오늘날 영국박물관의 일부 전문가들에게서는 찾아볼 수 없는 걸까?

다양한 이유가 있겠지만, 이 윤리적 지체 현상은 영국이 과거 식민주의 시대에 대한 평가를 제대로 매듭짓지 못한 데서 기인한다고 볼 수 있다. 120여 년이 지난 지금까지도 1897년 거행된 빅토리아 여왕의 다이아몬드 주빌리 행사에서 대영제국 군대가 보여준 절도 있는 모습은 여전히 많은 이들에게 빅토리아 시대의 상징이다(다이아몬드 주빌리는 원래 75주년을 기념하는 행사지만, 빅토리아 여왕 때부터 15년을 앞당겨 60주년 행사로 진행했다). 빅토리아 여왕은 1896년 9월 23일 당시까지 최장 집권 군주였던 조지 3세의 재위기간을 경신했고, 1897년 6월에는 재위 60주년을 기념하는 다이아몬드 주빌리의 주인공이 됐다. 당시 영국의 식민장관이었던 조지프 체임벌린Joseph Chamberlain은 이 기념식을 '**대영제국의 축제**'라고 표현하기도 했다.[2] 그러나 당시 일흔 일곱이었던, 보고서의 작은 글씨를 읽기 위해 코카인과 벨라도나를 혼합한 안약을 넣어야 했던 빅토리아 여왕이 1897년 베닌 원정 계획에서 정확히 어떤 역할을 했는지에 대한 기록은 남아 있지 않다.[3]

1897년 베닌시티 공격 이후 얼마 지나지 않아 왕립나이저회사의 설립자 조지 골디George Goldie는 왕립지리학회에서 연설을 했다. 그는 이 연설에서 "의회가 처음 서아프리카 문제 해결을 위해 나서게 된 것은 앨버트 공의 관심 때문"이었다는 점을 강조했다.[4] 이는 1840년 6월 1일 여왕의 부군 앨버트 공이 런던 엑서터 홀에서 토머스 벅스턴Thomas Buxton의 아프리카 노예무역 철폐 및 문명화모임 회장 자격으로 했던 유명한 연설에 대한 얘기였다. 앨버트 공의 연설은 1833년 노예제도폐지법이 시행되고 1837년 설립된 원주민보호협회의 압력이 커지면서 1838년부터 노예 해방이 점진적으로 진행되고 있던 가운데 이루어진 연설이었다. 노예 해방을 얘기한 앨버트 공의 연설은 결과적으로 1841년 '아프리카 식민 원정', 또는 '나이저 원정'에 대한 정부의 지원으로 이어졌다. 영국의 선교단체와 각종 활동가 단체들은 아프리카의 족장들과 협약을 맺어 나이저강 유역을 '개방'하고 토머스 벅스턴과 데이비드 리빙스턴David Livingstone의 '3C', 즉 문명Civilization, 기독교Christianity, 무역Commerce을 전파하고자 했다. 이들을 지원하고자 정부가 제공한 증기선 세 척이 서아프리카 해안선을 돌아 나이저강을 타고 올라가 로코자에 도착했다. 로코자는 그로부터 반세기가 흐른 후 왕립나이저회사의 군사 기지가 됐지만, 처음 도착한 영국인들은 이곳에 '시범 농장'을 만들고 선교 활동을 펴나가려 했다. 하지만 도착한 인원 중 3분의 1이 사망하고 남은 이들 중 절반이 말라리아에 걸리면서 이 계획은 무산됐고, 곧 대중의 조롱거리로 전락했다.[5] 그러나 영국교회선교회와 합작 투자 관계에 있던 아프리카문명협회의 과학자들과 인도주의적·기독교적인 가치를 내세워 아프리카에 카리브해식 플랜테이션을 건설하려던 농업협회의 무역업자들에게 이것은 분명 전례 없는 기회였다. 빅토리아 여왕에게 1897년 2월의 군사 원정들은 고인이 된 부군이 열망했던 것을 이루기 위한 시도였을 수도 있다. 여왕은 그로부터 약 2년 후인 1899년 5월 17일, 사우스 켄싱턴 박물관의 이름을 빅토리아 앨버트 박물관으로 바꿨다.

1897년 2월, 영국은 베닌시티를 공격했고 그곳에서는 약탈이 벌어졌다. 그런데 그에 관련된 모든 서사는 약탈에 참여하거나 관여했던 사람들이 출간한 이야기들이 선점하고 있다. 베닌 오바의 동생인 에둔 아켄주아Edun Akenzua는 베닌시티 공격 100주년인 1997년 2월 이루어진 한 인터뷰에서 현재 베닌시티 공격에 대해 알려진 것들은 '가해자가 쓴 역사'라는 점을 강조했다.[6] 즉 러디어드 키플링Rudyard Kipling이 1895년 쓴 시 〈만약에〉에 등장하는 "세상과 그 안의 모든 것은 너의 것이며"라는 구절을 신념으로 여겼던 영국인들의 서사라는 말이다.

　많은 영국인이 베닌에 대한 책을 출간했다. 레지날드 베이컨Reginald Bacon은 《베닌: 피의 도시Benin: City of Blood》를, 앨런 보이스래건은 《베닌 학살The Benin Massacre》을, 헨리 링 로스Henry Ling Roth는 자서전적 성격의 《위대한 베닌: 그 풍습과 예술, 그리고 공포Great Benin: its customs, art and horrors》를 내놓았고, 《일러스트레이티드 런던 뉴스》는 베닌 특파원 헨리 찰스 세핑스 라이트Henry Charles Seppings Wright의 취재를 바탕으로 점점 더 자극적인 기사를 연재했다. 베닌에서 벌어지는 사건들은 전보를 통해 전달되어 거의 바로 이야기로 가공된 후 대중에게 전달됐다. 이야기는 베닌의 오바에게 무역 협정 준수를 요청하기 위해 베닌시티로 향하던 제임스 필립스James Phillips 영사와 아홉 명의 영국인 일행이 비무장 상태에서 '학살'당했다는 주장으로 시작됐다. 이 '학살'을 시작으로 베닌시티에는 '흉포한 잔인함', '사악한 풍습', '미신적인 우상숭배와 야만행위', '무차별적인 인신공양', 십자가 형틀, 머리가 잘린 시체들, 식인풍습, 피에 젖은 '부두교 제단', '악마 숭배'를 위해 제물로 바친 시신이 부패하는 악취, '기괴한 고문', '악마의 표식' 등의 이미지가 덧씌워졌다. 베닌시티 원정이 벌어지기 한참 전인 1862년 페르난도 포에서 영사로 근무하던 리처드 버턴Richard Burton 또한 베닌을 야만의 장소로 묘사했고, 그 후 오바의 흉포함과 야만성에 대한 이야기는 경쟁적으로 과장을 더하며 일종의 싸구려 공포소설처럼 변해갔다(리처드 버턴은 그로부터 몇 년 후 자신의 민족학적 관찰에 상상력을 더해 흡혈귀가 등장하는 소설을 내놓기도 했다).[7] 이러한 과장된 이야기는 브람 스토커Bram Stoker의 《드라큘라》가 출간된 1897년 5월 이후 더욱 많이 등장했다.[8] 재위 75주년이 아닌 60주년이 갑자기 다이아몬드 주빌리로 둔갑하는 가속주의적 식민주의의 심장 런던에서 '전보적 사실주의telegraphic realism'을 통해 구현된 베닌의 오바라는 흡혈귀의 형상은 당시 제국이 품고 있던 두려움을 상징했다.[9] 드라큘라 이야기처럼, 1897년 베닌에 대한 서사에서 엿보이는 '고딕의 현대화'는 제국주의의 도덕성에 대한 빅토리아인들의 우려, 서구 문명의 불안정성과 유럽 내부에 존재하는 위험한 타자에 대한 두려움을 적극 이용한 것이었다.[10]

1897년 베닌시티 약탈을 자행한 이들은 당시의 공격이 영국인 학살에 대한 응징이라고 주장했다. 그들은 베닌에서 자행된 무자비한 폭력과 비니족, 이츠키리족 등 원주민 학살에 대해서는 언급하지 않았다. 이것은 베닌에 대한 기본 서사로 자리 잡았고, 서양의 박물관들은 이 잘못된 서사가 마치 신성하고 귀중한 유물이라도 되는 것처럼 애지중지 지켜가며 지금까지 보존해오고 있다.

영국박물관에서 오랜 세월 근무한 보존담당관이자 20세기 베닌 브론즈 연구를 주도한 학자 중 한 명인 윌리엄 패그William Fagg 또한 예외가 아니었다. 패그는 플로라 캐플런Flora Kaplan이 1981년 뉴욕대학 그레이 아트 갤러리의 베닌 예술 전시회 카탈로그를 겸해 출간한 책자인 《권력의 모습: 베닌 왕실의 예술Images of Power: Art of the Royal Court of Benin》에 실은 짧은 글에서 베닌에 대한 잘못된 서사를 반복했다. 〈베닌: 약탈은 없었다〉라는 제목의 이 글은 빅토리아 시대에 군인들이 했던 주장과 그야말로 판박이다. 패그는 베닌 공격이 영국인에 대한 충격적인 '학살'로 인해 촉발됐고, "인신공양 풍습을 근절"하기 위한 행동이었으며, "무차별적인 살육은 없었다"고 주장했다. 패그는 또한 영국군이 베닌시티를 "의도적으로 파괴한 것이 아니었다"며, 화재는 방화가 아닌 사고였다고 주장했고, "19세기 전쟁 관행"이나 "공식적인" 전리품 규모를 벗어

난 "심각한 약탈행위"가 있었다는 증거는 없다고도 말했다.[11]

더 최근의 예로 바버라 플랑켄스타이너Barbara Plankensteiner는 베닌 공격이 "영국 사절단을 살해한 것에 대한 응징"이었다며, "일련의 치명적인 오해"가 빚어낸 사건이었다고 설명했다.[12] 그러나 1960년대 이후 역사학자들은 1888년 즉위한 베닌의 오바 오본람웬 노그바이시(오베라미)를 퇴위시킨 베닌 원정이 사실은 영국인 영사 일행 살해에 대한 응징이 아니라 장기적인 정책적 계획에 의한 것이었음을 인정했다.[13]

원정과 학살에 참여했던 이들이 만들어낸 서사는 120여 년이 지난 지금까지도 작동하고 있다. 내가 피트 리버스 박물관에서 1897년 베닌 원정에 대한 '죽음의 역사'를 쓰는 것은 이 거짓 서사를 바로잡기 위한 많은 이들의 노력에 일조하기 위해서다. 지금까지 필립 이그바페Philip Igbafe의 《베닌 함락: 재평가The Fall of Benin: a Reassessment》(1970)와 로버트 홈Robert Home의 《피의 도시를 재고하다City of Blood Revisited》(1982) 등 많은 노력이 있었고, 향후 더 많은 이가 이 노력에 합류하리라 기대한다. 나는 박물관 큐레이터로서, 인류학자로서, 그리고 고고학자로서 이 책을 썼다. 나는 이 책을 통해 단순히 지배적인 서사에서 이탈해 주류에 반하는 주장을 하려는 것이 아니다. 올바른 방향으로 새로운 주장을 더하는 것도 물론 의미는 있겠지만 이는 지금까지 쌓여온 수많은 주장의 지층에 단순히 또 다른 해석의 층을 더하는 일에 그칠 위험이 있다. 주장의 거대한 지층 위에 세워진 박물관의 전시실과 진열장은 마치 블랙홀처럼 거대한 중력의 힘으로 모든 것을 빨아들이고 있고, 박물관의 설명판은 그 무엇도 돌아올 수 없는 사건의 지평선이 되고 있다. 내가 이 책에서 취하고자 하는 접근은 이론적이라기보다는 실질적이고 개입적이다. 나는 이 책을 통해 박물관들이 기존의 담론에서 벗어나는 것을 넘어 행동에 나서주기를 바란다. 우리는 박물관을 여전히 덮고 있는 침묵이 어떤 과정을 통해 생성됐는지 추적하고 그 근원을 발굴해야 한다. 이를 위해서는 텍스트를 초월하여 과거에 대해 남아 있는 기록과 남아 있지 않은 기록 사이를 읽어내기 위한 노력이 필요하다. 에버하르트 람메르트Eberhard Lämmert가 전지적 서술과 1인칭 서술에 대한 대안으로 제시한 물러나기와 거둬들이기, 돌아보기의 자세를 고고학적 기술로서 활용하는 것이다.[14] 나는 이 책을 통해 1897년 베닌 사건에 대해 박물관들이 의식 저편에 묻어두고 있는 기억을 생생히 불러내고, 현재까지 박물관 내에 물질의 형태로 남아 있는 폭력의 과거와 현재를 모두 인식하는 외상 후적 '이중 자각'을 촉진하고자 한다.

영국이 베닌 공격에 대한 역사를 왜곡하는 과정에서 발휘한 것은 거칠게 표현하자면 백인적 투사다. 여기서 말하는 '투사'는 두 가지 의미를 지니고 있다. 한 가지는 시간을 뛰어넘어 작용하고 있다는 의미에서의 투사로, 피트 리버스 박물관에 현재까지 남아 있는 과거의 서사에서 이 같은 현상을 느낄 수 있다. 또 한 가지는 프로이트가 말하는 심리적 기제로서의 투사다. 이는 자신의 것으로 받아들일 수 없는 생각이나 행동을 타인의 특성으로 돌려버리는 정신병리학적 방어 기제로, 폭력 등으로 인한 트라우마를 견디기 위해 나타나는 무의식적이고 비틀린 치환이다.

적개심의 비틀린 투사는 죽은 이들조차도 흉악한 적으로 보이게 만들 수 있다. 프로이트는《토템과 터부》에서 '애니미즘'이나 물신주의 등의 형태로 "자신이 지닌 사악한 충동을 악령에다 투사하는 것"이 '미개인'들이 지닌 세계관을 구성하는 체계의 일부라고 주장하기도 했는데,[15] 이는 그야말로 식민주의적 투사의 전형이라고 할 수 있다. 영국은 이에 더해 기업적·군국적 제국주의 이념이 투영된 자아도취, 군사적 선전과 언론 보도 등의 복합적인 영향으로 더욱 특수한 투사를 나타냈다. 로이터 통신을 비롯한 여러 언론사는 새롭게 등장한 기업적 식민주의의 전 지구적 흐름에서 중요한 역할을 했다.[16] 이들이 사용한 핵심 전략은 강자와 약자를 지속적으로 뒤바꿔 백인을 피해자로 그리는 백인적 투사였다. 베닌 원정을 '응징 작전'으로 그린 것은 이러한 투사의 작용이었다. 빅토리아 시대 후기와 에드워드 시대에 아프리카를 상대로 상업적 이익을 거두기 위해 아무렇지도 않게 엄청난 폭력을 자행한 것도, 오늘날 영국의 박물관이 그 시기의 약탈 문화재로 채워진 것도 바로 이런 투사가 가능하게 한 것이다. 투사가 이루어지는 과정은 단순했다. 상대방이 먼저 피해를 주었다는 기록을 남기고 이를 핑계로 폭력을 정당화하는 것이다. 문제는 피해자라고 주장하는 사람이 사실은 가해자였다는 점이다. 찰스 콜웰Charles Callwell은 1896년 출간한 일종의 군사 교본인 《작은 전쟁들: 원칙과 실제 Small Wars: Their Principles and Practice》에서 유럽이 벌인 응징 작전들의 목적을 비교적 솔직하게 밝혔다. 콜웰은 1868년 영국군의 막달라 공격이나 1874년 아샨티 왕국 공격, 1892년 프랑스군의 다호메이 공격 등 "상대가 준 모욕을 되갚고 우리에게 피해를 입힌 적을 처벌"하기 위해 벌인 공격에는 사실 대개의 경우 "숨은 정치적 목적"이 있었다고 밝혔다. "외국 땅에 질서를 세우기 위해" 실행된 일종의 "정략적 전쟁"이었다는 것이다.[17]

《그래픽스》가 1897년 1월 16일 필립스 사건에 대해 보도한 다음의 내용은 베닌시티 공격을 정당화하는 데 활용됐다.

실로 아프리카는 '백인들의 무덤'이라 할 만하다. 동아프리카와 남아프리카를 채우던 전쟁의 울림이 가시기도 전에 서부 해안에서 흉포한 원주민에 의해 영국인들이 목숨을 잃는 사건이 발생하며 현지의 위험성을 새롭게 알리고 있다. 알려진 바에 따르면 베닌 오바와의 평화적인 협상을 위해 나이저해안보호령을 출발해 베닌시티로 향하던 영국 사절단이 무자비한 공격을 받아 몰살당했다.

보이스래건은 1897년 출간한 자신의 책에서 한 군인의 말을 빌려 비슷한 주장을 펼쳤다.

> 지난 60년간 수많은 영국의 병사와 수병들, 시민이 서아프리카의 원주민들을 인신공양과 식인, 우상 숭배의 공포에서 구하기 위해 싸우는 영광스러운 과업을 수행하는 과정에서 목숨을 잃었다는 사실은 우리 모두에게 깊은 슬픔과 유감을 불러일으킨다.[18]

베닌 공격에 정보 장교로 참가한 레지널드 베이컨 중령은 원정 직후 《베닌: 피의 도시》라는 제목의 책을 내놓으며 리처드 버턴이 처음 사용했던 '피의 도시'라는 표현을 널리 유행시켰다.[19] 리버풀 자유 공공 박물관 관장이었던 헨리 오그 포브스Henry Ogg Forbes는 1898년 베이컨에게 들은 이야기를 바탕으로 베닌 브론즈가 베닌 사람들이 만든 문화재라기보다는 "전쟁을 통해 타 부족에게서 빼앗아온 약탈물이었을 가능성이 높다"고 주장하기도 했다.[20] 이는 영국의 행동을 정당화하는 명분이 되어주었다. "상업적 이윤을 떠나서, 매년 대규모 살육을 명령하는 잔인한 왕을 제거하는 것은 바람직한 일"이라는 주장이었다.[21]

《타임스》의 플로라 쇼Flora Shaw를 비롯한 인물들은 오히려 베닌이 제국주의적 범죄를 저지르고 있다며 비난하고 나섰다. 어떻게 이런 일이 가능했을까? 핵심은 노예제였다. 영국은 1807년 노예무역금지법을 통과시키고, 1838년에는 서인도제도의 노예를 해방시켰다. 19세기 후반에 이르자 왕령 식민지인 라고스와 나이저강 유역의 보호령에서도 노예제를 없애야 한다는 압력이 점점 높아졌다. 실제 영국 보호령 내에 노예제와 노예사냥이 여전히 존재한다는 사실은 1897년 베닌 공격의 필요성을 합리화하기 위한 좋은 구실이 되어주었다. 영국은 베닌 공격 이후 노예 해방을 통해 새로운 사회 질서를 수립하겠다고 했다.[22] 그러나 그때까지 사냥과 거래의 대상이었던 아프리카 흑인들의 사회적 지위가 바뀌면서 영국은 아프리카 식민 지배 계획을 정당화하기 위한 새로운 인종적 이념을 찾아야 했다.

바로 이런 맥락 속에 아프리카에 대한 비난이 시작됐다. 가장 핵심적인 것은 아프리카에서 지속되고 있던 노예제였다. 사실 유럽은 무려 3세기가 넘는 긴 기간 동안 서아프리카 노예를 활용한 삼각무역과 플랜테이션 운영으로 막대한 부를 쌓았다. 그리고 그 기간 동안 서아프리카 노예제는 그 규모와 끔찍함에서 이전과는 비교할 수 없는 수준으로 변모했다. 그런데 1250만 명의 노예가 신세계로 팔려가게 된 배경에 자신도 있었다는 사실을 까맣게 잊은 듯, 영국은 노예제를 아프리카의 도덕적 타락의 증거로 둔갑시켰다.

노예제에 반대하고 나선 영국은 소위 '인도주의 함대'라 불리던 해군의 노예무역 단속 부대에 추가적인 임무를 부과했다. 우선 부과된 임무는 노예무역을 대체할 '합법적 무역'에 종사하는 상인들을 보호하는 것이었다. 이들 무역업자들은 영국에서 진과 무기, 담배, 면제품을 가져와서 아프리카의 상아, 야자유와 교환했다. 1885년에는 이후 보호령과 왕립나이저회사가 새로운 관세를 부과하기 시작했다. 1860년 베닌강 유역에서 벌어진 무역 분쟁에 대한 브레이w. F. Bray의 기록을 보면, 당시의 분쟁이 주로 어떤 방식으로 해결됐는지 짐작할 수 있다.

> 원주민 마을은 모두 배가 닿기 힘든 얕은 개울가에 위치해 있었다. 강기슭에는 맹그로브 나무가 빽빽이 자라고 있었다. 태어나서 전함이라는 것을 본 적이 없는 원주민들은 그저 마을까지만 피신하면 공격을 피할 수 있을 거라 믿었다. 그러나 우리 상인들은 각 마을의 정확한 위치를 알고 있었다. 전함은 맹그로브 나무 너머로 포탄을 퍼부었고, 마을은 쑥대밭이 됐다. 결국 원주민들은 공격에 굴복했다.[23]

1890년대가 되자 투사는 단순한 선동 도구를 넘어 새로운 형태의 백인 우월주의를 위한 신념 체계가 됐다. 신제국주의자들은 대중의 반노예 감정을 유리하게 활용하는 것을 넘어 아프리카의 왕과 족장들이 제국주의를 자행하고 있다고 비난했다. 이들은 베닌의 왕궁과 성소를 약탈하며 그곳에 있던 물건들도 어차피 다른 곳에서 약탈해온 것이라고 주장했고, 제단에 모셔져 있던 조상의 유골과 조상을 기리는 청동 두상들 또한 전쟁의 전리품일 뿐이라고 주장했다. 영국 해군은 야만을 종식한다는 명분을 앞세워 원주민 마을에 무차별적인 포격을 가했다. 영국은 문명을 보편 가치로 내세우며 아프리카의 왕궁과 성소를 파괴했다. 노예제 반대와 기독교 전파라는 가치는 폭력을 정당화하는 데 적극 활용됐다. 이 과정에서 새로운 학문도 핵심적인 역할을 했다. 고고학과 인류학은 백인이 사는 유럽과 아메리카 대륙을 제외한 곳에는 문명이 존재할 수 없다는 '과학적인' 주장을 폈다. 이러한 전략적인 도치는 현재 우리가 알고 있는 빅토리아 시대 민족학 박물관의 전시실의 식민주의적 폭력으로 이어졌다.

영국군의 폭력을 통해 베닌에는 '평화'가 찾아왔고,[24] 왕립나이저회사는 영국교회선교회와 협력하여 "끊임없는 부족 간 전쟁을 상당 부분 진정"시켜 "평화를 회복하고 노예제를 근절"해나갔다.[25] 1878년부터 1891년까지 북부 나이저 지역의 부주교였던 헨리 존슨Henry Johnson은 베닌 원정대의 행동이 "인신공양의 위기에 처해 있던 사람들의 목숨을 구하고"[26] 원주민들에게 "건전한 경외심을 심어주고자 한 행동"이었다고 정당화했다.[27] 베닌 원정에 참여한 이들은 아프리카를 유럽인의 무덤이라 부르며 많은 영국인이 "서아프리카 원주민들을 인신공양과 식인, 미신의 공포에서 구하기 위해 싸우는 영광스러운 과업을 수행하는 과정에서 목숨을 잃었다"고 주장했다. 베닌 공격에서 벌어진 일들을 자기 입맛에 맞게 꾸며서 전달한 이들은 원주민에 대해 다음과 같은 주장을 펼치기도 했다.[28]

> 평균적으로 수준이 떨어지는 검둥이들은 조금이라도 이득이 된다 싶으면 거리낌 없이 거짓말을 한다. 반면 얻을 게 아무 것도 없는 경우에는 진실이든 거짓이든 전혀 신경을 쓰지 않는다(레지날드 베이컨, 1897).[29]

인류학과 고고학이라는 학문, 그리고 인류학 박물관이라는 기관은 이러한 인종주의의 역사에서 자유로울 수 없다. 박물관은 지금도 수많은 물건들을 통해 '야만적인' 문화를 전시하고 있다.

마요 동부 선거구 하원의원이었던 존 딜런John Dillon은 1897년 4월 2일 하원에서 "원정대의 목적이 현지의 잔인한 풍습 근절이 아닌 무역이었다는 것은 모두가 아는 일"이라고 주장했다.[30] 백인적 투사는 군국적 식민주의의 인종적 이념이 됐다. 영국은 1897년 베닌시티 원정에서 영국 사절단 공격에 대한 응징을 개전 이유로 앞세웠다. 아마 베닌의 오바가 노예나 죄수를 인신공양에 동원했다는 이야기는 사실일 것이다. 왕궁이 있는 도시가 로켓포 공격을 당하자 포로들을 죽였을 수도 있다. 그러나 그런 것과는 상관없이 이것은 분명 피해자와 가해자를 뒤바꾸는 투사였다. 공격 이후 벌어진 약탈은 시간적 투사로 이어졌다. 약탈된 물건들을 전시하며 식민지적 폭력을 연장한 박물관은 분명 그 폭력과 관련이 있다. 아프리카의 역사를 부정하는 학자는 여전히 존재한다. 그러나 보수당 지지자이자 옥스퍼드대학 역사학자인 휴 트레버-로퍼Hugh Trevor-Roper만큼 부끄러울 정도로 적나라하게 편견을 드러내는 경우는 드물다. 트레버-로퍼는 《기독교 유럽의 부흥The Rise of Christian Europe》이라는 저서에서 다음과 같은 유명한 주장을 펼쳤다.

요즘 많은 이들이 유행처럼 유럽 역사의 가치를 폄훼하고 있다. 마치 지금까지 역사학자들이 유럽에 지나치게 주목했고 이제는 좀 덜 주목해야 한다는 듯 말이다. 늘 그렇듯 언론의 변덕에 휩쓸린 학부생들은 아프리카 흑인들의 역사를 더 알려달라고 요구한다. 아마도 언젠가 미래에는 아프리카 역사에 대해 가르칠 것이 생길 수도 있다. 하지만 현재 아프리카 흑인의 역사는 거의 존재하지 않는다. 아프리카에서 활동한 유럽인의 역사만 존재할 뿐이다. 콜럼버스와 유럽인들의 도착 이전의 아메리카 대륙에 대해 거의 알려진 것이 없듯, 유럽인을 제외한 아프리카의 역사는 거의 암흑에 가깝다. 그리고 암흑은 역사의 주제가 될 수 없다.

오해는 없기를 바란다. 암흑의 세기, 암흑의 대륙에도 인간이 존재했음을 부정하려는 것이 아니다. 그곳에도 인간이 있었을 테고, 그들에게도 나름의 정치나 문화가 있었을 것이다. 이는 분명 사회학자나 인류학자에게는 흥미로운 주제가 될 수 있을 것이다. 그러나 역사는 다르다. 역사는 본질적으로 목적을 지닌 움직임에서 나온다. 역사는 형태나 복장의 변화, 전투와 정복, 왕조와 찬탈, 사회적 형성과 붕괴의 기계적 나열이 아니다. 어차피 역사의 모든 시대를 연구하는 것은 불가능한 일이라는 사실은 자명하다. 오늘날 일부가 주장하듯 모든 역사의 가치가 동등하다면, 어느 한 시대를 다른 시대보다 더 깊게 연구해야 할 이유는 없을 것이다. 우리는 자신의 역사를 외면한 채 풍경은 아름답지만 별로 중요하지 않은 지구 한구석에서 일어난 야만적인 부족들의 의미 없는 움직임에 대해 연구해야 할까? 내 소견으로는 그러한 부족의 역사가 지닌 가장 큰 기능은 현재의 우리들에게 우리가 탈출한 과거의 모습을 보여주는 것이다. 아니, 중세 찬미론자들의 분노를 피하려면 우리가 '탈출한' 과거가 아니라 '한때 우리가 속했지만 변화한' 과거라고 해야 할까?[31]

그러나 현재도 진행 중인 아프리카 역사에 대한 부정은 처음부터 식민화 이전과 이후의 역사를 모두 인정하지 않았다. 공격과 그에 대한 응징이라는 서사에서 시작된 백인적 투사는 영국이 기업적 식민주의를 조력하기 위해 동원했던 군사적 행동을 합리화했고, 지금도 합리화하고 있으며, 앞으로도 합리화할 것이다.

사건에 씌워진 틀을 이해하기 위해서는 그 사건의 어떤 측면이 축소되고 어떤 측면이 과장됐는지, 또 어떤 면이 현재까지 연장되어 영향을 주고 있는지 알아야 한다. 이 책은 훔쳐온 문화를 전시하고 있는 박물관의 침묵과 백인우월주의라는 무언의 이념을 연구함으로써 그 틀을 이해해보고자 하는 시도다.

그 틀을 부순 후에는 고고학자들이 깨진 도자기를 이어 붙여 형태를 만들듯 조각들을 이어 맞춰 새로운 틀을 만들어볼 수 있을지도 모른다. 고고학은 형태의 변형을 시각화하는 것에서부터 시작된다. 부끄러운 일이지만, '세계문화' 박물관의 경우 그 변형이 폭력의 사이클, 아직도 끝나지 않은 장기적인 '백인의 취약성과 백인적 투사'의 사이클로부터 왔다.[32]

1851년 라고스 포격의 구실 또한 노예무역 근절이었다. 영국 해군 서아프리카함대는 노예무역을 옹호한다는 이유로 오바 코소코를 몰아내고 그 자리에 폐위됐던 오바 아키토예를 다시 앉혔다. 아키토예 즉위 이후 '영사' 통치 기간이 이어졌고, 10년 후인 1861년에서 1862년 사이에 라고스는 영국의 식민지이자 보호령으로 편입됐다. 시간이 흐르며 영국은 또 다른 곳에서 또 다른 구실을 만들어냈다. 베닌의 오바 오본람웬은 필립스 일행이 접근중이라는 소식을 듣고 족장들에게 "백인이 전쟁을 가져오고 있다"고 말했다 전해진다.[33] 백인적 투사는 대량학살과 문화적 파괴를 저질러도 괜찮다는 일종의 면죄부를 주었다. 아프리카에서 이런 식으로 진행된 전쟁과 작전은 서로 무관한 사건들이 아니다. 이 공격은 오랜 기간을 두고 실행에 옮겨졌다. 1897년 베닌시티 원정은 훨씬 더 큰 흐름의 일부분이었다. 그 흐름에 이름을 붙인다면 아마도 '0차 세계대전'이라고 부를 수 있을 것이다.

5장
0차 세계대전

> 훈련을 받은 정규군이 비정규군 또는 무기, 조직, 규율에 있어 그 수준
> 의 차이가 현저한 상대와 교전하는 경우, 작전의 양상은 현대의 일반적
> 인 전투와 크게 달라진다.
>
> — 찰스 콜웰,《작은 전쟁들》[1]

영국에서 군사역사는 서점에서 종종 가장 큰 구역을 차지할 만큼 인기
있는 분야다. 그러나 빅토리아 시대 사람들이 '작은 전쟁들'이라고 불렀
던 전쟁, 즉 영국의 기관총과 상대편의 화살이 맞붙었던 수십 건의 '응
징 작전'에 대한 진지한 역사적 연구는 거의 찾아볼 수 없다. 앞서 인용
한 콜웰의 문장을 보면 당시 영국이 내렸던 '작은 전쟁'에 대한 정의를
알 수 있다.

'작전'이라는 단어는 주어진 과업을 신속하게 처리해야 한다는 결의에 찬 긴박감과 함께 모험소설에서 느낄 법한 현장의 설렘을 불러일으킨다. '응징'라는 단어와 만나면 이 긴박감에는 가차 없고 난폭한 느낌이 더해진다. 상대가 잘못된 행동을 했다는 가정하에 그 행동을 바로잡고, 상대에게 복수하고, 상대를 제거하기 위해 뭔가를 파견한다는 느낌이다. '응징 작전'라는 개념은 동시에 **위기**와 **백인적 취약성**의 느낌도 준다. 일종의 비상사태와도 같은 분위기를 조성하는 것이다. 이는 상대의 잘못에 대한 복수가 이루어질 때까지 모든 도덕적 규범에 대한 유예를 정당화하기도 한다. 이 논리는 18세기 후반의 인종적 노예제도에서 20세기 초반 군사력을 동원한 국가 차원의 인종주의로 넘어가는 전환의 중심이었다. 1차 세계대전이 발발하기까지 약 30년에 걸쳐 진행된 수많은 작은 전쟁들의 결과는 유럽의 인류학 박물관에서 전시의 형태로 되살아났다. 지금 우리가 전시실에서 보는 것은 전 지구적 자본주의의 출현에 동반되어 나타난 특수한 형태의 폭력적인 인종적 사고다.

　'작은 전쟁들'은 20세기에 벌어진 1차 세계대전의 참상에 가려져 그 존재가 부각되지 않았다. 영국인에게는 크게 특별할 것 없는 전쟁이었다는 점도 한몫 했다. 당시 식민지에서 전쟁에 참여한 군인들은 자신의 업적을 과장하는 일기나 회고록 등을 남기곤 했는데, 모두 어디서 한 번 들어본 듯한 익숙한 이야기였다.

　빅토리아 여왕은 1896년 9월 23일에 영국 역사상 최장 재위 기간을 경신했다. 《웨스턴 가제트》는 "빅토리아 시대는 평화의 시대였다"고 말하며 다음과 같은 내용의 기사를 실었다.

　　그러나 빅토리아 여왕의 재위 기간 중 영국은 1년이 멀다 하고 세계 어디에선가 전쟁을 치렀다. 그동안 치른 전쟁들을 나열해보자면 다음과 같다. 아프가니스탄 전쟁(1838~1840), 청나라 전쟁(1841), 시크 전쟁(1845~1846), 카피르 전쟁(1846), 2차 청나라 전쟁, 2차 아프가니스탄 전쟁(1849), 2차 시크 전쟁(1848~1849), 버마 전쟁(1850), 2차 카피르 전쟁(1851~1852), 2차 버마 전쟁(1852~1853), 크림 전쟁(1854), 3차 청나라 전쟁(1856~1858), 인도 반란(1857), 마오리 전쟁(1860~1861), 청나라와의 추가적인 전쟁(1860, 1862), 2차 마오리 전쟁(1863~1865), 아샨티 전쟁(1864), 부탄 전쟁(1864), 아비시니아 전쟁(1867~1868), 바조티족 전쟁(1868), 3차 마오리 전쟁(1868~1869), 루샤이족 전쟁(1871), 2차 아샨티 전쟁(1873~1874), 3차 카피르 전쟁(1877), 줄루 전쟁(1878~1879), 3차 아프가니스탄 전쟁(1878~1880), 바수톨란드 전쟁(1879~1881), 트란스발 전쟁(1879~1881), 이집트 전쟁(1882), 수단 전쟁(1885~1889), 3차 버마 전쟁(1885~1892), 잔지바르 전쟁(1890), 인도 전쟁(1890), 마타벨레 전쟁(1894, 1896), 치트랄 전쟁(1895), 3차 아샨티 전쟁(1895), 2차 수단 전쟁(1896).[2]

실제 빅토리아 시대의 영국은 여왕의 재위 기간(1837~1901) 중 한 해도 빠짐없이 전쟁을 치렀다. 콜웰의 정의에 따르면 당시 영국이 치른 수많은 전쟁 중 크림 전쟁을 제외한 나머지는 모두 '작은 전쟁'이었다.

* * *

영국이 아프리카를 비롯한 세계 곳곳에서 벌인 작은 전쟁들과 응징 작전들은 결코 작지 않았다. 이들 전쟁을 살펴보다 보면 박물관에서는 규율과 처벌이 질서뿐 아니라 파괴 또한 부여한다는 점에서 푸코의 물질적 제약 개념과 매우 다른 방식으로 작동된다는 점을 알 수 있다. 현재 박물관에 전시된 물건들은 무방비상태의 마을에 대한 폭격, 왕궁에 대한 약탈, 도서관에 대한 방화, 종교적 성소에 대한 모독 등 파괴적인 행위와 떼어놓고 생각할 수 없다. 인류학과 고고학이라는 학문은 박물관의 물건들이 무자비한 약탈을 통해 '취득'됐다는 사실을 줄곧 무시해왔다. 그것이 우리가 지금까지 지녀온 박물관에 대한 이미지를 망치고, 인류학과 고고학을 의심하게 만들며, 오늘날 박물관이 자랑하는 '세계문화 컬렉션'의 의미를 반문하게 만들기 때문이다.

유럽중심의 역사는 아프리카 등에서 진행된 작은 전쟁이나 응징 작전에 대한 상세한 기록을 거의 남기지 않았다. 그러나 우리에게는 이 '작은 전쟁'의 규모를 보여주는 물건이 일종의 법의학적 증거로 남아 있다. 약탈물과 전리품, 그리고 좀 더 공식적인 기록에 속하는 전쟁 메달과 약장(복무 지역이나 참가한 작전 등을 표시하는 작은 금속 막대로, 메달 줄에 추가적으로 부착한다)이다. 아프리카 전쟁 메달을 보면 대륙 전체에서 장기간에 걸쳐 자행된 폭력의 지형을 알 수 있다. 당시 아프리카와 관련하여 영국이 발행한 메달로는 아비시니아 전쟁 메달(1867~1868), 이집트 메달(1882~1889), 아샨티 왕국의 프렘페 1세를 상대로 한 원정 성공을 기념하는 아샨티 스타 메달(1895.12~1896.2), 여왕의 수단 메달(1896~1898), 중앙아프리카 메달(1891~1898), 영국남아프리카회사 메달(1890~1897) 등이 있다.

영국 동·서아프리카 메달은 1892년에 발행됐는데, 추가적인 약장의 종류만 스물한 가지였다. 1887년부터 1900년까지 진행된 30여 차례의 군사 작전에 참가한 해군 장교, 서인도연대, 영국 보호령 군대, 기타 지역 부대원들이 이 메달과 약장을 받았다. 이때 벌어진 작전 중 3분의 1

가량은 지금의 나이지리아에서 진행됐고, 나머지는 시에라리온, 가나, 케냐, 감비아, 말라위, 소말리아 등에서 진행됐다. 이집트와 수단에서 진행된 작전에 대해서는 스핑크스가 새겨진 별도의 이집트 메달이 발행됐다. 동·서아프리카 메달과 중앙아프리카 메달은 아샨티 왕국의 10대 왕이었던 코피 카리카리를 퇴위시킨 가넷 울슬리Garnet Wolseley 장군의 승리를 기념하기 위해 만든 아샨티 메달과 유사한 모양이었다(화보 1). 이 메달의 앞면에는 왕관과 베일을 쓴 빅토리아 여왕의 옆모습이 새겨져 있고, 뒷면에는 제복을 입은 영국군과 거의 벌거벗은 상태의 아샨티 전사들이 정글에서 전투를 벌이는 모습이 새겨져 있다.[3] 아샨티 전사들을 보면, 허리춤에 손도끼를 찬 전사가 화승총을 겨냥하고 있고, 또 다른 전사는 창을 든 채 접근하고 있다. 바닥에는 아샨티 전사 두 명이 쓰러져 있고 칼이 떨어져 있다. 또 다른 두 명은 무릎을 꿇은 채 영국군에 등을 돌리고 있는데, 그중 한 명은 한 팔로 나무를 꼭 끌어안은 채 다른 손으로는 소총을 든 동료의 허리띠를 붙잡고 항복을 권하는 모습이다. 이들과 맞서는 영국군 세 명은 총검이 달린 마티니헨리소총으로 무장하고 있으며, 한 명은 부상을 당한 모습이다. 영국박물관 메달 및 주화 담당 부서의 워위크 워스Warwick Wroth는 이 메달을 두고 "군모를 쓴 영국 병사들과 검둥이들의 모습을 사실적으로 표현"했다며 감탄했다.[4]

메달에 묘사된 인물들의 옷차림과 무기가 보여주는 백인우월주의에 대해서는 추후에 다시 논하도록 하자. 우선 이 수많은 메달과 약장들이 보여주는 사실이 두 가지 있다. 첫 번째는 당시 진행된 일련의 작전에 연속성이 있었다는 사실이고, 두 번째는 여기에 아프리카에서 활동하던 칙허회사들이 관련되어 있었다는 사실이다.

1887년부터 1900년까지 영국이 아프리카에서 진행한 작은 전쟁들과 응징 작전들은 각각 개별적인 사건이 아닌 더 큰 흐름의 일부였다. 당시 진행된 전쟁들을 하나로 묶어 일종의 동·서아프리카 정복 전쟁으로 보는 것이 타당하다는 얘기다.

　　네덜란드의 역사학자 헹크 베셀링Henk Wesseling은 독일령 동아프리카에서 벌어진 마지마지 전쟁이 수년간 이어진 지배 전쟁의 일부였다고 주장했다. 당시 동아프리카 곳곳에서 벌어진 충돌들은 더 큰 군사작전의 일부였음에도 불구하고 각각 '소요사태', '분쟁', '반란' 등의 이름으로 불리며 개별적인 사건으로 취급됐다. 영국의 군대가 나이저강을 오르내리며 벌인 공격들도 이와 유사한 사례로 이해해야 한다.[5] 베슬링은 이에 대해 다음과 같은 결론을 내렸다. "영국과 독일의 아프리카 점령과 강화는 연속적 과정이었다. 이들은 아프리카에서 1년이 멀다하고 전쟁을 벌였고, 한 달이 멀다하고 폭력적 사건이나 진압 작전을 벌였다."[6]

　　유럽 열강들은 1884년 베를린 회의에서 아프리카 분할을 논의했다. 베를린 회의 이후 약 30년간 영국과 독일, 프랑스, 벨기에 등 유럽 국가들이 아프리카와 남반구에서 벌인 군사 활동은 20세기에 벌어진 끔찍한 사건들의 전조가 된 '0차 세계대전'이었다고 볼 수 있다. 이 기간 동안 동아프리카와 서아프리카는 그야말로 전쟁터였다. 영국은 이 시기 '무한 전쟁'을 통해 아프리카 지역의 왕과 군대, 마을을 차근차근 제거해나가며 새로운 '간접' 통치 모델을 수립했다. 노예무역을 철폐하겠다며 시작된 '인도주의적' 군사 행동은 아프리카 내륙으로 향할수록 변질됐고, 그 과정을 맥심기관총이라는 새로운 기술이 수월케 했다.

　　'아프리카 쟁탈전'에서 영국 정부와 더불어 칙허회사들이 했던 역할에 대해서도 설명이 필요하다. 왕립나이저회사 메달에 대해서는 '나이지리아 1886~1897'이라고 쓰인 한 종류의 약장만 발행됐다. 그러나 이 약장은 해당 시기에 활발하게 진행된 수많은 군국적·기업적 식민 활동을 기념하고 있다. 서아프리카 지역 식민 활동에 기업의 이익이 변칙적으로 끼어들기 시작한 것은 앞서 언급된 조지 골디, 즉 조지 대시우드 타우브먼 골디George Dashwood Taubman Goldie의 등장에서부터였다. 아일랜드해에 위치한 맨섬 출신의 골디는 왕립군사학교에서 훈련을 받은 후 왕립공병대에서 2년간 복무했다. 골디가 나이저강을 처음 방문한 것은 서른 살 때인 1876년이었다. 골디는 1875년 나이저 지역의 작은 무역회사인 홀랜드 자크스Holland Jacques의 지분을 매수했다. 골디의 큰형의 장인이자 회사의 사장이었던 조지프 그로브-로스Joseph Grove-Ross의 권유에 의한 것이었다. 1876년에 영국중앙아프리카무역회사를 합병하고 1878년 유나이티드아프리카회사를 설립한 골디는 그 후 나이저 남부 지역의 영국과 프랑스 회사 십여 개를 합병해가며 규모를 키워갔다.[7] 나이저강 유역에서 교역이 막 시작될 당시에는 강가에 정박한 배가 창고이자 교역소 역할을 했지만 곧 연안에 공장들이 들어섰다. 페르난도포에 있던 영국 영사관은 1880년 올드 칼라바르로 옮겨갔다. 영사관은 "강변에서 200피트가량 떨어진 언덕에 헛간 같은 모습의 목조 건물"로 들어섰다. 이후 영사관은 다시 사펠레에 지어졌는데, 이때는 브리스틀에서 구입한 '힌두스탄'이라는 이름의 상선의 선체를 활용했고, 철판으로 60명이 지낼 수 있는 병영을 추가적으로 만들었다고 한다.[8]

1884년 무렵에는 베를린 회의에 참석할 만큼 골디의 입지가 탄탄해져 있었다. 골디는 베를린 회의에서 영국이 나이저 삼각주 지역의 지배권을 확보하는 데에 중요한 역할을 했다. 추후 나이지리아 초대 총독이 된 프레데릭 루가드Frederick Lugard는 골디의 베를린 회의 참석에 대해 다음과 같이 회상했다. "골디는 베를린 회의가 열리기 전 나이저 남부 지역에서 모든 외국 깃발이 자취를 감추게 만들었다. 그는 이 지역에서 휘날릴 수 있는 깃발은 영국의 유니언잭뿐이라 선언하며 영국의 독점적 관리권을 확보해냈다."[9]

베를린 회의는 유럽의 아프리카 식민화 역사에서 큰 변화를 나타내는 이정표였다. 유럽 열강들은 육지와 해상에서 영향력을 확보하기 위해 경쟁했다. 유럽은 호주나 북미의 경우와 달리 서아프리카에서는 '정착형 식민주의' 모델을 추구하지 않았다. 영국은 1884년 9월 10일 올드칼라바르(아크와 아크파)의 왕 및 족장들과 보호조약을 맺었다. 내륙에서는 왕립나이저회사가 온갖 수단을 동원해 여러 부족과 조약을 맺어가며 활동범위를 빠르게 확장해갔다. 1887년에 이르러서는 왕립나이저회사의 독점적인 거래권과 특혜를 보장한다는 내용의 조약이 무려 230건 이상 체결됐다.[10]

1950년 이후 경제역사학자들은 유럽 열강들이 쟁탈전을 벌인 것은 '단순히 아프리카의 수풀과 정글에 대한 소유권을 주장'하기 위해서가 아니었다며, 아프리카 식민 역사에서 나타난 새로운 형태의 제국주의에 주목했다. 그러나 그 차이를 지적하며 사용한 '비공식적 제국'이나 '자유무역 제국주의'[11] 같은 표현은 베를린 회담 이후 자행된 군국적이고 수탈적이며 악독했던 기업 식민주의를 제대로 담아내지 못한다. 19세기 후반 기업의 이익과 정부의 이익 간의 긴밀한 결합을 강조하며 케인Cain과 홉킨스Hopkins가 제시한 '신사적 자본주의'라는 표현도 당시의 실상을 담아내기에는 부족하다.[12] 이후 빅토리아 시대의 영국은 정착민과 상인, 선교사, 정부 관리 등의 다양한 활동을 통한 '영토 확장'을 계속했다.[13] 영국이 그 과정에서 자행한 폭력과 환경 파괴, 인종적 사고,

문화재 약탈, 그리고 약탈물의 전시는 앞서 언급한 표현으로는 결코 설명될 수 없다. 앤 로라 스톨러가 주장한 바와 같이 '간접 통치'나 '비공식적 제국'은 당시의 현실을 제대로 설명하지 못하는 점잖은 말장난일 뿐이다.[14] '비공식적 제국'이나 '신사적 자본주의', '간접적 통치'나 '원주민 행정부' 같은 표현은 당시 영국이 실제로 현지인에게 일정 부분 자치권을 인정했다는 오해만 불러일으킨다. 사실 당시 영국이 서아프리카에서 보인 통치 행태는 나와 사라 말레트Sarah Mallet가 '군국적 식민주의'라고 정의한 유형에 가까웠다.[15]

앞으로 이어질 장에서는 1885년에서 1895년까지 나이저 삼각주 지역에서 나타난 영국의 새로운 자본주의적 식민주의가 본격적인 기업적·군국적 식민주의로 발전하며 폭력이 심화되는 과정을 함께 살펴볼 것이다. 이 과정은 나오미 클라인Naomi Klein이 말한 21세기 '재난자본주의disaster capitalism'로 향하는 의미심장한 전진이기도 했다.[16]

영국이 응징의 이유로 내세운 아프리카의 '잘못'들은 대개 얄팍한 구실에 불과했다. 이는 당시 응징을 핑계로 한 토벌이 얼마나 자주 진행됐는지만 보아도 알 수 있다. 보호령의 부영사였던 헨리 갈웨이Henry Galway는 "소규모 병력을 이끌고 살인자들을 추적"하느라 출동하는 일이 빈번했다는 기록을 남겼고,[17] 나이지리아 초대 총독 루가드는 1890년대에 "살인을 비롯한 범죄가 빈발하여 정부가 이를 무력으로 단속하기 위한 소규모 작전에 나서는 일이 잦았다"고 회상했다.[18] 갈웨이는 나중에 남긴 기록에서 1890년대에는 "응징 작전이 연중행사"였다고 설명하기도 했다.[19]

매년 주기적으로 작전을 진행했다. 그 결과 식인과 인신공양의 거점들이 서서히 정리되며 미신적인 통치자가 지배하던 곳에 원주민 법정이 들어섰다. 문명이 조금씩 전진하며 상업이 발달했고, 기억할 수도 없는 오래전부터 무정부 상태의 악정에 시달리던 지역에 평화와 자족, 정의가 찾아왔다.[20]

드러내놓고 말하지는 않았지만, 주로 정글에서 벌어진 응징 작전은 계절에 맞춰 진행됐다. 건기에 해당하는 12월부터 3월까지가 보호령 군대와 나이저회사의 주요 토벌 활동 기간이었다. 플로라 쇼는 1897년 1월 8일 《타임스》에 기고한 사설에서 다음과 같은 표현으로 사무적인 태도를 드러내기도 했다. "계절상의 이유로 전투 가능 기간이 짧은 나라에서는 결정을 내리면 신속하게 행동에 옮겨야 한다."[21] 1884년부터 1914년까지 벌어진 0차 세계대전의 폭력을 주도한 것은 토머스 벅스턴과 데이비드 리빙스턴이 주창한 '3C'에 더해 새롭게 붙은 위험한 'C', 즉 기업Corporation이었다.[22] 점점 그 영향력을 키운 기업적 식민주의는 영국과 독일의 협력을 위한 중요한 고리가 됐고, 나중에 사이가 틀어지기는 했지만 양국 간의 정치적 동맹 또한 가능하게 했다.[23] 영국과 독일의 민족학 박물관들은 20세기 초까지 교류를 이어가며 전쟁 약탈물 연구를 통해 인종과학의 개념을 강화해갔다. 그럼 이제 이어지는 장에서는 베닌시티 약탈을 둘러싼 배경을 이해하는 데 있어서 핵심적인 이 기업적·군국적 식민주의에 대해 더 자세히 알아보자.

6장
기업적·군국적 식민주의

저희 왕립나이저회사가 서아프리카에서 제국의 업무를 수행하고 있다
는 점과 회사의 공식적인 입장이 칙허장의 '일반조항'에 명시된 바와 같
다는 점을 부디 국방장관께 알려주시기 바랍니다.

— 1896년 8월 조지 골디가 영국 총리에게 보낸 편지[1]

왕립나이저회사 총재 조지 골디가 총리에게 보낸 이 편지의 내용을 어
떻게 이해해야 할까? 칙허회사들은 16~17세기 유럽의 제국주의 팽창
초기에 발달했다. 이 시기에 설립되어 다국적으로 규모를 키운 칙허
회사로는 머스코비회사(1553~1746), 동인도회사(1600~1858), 네덜란드
동인도회사(1602~1799), 허드슨베이회사(1670~~현재), 왕립아프리카회
사(1672~1712) 등이 있다.[2] 이후 19세기 말 대영제국에서는 또다시 이

런 칙허회사들이 대거 설립됐다. 가장 먼저 북보르네오칙허회사(1881년 칙허 획득)가 설립됐고, 이후 조지 골디의 왕립나이저회사(1886), 윌리엄 매키넌William Mackinnon의 대영제국동아프리카회사(1888), 세실 로즈Cecil Rhodes의 영국남아프리카회사(1889)가 뒤를 이었다.

영국은 아프리카에 네 곳의 왕령 식민지를 두었다. 감비아(1765), 시에라리온(1808), 골드코스트(1821), 라고스(1861)였다. 이후 기존 왕령 식민지 주변의 골드코스트(1874), 오일강/나이저해안(1884, 1893), 감비아(1894), 시에라리온(1896), 아샨티(1902)가 보호령으로 선포됐다. 그러나 영국이 말하는 '보호령'의 정확한 성격은 정의하기 어려웠다. 특히 골디의 왕립나이저회사 같은 칙허기업이 관할했던 지역과 비교하면 보호령의 성격은 더욱 애매한 면이 있었다. 1899년 3월 조지 골디는 정착형 식민주의를 대체할 만한 새로운 모델에 대한 자신의 견해를 다음과 같이 밝혔다.

> 나는 '보호령'이라는 명칭을 선호하지 않는다. 여러 세대에 걸쳐 '보호령'이라는 명칭은 유럽인 관리가 직접 유럽식으로 통치하는 지역에 대해 사용한 용어기 때문이다. 나는 그보다는 '세력권sphere of influence'이라는 명칭을 선호한다. 이 명칭은 유럽이 아프리카를 지배하고 통치한다는 개념을 정확하게 표현해준다. 아프리카에서 각 열강은 각자의 세력권을 가지며, 이 세력권에 대해서는 다른 열강이 개입할 수 없다. 또한 열강은 세력권 내에 문명을 점진적으로 정착시키기 위해 필요한 범위를 넘어서는 영향력을 행사하려 해서는 안 된다.[3]

베를린 회의 개최 당시 나이저 지역에는 아직 영국의 보호령이 정식으로 설치되어 있지 않았지만, 회의는 기본 일반의정서 결정을 통해 "해당 지역에 영국의 보호령이 이미 존재하는 것을 간접적으로 인정"했다.[4] 1885년 6월 나이저강 주변의 '나이저 구역'이 영국의 보호령으로 선포됐다. 서쪽에는 라고스가, 동쪽에는 새롭게 독일령으로 합병된 카메룬이 위치해 있었다. 그런데 이 '보호령'의 의미는 처음부터 모호했다. 보호령의 목적이 실제로 현지의 주권을 존중하고 보호하는 것인지 왕령 식민지로 이행하기 위한 준비 단계인지 명확하지 않았고, 영국 정부가 이 지역의 통치에 어느 정도 개입하게 될 것인지도 불분명했다. 왕립나이저회사의 전신인 국립아프리카회사는 나이저 삼각주의 '오일강' 하구 해안지역과 '나이저 베누에라는 명칭으로 알려진 실질적인 중앙아프리카 지역'을 명확히 구분해달라고 요청했다. 수백 마일에 이르는 강과 하천을 이용해 나이저-베누에의 인구가 밀집된 지역에서 교역활동을 하고 있던 국립아프리카회사는 이 지역에 '사이프러스나 골드코스트 식민지 수준의 관리 체계'가 들어서기까지는 몇 해 이상이 걸릴 것이라고 판단했다. 회사는 영국 정부도 독일이 카메룬에서 사용한 모델을 따라주기를 바랐다. 독일은 "특유의 실용적인 능력을 발휘하여 중앙아프리카를 개발하는 유일한 방법은 행정력과 상업적 영향력을 결합한 칙허회사를 활용하는 것이라는 판단을 내리고, 필요한 권한을 동아프리카회사에 즉시 넘겨주었다."[5]

이듬해인 1886년 6월 25일, 단명한 3기 글래드스턴 내각은 프랑스와 독일에게 아프리카 영토를 빼앗길 것을 우려해 국립아프리카회사에 칙허를 발급했다. 회사의 자본 규모는 100만 파운드로, 10파운드짜리 주식을 10만 주 발행했다.[6] 1886년 7월 13일 왕립나이저회사로 이름을 바꾼 국립아프리카회사는 칙허에 따라 포르카도스에서 브래스강 사이에 위치한 약 100마일가량의 나이저 삼각주 구간을 '관할'하게 됐다. 일로 린에서 소코토까지, 로코자에서 비다와 카노까지 이어진 나이저-베누에 강과 하천 또한 회사의 관할이 됐다. 정부가 설치한 오일강보호령의 경우 라고스 식민지에서 리오델레이강 하구까지를 영토로 했다.[7]

식민부가 관리하는 오일강보호령 사무소와 외교부의 칙허를 받은 왕립나이저회사의 공존은 현지에서 혼란을 불러왔다.[8] 회사의 영토와 보호령의 영토가 겹치는 곳에서는 서로 다른 법 적용으로 일종의 '이중 관할'이 발생하기도 했다.[9] 왕립나이저회사는 영토 내에서 사실상의 독점권을 누렸다. 이렇게 산업자본 시대에서 식민금융자본 시대로 전환이 이루어지며 R. 팜 더트R. Palme Dutt가 말한 '초과이윤'이 최고의 가치가 됐다.

> 회사들은 국가기구를 활용해 후진국에 대한 직·간접적인 정치적 지배나 통제를 확보해나갔다. 이들이 활용한 방법에는 무력 또한 포함됐다. 이들은 특정 국가를 독점적인 시장으로, 원자재 생산국으로, 또 투자처로 확보하여 초과이윤을 최대한 창출하기 위해 특혜적 지위를 획득하고자 애썼다.[10]

왕립나이저회사의 독점이 시작된 직후인 1886년 11월부터 폭력과 소요사태에 대한 소식이 들려왔다. 다음은 1887년 새해 첫날《리버풀 커리어》가 보도한 내용이다.

> 왕립나이저회사는 노예무역 종식 이후 아프리카와 유럽이 세운 기존의 교역 합의사항들을 위반하며 '작은 전쟁'을 유발하고 있다. 회사는 자체

적인 관세를 부과 및 징수하고, 연간 허가증 구입을 종용하는가 하면 밀수라고 판단되는 거래를 처벌하기도 한다. 보호령의 입장에서는 '실로 난감한 이중 관할'이 아닐 수 없다.[11]

윌리엄 홀William Hall은 1894년 발표한 〈외국 열강들과 영국의 관할권에 대한 논문〉에서 프랑스와 독일이 말하는 보호령과 영국이 말하는 보호령 사이에 큰 차이가 있다는 점을 지적했다. 홀에 따르면 영국의 보호령은 "독립을 유지한 채 영국의 보호를 받는 나라"로, "외교 관련된 사안은 믿을 만한 나라의 지도를 받되 내정에 대해서는 완전한 주권을 유지하거나 최소한 원칙적으로 그 유지를 보장받는" 상태다.[12] 그러므로 오일강보호령과 비교할 만한 해외 열강의 보호령은 1861년 프랑스가 왕실을 인정한 채 보호령으로 편입시킨 모나코나 1815년 빈 회의 때 영국의 '우호적 보호령'이 됐다가 1864년 그리스 할양 때까지 존재한 이오니아 제도 합중국 등을 들 수 있을 것이다. 1888년 영국과 브루나이의 하심 잘릴룰 알람 아카마던 술탄 사이의 합의 또한 유사한 사례로 볼 수 있다. 영국은 이 조약에서 "브루나이는 영국의 보호를 받는 독립국으로서 이후에도 술탄과 그 후계자들이 통치한다"는 내용에 동의했고,[13] 브루나이는 1984년까지 보호령 지위를 유지했다.

나이저 삼각주에서 이제 막 피어나던 영국의 전 지구적 자본주의를 조력한 것은 두 가지 상품에 대한 수요 증가였다. 17~18세기 대서양 노예무역은 시드니 민츠Sidney Mintz가 '마약 식품drug foods'이라고 칭한 설탕, 담배, 커피와 밀접하게 연결되어 있었다. 이 시기의 무역은 이러한 식품을 신세계의 플랜테이션에서 생산하여 유럽의 시장에 판매하는 것이 핵심이었다.[14] 그러다 노예무역이 금지되고 19세기 후반이 되며 강변의 '공장'을 소유한 리버풀이나 글래스고의 상인들은 '합법적인' 교역 품목을 찾고자 다양한 시도를 했고, 이는 기독교를 전파하려는 영국교회선교회의 새로운 움직임과 만나게 됐다. 무역이라는 이념은 기독교 문명의 전파라는 이념과 함께 성장했고, 이러한 움직임은 수탈적 식민주의의 핵심적인 부분을 차지하게 됐다. 서아프리카와 교역하는 첫 증기선 회사가 1852년에 설립됐다. 영국에서 서아프리카까지 항해 소요 시간은 35일에서 21일로 줄었고, "1854년에서 1904년 사이 영국에서 서아프리카로 향하는 화물 톤수는 두 배 증가"했다.[15] 이 새로운 경제적 제국주의는 노예무역이 아닌 두 가지 상품에 기반을 두고 있었다. 기름야자를 압착하여 얻은 야자유와 야자씨유, 그리고 고무였다. 그 외 상아, 마호가니, 흑단, 각종 나무 수지, 고추류, 커피, 코코아, 구타페르카, 카사바 전분, 발삼, 피마자유, 수피, 패츌리 향료, 피아사바야자, 인디고 염료, 가죽, 견과류와 라피아야자 또한 주요 교역품이었다.[16]

　　나이저 삼각주에서 수입된 야자유는 산업 기계의 윤활유로 쓰였고, 야자씨유는 비누와 양초 제조, 램프용 기름과 식용유로 쓰였다. 1863년에서 1869년 사이 라고스의 수출량은 10배 증가하여 연간 2만 394톤에 달했다.[17] 석유 산업이 성장하며 석유가 야자유의 경쟁자로 떠올랐지만, 야자유의 수요 감소는 야자씨유의 수출 증가로 충분히 상쇄됐다. 프랜시스 로더Francis Loder가 1887년 특허를 낸 탈취공정으로 인해 야자씨유를 활용한 식물성 마가린의 대량 생산이 가능해진 덕이었다.[18] 고무의 경우 베를린 회의 당시에는 노예무역의 초기 패턴과 비슷한 경제적 지형에서 나이저 삼각주 지역의 생산자들이 각자 수확하고 이를 중간 상인을 통해 거래하는 방식이었다. 그러나 이 패턴은 식민지 산림부의 주도로 대규모 고무 농장이 조성되면서 20세기 초반의 10여 년 동안 급격한 변화를 맞았다. 1910년까지 베닌시티 주변에는 1000여 개의 대규모 농장이 조성됐다.[19] 북쪽에서 나는 산물 중 나이저회사가 중요하게 생각했던 것은 시어버터와 상아였다. 이들 품목은 주로 영국의 진이나 총기와 교환됐다.[20]

베를린 회의 이후 약 10년간 다양한 변화가 일어났다. 노예무역 금지 이후 수십 년간 나이저 지역을 꾸준히 개발해온 왕립나이저회사는 아프리카에서 활동하는 다른 영국 회사의 개입을 철저히 차단하려 했다. 칙허서는 왕립나이저회사에게 '독점적인 무역권과 통치권'을 주고 '통치 비용 충당을 위한 관세 부과'를 허용하고 있었다.[21] 왕립나이저회사는 중간 상인을 배제하고 야자유와 고무 등 상품의 '생산자'와 직접 거래하고자 했다. 한편 글래스고 기반의 알렉산더 밀러Alexander Miller와 리버풀 기반의 제임스 피노크James Pinnock를 비롯한 잉글랜드와 스코틀랜드 무역업자들은 왕립나이저회사의 칙허서를 철회시키고자 애썼다. 왕립나이저회사는 1888~1889년 오일강보호령을 장악하려다 실패했다.[22] 경쟁 기업 중 아홉 곳이 아프리카협회라는 이름으로 리버풀-함부르크 연합을 결성했지만,[23] 결국 이 대결은 1893년 왕립나이저회사가 리버풀 상인들을 몰아내는 것으로 결말이 났다. 1891~1893년에는 보호령의 조직개편으로 클로드 맥도널드Claude MacDonald가 총독이자 총영사로 부임하면서 많은 변화가 일어났다. 보호령의 이름을 '나이저해안보호령'으로 바꾼 그는 왕립나이저회사의 독점권과 기타 권한에 제한을 두고자 시도했다. 맥도널드는 총 여섯 곳에 부영사관을 설치하고 부영사들로 하여금 보호령 내에 위치한 뉴 베닌, 브래스, 뉴 칼라바르, 콰 이보, 오포보, 올드 칼라바르강을 각각 담당하게 했다. 당시 헨리 갈웨이는 베닌강에서 근무하고 있었다. 1890년대 초에는 아프리카협회로부터 매입한 뉴 베닌의 건물을 증축했다. 보호령 건물에는 영사재판소와 세관, 진료소, 선창과 부두가 있었고, 여섯 명의 유럽인이 생활했다. 브리스틀에서 구입한 오래된 선박은 사펠레에서 교역소가 됐으며, 내부에는 세관, 영사재판소, 금고, 병영, 감옥이 설치됐다. 병영에서는 보호령 파견 부대가 생활했다.[24]

1889년 11월부터 1890년 7월까지 열린 브뤼셀 반노예회의는 아프리카에 여전히 존재하는 노예제에 대한 반대 여론을 결집하여 노예무역을 새롭게 압박했다. 1892년 비준된 브뤼셀 협약 덕에 1893년부터 영국은 서아프리카에서 노예무역을 단속한다는 핑계로 무력을 한층 자유롭게 사용했다. 이로 인해 보호령 영토와 나이저회사의 영토 모두에서 군사 활동이 더욱 활성화됐다. 총기, 탄약 및 독주의 아프리카 반입과 노예무역을 금지한 브뤼셀 협약 이후 영국은 해안 경로보다는 강과 육지에 집중하며 나이저강 유역의 "항해 가능한 수로에 요새화된 거점과 무장 기지를 설치하고 금지행위 단속을 위한 별도의 부대를 운영"했다.[25] 아프리카 내 비유럽인 군대가 강화되는 것을 억제하기 위해 무기와 진의 거래 또한 상당 부분 제한하기 시작했다. 영국은 '강선이 없는 화승총과 일반화약'을 제외한 모든 총기의 거래를 금지했다.[26]

왕립나이저회사는 점점 직접적으로 무력을 사용했고, 보호령의 군사 행동 또한 유도하기 시작했다. 골디는 아프리카를 '개방'하고 아프리카 내부로 '진출'해야 한다고 주장했다.[27] 나이저회사와 보호령은 각각 자체적인 경찰대 병력, 즉 '사실상의 군대'를 운영했다.[28] 헨리 갈웨이는 "흰 양산을 쓰고 미소만 짓다가는 아무리 오래 기다려도 아프리카를 개방할 수 없다"며 "백인 장교가 이끄는 유색인 군대를 양성하는 것"이 중요하다고 강조했다.[29] 1891년에는 노예무역이라는 '견딜 수 없는 죄악'

을 근절한다는 명목으로 왕립나이저회사의 권한을 대폭 확대하는 새로운 규정이 통과됐다. 이로써 나이저회사는 "그때까지 수적으로 절대부족했던" 병력 규모를 늘릴 수 있게 됐다. 왕립나이저회사는 아프리카에서는 아직도 노예사냥이 버젓이 자행되고 있다고 강조하며 자신들이 하는 상업 활동의 인도주의적인 측면을 강조했다. 이들은 현지의 노예무역을 단속하지 못하면 "이 풍요로운 지역에서 막 피어나기 시작한 상업이 완전히 파괴되고 말 것"이라고 주장했다.[30] 1892년 8월의 공식 기록을 살펴보면 보호령의 '오일강 비정규군'은 장교 2명과 지원인력 10명(재단사 5명과 '이슬람교 성직자' 포함), 골드코스트와 라고스 식민지에서 모집한 하우사족 병사 153명(고수와 나팔수로 구성된 6인의 군악대 포함)로 구성되어 있었다. 이들은 스나이더소총, '정글'과 '선상' 작전에서 모두 사용할 수 있는 3열식 노르덴펠트기관총 7대, 6파운드포 1대, 새로 들여온 맥심기관총 1대, 7파운드포 2대, 로켓포로 무장했다.[31] 그로부터 2년 후 비정규군은 나이저해안 경찰군 조례에 따라 보호령 경찰대로 개편됐다. 앨런 보이스래건이 이끄는 이 경찰대는 유럽인 장교 15명과 아프리카인 장교 2명, 그리고 '이슬람교 요루바족' 사병 450명으로 구성됐다. 사병 450명 중 400명은 각각 100명씩 4개 중대로 편성됐고, 나머지 50명은 군악대와 연대 지원병이었다. 경찰대는 총검이 부착된 마티니헨리소총과 맥심기관총 2대, 7파운드포 4대로 무장했다. 이들은 1896년 "매우 중대하고 비중 있는 작전을 수행"했다고 기록되어 있다.[32] 병영은 올드 칼라바르, 뉴 칼라바르강의 데그바, 그리고 베닌강의 사펠레에 위치해 있었다.[33] 보호령 관리들은 '폭력사태'와 '유혈사태', '자유무역 원칙에 위배되는 모든 행동'을 경찰대에 신고했다. 영국이 노예무역 폐지 이후 정한 규정을 위반하는 이츠키리족과 다른 원주민 상인들도

신고의 대상이 됐다.[34]

　나이저해안보호령의 운영에서 현지 족장들과의 관계는 핵심적이었다. 보호령 당국은 1884년부터 1892년까지 현지의 족장들과 무려 342개의 조약을 체결했다.[35] 이때 체결된 수많은 조약의 이면에는 서명을 거부할 경우 군대를 동원해 공격하겠다는 보호령 당국과 나이저회사의 협박이 존재했다. 1886년 카메룬과 오일강보호령 부영사로 임명된 해리 존스턴 Harry Johnston 은 나중에 이런 기록을 남겼다. "1885년 나이저 삼각주에 도착하여 현지 상황을 파악해보니 주의해야 할 강력한 원주민 왕국 두 곳이 눈에 띄었다. 서쪽의 베닌 왕국, 그리고 강 동쪽에서 자자 왕이 이끄는 오포보 왕국이었다. 베닌 오바의 휘하에 있는 나나 올로무라는 부왕격의 족장도 요주의 인물이었다."[36]

　존스턴의 주도로 1887년 오포보의 자자를 왕위에서 몰아낸 사건은 이후 이 지역에 닥친 사건들의 전조였다(한편 존스턴은 같은 해 스물아홉의 나이로 '영사대행'으로 진급했다). 킹스 칼리지 런던 출신의 존스턴은 왕립예술원에서 4년간 회화를 공부했으며, 1884년에는 왕립지리학회의 킬리만자로 원정을 이끈 바 있었다. 나중에는 아프리카에서의 경험을 바탕으로 '우월한 민족의 아프리카 식민화에 대한' 장황한 글을 내놓기도 했다.[37] 백인들에게 자자 왕으로 알려져 있던 오포보 왕의 이름은 '주보 주보'였다. 이그보랜드의 아마이그보에서 1821년 태어난 주보가는 열두 살 나이에 노예 신분으로 보니에 팔려갔다. 추후 엄청난 재력을 자랑하는 무역상으로 성장한 주보가는 마흔여덟 살이던 1869년 오포보라는 도시국가를 건설했다. 주보가는 잉글랜드를 방문하기도 했다. 그가 탄 증기선 테네리페호는 1885년 7월 31일 리버풀에 도착했다.[38] 자자 왕은 나이저강을 따라 다수의 야자유 거래소를 설치하고 관리했으며, 영국 회사를 통하지 않고 야자유를 직접 리버풀까지 배송하기도 했다. 보호령 당국은 이로 인해 무역에 관련된 갈등이 고조되고 있던 1887년 회담을 제안하고 자자 왕을 속여 포로로 잡은 후 아크라로 보내 여러 죄목을 씌워 유죄를 선고했다. 자자는 그 후 런던으로 후송되어 빅토리아 여왕을 만나고 카보베르데의 상비센테섬으로 유배됐다. 헨리 갈웨이는 나이저해안보호령의 부판무관 겸 부영사로 임명되어 1891년 7월 플리머스를 떠나 보니로 향하던 첫 항해에서 자자 왕의 유해를 수습하여 오포보에 반환한 경험을 기록하기도 했다. 영국 측의 주장에 의하면 자자 왕은 유배 생활을 끝내고 카보베르데에서 다시 오포보로 돌아가던 중 테네리페에서 사망했다.[39]

한편 보호령 당국은 베닌의 오바와도 조약을 맺기 위해 수차례 시도했다. 1862년 리처드 버턴Richard Burton이 오바 아돌로에게 한 최초의 제안은 실패했다.[40] 1885년 6월에는 베닌의 부영사 데이비드 블레어David Blair가 무역업자들과 하우사족 병사 50명을 이끌고 오바를 만나러 갔지만 베닌시티에서 25마일 떨어진 곳에서 사흘을 기다린 끝에 결국 만나지 못하고 귀환했다.[41] 그 후로도 수년간 몇 번의 방문과 시도가 있었다. 1889년 12월과[42] 1891년에는[43] 시릴 펀치가 방문했고, 1890년에는 T. B. 아우처로니T. B. Auchterlonie가 두 차례 방문했으며,[44] 같은 해 앤슬리Annesley 영사도 오바를 방문했다. 이들은 오바와의 알현에는 성공했으나 조약 체결에는 실패하고 선물 교환으로 만족해야 했다.

영국은 조약 체결을 위해 애쓰던 기간 내내 다른 한편으로는 오바제거 계획을 논의했다. 유리한 고지를 점하기 위해서는 지리적 정보를 확보하는 것이 가장 중요했는데, 헨리 갈웨이는 1892년 1월 라고스와 베닌 사이의 하천 유역에 대한 지도 작성이 완료됐음을 알렸다.[45] 1892

년 3월, 갈웨이는 마침내 베닌강 유역에 위치한 과토로 가서 오바에게
연락을 취한 끝에 베닌시티로 초대받았다. 초대를 받은 갈웨이는 다른
백인 세 명과 짐꾼 40명을 대동하고 베닌시티로 향했다(화보 2a). 갈웨
이가 방문한 시기는 전대 오바를 기리는 특별한 의식이 진행되는 시기
여서 베닌시티에는 5000여 명의 인파가 몰려 있었다. 마침내 허가를 받
고 알현한 오바는 "눈과 코, 손가락 끝과 발가락 끝만을 내놓은 채 산호
를 온몸에 칭칭 감은 복장을 하고 머리 위에는 거대한 양산을 받쳐 쓰
고 있었다".[46]

영사관 직원 H. 할리 허턴H. Haly Hutton과 보호령 의무관 핸리Hanley,
피노크사의 존 스와인슨이 증인으로 참석한 가운데 1892년 3월 26일
마침내 보호조약이 체결됐다.[47] 물론 갈웨이의 일행 또한 이전 방문자
들처럼 사흘을 기다린 끝에 오바를 만난 것이었다. 보호조약의 내용은
당시 표준에 따라 "영국의 여왕이자 인도의 여제이신 빅토리아 폐하께
서 베닌의 왕과 그의 관할 영토에 호의와 보호를 제공한다"고 되어 있
으며, 이에 대한 조건으로 몇 가지 조항을 제시했다. 그중 가장 핵심적
인 조항은 제6조 "모든 국가의 백성과 시민은 베닌 왕의 영토 내 모든
곳에서 자유롭게 교역하며, 그 안에 주택과 공장을 소유할 수 있다"라
는 내용이었다.[48]

오바는 조약의 서명란에 'X'자 모양을 그려 서명을 대신했다. 서명이
라는 행위의 의미를 오바가 어떤 식으로 받아들였는지 명확하지 않지
만, 갈웨이는 서명이 이루어진 후 오바에게 "조약에 명시된 내용을 지
키는 한 잉글랜드의 여왕은 언제나 오바의 친구로 남을 것"이라고 설명
했고, 오바는 자유로운 교역을 허락한다는 의미로 코팔 나무에 걸려 있
던 '부적'을 제거하고 나무에서 나오는 코팔 수액을 채취할 수 있게 했

다고 한다.[49] 그러나 애초에 베닌의 오바가 거래를 제한한 적이 있는지
는 정확히 알려져 있지 않다.[50]

조약 체결로부터 몇 달이 흐르자 보호령 관리들은 적당한 때가 오면
오바를 제거하자는 계획을 노골적으로 논의하기 시작했다. 1892년 5월
16일, 맥도널드 총영사는 오바 오본람웬 노그바이시가 'X'자 모양을 그
린 조약의 '서명본'을 당시 총리였던 솔즈베리 후작에게 보내며 오바가
자유로운 교역을 방해하고 있다는 주장과 함께 그와 관련된 문제들을
보고했다.

> 이 일대에서 자원이 가장 풍부한 영토가 베닌이라는 데는 의심의 여지
> 가 없습니다. 베닌에서는 다양한 광물과 코팔 수지, 아라비아고무, 기름
> 야자 씨앗 등을 대량으로 구할 수 있습니다. 그러나 안타깝게도 왕국 전
> 체를 지배하고 있는 미신적이고 야만적인 정부 때문에 이곳의 무역과
> 상업, 문명은 모두 마비되어 있습니다. 제가 파악한 바에 따르면 베닌의
> 최고 통치자는 현재의 사태를 해결하고자 하는 의지를 지니고 있으나,
> 제사장인 족장들이 이를 막고 있습니다. 저 또한 빠른 시일 내에 사태가
> 해결되기를 바라는바, 갈웨이 대위가 성사시킨 본 조약이 우리가 원하
> 는 결말에 다가가는 첫걸음이 되어주리라 생각합니다. 그러나 베닌의 제
> 사장들이 수세기 동안 이끌어온 풍습이 저항 없이 순순히 사라지지는
> 않을 것입니다. 최후의 수단이 되어야겠지만, 오일강보호령의 군사력을
> 과시하거나 실제 활용해야 하는 상황이 올 수도 있습니다.[51]

갈웨이 부영사는 1892년 7월 31일 자 오일강보호령 보고서에서 다음과
같이 베닌에 대한 불만을 토로했다. "현재 그나마 교역이 가능한 상품

은 야자유와 야자 씨앗뿐이다. 그 외에는 소량의 고무와 상아만이 수출되고 있다. 베닌 지역에서 고무가 많이 나는데도 원주민들은 새로운 상품에 대한 교역 시도를 극도로 꺼려하고 있다."[52]

베닌시티 공격은 1897년 2월에 벌어졌다. 그러나 다음의 보고서를 보면 보호령 정부가 4년 전인 이 시점부터 이미 '응징 작전'을 고려하고 있었음을 짐작할 수 있다. 영국이 걱정한 것은 그러한 행동이 자신들의 이익에 미칠 영향이었다.

오바는 자신의 이익을 위해 거의 모든 교역품에 제한을 걸고 있다. 그는 교역을 금지하고자 하는 상품에 일종의 '부적'을 걸어둔다. 베닌에서 교역을 하고자 하는 이츠키리족은 오바에게 막대한 세금을 납부해야 한다. 이 세금은 매년 납부하는 것이 원칙인데, 오바는 종종 추가적인 세금을 요구하기도 한다. 그러다 원하는 대로 되지 않으면 오바는 모든 교역을 중단시키고 자신이 정한 규칙을 어긴 자를 불시에 공격하기도 한다. 베닌에서 생산되는 귀중한 상품 중 몇 가지는 오바의 금지 때문에 아예 손을 댈 수가 없는데, 대표적인 것이 야자 씨앗이다. 그러나 지난 3월 오바는 여왕 폐하와의 조약에 서명하며 몇몇 상품의 교역 금지를 풀어주겠다는 의향을 밝히기도 했다. 그중 가장 주목할 만한 것이 베닌에서 풍부하게 생산되는 코팔 수지와 야자 씨앗이다. 오바는 걸핏하면 교역을 중단하지만 대개 그 이유는 불분명하다. 오바 본인은 대화에 응할 준비가 되어 있는 것으로 보였으나, 미신적 풍습에 얽매여 있는 것 같은 인상을 주었다. 그런 의미에서 제사장들의 권한이 약화될 때까지 베닌에서 얻을 수 있는 수익은 여러 측면에서 불안정할 수밖에 없다. **베닌의 미신적인 신정정치를 타파하는 데는 오랜 시간이 걸릴 것이며, 그 효**

과 또한 느린 속도로 나타날 것이다. 종국에 가서는 응징 작전을 활용하는 편이 바람직할 수 있으나, 잘못될 경우 교역이 아주 오랫동안 중단될 위험이 있다.[53]

조약이 체결되고 몇 달 후 맥도널드 또한 비슷한 의견을 피력했다. 1892년 11월 2일 리버풀 상공회의소는 아델피 호텔에서 열린 회의에 맥도널드를 초청했다. 맥도널드가 부영사들과 하원의원들, 리버풀과 부틀, 버컨헤드의 시장이 모인 자리에서 한 발언은 다음과 같은 회의 기록으로 남아 있다.

> 맥도널드는 인신공양과 식인, 쌍둥이 살해 풍습과 노예사냥 등에 관련된 무시무시한 이야기들을 들려주었다. **베닌 초토화를 피하면서도 이러한 풍습을 없애기 위해서는 시간과 인내심, 그리고 원주민의 특성에 대한 상세한 정보가 필수적이다.** 아프리카 원주민을 다룰 때는 무엇보다 공정해야 한다. 다시 말하자면, 하겠다고 한 일을 반드시 해야 한다는 의미다. 원주민을 다룰 때는 온화하되 공정하고 단호해야 하며, 잘못을 저지르면 영국의 법과 권력을 등에 업은 정의의 철퇴가 내려진다는 사실을 알게 해야 한다. 영국다운 자비심을 발휘할지언정 처벌은 단호하게 진행하여 결국에 가서는 달아날 수 없다는 사실을 반드시 깨닫게 해야 한다.[54]

이듬해인 1893년 5월, 맥도널드는 다시 다음과 같이 비슷한 주장을 반복했다. "어떤 방식으로든 이 지역의 자원을 개발하기 위해서는 시간과 인내심이 필요할 것이다. 현재 우리의 전진을 막는 가장 큰 장애물은 베닌 왕국 전역을 지배하고 있는 미신과 공포의 통치다. 이를 타파하기 위해서는 강력한 조치가 필요하다."[55]

앞서 살펴본 맥도널드와 갈웨이의 서한들과 발언 기록은 보호조약 체결 몇 개월 후부터 이미 영국이 응징 작전의 이해득실을 저울질해왔음을 짐작할 수 있게 해준다. 영국은 이렇듯 필요에 의해 공격을 미리 검토해놓고 나중에 구실을 잡아 공격을 실행에 옮겼다. 핵심은 브뤼셀 협약이라는 맥락이었다. 브뤼셀 협약이 있는 한 영국 정부는 인도주의를 구실로 아직 노예제가 존재하는 지역에 대해 취하는 조치들을 정당화할 수 있었다. 영국 식민지 내에 존재하는 노예제에 대해서는 선제적인 조치를 취해야 한다는 입장이었지만, 사실 '보호령'이라는 지위에는 애매한 측면이 있었다.

1897년 2월의 베닌시티 공격을 이해하기 위해서는 사건의 배경이 되는 두 가지 흐름을 인식할 필요가 있다. 이 두 흐름은 같은 시기에 서로 다른 지리적 범위에서 나타났다.

첫 번째 배경은 당시 나이저 삼각주에서 영국의 상업 활동을 원활하게 하기 위한 나이저해안보호령과 왕립나이저회사의 폭력적 응징 작전이 점차 빈번해지고 있었다는 사실이다. 두 번째는 아프리카 영토 내에서 영국의 이익에 반하는 왕과 족장들을 몰아내고 '정권을 교체'하려는 움직임이 빨라지고 있었다는 사실이다. 이에 관해서는 왕립나이저회사와 나이저해안보호령의 이익이 서로 맞아 떨어졌고, 정권 교체를 위한 작전에서는 영국 해군이 주축이 됐다.

* * *

자자 왕의 납치와 폐위 이후 영국은 다른 왕과 족장들을 제거하기 위한 움직임을 본격화했다. 자자의 사망과 유해 송환을 둘러싼 상황들은 여전히 불확실했지만, 스물아홉의 부영사 해리 존스턴은 자자의 제거를 두고 "세 개의 가시 중 하나를 뽑은 것"이라 표현했다. 남은 가시 두 개는 나나 올로무 족장과 베닌의 오바였다.[56] 왕립나이저회사는 보호령 당국에 이 가시 두 개를 '뽑아내기' 위한 군사적 행동을 취해달라는 압력을 높여갔다. 1888년 3월 왕립나이저회사에 대한 영국 하원의 청문 기록을 보면 이미 이 시기부터 폭력이 자행됐음을 알 수 있다. 나이저회사는 스위스 출신의 조슈아 츠바이펠Josua Zweifel과 시에라리온인 160명으로 이루어진 부대를 '정찰 목적'으로 파견했는데, 이들이 '교전 수칙상의 오해'로 '사실상 비무장 상태인' 상대에게 발포하여 일곱 명이 사망하고 여러 사람이 부상을 입는 일이 발생했다.[57] 그 이후 약 십 년간 보호령 당국과 나이저회사의 부대가 저지르는 폭력은 급격히 증가했다. 이들 부대는 영국 해군의 지원하에 '응징'이라는 명목으로 여러 마을을 주기적으로 공격하며 지속적이고 폭력적인 대량학살을 자행했다. 이들이 작성한 식민지 보고서에는 원주민 사상자에 대한 기록이 제대로 파악되어 있지 않지만, 사실 남아 있는 기록만으로도 충분히 충격적이다. 미셸 고든Michelle Gordon은 1898년 영국이 서아프리카에서 벌인 두 건의 '작은 전쟁'('가옥세'를 둘러싼 시에라리온과의 전쟁, 수단 재정복을 놓고 벌인 이집트와의 전쟁)을 분석했는데, 식민지 관리들이 본국에 주기적으로 보내는 식민지 보고서에는 '현장 사람들'이 저지른 심각한 폭력이 거의 언급되어 있지 않았다.[58]

왕과 족장들의 제거에서 핵심적인 역할을 한 인물은 랄프 덴햄 레이 멘트 무어Ralph Denham Rayment Moor였다. 무어는 왕립 아일랜드 경찰대에서 십여 년간 복무한 후 1891년 3월 점점 규모가 확대되고 있던 나이저 해안보호령 경찰대에 지휘관으로 합류했다. 1892년 7월에는 갈웨이가 부판무관으로 승진하며 공석이 된 부영사 자리를 차지했고, 갈웨이가 자리를 비운 기간 동안 총영사대행 역할을 하다가 1896년 1월 맥도널 드가 베이징 주재 영국 대사로 전출되자 그 뒤를 이어 총독 겸 총영사로 취임했다. 1890년대 갈웨이와 맥도널드의 도움을 받은 무어의 승진은 군사 작전이 증가한 한 요인이 됐다.

갈웨이의 부재 중 무어가 총영사대행으로서 진행했던 첫 주요 작전은 1894년 7월부터 9월까지 이츠키리족의 나나 올로무 족장을 상대로 벌인 '브로헤미 원정'과 '베닌강 원정'이었다. 영국은 리처드 버턴의 후임인 존 비크로프트John Beecroft가 페르난도 포에서 영사로 근무하던 시절부터 이츠키리족의 족장들을 베닌강의 '책임자'로 공식 임명해왔다. 1884년에는 블레어 부영사가 나나 올로무를 4대 책임자로 임명하는 행사를 열고 이츠키리족과 조약을 맺었다.[59] 베닌 오바의 '부왕'으로도 알려진 나나 올로무는 베닌의 외교와 통치에서 핵심적인 역할을 했다. 나나 올로무가 다스리던 브로헤미는[60] 베닌강변에 위치해 있었는데, 유럽식의 건물과 철판 지붕이 인상적이었다는 기록이 남아 있다. 보호령 관리들은 나나 올로무의 재력과 그가 대접한 훌륭한 음식에 감탄했고, 삼각주 지역 방언뿐 아니라 영어까지 구사했던 그의 언어 능력에 대해서도 기록해두었다.[61] 《타임스》는 기사를 통해 나나 올로무와 브로헤미에 대해 다음과 같은 내용을 소개했다. "강 양쪽 연안을 따라서는 맹그로브 나무와 명아주 관목이 빽빽이 자라고 있다. 명아주 관목은 경제적 가치가 높은 식물로, 그 잎과 가지를 태운 재에서 추출한 탄산칼륨이 비싼 값에 팔린다. 나나 올로무는 탄산칼륨 거래를 통해 1년에 2000파운드가량을 벌어들이는 것으로 알려져 있는데, 실제 브로헤미에는 이 물질이 다량 저장되어 있다."[62]

1892년, 나나 올로무가 영국이 제시한 야자유와 야자 씨앗 가격을 거부하며 분쟁이 벌어졌다. 나나 올로무는 교역 중단을 선언했고, 갈등은 빠르게 격화됐다.[63] 1892년 11월, 갈웨이 부영사는 베닌 지역 교역을 방해하는 세 가지 요소를 꼽으며 불만을 제기했다. 그는 "베닌 왕의 미신적 통치", "가격 변동 개념에 대한 원주민들의 이해 부족"과 더불어 "장기간 교역을 독점하며 외부 개입을 막아온 중간상인 나나 올로무 족장의 지나친 영향력"을 가장 큰 방해요소로 꼽았다.[64] 1894년 맥도널드는 나나 올로무가 "베닌강을 오랜 세월 공포로 지배해왔다"며 다음과 같은 내용의 보고서를 작성했다.

나나 올로무는 3000~4000명가량 되는 대규모 병력을 거느리고 있다. 소유하고 있는 카누 또한 여러 척인데, 그중 일부는 40~50명이 노를 저을 정도로 거대하고, 총 등의 무기를 장착할 수 있다. 나나 올로무는 소총 또한 대량으로 확보하고 있으며, 이동 시에는 늘 윈체스터 총으로 무장한 경호원 40~50명을 대동한다. 올로무가 타는 영국제 카누는 매우 아름다운 외관을 자랑한다. 몇 년 전 올로무는 누군가 자신이 정한 규칙을 어겼다고 트집을 잡으며 베닌강을 통한 모든 교역을 몇 달 동안이나 금지한 적이 있다. 소규모 족장과 상인들은 나나 올로무의 폭정을 타파하고 유럽인들과 자유롭게 교역하기를 바라고 있다.[65]

1894년 7월, 맥도널드와 갈웨이가 자리를 비운 사이 무어는 영사대행 자격으로 전쟁용 카누의 공용 수로 통행금지를 발표했다.[66] 전쟁용 카누가 "베닌과 사펠레, 와리 지역에 공포 분위기를 조성한다"는 이유였다.[67] 무어는 또한 1894년 8월 1일 발생한 열두 명 납치 사건에 대한 보복으로 해군 소속 전함 알렉토Alecto를 파견해 서른다섯 가구가 생활하던 이드조 마을을 초토화하고 반격을 방지한다는 명목으로 정글에 로켓포를 발사했다. 영국은 이를 일종의 **'눈에는 눈** 방식의 응징'이라고 표현했다. 8월 7일에는 7월에 발생한 현지 상인들과 영국 사절단 사이의 비무장 분쟁을 빌미로 3000~4000명의 거주민이 사는 에페로누를 습격하여 로켓포 공격을 퍼부었고, 그 결과 "도시 대부분이 잿더미가 됐다".[68] 공식적인 보고서에 따르면 8월 19일에도 공격이 이루어졌다. 휴Heugh 소령이 이끈 이 공격에는 "로켓포와 2열식 노르덴펠트기관총으로 무장한 증기 쾌속정"과 전함 알렉토가 동원됐다. 쾌속정과 전함은 나나 올로무를 지지하는 것으로 알려진 "오테겔레라는 큰 마을"으로 향하는 두 시간 내내 강가의 정글에 무차별적으로 기관총과 로켓포를 발사했다. 오테겔레는 로켓포 공격으로 "완전히 불타서 파괴"되어버렸고, 경로에 있던 다른 마을들도 모두 파괴됐다.[69] 휴 소령은 추후 요크셔로 돌아가 이와는 별개의 일로 군법회의에 회부됐는데, 지나친 음주로 인한 망상과 환각 문제를 겪고 있던 것으로 드러났다.[70]

소요사태의 증가에 직면한 랄프 무어는 같은 날 해군에 전보를 보내 전함 포에베Phoebe의 파견을 요청했다. 일주일 후, 알렉토는 브로헤미 샛강 입구에 있는 마을 세 개를 파괴했다. 그런데 이 작전 중 영국 소속의 증기 함재정이 공격을 받았고, 그 과정에서 선원들이 부상을 입는 일이 발생했다. 두 명은 치명상을 입었는데, 그중 한 명이 부영사였던 코플란드 크로퍼드Copland Crawford 소령이었다.[71] 이에 대한 보복조치로 1894년 8월 27일 포에베와 알렉토가 브로헤미 포격에 나섰다. 포에베는 1100개에 달하는 포탄을 퍼부었고, 알렉토는 망루에 설치한 로켓포로 마을을 공격했다.[72] 포격이 있은 후 8월 28~29일에는 대규모 병력이 브로헤미에 투입됐다. 보호령 병력에 알렉토와 포에베의 수병을 합친 400명이었다. 크루족 짐꾼과 일꾼들이 마체테로 정글에 길을 내면 보호령 부대가 마차에 장착한 맥심기관총 두 대로 숲을 훑었다. 병력은 강에서 출발하여 내륙으로 진군해갔고, 필요한 곳에서는 교량을 만들어가며 대형 총포와 맥심기관총, 로켓포를 옮겼다. 그렇게 브로헤미에 도착한 군대는 포격을 퍼부었다. 보호령 곳곳에서 저항이 발생했고, 무어는 9월 첫째 주 해병대와 보호령 부대로 구성된 '강력한 분대'를 와리와 사펠레로 파견하는 한편, 카누와 전함을 띄워 강을 순찰하고 나나 올로무를 지지하는 소족장들의 마을에 군대를 파견해 진압작전을 폈다.[73] 해군 전함 필로멜Philomel과 위드전Widgeon이 추가적으로 동원된 브로헤미 공격은 9월 말까지 이어졌다.

9월 말이 되자 브로헤미는 그야말로 쑥대밭이 됐다. 갈대를 얹은 초가집은 모두 불타고, 종교 의식이 행해지던 성소 또한 파괴됐다. 족장이었던 나나 올로무와 알루나의 집은 영국군의 병영이 됐고, 창고는 약탈당했다.[74] 에도를 포함한 인근 마을들 또한 "기관총 공격과 방화로 모두 파괴"됐다.[75] 그해 가을에 《타임스》는 다음과 같은 기사를 내보냈다.

브로헤미의 건물들은 뼈대만 몇 개 남긴 채 잿더미로 변해버렸다. … 나나 올로무가 관장했던 교역의 규모는 엄청났던 것으로 보인다. 직사각형 모양으로 배치된 나나 올로무의 창고들을 모두 합한 면적은 1.5에이커에 달했고, 내부에는 맨체스터 면제품과 유리제품, 도자기, 도검류와 총포류가 가득했다. 창고에서는 12병들이 진 8000상자와 14톤에 달하는 화약도 발견됐다.[76]

나나 올로무는 탈출을 시도했지만 실패했다. 그가 타고 있던 카누에서는 "귀중품과 영국 돈 324파운드, 개인 서한, … 샴페인 여섯 병"이 나왔다.[77] 생포된 나나 올로무는 올드 칼라바르에서 열린 재판에서 원주민을 십자가형에 처한 것을 포함한 '잔혹 행위'로 유죄를 선고받고 골드코스트로 유배됐다.[78]

영국의 공식 보고서에는 사태 이후 브로헤미에서 발견된 수천 명의 '난민'에 대한 내용이 실렸다. 보고서는 전함들이 브로헤미를 떠나자 은신처에서 나와 모습을 드러낸 이들 난민이 "굶주림에 시달린 비참한 모습"이었으며 "상당 기간 정글에 숨은 채 카누에서 생활해온 것"으로 보인다고 기록했다. 보고서에는 무어가 "난민 2500명에게 살아갈 방도를 마련해주었다"는 내용이 추가됐다.[79] 언론 또한 보호령 측의 주장을 그대로 받아 브로헤미 공격이 노예 해방과 폭정의 종식이라는 인도주의적인 결말을 가져왔다고 보도했다. 《글래스고 헤럴드》는 나나 올로무가 패배의 결정적인 원인으로 로켓포와 맥심기관총의 존재를 꼽았다는 점을 강조하며 영어로 다음과 같이 말했다고 직접 인용하기도 했다. "커다란 옛날 총으로는 영국 상대 못한다. 영국처럼 새 총 있었으면 지지 않았다. 많은 사람들 영국 못 오게 나나를 위해 싸운다. 그래도 폭탄 나오는 큰 총과 총알 많이 나오는 총은 못 이긴다."[80]

1894년 브로헤미 원정 이후 보호령은 다른 지역으로도 폭력적인 원정을 이어갔다. 이 폭력을 가능하게 한 것은 맥심기관총과 로켓포였다.

영국은 군대가 아닌 상대에게도 서슴없이 기관총과 로켓포를 사용했다. 1894년과 1895년, 1896년에도 콰 이보, 오포보, 크로스, 칼라바르 등을 상대로 한 크고 작은 공격이 진행됐으며,[81] 일부는 프레데릭 베드포드Frederick Bedford 제독이 이끄는 해병대의 지원을 받기도 했다.[82]

이 시기 이루어진 또 다른 주요 원정으로는 1895년 2월 17일부터 3월 26일까지 진행된 브래스 원정을 들 수 있다. 보호령과 나이저회사, 해군 수병과 해병대 병력이 합동으로 진행한 이 원정의 목적은 넴베의 코코 왕을 쫓아내는 것이었다. 아카사 북쪽 나이저에서 독점권을 확보하기 위해 애써온 나이저회사는 브래스가 회사 영토가 아닌 보호령 영토에 속한다는 이유로 시장의 브래스 상인들을 외국인으로 취급하기 시작했다. 브래스 상인들에게는 새로운 관세가 강제로 적용됐고, 여기에 따르지 않는 이들에게는 밀수죄를 적용했다.[83] 갈등이 심화되던 가운데 1895년 1월 29일 전투용 카누 50대에 나눠 탄 넴베 전사 1000명이 아카사에 있는 나이저회사 본부를 공격하여 작업장과 상점, 기계장비와 증기선 엔진을 파괴하는 사건이 벌어졌다.[84] 모든 카누의 "상단 옆면에는 여러 크기의 총알과 못, 볼트, 금속조각을 마구잡이로 발사하는 나팔총"이 장착되어 있었고, "선두와 선미에는 전장식 대포"가 설치되어 있었다.[85] 나이저회사는 이 공격에서 넴베 측이 20여 명의 나이저회사 병사를 살해하고 창고를 약탈했다고 주장했다. 회사는 또한 이들이 죄수를 죽여 제물로 바치고 머리를 가져가는가 하면 식인행위까지 일삼았다고 주장했다. 터그웰Tugwell 주교는 넴베의 아카사 공격이 "오랫동안 계획한 치밀한 공격"이라고 말했다.[86]

넴베 전사들이 보호령 영토에서 넘어와 공격한 것이라는 이유로 나이저회사는 보호령 측으로부터 2만 파운드의 보상금을 받았다.[87] 1895

년 2월 20일 갈웨이가 이끈 응징 작전에는 보호령 병력과 해군 전함 위드전과 트러시Thrush, 나이저회사 측 전함 누페Nupé와 야코하Yakoha가 참여했다. 총 병력 규모는 300여 명이었고 7파운드포 세 대와 맥심기관총 한 대가 동원됐다.[88] 넴베 측의 병력 규모는 약 1750명이었지만 영국의 공세 앞에 결국 항복했다. 그러나 항복을 의미하는 백기가 올라간 후에도 영국은 공격을 멈추지 않았다. 영국군은 넴베와 알라고아에 포격을 퍼붓고 불을 질렀다.[89] 탐험가이자 외교관이었던 존 커크John Kirk는 〈브래스 주민에 대한 왕립나이저회사의 잔학행위에 대한 조사 보고서〉를 통해 나이저해안보호령의 행동을 강도 높게 비판했다.[90] 브래스 원정의 사상자 규모를 파악해보려 현장을 찾았던 한 특파원은 "군대가 퇴각하며 사상자를 모조리 정리했는지 퇴각선에는 피 웅덩이만 남아 있었다"라고 전하기도 했다.[91] 리버풀에 근거지를 둔 오일강무역원정회사의 G. A. 무어G. A. Moore는 나이저회사가 저지른 행동을 두고 "조직적이고 합법적인 살인"이라고 표현했다.[92] 다음과 같은 기록을 남긴 이도 있었다.

> 공격당하고, 굶주리고, 사취당한 브래스의 야만인들은 응당 제기할 만한 불만을 제기하고 소요사태를 일으켰다는 이유로 맥심기관총과 다른 '문명의 무기들'로 몰인정하게 살육당했다. 살육당한 야만인보다 '문명화된' 가해자의 잘못이 컸다.[93]

존 커크는 브래스 원정 이전인 1894년 6월 나이저해안보호령을 방문하여 조사한 내용을 토대로 또 다른 보고서를 작성한 바 있었다. 지역 족장들과 보호령 관리들, 나이저회사 관리들의 증언이 담긴 이 보고서를 보면 당시 영국이 현지에서 강간과 고문을 비롯한 다양한 형태의 폭력을 저질렀음을 알 수 있다. 보고서에는 나이저회사 관리들이 "나이저강을 통행하는 현지인의 카누에 아무런 이유 없이 발포하거나 배를 압수하곤 했다"는 내용이 담겨 있으며, 역시 아무런 이유 없이 주민들을 주기적으로 학살하고, 브래스와 거래하는 이들을 "가혹하게 처벌하고 마을을 불태웠다"는 내용 또한 찾아볼 수 있다. '키아마, 사바그레이아 남부, 톰비아, 페르모베리' 등의 마을이 파괴되며 많은 이들이 살 곳을 잃었다. 나이저회사가 자행한 '여성에 대한 가혹 행위'와 '주민에 대한 공격'을 증언하는 목소리 또한 보고서에 실렸다.[94] 브래스 지역 족장들은 1895년 2월 14일 존 커크에게 보낸 편지에서 나이저회사의 악행에 대해 다음과 같이 생생하게 증언했다.

> 나이저 지역에서 우리 지역까지, 매년 나이저회사가 아무 이유 없이 죽이는 사람의 수가 100명 이상입니다. 회사 측은 이러한 사실을 귀하에게 보고하지 않고 숨겼습니다. 그러나 지난 번 우리가 이 모든 사건을 설명한 바 있습니다. 그들은 심지어 아무런 죄도 없는 여성들을 납치하여 옷을 모두 벗기고 온몸에 시커먼 타르를 칠해 쫓아내기도 합니다. 왕립 나이저회사가 자행하고 있는 잔학행위에 대하여 지난 번 이야기한 바 있으니 귀하도 파악하고 있으리라 생각합니다. 나이저회사는 여전히 이러한 행동을 지속하고 있으며, 앞으로도 우리가 흙을 파먹고 죽을 지경이 될 때까지 괴롭히겠다고 당당히 말하고 있습니다. 우리는 지금껏 살아온 이 땅에서 굶어죽느니 그들과 싸우다 죽는 편을 택할 수밖에 없습니다. 귀하는 지난번 편지에서 우리가 무고한 사람들을 죽였다고 말했습니다. 그러나 전쟁 중 나이저회사의 직원들은 우리 쪽 소년 두 명을

잡아가서 족쇄를 채워 가뒀습니다. 나중에는 아이들을 참수하고 시신을 토막 내 강물에 버렸습니다. 당신은 우리가 무고한 사람들을 죽였다고 말하지만, 무고한 사람을 먼저 죽인 것은 나이저회사 사람들입니다.[95]

존 커크의 보고서에는 임산부였던 이조족 여성에 대한 강간 사건을 비롯해 현지에서 벌어진 성폭력에 대한 충격적인 기록 또한 담겨 있다. 에크페트야마 족장의 아내였던 이 여성은 나중에 아이를 유산했다. 아카사 지역의 지휘관이었던 크리스천 대위가 다른 백인 남성과 함께 현지 여성을 상점으로 끌고 들어가 옷을 벗기고 타르를 칠했던 사건 또한 보고서에 담겼다.[96]

1896년 2월부터 4월까지 진행된 에디바 응징 원정에서 보호령은 한층 더 폭력적인 모습을 보였다. 보호령은 1895년 10월 이미 에디바를 한 차례 공격하고 불태운 적이 있었으나 주민들이 여전히 "악마의 풍습을 계속하고 있다"며 추가적인 공격을 정당화했다. 이 원정의 결과로 족장은 에디바 해변에서 교수형을 당했고, 새로운 조약이 체결되며 나이저해안보호령 측 군인 25명이 에디바에 상시 주둔하게 됐다. 보호령의 폭력은 여기서 멈추지 않았다. 150명의 병사들이 최소 11개 마을을 불태우고 도망가는 주민들을 공격했다. 당시 원정에 참여한 한 병사는 다음과 같은 기록을 남기기도 했다. "우리가 불을 지른 에수븐돈과 주변 마을 주민들은 이리저리 흩어져 정글로 숨어들어갔다. 우리 부대는 세 개 조를 편성하여 주변을 샅샅이 뒤져 도망간 주민들을 정글 밖으로 끌어냈다. 원주민에 대한 응징 작전은 오늘로 열이틀째에 접어들고 있었다."[97]

1896년에는 아그보 원정과 크로스강 응징 원정 등 추가적인 공격이 진행됐다. 8월에 진행된 크로스강 응징 원정에는 200명의 보호령 병력과 7파운드포 두 대, 맥심기관총 한 대가 동원됐다. 기록에 따르면 보호령 병력은 증기선을 타고 "크로스강을 따라 160마일 상류에 위치한 마을들을 방문"했다. "가능한 경우 마을과 협정을 체결"하고, 상대가 요구에 응하지 않는 경우 "그동안 크로스강을 통한 교역을 방해해온 점에 대해 응징"하기 위해서였다. 1896년 8월 22일, 보호령 군대는 족장이 만남을 거절했다는 이유로 에디바에 포격을 퍼붓고 불을 질렀다. 보호령은 그 외에도 은시 아탐에서 코끼리 상아 교역에 관해 협상하고 오부두라 마을을 포격하여 불태우는 등 여러 마을을 돌며 폭력을 이어갔다. 원정 이후에는 약 두 달간 운와나에서 강을 순찰했다.[98] 1896년 보호령 군대는 또한 오포로에서 오크리카의 아마야나보('왕'에 해당)였던 바키수쿠를 생포하고 마을의 건물과 종교적 성소들을 모두 파괴했다. 공식 보고서에는 "제물로 바친 인간의 가죽으로 장식한 부두교 제단을 모두 파괴했으며, 원주민들은 식인행위를 중단하겠다고 약속했다"고 기록됐다.[99]

이 시기 작성된 공식 보고서들은 하나같이 빽빽한 밀림에서 로켓포와 기관총으로 진행한 작전의 특성상 "사망한 원주민의 수를 파악하는 것은 불가능하다"고 기록하고 있다.[100] 그러나 당시 자행된 폭력의 역사를 살펴보다 보면 이 모든 작은 전쟁과 원정들이 사실은 하나의 연속적인 정복 작전의 일부였다는 사실을 깨닫게 된다. 영국은 이후로도 1890년대 내내 그 지리적 범위를 넓혀가며 아프리카에서 스스로 만들어낸 '폭정과의 전쟁'을 수행해나갔다.

7장
폭정과의 전쟁

저는 이제 막 식민장관이라는 직책을 맡았습니다만, 이렇게 우호적인 환경에서 직을 시작하게 된 점을 영광으로 생각합니다. 다른 공직을 깎아내리려는 의도는 추호도 없지만, 저는 식민장관이라는 직책이 영국인으로서 수행할 수 있는 가장 중요한 공직 중 하나라고 굳게 믿습니다. 그리고 저는 그 공직을 수행하는 데 반드시 필요한 두 가지 자질을 지니고 있습니다. 첫째, 저는 대영제국을 믿습니다. 그리고 둘째, 저는 우리 영국 민족이 세상에서 가장 뛰어난 통치력을 지닌 민족이라고 믿습니다. 이것은 결코 근거 없는 자만이 아닙니다. 우리가 살고 있는 이 영국이라는 작은 섬과 연결된 광대한 영토를 성공적으로 경영해온 과거가 그 증명이자 증거입니다. 저는 대영제국의 미래에는 한계가 없다고 믿습니다.

— 식민장관 조지프 체임벌린[1]

1895년 11월 11일 체임벌린이 제국연구소 만찬에서 한 연설은 그의 야
망과 세계관을 보여준다. 당시 영국은 영사력과 포함외교를 강화하며
제국주의의 새로운 단계인 군국적·자본주의적 식민주의로 접어들고
있었다. 1897년 베닌시티 공격 또한 이를 배경으로 나타난 사건으로 볼
수 있다. 그런 의미에서 세기가 저물어가던 이 시기에 집권 중이었던 보
수-자유 연합정부가 이 '불량 제국' 단계를 불러오는 촉매제가 됐다는
점을 간과해서는 안 된다. 영국에서는 1895년 6월 25일 연합정부의 집
권으로 3대 솔즈베리 후작 로버트 개스코인-세실Robert Gascoyne-Cecil의 3
기 내각이 시작됐다. 빅토리아 여왕의 재임 말기(1895~1901)에 들어선
이 내각의 식민장관이 바로 조지프 체임벌린이었고, 이 시기 영국은 아
프리카를 향한 군국적·기업적 식민주의에서 새로운 극단으로 향하고
있었다. 이 내각은 1900년 재선의 압도적 승리를 보장하기 위해 1899년
발발한 2차 보어전쟁을 이용하기도 했다.[2]

맥심기관총 등의 무기가 가져온 새로운 가능성에 힘입어 프랑스와
벨기에, 독일이 기존의 식민 전략을 변경하면서 아프리카 쟁탈전은 새
로운 양상으로 접어들었고, 영국은 1890년대 서아프리카에서 새로운
경쟁에 직면하게 됐다. 북쪽에는 프랑스령 수단, 서쪽에는 프랑스령 다
호메이, 동쪽에는 독일령 카메룬, 그 너머에는 레오폴 2세의 콩고자유
국이 있었다. 그리고 나이저 북부와 맞닿은 지역에서는 프랑스가 사하
라를 횡단해 확장을 노리고 있었다. 1892년에는 프랑스의 앙투안 미
종Antoine Mizon 중위가 '수단 원정'을 진행하며 왕립나이저회사 영토를
침범하여 나이저-베닌강 북쪽 지역의 관할권에 대한 긴장이 빚어졌다.
한편 헨리 애버데어Henry Aberdare의 사망으로 1895년 조지 골디가 왕립
나이저회사의 총재로 취임하며 나이저강 유역의 기업적·군국적 식민

주의는 더 큰 탄력을 받게 됐다. 조지 골디는 폭력의 백지 수표를 발급받기 위해 '비공식적인' 경로를 활용했다. 이 같은 행동은 골디가 나이저회사 부대의 지휘관이었던 아놀드Arnold 중위의 진급을 청탁하기 위해 1896년 8월 외교부에 보낸 서한에도 잘 드러나 있다. 아놀드 중위는 이듬해 나이저-수단 원정을 지휘했다. 다음은 편지의 내용이다. "칙허회사라는 존재는 애초에 이론만 파고드는 '공론가'들에게는 터무니없는 존재로 느껴질 수밖에 없습니다. 그러나 칙허회사는 분명 우리 제국의 상업적 이익을 강화하는 거칠지만 확실한 수단입니다. 그 일을 수행하기 위해서는 그 존재만큼이나 특수한 수단들이 필요합니다. 저희가 위험을 무릅쓰고 제국의 일을 하고 있다는 점을 기억해주십시오."[3]

앞서 나는 진실을 제대로 반영하지 못하는 '비공식적 제국'이나 '신사적 자본주의' 같은 완곡한 표현을 대체할 말로 '군국적 식민주의'을 제안한 바 있다. 이 표현은 체임벌린이 선호했던 '건설적 제국주의'라는 말에 대해서도 적용할 수 있다. 체임벌린은 제국을 일종의 부재지주가 방치해둔 끝없이 펼쳐진 빈 땅으로 보았다.[4] 이 비유는 1895년 그가 취임 몇 주 후 하원에서 했던 연설에서도 등장했다. '야만인 국가'에게는 일반 국가와 다른 규칙을 적용해야 한다고 주장하여 유명해진 다음의 연설이었다. "저는 우리 식민지의 많은 부분이 미개발 상태에 놓여 있다고 생각합니다. 대부분 제국의 도움 없이는 절대 개발될 수 없는 땅입니다. 야만인 국가에 대영제국의 문명화된 영토와 똑같은 규칙을 적용하는 것은 터무니없는 일이라고 생각합니다."[5]

연합정부 집권 첫 해에는 식민주의적 폭력이 새로운 단계로 접어들었다. 영국은 이 시기 아프리카 지역을 오랫동안 통치하며 세력을 키워온 왕들을 적극적으로 제거하는 데 집중했다. 평계는 언제나처럼 이들의 불법적인 행위나 야만적인 관습이었고, 가장 자주 등장하는 구실은 역시 노예제였다. 영국은 실패한 폭정이 아프리카를 지배하고 있다며, 전쟁을 통해 이를 종식해야 한다고 주장했다.

1892년 프랑스는 다호메이 왕국(현재의 베냉공화국)을 공격하여 아보메이 왕궁을 습격하고 왕실 예술품과 청동 장식판을 약탈했다. 전쟁의 결과로 베한진 왕은 마르티니크로 유배되고 다호메이는 프랑스 식민지가 됐다. 같은 해 영국은 베닌 왕국과 협정을 체결했다. 새로운 단계의 핵심 인물은 해군 중장 해리 홀즈워스 로슨Harry Holdsworth Rawson이었다. 1895년 5월 4일 희망봉에서 지휘관으로 임명된 로슨은 왕실 요트인 빅토리아 앨버트 2호에 근무한 인연으로 "빅토리아 여왕과 오랜 우정"을 나눈 인물이었다.[6] 로슨은 서아프리카의 강력한 종교적·정치적 지도자들을 몰아내기 위해 계획된 새로운 '작은 전쟁들'을 지원하기 위해 전함 15척으로 구성된 함대를 이끌고 나타났다.

동아프리카에서는 1894년의 우간다 보호령 설치, 1895년의 동아프리카 보호령 설치, 그리고 영국동아프리카회사 지위 인정에 이르기까지 나이저 지역과 유사한 과정이 진행됐다. 이 지역의 우선 과제는 인도양 해안지대에 대한 전략적 지배와 연결이었다. 타카웅구 토후국(현재의 케냐 해안에 위치)에서는 영국동아프리카회사가 새로운 통치자를 지명하자 원래 후계자인 셰이크 음바락 빈 라시드 알 마즈루이가 격렬하게 저항하며 분쟁이 발생했다. 동아프리카보호령의 판무관으로 새롭게 임명된 아서 헨리 하딩Arthur Henry Hardinge은 동아프리카회사의 이익을 보호하기 위해 대규모 군사 작전을 벌였다. 1885년 솔즈베리 후작의 외교장관 시절 비서로 일한 바 있는 하딩은 카이로 총영사와 잔지바르 총영사 자리를 거쳐 1895년 7월 동아프리카 보호령 판무관으로 임명된 인물이었다. 열한 살에서 열여섯 살까지(1870~1876) 여왕의 시종이었던 하딩은 로슨과 마찬가지로 빅토리아 여왕과 친분이 있었다(하딩은 이후 1923년 스페인 주재 영국 대사로 파견됐으며, 로사 린톤-오만Rotha Lintorn-Orman 이 창당한 영국 파시스트당의 창립 멤버로 참여했다). 하딩은 1895년 7~8월에 벌어진 공고로 공격과 므웰리 원정을 비롯한 다수의 해안 및 내륙 작전을 이끌었다. 해군은 몸바사를 출발하여 닷새 동안 내륙으로 진군한 끝에 므웰리에 위치한 빈 라시드의 근거지를 파괴했다.[7]

1896년 8월 26일에는 전함 스패로Sparrow와 라쿤Racoon, 트러시를 동원한 잔지바르 술탄 왕궁과 하렘에 대한 포격이 진행됐다. 빅토리아인들은 교전 시간이 단 38분이었던 이 전쟁을 "역사상 가장 짧은 전쟁"이라고 불렀다. 잔지바르 전쟁 또한 술탄 지위 계승에 영국이 개입하며 벌어졌다. 1896년 8월 25일 잔지바르의 술탄이었던 하마드 빈 투와이니가 사망하며 할리드 빈 바르가슈가 새 술탄으로 즉위하게 됐지만 영국은 자신들에게 협조적인 하무드 빈 무함메드가 그 자리에 앉기를 바랐다. 바르가슈는 물러나지 않고 술탄군 1200명을 포함한 지지자 수천 명과 함께 왕궁에 입성했다.[8] 영국은 왕위 계승에 관련된 사항은 영국 총영사의 허가를 받아야 한다는 내용을 담은 1886년 조약을 근거로 들며 바르가슈에게 퇴진을 요구하고는 '공개적인 불복종'을 이유로 들며 단 몇 시간 만에 공격을 개시했다. 영국의 공격을 받은 왕궁은 쑥대밭이 되어 약탈당했고, 그 과정에서 약 500명의 병사와 헤아릴 수 없이 많은 민간인이 목숨을 잃었다. 패전한 바르가슈는 도피했고, 영국의 지지를 등에 업은 하무드 빈 무함메드는 그날 바로 술탄에 즉위했다. 이 모든 사건이 전대 술탄이 사망한 지 48시간 안에 벌어졌다. 새롭게 즉위한 술탄은 1897년 4월 6일 노예제도를 폐지하는 칙령을 선포했다.

타카웅구 원정과 잔지바르 원정 사이의 기간인 1895년 12월부터 1896년 1월까지 로슨은 자신의 함대를 이끌고 서아프리카 골드코스트로 향했다. 아샨티 왕국의 프렘페 1세를 제거하기 위한 '2차 아샨티 토벌' 또는 '4차 아샨티 전쟁'을 지원하기 위해서였다. 동아프리카 지역에서 진행된 원정과는 달리 아샨티 전쟁에서는 프랜시스 스콧Francis Scott 대령이 이끄는 육군이 주축이 됐다. 서아프리카에서는 이보다 앞선 1873~1874년 아샨티 원정의 결과로 1874년 7월 골드코스트 식민지에서 아샨티 왕국까지 이어지는 내륙 지역에 골드코스트 보호령이 들어선 상태였다. 프렘페 1세는 영국과의 잦은 갈등 속에서도 식민지 정부의 지지로 1888년 3월 아샨티헤네(아샨티의 '왕'에 해당) 자리에 오른 인물이었다. 그러나 즉위 후에도 영국과 아샨티 간에는 교역 조건을 둘러싼 분쟁이 끊이지 않았고, 영국은 1874년 아샨티와 맺은 협정을 근거로 금 5만 온스를 요구했다. 금을 요구한 지 얼마 지나지 않아 영국은 아샨티의 왕이 응답을 보내지 않았다며 곧바로 응징 작전을 개시했다. 영국 본토의 특수장교들과 서인도연대 병사들, 골드코스트와 라고스의 하우사족 부대가 속속 도착했다. 정글에 길이 뚫리고, 1만 3000명에 이르는 짐꾼과 정찰병이 동원됐다. 프렘페 1세는 항복을 선언했고, 아샨티의 왕과 모후, 족장은 유배됐다. 쿠마시의 반타마에 위치한 성스러운 건물들은 모두 불태워졌고, 금과 왕실 유물, 성물에 대한 대대적인 약탈이 자행됐다. 영국은 프렘페 1세의 자리에 쿠마시의 영국 주재관이었던 도널드 스튜어트Donald Stewart 대위를 앉히고 요새를 건설했다. 이후 이 주재관이 현지인들이 신성시하는 황금 의자에 앉는 사건이 발생하며 1900년 '황금 의자 전쟁'으로 이어지는 피비린내 나는 갈등이 유발됐고, 그로 인해 수천 명의 사망자가 발생하기도 했다.

영국이 주장한 이 폭정과의 전쟁에서는 상호성의 형태로 일종의 시간에 대한 폭력이 작동했다. '군국적 식민주의' 이론이 절도를 두고 일종의 상환으로 정당화한 것과 유사한 과정을 통해 전쟁을 정당화했다는 의미다. 절도의 정당화에서도 전쟁의 정당화에서도 시간적 순서의 뒤바뀜이 일어났다. 영국은 자국의 공격에 대한 아프리카의 저항을 수년간 치밀하게 계획한 공격으로 포장했다. 그러나 정작 오랜 시간 계획하여 조직적으로 실행에 옮긴 자국의 아프리카 공격은 순전히 대응 차원의 공격이었다고 주장했다. 이 과정에서 영국은 북쪽에 위치한 나이저회사 영토에서 노예사냥이 벌어지고 있다는, 남쪽의 보호령 영토에서 인신공양이 벌어지고 있다는 핑계를 빼놓지 않았다. 시간의 왜곡을 활용한 이 투사는 아프리카의 정권 교체를 위해 군국적 식민주의의 이념과 '인권적인' 합리화를 이용하는 군국적 인도주의의 시작을 알렸다.

* * *

이러한 장기적인 맥락에서 보았을 때 박물관에서는, 적어도 내가 일하는 피트 리버스 박물관에서는 영국이 1897년 1월 발생했다고 주장하고 있는 '필립스 학살 사건' 서사를 그대로 받아들여서는 안 된다. '필립스 학살'은 그 후 이어진 진짜 학살을 위한 구실이었을 뿐이다. 영국은 이미 수년 전부터 베닌시티 공격을 생각해왔고, 1895년 여름 새로운 연립정부가 들어서면서 그 계획에 탄력을 받게 된 것이었다. 역사학자들은 이미 수십 년 전부터 인도주의가 얄팍한 구실이었다는 사실을, 그리고 이 공격의 이면에는 경제적 동기가 존재했다는 사실을 파악하고 있었다.[9] 당시 작성된 수많은 공식 보고서에 "보호령 군대가 12월부터 베닌시티 원정을 준비하고 있었다"는 내용이 등장한다. 이는 분명 필립스 사건 발생 이전이다.[10] 게다가 단순히 행정적인 부분만 따져 봐도 베닌 원정 같은 대규모 작전이 1897년 1월 중순에서 2월 중순 사이에 갑자기 계획되고 실행됐을 가능성은 낮다.

식민부는 1895년 봄 보호령이 보낸 베닌시티 공격 승인요청을 거절했다. 그러나 1896년 가을에 이르러서는 1897년 2월 공격을 실행하기 위한 준비가 이미 진행되고 있었다. 1897년 1월, 《스코츠맨》은 나이저해안보호령이 1년 전부터 베닌 영토로 이어지는 강과 수로를 조사하고 파악하는 작업을 해왔다는 내용을 보도하기도 했다.[11] 1896년 11월에는 정체가 밝혀지지 않은 왕립나이저회사의 원정에 참가하는 군인들이 나이저강에 속속 도착하고 있었다.[12] 위험을 감지한 베닌의 오바는 베닌시티 북동쪽에 위치한 오바단에 병영을 설치해 1만 명의 병사를 주둔시키고, 베닌 각지에 병사 모집을 명하는 칙령을 보냈다.[13] 보호령에서는 오바가 뉴 베닌의 해안 교역기지를 선제공격 할지도 모른다는 소문이 돌기도 했다.[14]

1896년 아샨티 원정의 성과를 전해들은 리버풀의 상인들과 선교사들은 베닌시티에 대해서도 유사한 원정을 진행해야 한다는 주장을 폈다. 상대가 먼저 협정을 어겼다느니, 노예제를 근절해야 한다느니, 기독교를 전파해야 한다느니 하는 익숙한 구실들이 다시 소환됐다. 브래스 원정 때와 마찬가지로 베닌시티가 영국 보호령 영토 내에 존재하고 있으니 마땅히 조치를 취해야 한다는 주장도 빠지지 않았다. 초기에는 영토의 경계가 모호하여 베닌시티가 나이저회사의 관할에 속하는지 보호령의 관할에 속하는지에 대한 논란이 있었지만 그 문제는 한 사건을 거치며 정리됐다. 1894년 나이저회사 소속의 W. 맥태거트w. MacTaggart

가 40명의 병사와 다수의 짐꾼을 이끌고 베닌시티로 향하는 일이 발생하며 분쟁이 발생한 일이 있었다. 보호령 측은 이것이 "아무런 자격도 없는 일군의 무장한 단체"에 의한 "무단침입"에 해당한다고 즉각 비난했다.[15] 그로부터 2년 후, 보호령은 브래스 원정 때와 마찬가지로 자신의 영토 내에 있는 베닌시티에서 발생한 야만행위와 협정위반에 대해 응징하고 노예제를 근절해야 한다는 압력을 느끼게 됐다.

리버풀 상공회의소는 1896년 1월 31일 열린 아프리카 무역 분과 회의에서 해운회사인 엘더뎀스터앤컴퍼니Elder Dempster and Company를 운영하는 엘더와 뎀스터, 리버풀 기반의 무역업자인 피노크가 보내온 편지들을 함께 읽었다. 편지에는 "베닌의 폭군이 백성들의 야자 씨앗 생산과 나무 수지 판매, 고무 채취를 금지하고 있다"는 한탄이 적혀 있었다. 회의에서는 언제나처럼 베닌의 야만성과 풍부한 교역 가능성에 관한 논의가 동시에 이어졌고, "베닌이 나이저해안보호령 영토 또는 그 경계에 위치하고 있는 점을 고려하여 정부의 개입을 요청하는 서한을 외교부에 발송할 것"을 결정했다.[16] 《에든버러 이브닝 뉴스》는 1896년 2월 15일 자 신문에 원정의 필요성을 주장하는 리버풀 상공회의소의 분위기를 전하며 다음과 같은 사설을 실었다.

과거 우리의 식민 정책을 한마디로 규정하기는 어렵지만, 분명 '협잡'이 그 중심에 있지는 않았다. 그것은 문명의 사도를 가장하여 지구 곳곳을 누비며 집어삼킬 대상을 물색하던 시절에나 통용됐던 정책이다. 현재의 식민지 확장은 위선적인 선의하에 이루어지고 있다. 우리는 여러 문서를 들이대며 가엾고 무지한 원주민을 계몽하겠다고 나서지만, 그 문서들 사이에 이익 창출에 필요한 광산 양허권 문서를 끼워 넣는 것을 잊지 않는다. 우리는 아샨티에서 벌어지는 만행을 종식하겠다고 원정대를 보내고는 뒤에서 조용히 그곳에서 얻을 수 있는 이익을 계산하며 자축했고, 그렇게 아샨티는 매력적인 예시로 자리 잡게 됐다. 어제 리버풀 상공회의소가 정부에 베닌의 만행을 막아 달라 호소하기로 결의했다. 회의의 참석자들은 베닌 원주민 왕국의 야만적 관습을 자세히 묘사하고는 그곳을 지배하는 폭군의 방해공작으로 야자유와 나무 수지, 고무 등 풍부한 자원이 제대로 개발되지 못하고 있는 점을 안타까워했다고 한다. 베닌에서 벌어지는 만행을 멈춰달라는 상공회의소의 호소에 담긴 고귀한 도덕성에 감탄할 이들도 있을 것이다. 정부는 병력과 맥심기관총을 현지로 보내 수백이 됐든, 수천이 됐든, 필요한 만큼 원주민들을 정리할 것이다. 물론 궁극적으로는 이들을 위해서, 이들에게 문명의 위대함을 전하기 위해서다. 원주민 정리가 완료되면 베닌의 야자유와 나무 수지, 고무는 유럽의 무역업자들에 의해 아주 평온하게 개발될 것이다. 그리고 원주민들은 그에 대한 대가로 '럼'이라는 유럽의 문명과 가까워질 수 있을 것이다. … 어쨌든 리버풀 상공회의소는 현재 영국 정부의 개입이 필요한 적절한 사례가 등장했다고 생각하고 있다. 아샨티 이후, 식민장관의 다음 목표물은 베닌이 될 것이다.[17]

리버풀 상공회의소의 청원을 이끌어낸 핵심적인 인물은 오랫동안 나이저강에서 교역을 해온 제임스 피노크였다. 피노크는 1896년 2월 초 다수의 영국 신문에 다음과 같은 격정적인 호소문을 실었다.

저는 최근 리버풀 상공회의소 아프리카 분과에 서한을 한 통 보냈습니다. 서아프리카 해안의 베닌시티에 군대를 파견해야 할 절박한 필요성을 여왕 폐하의 정부에 호소해달라고 간청하기 위해서였습니다. 베넌을 다스리고 있는 피에 굶주린 흑인 군주는 일상적으로 끔찍한 인신공양을 자행하고 있습니다. 우리는 그의 악행을 멈추고 베넌의 주민들이 귀중한 생산물을 가지고 유럽인들과 자유롭게 교역할 수 있게 해야 합니다. 이 끔찍한 상황에 대한 조치는 되도록 빠른 시일 내에 취해져야 합니다. 베넌시티는 우리 영국의 중요한 식민지인 라고스에서 100마일도 되지 않는 곳에 위치해 있고, 또 다른 영국의 관할구역인 나이저해안보호령에서도 30마일밖에 떨어져 있지 않습니다. 지금까지 베넌과의 교역에서는 어떠한 발전도 없었으며, 원주민들의 끔찍한 인신공양 풍습은 그 어느 때보다도 심각한 수준입니다. 주민들을 야만적인 풍습에서 해방시킬 수만 있다면 수입 측면에서도 수출 측면에서도 인근의 라고스 식민지와 비견할 만한 번영을 누릴 수 있을 것입니다. 또한 이들이 영국에서 생산된 면제품과 다른 상품을 많이 소비한다면 영국의 고용 창출에도 큰 도움이 될 것입니다. 그러나 양측의 상업적 이익을 떠나 현재 그곳에서 벌어지고 있는 인신공양만으로도 충분한 개입의 사유가 된다고 생각합니다. 그곳은 사실상 우리 영국의 영토나 다름없는 곳입니다. 그러므로 역사에 등장하는 그 어떤 만행보다 잔인한 행위를 여왕 폐하의 정부가 막아야 합니다. 현재 베넌시티를 통치하고 있는 괴물로부터 베넌 백성들을 보호하기 위해 우리 모두 윌버포스Wilberforce(영국의 박애주의자, 노예 폐지론자)가 되어 목소리를 내야 합니다. 투입될 병력은 아프리카 흑인 부대 정도면 충분합니다. 최근 진행된 쿠마시 원정에 비하면 100분의 1 수준의 노력과 비용으로 해결할 수 있는 문제입니다.[18]

1896년 3월 6일 금요일에 다시 열린 리버풀 상공회의소 아프리카 무역

분과 회의에서는 아프리카협회에서 온 편지의 내용이 공유됐다. 이 편지는 갈웨이가 1892년 조사하여 1893년 9월 영국 의회에 보고한 내용을 바탕으로 "베닌의 오본람웬 왕이 사망한 다호메이의 왕과 여러 면에서 유사"하며 "베닌의 풍부한 자원과 야만이고 잔인한 관습 또한 다호메이와 유사"하다고 주장했다. 분과 회의에서는 외교부의 답신 또한 낭독됐다. 외교부는 "베닌 왕국 관련 총리님의 관심을 요청하는 서한"을 잘 받아보았다고 답하며, 1892년 협정의 사본이 첨부된 답신을 통해 "지난해(1895) 11월 총독과 총영사에게 오본람웬 왕과의 소통을 재개할 것을 지시"했다는 점과 "협정의 내용을 이행하기 위한 적절한 기회를 찾는 문제에 대하여 충분히 고려"할 것이라는 점을 밝혔다.[19]

1894년 나이저회사의 맥테거트가 베닌시티 방문을 시도한 이후 나이저해안보호령 측에서도 오바와의 만남을 몇 차례 시도했지만 실패했다. 보호령 관리들은 1895년 9월부터 1896년 중반까지 세 차례에 걸쳐 방문을 시도했다. 첫 시도는 베닌 구역의 부영사였던 코플란드 크로퍼드가, 두 번째는 부영사보였던 로크Locke가, 그리고 세 번째는 사펠레에 주둔 중인 나이저해안보호령 파견대의 지휘관이었던 아서 메일링Arthur Maling이 했다.[20] 1896년 2월 19일, 《리버풀 머큐리》에는 다음과 같은 내용이 실렸다.

지난달 18일 나이저해안보호령의 페이건 박사가 우편 증기선 카벤다호를 타고 올드 칼라바르에서 포르카도스강에 도착했다. 크로퍼드 영사대행의 베닌시티 방문에 합류하고자 베닌강의 사펠레로 이동하기 위한 목적이었다. 와리의 부영사이기도 한 크로퍼드 소령은 와리를 떠나 사펠레로 이동했다. 이번 방문의 목적은 오바를 만나 현재 베닌에 내려진 교역 제한 해제를 요청하고 협정에 따른 무역 개방을 실행하도록 설득하는 것이다. 이번은 크로퍼드 소령의 두 번째 베닌시티 방문 시도로, 첫 시도 때는 오바의 거절로 만남이 성사되지 못했다. 사펠레에는 100여 명 규모의 흑인 부대가 대기하고 있으나 방문에는 소수만 동행하는 것으로 알려졌다.[21]

당시 나이저해안보호령의 영사대행이었던 제임스 필립스는 1896년 11월 16일 월요일에 총리에게 보낸 다음의 서한에서 자신의 의도를 명확히 드러냈다.[22]

베닌의 왕은 모든 권력을 동원하여 주민들의 교역을 막고 베닌을 개방하려는 우리 영국의 노력을 저지하고 있습니다. 미신과 우상에 기댄 베닌 왕의 시도는 어느 정도 성공을 거두고 있습니다. 그는 가장 수익성 있는 교역 품목 중 하나인 야자 씨앗에 거래를 금지하는 부적을 걸고, 이를 어긴 자들을 죽음으로 다스렸습니다. 그는 시장을 폐쇄하고 자크리 소족장들이 공물을 바칠 때만 부분적 거래를 허가합니다. 그러나 그마저도 곧 다시 폐쇄하고 더 많은 공물을 요구하기 일쑤입니다. … 저희는 그동안 가능한 모든 방법을 동원해보았습니다. 자크리 소족장들에게는 더 이상 공물을 바치지 말라고 조언했습니다. … 현 상황을 정리해보자면 다음과 같습니다. 베닌의 왕이 통치하고 있는 나라는 저희 영국의 보호령 내에 위치해 있고, 그 수도인 베닌시티는 보호령 세관에서 불과 50마일 거리에 있습니다. 베닌의 왕은 여왕 폐하가 보낸 대표 앞에서 양국의 교역을 위한 협정에 서명한 바 있습니다. 그러나 그 자는 모든 교역을 의도적으로 틀어막고 해당 지역의 발전을 완전히 막아버렸습니다. 충성스러운 자크리 상인들은 베닌에서 나는 생산물에 번영을 의존할 수밖에 없는바, 합법적인 교역을 재개할 수 있도록 영국 정부에 조력을 요청했습니다. 베닌강을 중심으로 활동하는 영국 상인들 또한 공장 문을 닫지 않을 수 있도록 도와달라며 청원하고 있습니다. 마지막으로 덧붙일 중요한 말은, 오바의 교역 방해로 보호령의 세입이 줄어들고 있다는 사실입니다. 해결책은 단 한 가지, 베닌의 왕을 왕좌에서 끌어내리는 것뿐입니다. 지금까지 제가 수집한 정보나 현지에서 직접 경험한 바를 바탕으로 판단했을 때, 이제 교역을 방해하는 오바를 제거할 때가 됐습니다. 평화적인 방법은 무용할 것입니다. 그러한바, 명년 2월 베닌시티 방문에 대한 총리님의 허락을 구합니다. 저는 이 방문에서 베닌의 왕을 끌어내고 그 자리에 원주민 평의회를 설치하여 베닌 개방에 필요한 조치들을 취해나가고자 합니다. 베닌 백성들의 저항은 크지 않을 것으로 보이며, 오히려 왕이 사라진다면 반길 것이라 믿습니다. 그러나 혹시 모를 위험에 대비하기 위해 총리님과 식민장관님께서 식민지 병력 활용을 허락해주신다면 나이저해안보호령 소속의 병력 250명과 7파운드포 2대, 맥심기관총 1대, 로켓포 1대와 더불어 라고스의 하우사족 병사 150명을 대동하고자 합니다. 참고로 베닌 왕의 거처에는 이번 제거 작전에 소요되는 비용을 충당할 만한 상아가 충분히 저장되어 있다는 정보를 파악했다는 사실을 알려드립니다.[23]

베닌시티 원정에 대한 준비는 오바 제거를 건의하는 필립스의 서한이 외교부에 전달된 다음 달부터 시작된 것으로 보인다. 이 시기는 골디와 무어가 모두 런던에 머물고 있던 시기이기도 하다. 이 시기부터 준비가 시작됐다는 것은 1896년 12월 24일 국방부와 식민부와 주고받은 원정 준비에 동의한다는 내용의 서한을 보아도 알 수 있고, 외교부가 12월 26일에서 29일까지 랄프 무어와 상세 계획을 논의한 기록을 보아도 알 수 있다.[24] 필립스의 계획은 1897년 1월 6일 자 《데일리 메일》에 실린 기사에도 분명히 드러나 있다. 다음은 1896년 12월 10일 포르카도스를 출발해 1897년 1월 6일 리버풀에 도착한 증기선 배스허스트Bathhurst에 타고 있던 승객들의 증언을 바탕으로 작성한 것이다.

> 출항 당시(12월 10일) 나이저해안보호령에서는 베닌시티 방문을 준비하고 있었다. 필립스 영사가 동행할 예정인 이번 방문은 베닌의 왕에게 교역 제한 해제를 요청하고자 하는 평화적 목적의 방문으로 계획됐다. 그러나 베닌의 왕이 '부두교' 신봉자고 베닌시티에 여전히 인신공양의 풍습이 강하게 남아 있는 점을 고려할 때, 그가 보호령 관리들의 요청에 순순히 따를 것으로 보이지는 않는다. 이 경우, '다음 번 나를 찾아오는 백인은 모두 죽여버리겠다'고 최근 협박한 바 있는 베닌 왕에 대한 무장 원정을 위해 외교부의 허가를 요청할 계획이다. 영국 영토인 나이저해안 보호령에 위치한 베닌시티는 영토 내에서 인신공양이 자행되는 유일한 곳이다.[25]

《리버풀 머큐리》의 기사는 필립스의 방문이 이후 계획된 공격의 서곡이었음을 더욱 명확히 보여준다. "베닌시티에서 벌어지는 무자비한 인신공양을 중지시키고 베닌의 왕이 부과한 교역 제한을 해제하기 위해서는 무력 동원이 불가피하다는 의견이 지배적이다."[26]

같은 날 《펠 맬 가제트》는 리버풀 상인들의 목소리를 그대로 담아 '영국 영토에서 자행되는 인신공양'이라는 제목의 기사를 실었다. 기사는 해당 베닌시티 원정이 보호령 주도의 작전이라기보다는 나이저회사 측의 작전에 가까우며, 즉각적으로 베닌의 오바를 폐위하게 될 것으로 기대된다고 보도했다.[27] 한편 1897년 1월 6일에는 뉴 칼라바르를 떠난 우편 증기선 칼라바르호가 리버풀에 도착했다. 증기선의 도착과 함께 1896년에 진행된 오크리카 원정으로 붙잡은 바키수쿠 왕이 도주했다는 소식이 전해졌다. 《타임스》의 플로라 쇼는 특유의 과장된 어조로 오크리카 인근 바하나의 상인들이 들었다는 말을 인용하여 보도했다. 플로라 쇼는 오크리카의 원주민이 "백인들을 잘라버릴(chop) 것"이라고 말했다며 이것이 침략과 식인을 뜻한다고 주장했지만, 사실은 플로라 쇼 또한 'chop'이라는 단어가 '만나서 거래를 한다'는 의미로 사용된다는 점을 알고 있었다.[28]

당시 서른둘이었던 제임스 필립스는 퍼네스 부주교의 아들로, 케임브리지 트리니티 칼리지를 졸업한 변호사였다. 필립스는 1891년부터 치안담당관 겸 교도소 감독관으로 골드코스트에서 근무했으며, 1896년에는 골드코스트의 법무담당관대행으로 승진했고, 1896년 10월 24일에는 랄프 무어의 부재로 총영사대행으로 근무하기 위해 나이저해안 보호령에 도착했다. 제임스 필립스는 과토를 출발하여 베닌시티로 향했다. 동행한 백인은 여덟 명이었고, 각자 하인을 대동했다. 그 외에는 '통역관 겸 정치 주재관'인 허버트 클라크Herbert Clarke가 함께했으며, 토니Towny라는 이름의 또 다른 통역관, 골드코스트 총영사관 서기장이었던 바두Baddoo, 그의 아내로 추정되는 바두라는 이름의 요리사, 집사이자 사펠레의 상점 주인인 오우Owoo, 그리고 215명의 이츠키리족과 크루족 짐꾼이 동행했다.[29] 알려진 바에 따르면 필립스의 일행은 권총 외에는 따로 총기를 가져가지 않았다고 한다.[30] 우리에게 알려진 익숙한 베닌 '학살'의 서사는 어디까지 믿어야 할까?

과토는 베닌시티를 방문하고자 하는 백인들의 전통적인 출발지로, 베닌 왕궁의 관리들은 이곳에서 오바와의 소통을 조율했다.[31] 필립스 또한 과토에서 대기하는 동안 이크포바 지류의 왕궁 관리 도레 누마 소족장으로부터 베닌시티에 가려고 하는 백인은 죽음을 맞이할 것이라는 직접적인 경고를 받았다.[32] 경고를 받은 필립스는 위험성을 알면서도 계획을 밀어붙였다. 필립스가 보낸 마지막 편지는 1월 3일 과토에 도착한 후 아이비호의 헨리 차일드Henry Child 대위에게 보낸 편지다. 그는 편지에서 군악대를 기지로 돌려보내기로 했다고 설명했다. "여기까지 오는 동안 매 순간 위협과 경고를 받았습니다. 과토에 상륙을 시도하면 대기 중인 베닌 왕의 병사들이 즉각 발포할 것이라는 경고였죠. 당황한 저는 군악대를 돌려보냈습니다. 보내고 나니 후회가 되지만, 어쨌든 저희는 과토에 도착했습니다."[33]

첫 기사는 백인 아홉 명과 짐꾼 250명이 모두 죽었다고 보도했다. 어쨌든 1월 4일에 아홉 명의 백인들 중 적어도 네 명이 과토 근처의 우비니에서 살해됐다는 것은 거의 확실하다. 이때 죽은 네 명은 제임스 필립스, 베닌과 와리 지역을 담당했던 크로퍼드 부영사, 사펠레와 베닌 지역의 군의관이었던 로버트 엘리엇, 그리고 나이저해안보호령 경찰대의 아서 메일링 대위다.[34] 보도에는 '매복'이나 '학살'이라는 표현이 등장했지만, 이들이 어떻게 죽었는지에 대해서는 자세히 알려져 있지 않다. 앨런 보이스래건과 랄프 프레더릭 로크가 생존하여 며칠 후 정글에서 돌아왔지만, 이들의 목격담에는 역시 나머지 백인 세 명, 즉 사펠레의 지역지휘관이었던 케네스 C. 캠벨Kenneth C. Campbell,[35] 밀러 브러더스 컴퍼니 소속의 해리 S. 포이스Harry S. Powis, 그리고 아프리카협회 소속의 토머스 고든Thomas Gordon의[36] 사망 경위가 드러나 있지 않다. 다만 2월 23일 외교부에 제출한 공식 보고서에는 이들이 사살됐다고 기록되어 있다.[37] 로버트 홈은 베닌 원정을 분석한 자신의 저서에서 그 세 명이 일종의 인질로 베닌시티에 갇혀 있다가 그다음 달 이루어진 영국군의 공격 이전, 또는 공격이 진행되던 중에 목숨을 잃었을 가능성이 있다는 결론을 내렸다.[38] "200명이 넘는 짐꾼이 살해됐다"는 주장의 경우 입증할 만한 문서 기록이 불분명하다.[39] 앨런 보이스래건의 책 외에 유일하게 찾아볼 수 있는 목격자 기록은 오조 이바단 족장의 증언뿐이다. 사건 발생 2년 후 작성된 이 기록의 저자 역시 보이스래건이라는 점에서 아주 공정하고 객관적이라고 보기는 어렵지만, 〈모험의 낭만〉이라는 제목으로 지역 신문에 소개된 보이스래건의 글에는 사건 당시 흑인 80명이 죽고 120명은 포로가 되어 베닌시티로 끌려갔다는 내용이 포함되어 있다.[40]

1월 16일 자《데일리 메일》은 보이스래건과 로크의 생환을 알리는 전보 내용을 보도하며 "포이스가 살아남아 탈출했다는 소문"을 함께 소개하기도 했지만, 다른 신문에서는 그가 "포로가 됐다"는 소문이 보도되기도 했다.[41] 다수의 보도가 공통적으로 원정대가 상대의 공격에 "완강히 저항"했다는 내용을 실었는데,[42] 이는 원정대가 비무장 상태였다는 이야기에 어느 정도 의문이 들게 하는 대목이다. 갈웨이의 책에는 베닌시티 약탈 이후 발견한 '학살' 사건의 현장에 대한 내용이 등장하는데, 갈웨이가 봤다는 길가에 흩어진 시신들은 비무장 상태로 공격을 당한 흔적일 수도, 교전의 흔적일 수도 있어 보인다.

해병대가 베닌시티를 떠나자마자 나는 베닌시티에 있는 해군이 과토에 있는 전함에 합류할 수 있도록 하우사족 병사들과 맥심기관총 한 대로 두 도시 사이에 길을 내는 임무를 맡았고, 작업 과정에서 학살의 현장을 최초로 방문하게 됐다. 길을 따라 1마일가량 백골화된 시신이 흩어져 있었다. 나는 유해들을 수습하여 묻어주고 짧은 기도를 올렸다.[43]

필립스 사건의 진실이 무엇인지는 알 수 없지만, 비난을 상대에게 돌리는 기술은 이번에도 통했다. 영국은 앞서 진행된 응징 작전에서 갈고닦은 이 기술을 활용하여 또다시 피해자로 둔갑하는 데 성공했다. 방법은 똑같았다. 상대에게 대화를 청한 후 만남을 거절당하는 모습을 연출하고, 이를 앞세워 보복 공격을 정당화하는 것이다. 언론은 필립스 일행의 죽음을 일제히 '학살'이라 보도했다. 《데일리 메일》은 1월 13일 자보도에서 "살해 또는 억류당한 영국인들 외에 이들과 동행했던 크루족 270명 또한 살해됐을 가능성이 있는 것으로 보이고 있다"며, "서아프리카 해안 지역에 부두교 공양 의식이 널리 퍼져 있다는 점을 고려할 때 베닌의 통치자가 이들을 몰살시켰을 수도 있다"고 주장했다.[44]

로이터 통신은 1월 11일 보니에서 필립스 사건에 대한 급보를 타전했다. 이 급보를 받고 사건을 처음 기사화한 것은 1월 12일 자 《타임스》였다.[45] 같은 날 《데일리 메일》은 베닌시티가 "나이저해안보호령 내에 위치"하며, "미신적인 제사장들이 이끄는 신권정치의 본거지로, 인신공양 문화로 잘 알려져 있다"는 내용의 보도를 덧붙였다.[46] 다음날인 1월 13일, 《데일리 메일》은 전날인 1월 12일 오후 3시 30분부터 6시까지 내각 회의가 열렸다는 소식을 전하며 이 회의에서 "영국 대표단 학살과 관련하여 정부가 이 사건으로 공석이 된 자리에 즉각 후임자를 파견하고 최대한 빠른 시일 내에 보복 조치를 강구할 것"을 결정했다고 말했다.[47]

필립스가 1896년 11월에 보낸 서한에 대한 총리의 답신이 1897년 1월 9일에나 이루어졌다는 점도 미심쩍다. 400명의 병력을 동원하는 것이 어렵다며 방문 계획을 취소하라고 하는 이 답신은 54일이나 지난 시점에서 이루어졌으며, 그 이전의 답신 기록은 찾아볼 수 없다.[48] 1월 4일에 발생한 필립스 사건에 대한 소식은 1월 7일에 사펠레에 전해졌다. 이 소식을 전하기 위해 헨리 차일드가 보니에서 식민지 재무성에 보낸 전보가 외교부에 전달된 것은 1월 10일 일요일이었다.[49] 이 전보가 도착한 후 "베닌 인근에서 벌어진 영국인 관리 학살 사건과 이에 따른 응징 작전" 관련 문서들이 영국 의회에 보고됐다. 총리가 필립스에게 답신을 보낸 날짜는 사건 소식이 사펠레에 전해진 날로부터 이틀 후, 그리고 헨리 차일드의 전보가 외교부에 전해지기 하루 전이었다.[50]

정리하자면 총리가 외교장관 자격으로 필립스에게 답신을 보낸 것은 처음 편지를 받고 나서 53일이 지난 시점인 1월 9일 토요일로, 필립스의 사망 닷새 후였다. 총리의 답신 시점에는 분명 뭔가 석연치 않은 지점이 있다. 사실 이러한 전개는 거의 정확히 12개월 전에 남아프리카에서 발생한 제임슨 진군 사건Jameson Raid을 떠올리게 한다. 1895년 12월 29일부터 1896년 1월 2일까지 세실 로즈의 남아프리카회사가 남아프리카 공화국을 상대로 벌인 이 진군은 크리스마스를 전후로 발생한 일련의 사건들의 발생 순서를 조작하여 군사적 행동에 정당성을 부여하려 한 또 하나의 상징적인 사건이었다. 이 사건의 핵심 인물은《타임스》의 식민지 특파원이었던 플로라 쇼였다. 플로라 쇼는 세실 로즈, 조지 골디와 절친한 사이였으며, 나중에는 초대 나이지리아 총독이 된 프레데릭 루가드와 결혼했다. 플로라 쇼는 나중에 자신의 직업에 대해 말하며 "나는 내 일이 사건을 보도하는 것이라기보다는 명성 없이 이면에서 이루어진 적극적 정치 행위라고 생각한다"고 밝힌 바 있다.[51] 그러나 제임슨 진군 사건에서 이루어진 플로라 쇼의 정치적인 개입은 나중에 의회 특별조사위원회에서 증거 제출을 요청할 만큼 공개적이었다. 나이저 삼각주에서와 마찬가지로 남아프리카에도 보호령과 회사가 존재했으며, 각각 외교부와 식민부의 관할에 속했다. 제임슨 사건은 남아프리카회사의 이익을 위해 보호령 내에서 반란을 유도하려다 실패한 사건으로, 세실 로즈의 정치 생명을 사실상 끊어놓는 계기가 된 사건이기도 하다. 11월 말경 린더 스타 제임슨Leander Starr Jameson은 핵심인물 다섯 명이 서명한 습격 요청 서한을 조달해 12월 20일에 세실 로즈에게 보여주었다. 하원의원이었던 윌리엄 하코트William Harcourt는 추후 12월 20일이라는 날짜가 적힌 이 서한의 사본들이 전쟁터에서 발견됐다고 주장하기도 했다. 그러나 1월 1일 자《타임스》에는 해당 편지가 제임슨 사건 하루 전날인 12월 28일 작성된 것으로 보도됐다.[52] 의회 특별조사위원회는 조사를 통해 세실 로즈가 이 편지를 플로라 쇼에게 미리 보내두었다는 사실을 밝혀냈다. "습격 직전에 요하네스버그에서 제임슨의 진군을 긴급히 요청한 것처럼 보이도록 편지의 날짜를 바꿔서《타임스》에 보도되도록" 하기 위한 것이었다.[53]

플로라 쇼가 '나이지리아'라는 지명을 제안하여 유명해진《타임스》 기사의 발행 시점을 보면 1896년에서 1897년으로 넘어가는 크리스마스 전후의 시기에도 쇼가 또다시 기업적 식민주의를 위한 조작과 선동에 관여했을 가능성이 충분히 엿보인다. 적시에 신문에 싣고자 미리 준비해놓은 것으로 보이는 이 장문의 기사는 1월 8일 금요일 발행된《타임스》의 6면에 게재됐다. 필립스 사건 소식이 사펠레에 전해지고 24시간이 채 지나지 않은 시점이었고, 총리가 이미 사망한 필립스에게 답신을 보내기 하루 전날이기도 했다. 이 기사는 앞으로 전개될 사건에 대해 많은 것을 알려주었다. 플로라 쇼의 기사에는 "왕립나이저회사의 영토로 추가적인 장교와 군수품이 파견되며 주민들은 벌써 두 달째 다가오는 군사 작전들에 대해 마음의 준비를 하고 있다"는 내용이 담겨 있었다. 나이저회사 총재인 조지 골디가 1월 1일 로코자에 있는 나이저회사 군 사령부에 도착했다는 내용 또한 주목할 만하다. 프레데릭 루가드가 이끄는 서아프리카국경군이 가장 중요하게 생각했던 라고스와 포트골디, 로코자를 연결하는 전신망 건설에 박차를 가하고 있던 골디가 아무 이유 없이 현장을 비웠을 리는 없기 때문이다.[54] 플로라 쇼는 1895년에서 1896년으로 넘어가는 연말연시에 세실 로즈와 매일 전보로 연락을 주고받은 것과 마찬가지로 베닌 원정 계획이 수립되고 있던 1897년 초에 지속적으로 골디와 루가드와 연락을 주고받았을 가능성이 높다. 실제로 플로라 쇼는 1897년 1월 12일 왕립나이저회사의 부총재 알프레드 럼리Alfred Lumley에게 보낸 편지에서 《타임스》 기사를 통해 제안한 '나이지리아'라는 이름이 흡족"하리라 믿는다는 말과 함께 일지를 빌려준 데 대한 감사의 말을 전하기도 했다.[55] 플로라 쇼가 기사를 실은 시점과 총리가 전보를 보낸 시점에 대한 가장 설득력 있는 설명은 쇼가 제임슨 진군 사건 때와 마찬가지로 개인적인 전보를 통해 필립스 사건에 대한 소식을 미리 받아보았다는 것이다.[56]

　'나이지리아'라는 이름을 제안한 쇼의 기사는 나이지리아 식민 정책의 방향, 즉 앞으로 진행될 북쪽의 나이저회사 영토와 남쪽의 보호령 영토 사이의 통합을 예고하고 있었다. 보호령이 커크 보고서 내용을 바탕으로 나이저회사에 대한 칙허 박탈을 추진할 것이라는 예상은 이미 널리 퍼져 있었다. 이미 제임슨 진군 사건 이후 1896년 6월 영국은 세실 로즈와 알프레드 베이트Alfred Beit를 남아프리카회사의 이사 자리에서 몰아낸 전례가 있었다. 그러나 플로라 쇼의 기사는 단순한 칙허 박탈을 넘어선 더 큰 변화를, 유례없는 규모의 기업적·군국적 군사 행동들을 예고하고 있었다. 조지 골디는 "필요한 일은 가능한 한 신속하게 밀고 나가고, 하는 일에 대해서는 되도록 발설하지 않는다"는 말로 회사의 정책을 밝힌 적이 있다.[57] 그런 골디에게 언론을 통해 플로라 쇼가 전파하는 선전은 매우 효과적인 무기였다.

랄프 무어가 런던에 있는 동안 제임스 필립스가 베닌시티 방문에 나선 것은 이러한 맥락 안에서였다. 그동안 많은 이들이 런던의 허가를 기다리지 않고 갑자기 방문에 나선 필립스의 행동에 대한 적절한 설명을 찾지 못했지만, 그의 행동이 순전히 외부에 보여주기 위한 목적으로 진행된 것이라 가정하면 다른 응징 작전의 패턴에 논리적으로 들어맞는다. 필립스는 1892년 협정 준수를 요청하겠다며 오바에게 면담을 요청하고 거절당하는 그림을 원한 것일 가능성이 높다. 베닌 사람들이 신성하게 생각하는 '이구에 축제' 시기를 택해 면담을 요청한 것도 아마 거절당하기 위한 포석이었을 것이다. 축제 기간에는 오바가 방문객을 만나지 않는다는 사실을 필립스 또한 알고 있었기 때문이다. 필립스 일행이 비무장 상태로 베닌시티에 가겠다고 한 것은 이구에 축제 기간 중 상대가 총기를 사용하지는 않을 것이라는 짐작에서 나온 행동으로 설명할 수도 있다. 아마도 베닌의 전통을 존중하는 것처럼 가장하고 협상 시도의 진정성을 꾸미기 위한 행동이었을 것이다.[58] 1896년 골드코스트에서 진행된 아샨티 원정이 별다른 충돌 없이 성공했다는 점도 필립스의 결정에 영향을 주었을 수 있다. 한편 서아프리카 곳곳에서는 불안이 점점 커지고 있었다. 브래스가 나이저회사 영토를 다시 공격해올 것이라는 소문이 돌았고,[59] 1896년부터 뉴 칼라바르에 억류 중이던 오크리카의 바키수쿠 왕이 탈출했다는 소식이 들려왔기 때문이다.[60]

이런 상황에서 아마도 보호령 측은 필립스가 오바와의 만남을 거절당하는 모습을 바랐을 것이다. 외교부에 전쟁의 필요성을 설득하기에도,[61] 국민에게 오바 제거의 필요성을 설득하기에도 유용한 그림이 될 수 있으니 말이다. 이런 점을 고려했을 때 보호령과 나이저회사가 필립스의 방문으로 상대를 도발하여 공격을 유도하고, 이 공격을 구실로 전쟁을 정당화하려 했을 가능성이 있다고 보는 것은 아주 터무니없는 추측은 아니다. 1897년 1월 2일《스탠더드》는 영국이 "해안지역과 서수단 사이에 위치한 광대한 영토의 일부 지역에서 특정 족장, 또는 족장들을 정리하기 위한 군사 원정의 시작"을 앞두고 있다고 보도했다.[62] 이에 앞선 1896년 12월 28일 골디가 로코자로 향하는 도중 포르카도스강 하구에 도착했고, 같은 날 필립스가 보호령을 대표하여 과토로 향했다는 사실은 이 사건의 중요한 문맥이 될 수 있다. 한편《팰 맬 가제트》는 1월 4일 "병력의 이동 방향에 대해서는 현재까지 알려진 바가 없다"고 보도하기도 했다.[63]

8장
베닌-나이저-수단 원정

> 군사적인 관점에서 보자면 베닌 원정은 영국이 아프리카에서 벌인 다른
> 전쟁들과 비교했을 때 부수적인 수준의 사건이었다.
> — 바버라 플랑켄스타이너, 함부르크 민족학 박물관 관장[1]

바버라 플랑켄스타이너는 베닌시티 약탈 문화재에 대해서는 주요 전
문가지만, 베닌 원정의 군사적 중요성에 대해서는 한참 잘못 짚고 있다.
1897년 베닌 원정은 인적·문화적 손실을 부른 '중대한' 사건이었고, 영
국이 당시 점점 가속화되고 있던 지배의 프로파간다로 본격적으로 접
어드는 기점이 된 상징적인 순간이었다. 지배의 프로파간다하에서 식민
지인들의 '자유와 평등'은 더 당연하게 제한됐고, "제국의 성공을 위해
서 유럽 열강들은 아프리카인들에게 군사력을 사용할 수밖에 없다"는

주장은 설득력을 얻었다.[2] 베닌 원정은 지리적으로 주로 북쪽의 나이저 회사 영토와 남쪽의 보호령 영토에서 벌어진 만큼 새로운 영토에 대한 눈에 띄는 점령이 있었던 것은 아니다. 그러나 베닌 원정은 새로운 차원의 대량학살이었다. 현재 나이지리아가 자리한 그 지역에서는 만 명인지, 5만 명인지, 7만 명인지 그 수조차 제대로 파악되지 않은 수많은 원주민 병사들과 민간인이 죽었다. 마을과 도시가 잿더미가 됐고, 많은 이들이 부상을 입고 겁에 질린 채 살 곳을 잃었다. 그리고 막강한 권력을 자랑하던 두 명의 아프리카 통치자가 폭력적으로 쫓겨났다.

베닌 원정은 결코 부수적인 사건이 아니었다. 이 원정에서 나타난 나이저회사와 보호령의 협력은 나이지리아가 영국의 직접적인 식민지로 태어나는 데 있어 중요한 기반이 됐다. 역사학자들은 당시 나이저회사와 영국 정부 사이에 인적·정치적 차이가 존재했다는 점을 강조해왔다. 나이저회사와 보호령의 의사결정 과정 또한 완전히 분리되어 있었던 것도 분명 사실이다. 그러나 당시 영국 정부는 외교부와 식민부의 이해관계를 점차 통합해나간다는 방향성을 가지고 있었다. 현재 우리가 물려받은 베닌 원정에 대한 서사에서는 당시 식민부의 의도에 따라 나이저회사의 역할이 적극적으로 축소되어 있다. 그러나 베닌 원정은 양측의 합동작전이었고,[3] 회사는 원정을 통해 장기적으로 큰 이익을 얻었다는 점을 기억해야 한다. 또한 랄프 무어와 조지 골디가 나이저회사의 미래에 대해 지속적으로 논의해왔다는 사실,[4] 그리고 1895년 남아프리카에서 나이저 지역으로 근무지를 옮긴 프레데릭 루가드가 조직한 서아프리카국경군에 대해서 논의해왔다는 사실 또한 기억해둘 필요가 있다.[5]

1월 8일《타임스》에 실린 플로라 쇼의 기사는 나이저 지역의 영토가 이미 영국의 소유인 것처럼, 마치 그 영토가 "왕립나이저회사의 노력으로 보호령의 범위에 들어오게 된, 그러므로 지금까지는 없었던 새로운 지명을 붙여 설명해야 할 지역"이 된 것처럼 '나이지리아'라는 이름을 제안했다.[6] 원정의 최종적인 형태가 정해진 것은 아니었지만, 이 기사가 나온 시기에도 나이저회사의 병력은 활동을 시작하고 있었다.[7] 나이저회사 병력의 활동이 주로 회사 관할 영토 내에 집중될 것이라는 점은 1월 6일 결정된 참이었다. 그러나 나이저회사와 보호령, 서아프리카국경군, 해군, 그리고 외교부가 모집한 수십 명의 '특수' 장교 연합군의 협력 방식은 더 시간이 지난 후 결정됐다. 1897년 1월 14일 자《데일리 메일》에는 "베닌시티 원정에 참가를 신청한 특수장교의 지원서가 예상했던 수준보다 훨씬 많이 접수됐다"는 보도가 나왔다.[8] 나이저회사는 브래스 원정 때와 마찬가지의 방식으로 베닌 원정에 참가하고 싶어 했지만, 결론적으로 그 부분에서는 빠지게 됐다.

나이저회사와 보호령은 '나이저-수단 원정'과 '베닌 원정'이 서로 다른 별개의 작전인 것처럼 홍보했지만, 사실 두 원정은 동시에 진행된 하나의 작전으로 이해해야 한다. 골디와 무어는 나이저회사가 보호령으로 흡수되어야 한다는 내용의 커크 보고서가 발표된 이후 줄곧 긴밀히 소통해왔고, '나이저-수단-베닌' 원정이라는 동시 작전은 바로 그 소통의 결과로 실행에 옮겨진 것이었다. 북쪽 지역의 목표 도시는 정해져 있었다. 이와 관련하여《글래스고 헤럴드》는 1월 5일 "나이저회사와의 합의사항을 상습적으로 위반하고 회사의 세력권 내에서 용납할 수 없는 행위를 저지른 누페의 에미르를 처벌"하기 위해 일로린이나 비다에 대한 공격이 이루어질 예정이라 보도하며 "조만간 서수단의 일부 풀라족 국가들과 힘을 겨루게 될 것"이라고 예고했다.[9] 일로린과 비다는 수니

파 소코토 칼리프국의 일부였다. 1804년 샤이후 우스만 단 포디오가 이끈 풀라니 지하드의 결과로 세워진 소코토 칼리프국은 1903년 군사력을 동원한 영국의 '강화활동'으로 멸망한다. 영국은 대재상이었던 무함마드 알 부하리를 내쫓고 무함마드 아타히루 2세를 술탄으로 세운 후 소코토 술탄국 회의를 설치했다. 조지 골디는 풀라족 국가인 소코토에 대한 원정을 앞두고 자신의 일지에 "우리의 하우사족 병사들은 지금까지 많은 야만인들을 상대로 용맹을 뽐냈으나 풀라족과의 대결은 이번이 처음이라는 점을 기억해야 한다"고 기록했다.[10]

　1897년 1~2월, 북쪽에서는 나이저회사의 병력이 목표로 삼은 두 도시로 향했고, 같은 시기 남쪽의 보호령 영토에서는 베닌 원정이 진행됐다. 합쳐서 '베닌-나이저-수단 원정'이라고 명명할 수 있는 이 군사 작전에는 공격을 정당화할 만한 공통의 명분이 있었는데, 바로 상대가 1892년 체결한 협정을 준수하지 않았다는 주장이었다. 이를 구실로 보호령은 베닌에 대해, 나이저회사는 비다에 대해 군사 행동에 나섰다. 나이저회사와 보호령의 원정은 총리의 승인하에 진행된 동시 작전이었다. 먼저 원정을 마친 나이저회사 병력이 나이저강 쪽으로 귀환한 1897년 2월 18일, 골디는 보호령의 베닌 원정에 이 병력을 지원하겠다는 제안을 내놓기까지 했다.[11] 이에 앞선 1월 16일에 보호령 측의 랄프 무어가 베닌시티를 북쪽에서 공격할 가능성에 대해 언급한 것으로 보아 병력 지원에 대해서는 양측이 사전에 논의했을 가능성도 엿보인다(북쪽으로부터의 공격도 함께 진행했다면 베닌시티 원정은 동서남북 네 방향에서 이루어졌을 것이다).[12] 베닌 원정에 참여한 한 정보 장교는 "베닌과 비다, 두 유서 깊은 도시가 동시에 함락되면 백인의 위상이 더 높아질 것"이라는 말을 하기도 했다.[13]

'베닌-나이저-수단 원정'은 빅토리아 여왕의 재위 60주년을 기념하던 해에 아프리카에 이루어진 상징적인 힘의 통합이었다. 나이저회사와 보호령의 부대 구성은 엇비슷했고, 양측의 작전에 참가한 하우사족 병력의 규모 또한 비슷했다. 여기에 영국에서 특별히 파견된 특수장교 또한 원정에 참가했다. 공격은 동시에 진행됐고, 언론은 진행 상황을 실시간으로 보도했다.[14] 그러다 보니 두 원정을 혼동하는 이들이 있어서 언론이 이를 따로 구분하여 설명하는 일도 있었다. 그러나 당시의 신문들이 "이슬람교 통치자가 지배하는 내륙 도시"라고 설명한 비다에 대한 원정과 "베닌 왕으로도 알려진 이교도 족장이 지배하는 도시"라고 설명한 베닌시티에 대한 원정 사이에는 뚜렷한 차이점도 존재했다.[15] 우선 베닌 원정은 기본적으로 해군이 중심이 된 작전이었고, 주 무대가 정글이었다. 보호령은 해군과 합동으로 이미 몇 차례 진행하며 검증된 바 있는 응징 작전 모델을 활용했다. 찰스 콜웰은 추후 프랑스어로도 번역된 자신의 책《작은 전쟁들》에서 이러한 방식의 병력운용을 두고 "강행군 후 적군과 조우 시 전면 공격 방식"이라고 설명했다.[16] 나이저강 북쪽의 비다, 그리고 서쪽으로 150마일 떨어진 곳에 있는 나이저강 남쪽의 일로린에 대한 작전 또한 기본적으로 행군 후 공격 방식이었지만, 이는 평원에서 기병대를 상대로 이루어진 육군 작전이었다. 정글과 평원이라는 환경적 차이는 사상자 파악에 있어 매우 다른 상황으로 이어졌다.

베닌 원정에 대한 내용으로 넘어가기 전에 우선 나이저회사가 베닌시티 북쪽 250마일에서 벌였던 작전에 대해 살펴보도록 하자. 나이저-수단 원정, 또는 비다-일로린 원정이라고도 알려진 이 공격은 나이저회사 버전의 베닌 원정이라고도 볼 수 있다. 이 원정에 대한 계획은 1896

년 가을부터 이미 영국 신문에 널리 보도됐다. 1896년 5월, 풀라족 군대(당시 언론의 보도에 의하면 보병 2만 명, 기병 2000명 규모)가 나이저강을 건너 남하하여 카바에 진지를 구축하는 일이 발생했다. 영국은 이런 식의 부대 이동이 협정 위반이라고 반발했고, 이는 영국이 주장하는 비다의 노예 학살과 더불어 원정을 위한 공식적인 명분이 됐다.

서아프리카 해안 지역에 대한 지배가 어느 정도 안정되며 영국은 더 큰 상업적 이익을 좇아 점차 내륙으로 진출하고자 했고, 이 과정에서 노예제 근절은 좋은 구실이 되어주었다. 루가드는 나중에 쓴 책에서 "라베리 추기경은 아프리카의 이슬람 세력과 노예무역 근절을 위한 '성전'의 필요성을 주창했다"고 회고하기도 했다.[17]

언론은 익숙한 방식으로 비다와의 분쟁에 대한 기사를 내놓았다. 많은 신문이 비다가 1892년 영국과 협정을 맺었으나 수차례의 경고에도 협정의 내용을 이행하지 않고 있다고 지적하며, 노예 학살과 회사 영토에 대한 공격이 벌어져 토벌대를 파견하게 됐다는 내용을 전했다. 간두의 술탄에게 바치는 공물에 대한 우려와 소코토 술탄의 강한 세력에 대해 걱정하는 내용 또한 포함되어 있었다.[18]

아놀드 중위가 이끈 원정은 1897년 1월부터 2월까지 3단계로 진행됐다. 우선 카파를 공격한 후 풀라족 국가인 비다와 일로린을 차례로 공격한다는 계획이었다. 원정에는 특수장교 32명, 나이저회사 고위직 8명, 하우사족 병사 1072명, 짐꾼 1878명(골드코스트에서 모집한 판테족 300명, 로코자에서 모집한 요루바족과 하우사족 짐꾼), 맥심기관총 15대(1대당 탄약 1만 8000발), 7파운드포 9대, 9파운드포 1대, 12파운드포 1대가 동원됐다.[19] 부대는 1897년 1월 6일 나이저강과 베누에강의 합류지점인 로코자의 나이저회사 본부에 집결했다.

1월 6일 로코자를 떠난 나이저회사 부대의 첫 목표는 카파였다. 부대는 1월 13일 별다른 저항 없이 카파에 입성할 수 있었다. 카파에 머물던 풀라족 부대가 비다의 방어를 보강하기 위해 북쪽으로 향했기 때문이다. 그러나 풀라족 병사들은 강에서 대기하고 있던 원정대의 함대에 막혀 나이저강을 건너지 못하고 남쪽에 머물게 됐다.

한편 나이저회사군은 강으로 행군하여 군함을 타고 다음 목표 도시 가까운 곳으로 이동하여 1월 26일 비다에 도착했다. 이들의 목표는 비다의 에미르인 아부 바크르 단 마사바를 몰아내는 것이었다. 부대는 이곳에서 1만 5000명 정도로 추정되는 대부대와 맞닥뜨렸다.[20] 조지 골디가 2월 6일 나이저회사 부총재와 이사회에 제출한 보고서에는 부대의 규모가 다음과 같이 두 배로 기록되어 있기는 하다. "1만 5000명 정도를 예상했으나 상대는 3만에 달했으며, 모두 마지막까지 용감히 싸웠다."[21] 비다를 방어하던 부대는 기병대와 화승총으로 무장한 보병으로 구성되어 있었다. 나이저회사군은 기병대에 맞서 사각형의 대오로 전진했다.[22] 비다로 전진하는 회사군을 막기 위해 기병대가 앞으로 돌진해왔고, 이들은 사각형의 가장자리에 배치된 맥심기관총에 맞아 돌진하는 족족 쓰러졌다. 원정에 참여한 병사이자 지리학자였던 시모어 반델뢰르Seymour Vandeleur는 비다에 대해 "인구 6만에서 10만 정도의 거대한 수도로, 점토로 쌓은 높은 성벽 안에 초가지붕을 얹은 큼직한 집들이 들어차 있는 곳"이었다고 기록했다.[23] 비다의 기병에 대해서는 "중세의 기사처럼 기수 한 명에 두세 명의 종자가 따라붙어 총과 창을 건네주는 모습이었다"고 기록했다.[24] 기병들은 100야드 정도 되는 지점까지 접근하고는 모두 총을 맞고 쓰러졌다.

그곳은 이상적인 전장이었다. 수천에 달하는 군대가 한눈에 들어왔다. … 풀라족 기병은 화려한 마구에 황동과 철로 만든 등자로 장식한 꼬리가 긴 말을 타고 있었다. 높은 안장에 굳건히 올라앉은 이들 기병이 검이나 창을 높이 들고 흰 옷을 바람에 휘날리며 돌진해오는 모습은 꽤나 기묘하게 느껴졌다.[25]

나이저회사군은 7파운드포와 9파운드포로 보병과 기병에 대한 공격을 계속했다.

정면과 측면에 2만에서 3만에 이르는 적군이 있었다. 그 상황에서 원거리에서도 조준능력이 뛰어난 7파운드포와 9파운드포가 큰 역할을 해냈다. 정확한 조준으로 첫 포탄이 마을 근처에 세워져 있던 적군의 말들에게 떨어졌고, 말들은 사방으로 흩어졌다. … 적군은 큰 타격을 받았다.[26]

나이저회사군은 비다에 밤새도록 포격을 퍼부었고, 다음날에는 부대의 전진과 함께 맥심기관총을 통한 학살이 이어졌다. 비다의 건물들이 사정거리에 들어오자 회사군은 12파운드포와 7파운드포를 활용하여 왕궁을 비롯한 건물들을 포격하고 도시 전체에 조직적으로 불을 질렀다. 반델뢰르는 "적군의 피해를 파악하는 것은 불가능하지만 그 규모가 상당했을 것으로 보인다"고 기록했다.[27] 이 공격에서 비다의 제후 몇 명이 죽거나 부상을 입었다. 2월 5일, 폐허 속에서 골디는 무함마드 단 우마르 마지기를 새로운 에미르로 임명하고 새로운 협정을 맺었다. "이전에 맺은 모든 협정을 무효화하고 누페족 지역 전체가 나이저회사의 지배하에 있음을 인정한다"는 내용이었다. 새로운 에미르는 나이저회사

가 정해주는 지역만을 통치할 수 있었다.[28]

2월 15~16일 나이저회사군은 동일한 전술을 활용해 일로린으로 진격했다. 첫날에 일로린 기병 800명과 보병 5000명이 맥없이 무너졌다.[29] 일로린은 항복했으나 회사군은 아랑곳하지 않고 도시에 포격을 퍼붓고 약탈했다. 다음은 다시 반델뢰르의 기록이다. "왕궁이라는 명칭에는 어울리지 않는 보잘 것 없는 돌로 된 건물이었지만, 어쨌든 이들의 왕궁은 철저히 파괴됐다. 우리가 막사를 설치한 시장은 여전히 타는 냄새와 연기가 자욱했다."[30] 왕궁과 도시 대부분이 파괴된 후 일로린의 에미르는 다시 자리를 찾았지만, 파괴와 약탈로 인한 사망자 수는 파악되지 않았다.

골디의 계획은 "맥심기관총이나 산포를 한 번도 본 적 없는" 상대 병력을 단번에 공격하는 것이었다.[31] 어떤 이들은 나이저회사의 작전을 두고 위대한 승리라며 추켜세우기도 했다. 영국교회선교회는 "1894~1895년 터그웰 주교와 필립스 주교가 누페족 제후들의 약탈 행위에 대한 증거를 목격"한 바 있다며 "오랜 두려움의 대상이었던 누페족 기병대의 격파를 환영"했다.[32] 《위클리 아이리시 타임스》는 비다 공격의 결과로 강변의 건물에 갇혀 있던 "1200명의 노예가 구출됐다"고 보도했다.[33] 플로라 쇼는 《타임스》 기사를 통해 비다 전투가 1757년 인도에서 벌어진 플라시 전투에 비견할 만한 중요한 사건이라고 주장했다. 플라시 전투는 로버트 클라이브Robert Clive가 이끄는 동인도회사군이 프랑스와 동맹을 맺은 벵골 태수군과의 대결에서 대승을 거둔 전투로, 많은 빅토리아인이 인도 지배의 시작점으로 보는 상징적인 전투였다.[34] 그러나 비다 전투의 사상자 수는 플라시 전투보다 훨씬 많았다. 이에 대해 골디는 비다 공격 이틀 후 "우리는 적에게 심각한 피해를 입힐 수밖에 없었다"

고 말했다.[35]

비다 원정에 대한 다른 반응도 있었다. 비다에서 싸운 1만 5000명의 병사들, 카파에서 살 곳을 잃은 2만 명의 주민들, 그리고 수천 명에 달하는 민간인, 여성과 어린아이들의 죽음은 기록되지 않았다. 그러나 런던에서는 화승총을 들고 싸우는 중세 기병대 수준의 적군을 로켓포와 기관총으로 학살했다는 사실에 많은 이가 분노를 느꼈다. 일간지《스코츠맨》은 "맥심기관총이 수백 명을 말 그대로 도륙"했다며 비난하기도 했다.[36] 가장 강력한 비난의 목소리를 낸 것은 놀랍게도 제국주의 정치인 중 한 사람인 찰스 딜크Charles Dilke와《스펙테이터》였다.《스펙테이터》는 아놀드 중위의 말을 인용하여 "맥심기관총에 쓰러지면서도 계속해서 돌격해오는 적의 모습이 마치 앞뒤를 가리지 않는 줄루족이나 마타벨레족을 보는 것 같았다"고 이야기하며, "이제 야자유를 목적으로 흑인들을 도륙하고 영국인의 힘과 투지를 낭비"하는 일은 멈춰야 한다고 호소했다.[37]

골디는 반델뢰르가 내놓은 비다 공격에 관한 책의 서문에서 다음과 같이 반박하며 나이저회사의 입장을 옹호했다.

무력 사용의 필요성이 확실해지고 나면 신속하고 철저하게 실행에 옮겨야 한다. 그런데 지난 봄, 영국에서 가장 존경받는 유능한 언론사 중 한 곳이 아프리카에서 진행된 작전을 두고 영국이 '대포와 맥심기관총으로 원주민들을 도륙했다'며 도덕성에 대한 의문을 제기했다. 그 언론사가 말한 '원주민'은 유순한 부족을 폭력으로 억압하고, 필요에 따라 짐승처럼 사냥했던 폭력적인 조직이었다. 비다에서 풀라족 한 명이 죽을 때마다 수많은 무고한 원주민의 생명과 자유가 보장됐다. 길거리에서 여자나 어린아이를 괴롭히는 악당을 보면 때려눕히는 것이 인지상정이다. 상업적 이익이 걸려 있지 않더라도 유럽은 이와 똑같은 이치로 아프리카에서 노예사냥을 근절할 의무와 권리가 있다.[38]

반델뢰르의 책 《나일강 상류와 나이저에서의 작전들Campaigning on the Upper Nile and the Niger》을 보면, 상아와 무기, 카우리 조개껍데기와 옷감 등에 대한 약탈이 일상적으로 벌어졌음을 알 수 있다.[39] 책에는 비다에서 발생한 기록물 약탈에 대해서도 기록되어 있다.

> 모든 약탈물은 부대에 제출하는 것이 원칙이었다. 부대에는 다양한 색상의 옷, 비단, 수많은 놋쇠 그릇이 산더미처럼 쌓였다. 그러나 병사들과 짐꾼들은 기회가 될 때마다 약탈한 물품을 몰래 빼돌렸다. 비다에서는 대포 몇 대, 다양한 크기와 종류의 소총 350정, 화약 550통, 다양한 탄약 2만 5000개, 황동과 다양한 재질로 만든 물품들이 발견됐다. 아랍어 책과 문자판도 대량으로 발견됐고, 지도와 아랍어 문자가 새겨진 낡은 사자 가죽 또한 발견됐다. 사자 가죽은 병사들이 시장 바닥을 치우고 있는 모습을 발견하고 겨우 구제해냈다.[40]

반델뢰르는 왕립나이저회사에서 일하면서 군사적 활동에 지리적 지식을 접목했다. 총재인 조지 골디는 왕립지리학회에서 반델뢰르의 유능함을 칭찬하며 "그는 육분의로 위치를 확인할 때도 맥심기관총의 총열을 확인할 때도 언제나 최선의 능력을 발휘한다"고 추켜세웠다.[41] 조지 골디는 1905년 왕립지리학회의 회장이 됐다.

왕립나이저회사의 칙허 취소 문제는 1896년부터 논의됐다.[42] 그러므로 북부의 에미르(수단 지역)에 대한 나이저회사의 공격과 남부의 베닌(해안 지역)에 대한 보호령의 공격이 동시에 이루어졌다는 사실은 남북 나이지리아의 통합이 제안되고 있었다는 맥락 안에서 이해해야 한다(나이지리아 통합 제안은 1898년 6월 영국과 프랑스 사이의 나이저 협약 체결로 이어졌고, 이후 1900년 1월 나이저회사의 칙허 취소와 정부의 보상금 지급이 이루어졌다). 1897년 11월 무렵에는 이미 칙허 취소에 대한 결정이 어느 정도 진행된 상태였다. 추후에 다시 등장할 내용이지만, 나이저회사가 비다와 일로린을 공격하고 체결한 협약은 칙허 취소 대한 보상을 논의하는 과정에서 나이저회사에 크게 유리하게 작용했다. 그러나 그 얘기에 앞서 다음 장에서는 베닌시티의 약탈에 대해 살펴보도록 하자.

9장
베닌시티 약탈

베닌 왕국의 수도 베닌은 왕의 거주지로, 꽤나 동떨어진 곳에 자리 잡고 있다. 평지에 위치한 이 도시의 둘레는 4마일 정도 된다. 베닌의 길은 길고 널찍하게 뻗어 있으며, 하루에 두 번 열리는 장터에서는 소, 면직물, 상아, 유럽 물건들, 그 외의 여러 생산품들이 거래된다. 진흙으로 벽을 쌓고 갈대나 짚, 나뭇잎으로 지붕을 올린 집들은 널찍한 편이며, 서로 거리를 두고 띄엄띄엄 배치되어 있다. … 왕궁은 마을의 대부분을 차지할 정도로 거대하지만, 그 크기 외에 특별히 눈여겨볼 만한 특징은 없다. 왕궁 내부에는 판자와 진흙으로 만든 건물이 아무렇게나 배치되어 있으며, 규칙성이나 깔끔함을 찾아보기는 힘들다. 왕궁의 한가운데에는 높이가 70피트 정도 되는 굴뚝 모양의 나무탑이 솟아 있는데, 꼭대기에는 머리를 아래로 둔 황동 뱀 모형이 걸려 있다. 꽤나 정교하게 만든 이

뱀 모형은 베닌에서 가장 눈길을 끄는 물건이기도 하다. 왕궁 내부에는 조각상들이 진열되어 있는데, 그 모양새가 정교하지 않아서 별도의 설명이 없으면 무엇을 표현한 것인지 파악하기 어렵다. 장막 뒤쪽에는 청동 두상이 열한 개 놓여 있고, 각각의 두상 위에는 상아가 놓여 있는데, 이는 왕이 섬기는 우상이다. 베닌의 왕은 인도풍의 천막 아래에 설치된 상아 왕좌에 앉는데, 백성 앞에는 1년에 단 한 번 축제가 열리는 기간에만 모습을 드러낸다고 한다.

—《브리태니커 백과사전》(1797)[1]

1797년의 《브리태니커 백과사전》 3차 개정판에는 "베닌의 왕은 10만 명의 병사를 전장으로 소집할 수 있다"라는 내용이 추가됐다. 베닌시티의 전체적인 풍경이나 예술품, 약탈로 파괴되기 100년 전 《브리태니커 백과사전》이 묘사한 건물들에 대해서는 추후에 다시 살펴보기로 하자. 우리가 이번 장에서 우선 살펴보려 하는 것은 베닌시티 약탈에 대한 내용이다.

베닌 원정, 즉 베닌에 대한 응징 작전은 1897년 2월 9일부터 27일까지 약 3주 동안 진행됐다. 원정에는 유럽과 아프리카의 병사들과 짐꾼, 정찰병, 안내인을 포함하여 5000명 정도가 동원됐다. 짐꾼은 주로 시에라리온이나 라고스, 베닌 출신이었다.[2] 해군 위주로 실행된 베닌 공격은 영국령 희망봉의 지휘관이었던 해리 로슨이 이끌었고, 앞서 진행된 다른 원정들과 마찬가지로 보호령군과 합동으로 진행됐다. 보호령 경찰군과 해군 수병 등 1400명의 병사가 동원됐고, 그 외에도 100여 명의 해병대와 몰타와 남아프리카, 영국 본토에서 건너온 특수장교가 원정에 참여했다. 부대를 지원하는 짐꾼은 2500명으로, 이들은 대부분 물을 운반했다. 여기에 정찰병과 의무병, 그리고 보호령 직원들도 있었다. 왕립 해군 전함 10척이 작전에 참가했고, 310명으로 구성된 해병대 대대를 싣고 온 P&O사의 증기선 말라카는 병원선으로 활용됐다.[3]

원정대는 본대 한 개와 분대 두 개로 편성됐다. 이들은 5000제곱킬로미터가량 되는 지역을 진군하며 동시에 작전을 수행했다. 가운데의 본대는 와리기에서 베닌시티를 향해 북서쪽으로 행군했다. 영국군은 과거의 경험을 통해 비니족 부대가 과토를 방어할 수 있다는 사실을 알았고, 그렇기 때문에 과토를 시작점으로 삼는 것을 피했다.[4] 영국군은 과토로 바로 가지 않고 소위 '왕의 길'이라고 부르는 경로로 정글을 통해 접근했다. 본대는 보호령 소속의 하우사족 병사 250명과 맥심기관총 5대, 7파운드포 2대, 세인트조지호와 테세우스호 소속의 수병 120명과 로켓포 2대, 해병대 120명, 경포, 짐꾼 1200명으로 구성됐다.

마이클 펠햄 오캘러헌Michael Pelham O'Callaghan 대위는 필로멜과 위드전, 바로사Barrosa을 비롯한 전함과 포함으로 구성된 소함대를 이끌고 과토 지류를 따라 베닌시티 서쪽으로 접근했다. 맥길McGill 대위는 전함 포에베와 알렉토, 매그파이Magpie 등을 이끌고 사포바의 제이미슨강을 따라 베닌시티 동쪽으로 접근했다. 두 분대의 역할은 순전히 파괴와 학살이었다. 이 두 분대의 목적은 "본대가 작전을 수행하는 동안 마을과 도시를 공격하고 파괴하여 베닌을 더 강하게 응징"하고 "본대의 공격에서 적군의 주의를 분산"시키는 한편,[5] "베닌시티에서 도주하는 이탈자들을 막는" 것으로 명시되어 있었다.[6] 이들은 강을 따라가며 이동 경로에 있는 "모든 마을을 파괴"하라는 명령을 받았다. 두 분대는 전함에서 마을들을 포격하여 불태웠고, 올로그보의 자크리족 마을과 거래소, 에고루, 사포바, 길리-길리 비롯한 여러 마을을 '초토화'했다. 과토는 사흘에 걸친 집중 포격과 전투 끝에 함락됐다. 영국군은 솜을 폭발물 질에 적셔 만드는 면화약으로 집들을 폭파하고 마을을 잿더미로 만들 었다.[7]

마을과 도시들은 완전한 무방비 상태였다. 그리고 이 상태에서 공격 하는 것이 분대의 의도였다. 마을이 무방비 상태였다는 것은 다음의 기 록을 보아도 알 수 있다. "올로그보 공격이 개시되기 하루 전까지도 마 을 여자들은 강가에서 몸을 씻고 있었다. 곧 공격이 있으리라는 것을 전혀 예측하지 못하는 모습이었다."[8] 그러나 공식 보고서에는 본대와 두 분대가 "세 곳의 공격지점에서 모두 완강한 저항에 맞닥뜨렸다"고 기록되어 있다.[9]

와리기를 출발한 본대는 시리, 올로그보, 아가기, 아우코 등의 정착 지와 마을들을 거쳐 닷새 동안 행군했다. 이들이 베닌시티로 향한 길 은 '왕의 길'로 알려진 경로였다. 베닌시티는 2월 18일에 함락됐다. 비다 전투 때와 마찬가지로, 이곳에서도 아프리카와 유럽의 군사기술은 극 명한 수준차이를 드러냈다. 1893년 브뤼셀 협약은 나이저해안보호령을 포함한 일부 지역에 강선식소총과 격발뇌관총을 비롯한 '정밀조준화 기'의 판매를 금지했다. 비니족은 일부 화승총을 강선식이나 격발뇌관 식으로 개조하기도 했지만, 기본적으로 구할 수 있는 모든 것을 무기로 동원했다.[10] 이들이 전투에 사용한 무기는 전장식 활강 화승총, 권총, 마 체테, 해상용 단검, 창, 활과 화살, 단도, 금속조각을 발사하는 구식 대 포 등이었다.

식민지 관리들과 병참 장교들은 이 작전에 영국이 동원한 화력 규모 를 꼼꼼히 기록했다.[11] 베닌 원정의 참모장이었던 조지 르클레르크 에 저튼George LeClerc Egerton이 남긴 상세한 기록은 피트 리버스 박물관에 보

관되어 있다.[12] 우선 7파운드포의 경우 12대가 동원됐고, 각각의 7파운
드포에는 300회 분의 발사체가 준비됐다. 사단마다 로켓포 6대와 '충분
한 분량의 포탄이 배치됐다. 폭파 전문가들은 수백 킬로그램의 면화약
(나이트로셀룰로스)으로 적군의 방책과 성벽은 물론, 베닌 사람들이 신
성하게 여겼던 나무마저 폭파해버렸다. 지상 이동에 적합하게 개조한
맥심기관총 14대(각각 334발 급탄벨트 126개 지급)가 지상에서 운용됐고,
전함에도 24대의 기관총이 갖춰져 있었다(그중 7대는 세인트조지함에,
다른 7대는 테세우스함에 있었다). 영국군이 이 작전에 동원한 맥심기관
총의 수는 모두 합해서 38대, 탄약의 수는 약 200만 발에 달했다. 1초
에 탄환 10발을 발사하는 것으로 알려져 있으니, 영국이 운용한 맥심기
관총을 모두 합하면 1초에 탄환 380발을 발사할 수 있는 것이었다. 여
기에 병사들에게 지급된 1200정의 마티니-엔필드소총과 리-메트포드
소총도 있었다. 병사들에게는 각각 수백 정의 탄환이 지급됐고, 짐꾼들
은 그 두 배에 달하는 탄환을 운반했다. 단순히 숫자만 더해 봐도 무서
운 규모다.

소총용 탄환 150만, 병사 1인당 권총 1정과 탄환 36발, 그리고 그 여
섯 배에 달하는 탄환이 짐꾼 부대에 있다고 생각하면 얼핏 따져 봐도
탄환의 합계는 300만 개 이상이다.

* * *

나이저-수단 원정에 들어간 비용은 약 2만 5000파운드,[13] 베닌 원정에
들어간 비용은 3만 파운드 정도로 추산됐다.[14] 1896년 진행된 아샨티
원정 때보다 비용이 적게 들었다며 흡족해하는 사람들도 있었다. 그러

나 여기에는 맞은편에서 바라봤을 때의 인적 비용이 빠져 있다.

베닌시티 약탈은 인간의 생명과 문화, 신념과 예술, 그리고 주권에 대한 공격이었다. 이 공격은 나이저회사와 보호령의 결탁 속에 점점 극심해지고 있던 나이저 삼각주 지역의 무차별적인 폭력과 대량학살의 강행군 속에서 실행됐다. 영국은 이 지역의 족장들을 제거하고 수많은 민간인들을 겁박하고 쫓아내고 학살했다. 이 모든 것은 현지에서 오랜 세월 통치해온 왕들을 제거하고 정권을 교체하기 위한 새로운 시대의 대규모 군사 작전의 일부였다. 영국 여왕의 재위 60주년 기념일이 다가오고 있었고, 프랑스와 독일의 식민 정책이 변경되며 영토 확보에 대한 압박이 점점 커지고 있었다. 그러한 가운데 통치권의 새로운 지정학이 등장했다. 통제의 도구로서 단순히 영토가 아닌 시간을 활용하는 '시간의 정치학'이었다. 이에 대해서는 뒷부분에서 다시 설명하도록 하겠다.

1899년 헤이그 회담의 조약과 선언문을 작성한 이들은 분명 그로부터 2년 전인 1897년에 영국이 베닌시티에서 저지른 만행에 대한 보고서를 검토했던 사람들일 것이다. 1899년 1월 11일 자 회람문서에는 이 회의가 1863년 미국이 남북전쟁 중 발표한 '리버 훈령Lieber Code'를 바탕으로 "1874년 브뤼셀 회의에서 주창했으나 현재까지 비준되지 못하고 있는 전쟁 관습 및 법에 대한 선언을 개정하는 것을 목적으로 한다"고 명시되어 있다.[15] 1874년의 브뤼셀 선언은 비록 비준되지는 못했으나 '전쟁의 인간화'를 위한 원칙을 처음 제시했다.[16] 선언은 "불필요한 고통을 주는 무기, 발사물, 기타 물질의 사용", "무방비 상태의 도시와 촌락, 정착지에 대한 경고 없는 포격", "예술적 용도로 사용되는 건물에 대한 공격", "군사상의 목적으로 사용되지 않는 건물에 대한 파괴나 점령", "전투에 승리한 부대에 도시의 약탈을 허용하는 행위" 등을 명시적으로 금지했다.

인명에 대한 무차별적인 공격과 그로 인한 수만 명의 사상자 발생, 유서 깊은 문화적·종교적 왕실 건물에 대한 의도적이고 선제적인 파괴, 종교적 예술품 약탈 등 영국이 베닌시티에서 저지른 비인도적 범죄는 추후 1899년 헤이그 협약에서 모두 직접적으로 금지됐다. 헤이그 협약은 "무방비 상태의 도시, 촌락, 정착지에 대한 포격"과 더불어 '소프트 포인트'나 303 전피갑탄처럼 명중 시 팽창성이 높은 탄환과 "불필요한 고통을 주는 무기, 발사물, 기타 물질의 사용"을 금지했다.[17] 협약은 포위공격이나 포격 시에도 "종교, 예술, 학술 및 자선의 용도로 사용되는 건물에 대해서는 피해를 면하게 하기 위한 조치를 취해야 한다"고 명시했으며, "습격에 의한 경우라도 도시, 기타 지역의 약탈은 금지한다"는 조항(28조), "사유재산은 몰수될 수 없다"는 조항(46조), 그리고 "약탈은 공식적으로 금지된다"는 조항(47조)을 두어 약탈 금지를 반복적으로 강조했다. 이 협약은 1900년 8월 4일에 발효됐으나, 왕립나이저회사는 이미 정부에서 보상금을 받고 칙허를 반납한 상태였다.

앞으로 이어질 세 장에서는 베닌시티 약탈이 어떻게 인명을 대규모로 학살하고 전 지구적인 중요성을 지닌 유일무이한 문화적 장소를 지구에서 지워버렸는지, 그리고 비공식적인 약탈과 약탈품의 판매를 통한 폭력이 서양의 박물관이라는 매개를 통해 어떻게 현재까지 이어지고 있는지 함께 살펴보자.

10장

대량학살

군사적 승리에 도취된 미국, 영국 등의 해군 강국들은 원시적인 적을 상
대로 싸워 무고한 시민들을 공격하고 집을 파괴하는 일에서 가치를 찾
는 실수를 저지르게 됐다.

— 에버하르트 스페츨러Eberhard Spetzler, 독일의 법학자, 1956[1]

우선 베닌 원정으로 인한 사상자 규모를 한번 파악해보자. 작전 중 사
망한 영국 측 인원은 총 여덟 명이었다. 장교 한 명, 사병 세 명, 해병대
병사 한 명, 의사 한 명, 보호령 병사 한 명, 그리고 안내인 한 명이었다.
그 외 마흔 명 정도가 중경상을 입었다.[2] 베닌 측 병사나 시민의 사상자
규모를 파악하려는 시도는 단 한 번도 이루어지지 않았다. 영국 측에는
3백만~4백만에 달하는 탄환과 맥심기관총 38정, 산악총 12정, 로켓포

6대가 있었다는 기록은 존재하지만 상대편에서 어느 정도의 사상자가 나왔는지에 대한 기록은 없다. 작전 중 사망한 영국인의 경우 이름까지 기록되어 있고, 일부 지역 교회에는 그들을 기리는 명판도 걸려 있다. 하지만 영국의 공격으로 사망한 비니족과 이츠키리족에 대한 기록은 어디서도 찾아볼 수 없다.

　　나무가 빽빽이 들어선 정글에서 벌어진 전투의 특성상 시신은 넓은 지역에 퍼져 있었고 눈에 잘 띄지 않았다. 앨런 보이스래건은 본대가 이동한 22마일의 구간 중 대부분이 무성한 숲이나 늪지대여서 나무와 풀을 베는 작업팀이 맥심기관총 사수들과 함께 이동하며 정글을 '수색'하고, '보이지 않는' 적을 향해 끊임없이 총을 발사했다고 기록했다.[3] 찰스 콜웰의 기록을 보면 영국군이 베닌 원정에서 탄환을 아낌없이 쏟아 부었다는 사실을 알 수 있다. 원정대는 "일제 사격을 통해 정글을 수색"했기 때문에 "적을 실제로 보게 되는 일은 드물었다". 콜웰에 의하면 이 방식은 "탄환 소비가 컸지만 그 효과가 뛰어났기 때문에 탄환이 아깝지 않았다".

　　　경고용 일제 사격은 나무가 매우 빽빽한 정글에 몸을 숨긴 적군을 대상으로 활용하면 효과적이다. 탄약이 풍족하지 않은 비니족은 주로 납 총알과 화승총에 의존한다. 상대가 화승총을 사용하는 경우라면 멀리 떨어져 있을 때 미리 발사하도록 유도하는 것이 중요하다. 멀리서 발사된 납 총알은 빽빽한 정글의 나뭇잎 때문에 아군에게 도달하지 못하기 때문이다. 적군도 자신의 무기가 울창한 정글을 뚫지 못한다는 것을 알기 때문에 주로 나무가 많지 않은 장소를 선호하는 경향이 있는데, 이 경우 쉽게 상대할 수 있다. 경고용 일제 사격의 목적은 공격해 들어오는 강한

적을 쫓는 것보다는 저격수를 가까이 오지 못하게 하는 것이다.[4]

두 분대 또한 이동 내내 맥심기관총으로 주변을 훑었다. 곳곳에 퍼져 있는 십여 개의 마을들은 로켓포가 초토화했다. 윌리엄 헤네커William Heneker는 1897년 베닌 원정과 나나 올로무를 상대로 벌인 브로헤미 원정, 그 외 보호령에 근무하며 참가한 다양한 원정 경험을 바탕으로 1906년《정글 전투Bush Warfare》라는 군사 교본을 내놓았다. 헤네커는 책에서 지속적인 일제사격과 기관총을 활용한 정글 훑기의 중요성을 강조했다.

전장의 적군에게 확실한 패배를 안기기 전까지는 만족스런 결론에 다다랐다고 생각해서는 안 된다. 마을 점령과 방화는 야만인들과의 전쟁에 수반되는 일이다. 그러나 마을을 점령함에 있어 적을 확실히 제압하지 않으면 추가적인 어려움과 위험이 발생할 수 있고, 이는 사령관의 책임이 될 수밖에 없다.[5]

펠릭스 로스Felix Roth는 1897년 원정을 앞두고 1894년 진행됐던 베닌강 원정 경험을 바탕으로 한 인터뷰에서 "베닌은 환경적 특성상 매복이 용이하기 때문에 적이 보이지 않는 상황에서도 본대의 양 옆에서 분대가 맥심기관총과 일제사격으로 예방적 조치를 취하는 것이 중요하다"고 말하기도 했다.[6]

헤네커는 "적군은 일종의 침입자인 우리를 몰아내려 애쓰며 많은 피해를 입었을 것"이라고 강조하며 "적군의 수가 많았으나 그들은 단순히 총에만 의지했기 때문에 큰 타격을 입을 수밖에 없었다"고 말했다. 그는 베닌시티 점령이 "야만인 국가를 굴복시키는 방법"을 보여주는 예시라며, "작전 중에 적군을 강하게 공격하여 치명적인 타격을 입히는 것이 중요하다"고 강조했다.[7] 《제국의 아프리카Imperial Africa》를 쓴 모클러-페리먼Mockler-Ferryman 소령은 베닌 원정이 '일방적'이지는 않았다고 주장하면서도 "비니족은 완강히 저항했고 정글 전투는 힘겨웠지만 원주민들도 종국에 가서는 로켓포와 맥심기관총에 맞서는 게 불가능하다는 사실을 깨달았다"고 말했다.[8] 이동 중에도 전투가 계속됐고,[9] 수천 명의 사람들이 베닌시티가 함락된 2월 18일 이전에 도시를 빠져나와 정글로 도망쳤다.[10] 공격은 목표 도시를 한참 벗어난 곳에서도 발생했고, 남쪽으로 50킬로미터 떨어진 와리에서도 그 흔적이 발견됐다. 1898년 브리스틀에서 열린 과학진흥협회 회의에 제출된 아프리카기후학연구위원회의 보고서를 보면 협회가 아프리카 열대 지방에 설치한 스물여섯 개 연구 기지 중 한 곳의 데이터가 빠져 있는 이유를 다음과 같이 설명하고 있다. "베닌 공격 이후로 와리에서 데이터가 수신되지 않고 있으며, 해당 기지의 장비가 파괴됐을 것이라 추정됨." 와리의 연구 기지는 베닌시티에서 남쪽으로 100킬로미터나 떨어진 곳이었다.[11]

2년 후인 1899년 4월 아일랜드의회당 소속 하원의원인 마이클 다비트Michael Davitt는 여전히 해당 지역에서 비슷한 구실로 아보훈, 올로그보셰리, 오비아와레 족장들에 대해 진행되고 있는 군사 작전에 대해 조지프 체임벌린에게 다음과 같은 질문을 던졌다.

지난 번 마을에 대한 방화나 학살로 필립스 영사 일행 살해 사건에 대한 보복은 이미 이루어진 것으로 알고 있습니다. 이미 보복이 이루어졌는데도 그러한 성격의 작전을 계속 진행할 필요가 있습니까? 영국군의 베닌 최초 진입 이후 사망한 원주민의 수나 방화된 마을의 수를 파악하고 있습니까?

체임벌린은 "근거가 될 만한 정보가 없어 대답할 수 없다"고 답했다.[12] 응징 작전의 공식 보고서에는 늘 사상자 추산이 불가능하다는 내용이 들어갔다. 사실 식민지 관리들은 애초에 1890년대 회사령과 보호령의 인구를 파악하고자 하지 않았다. 조지 골디는 1901년 왕립지리학회 강연에서 베닌 지역의 인구가 불분명하다는 사실을 다음과 같이 적극 강조했다.

아프리카에 조성되고 있는 대영제국 영토 중 대부분 지역에는 인구에 대한 정확한 통계가 존재하지 않으며, 추정치는 전혀 신뢰할 수 없는 수준이다. 예를 들어 나이지리아 지역의 경우 경험이 풍부한 탐험가나 지리학자조차도 서로 의견이 엇갈려 어떤 이는 4000만 명이라 하고 어떤 이는 2000만 명이라 한다.[13]

이러한 모호함은 학살 책임을 면하고자 하는 나이저회사의 조지 골디나 보호령의 랄프 무어 같은 이들에게 매우 유리했다. 1890년 추산치를 기준으로 나이저회사 영토와 보호령의 인구는 아프리카의 다른 지역보다 월등히 높은 1200만 명이었던 것으로 알려져 있다.[14] 라벤스타인Ravenstein은 1895년 아프리카 영국령 지역의 전체 인구 4320만으로 추산했으며, 그중 나이지리아 지역의 인구를 2440만으로 추정했다. 케이프 식민지는 180만, 라고스와 요루바는 300만, 골드코스트는 180만이었고, 시에라리온은 48만, 잔지바르와 펨바는 21만이었다.[15] 베닌시티 공격에 대해 다룬 보도에서 일부 신문은 도시의 인구를 5만 명 정도로 추산하기도 했다.[16] 1875년 판《브리태니커 백과사전》에서는 베닌시티의 인구에 관해 다음과 같은 내용을 찾아볼 수 있었다. "넓은 면적을 차지하고 있지만 곳곳에 위치한 정글로 인해 지역이 나눠져 있으며, 인구에 대한 제대로 된 추산은 불가능하다. 알려진 바로는 왕의 거주구역('오브웨')에만 1만 5000명 이상이 거주한다고 한다."

우선 두 개 '분대'의 직접적인 공격, 그리고 그 공격으로 달아난 주민들에 대한 공격으로 발생한 사상자 규모에 집중해보자. 영국이 1880년대 말부터 활용해온 응징 작전의 패턴은 1897년 2월 베닌 원정에서 더 악랄하게 진화했다. 수백 개의 건물이 불타고 수십 개의 마을이 초토화됐다. 영국군은 도시에 로켓 폭격을 가하고 정글 지역에는 기관총을 난사했으며, 저항의 기미가 조금이라도 보이는 곳은 모두 불태워버렸다.《스탠더드》는 1897년 1월 30일 울위치의 왕립무기고와 뎁트퍼드의 왕립군수품창고에서 원정에 대비한 군수품 준비 업무가 자정까지 이어지고 있다고 보도하며 민간인 피해 가능성을 언급하기도 했다.

> 로켓포 100상자와 전기 탐조등 여러 대가 현지로 발송됐다. 탐조등은 야간에 상대의 움직임을 파악하고 야만인이나 다름없는 적군에게 공포심을 심어주는 데 활용될 예정이며, 로켓포는 정글에 매복한 적군을 쫓고 영국군에 저항하는 마을이나 도시, 또는 적군이 출현할 가능성이 있는 곳에 불을 지르는 데 활용될 예정이다. 소이탄 폭격이 이루어지기 전에는 여성과 아동들에게 미리 대피할 시간을 줄 예정이다.[17]

실제로 그러한 사전 경고가 이루어졌다는 증거는 없다. 공격이 진행된 방식에 대해서는 1897년 베닌 원정을 주관했던 랄프 무어가 1899년 4월 19일 내놓은 '원정 지침서'에서 엿볼 수 있다. 랄프 무어가 아래의 문서에서 설명하고 있는 것은 마이클 다비트 하원의원이 앞서 언급했던 3주짜리 '베닌 영토 원정'이다.

이 원정의 목적은 오케무에와 인근 지역에서 반역을 일으킨 족장 아보훈, 올로그보셰리, 오비아와레의 본거지를 소탕하고 영국에 반항하여 무기를 든 족장과 그 추종자들을 최대한 많이 생포하는 것이다. 소탕 과정에서 반항하는 족장들과 추종자들에 대한 사살은 허용된다. 본거지 소탕 이후에는 족장과 추종자들을 최대한 멀리까지 추격해야 하며, 생포가 불가능한 경우 이들을 최대한 멀리 떨어뜨려놓아야 한다. 이 과정에서 베닌 영토 내에서 광범위한 진군을 통해 해당 영토 내에서 영국 정부가 지니는 위상을 효과적으로 드러내도록 한다. 본 작전은 상대의 군사적 도발에 의한 것으로, 수행 중 정치적 문제는 논외로 한다. 상대측의 화평 제안은 반역을 일으킨 주모자 아보훈과 올로그보셰리, 소족장과 주요인물 중 20명의 전적인 투항과 모든 무기와 탄약에 대한 포기를 전제로 하는 경우에만 고려하기로 한다.[18]

'베닌 영토 원정'에는 영국군 270명이 동원됐다. 그중 상당수는 1897년 베닌 원정에 참가한 경험을 지니고 있었다. 여기에 맥심기관총 2대와 로켓포 1대, 7파운드포도 1대 동원됐다. 무어가 1899년 10월 상원과 하원에 제출한 공식보고서에는 도시와 마을, 농장의 파괴에 대한 상세한 내용을 살펴볼 수 있다. 이 공격에서 영국군은 공식적으로 소총 탄환 2만 발, 맥심기관총 탄환 2000발, 그리고 로켓 5발을 발사했다.

4월 20일. 로켓포를 작전에 투입했다. 오케무에로 24파운드포 다섯 발을 발사하여 집에 불을 붙였다. 7파운드포와 맥심기관총 두 대로 엄호하며 한 중대 반 정도 인원의 하우사족 병사를 가파른 협곡 아래로 이동시킨 후, 사격을 잠시 멈추고 적군의 방책을 성공적으로 돌파했다. 적군은 오케무에 뒤쪽으로 도망갔고, 우리는 적이 떠난 마을을 집 한 채 남기지 않고 완전히 파괴했다.

4월 28일. 에크폰에서 한 시간가량 떨어진 마을로 정찰을 나갔다. 아보훈의 소유로 알려진 이 마을에서 적군 몇 명을 발견했으며, 마을에 불을 지르고 파괴했다.

5월 1일. 우도 파괴를 위해 헤네커 대위의 중대를 파견했다. 왕의 거처를 포함한 우기나미 마을 초토화를 완료하고 오전 6시 45분에는 정글을 지나 오비아와레의 야영지 쪽으로 행군했다. 오전 11시 15분경 목적지에 도착하자 적군 약 25명이 아군에게 발포했다. 교전 끝에 적이 달아났고, 헤네커는 중대 인력 중 절반가량을 이끌고 2.5마일 정도 추적하던 중 족장의 병사들이 머무는 야영지를 발견했다. 격렬한 교전 끝에 아군은 야영지에 불을 지르고 인접해 있던 농장 두 곳 또한 파괴했다.[19]

베닌시티를 공격한 본대의 기록 또한 사상자에 대한 모호함을 기본으로 시작한다. "무성한 수풀 속에서 벌어지는 전투의 경우 실제 사상자를 정확히 파악하는 데 한계가 있다. 또한 원주민들이 사상자를 재빨리 수습하여 이동했기 때문에 실제 사상자 규모를 파악하는 것은 추측의 영역이 될 수밖에 없다."[20] 조지 에저튼의 일기에는 "도시에서 전투 중 사망한 원주민의 수"가 기록되어 있기는 하다. 로버트 홈은 베닌 약탈을 재평가한 자신의 책에서 베닌시티 내의 사망자는 "아마도 수백

명을 넘지 않을 것"이라고 주장했다.[21] 그렇다면 정글 전투 중 사망한 수천, 수만 명의 병사는 어떻게 헤아려야 할까? 공격으로 사망한 도시 주민들과 수주 동안 이어진 주변 지역 수색에서 발생한 유린은 어떻게 파악해야 할까? 1897년 2월 이후 2년 넘게 이어진 군사 행동이 낸 사상자는 어떻게 헤아려야 할까?

영국군이 베닌에서 저지른 파괴 행위의 특성 중 중 반드시 짚고 넘어가야 할 또 다른 측면이 있다. 베닌-나이저-수단 원정에서 활용된 다양한 신기술이다. 영국군은 통조림 식량, 철조망과 인계철선, 전기 탐조등, 초가지붕 방화에 특화된 포탄, "발명자의 관리하에" 분해와 조립이 용이하도록 개조된 맥심기관총 등 수많은 신기술을 사용했다.[22] 영국군은 야영지 주변에 가시철망을 치고 40야드 밖에 철조망을 둘렀다. 야간에는 탐조등을 전기 연장선에 연결하여 불시에 7분씩 가동하곤 했는데, "주변에는 언제라도 발사할 수 있도록 장전된 맥심기관총이 곳곳에 대기"하고 있었다.[23] 당시 사용된 기술 혁신들 중 우리를 놀라게 하는 또 한 가지가 있다면 바로 '확장탄'의 사용이다.

1897년 3월 20일 자 《포츠머스 이브닝 뉴스》에 실린 한 기사가 확장탄 사용에 대한 증거를 그대로 담고 있다. 다음은 말라카호를 타고 영국 고스포트에 도착하여 축하 만찬에 참석했던 해병대원을 인터뷰한 기사다.

베닌시티 공격에서 선발대에 소속됐던 엘리슨 중사와 대화를 나눌 기회가 있었다. 선발대에는 하우사족 병사들과 세인트조지호 소속의 중대, 그리고 번 대위가 이끄는 해병대가 포함되어 있었다. 본격적인 전투는 도시에서 1.5마일가량 떨어진 곳에서부터 시작됐고 격렬한 총격이 오갔다. 적군 중 일부는 연발 소총을 사용했는데, 교묘한 엄폐로 화약 연기 외에는 모습을 드러내지 않았다. 원주민들이 쏘는 대포에서는 포탄이 아닌 칼을 포함한 온갖 것들이 쏟아져 나왔다. … 그리고 엄청난 살육전이 벌어졌다. 공식 보고서에 적군의 사상자 규모가 언급되지 않은 이유를 묻자 일행 중 한 명이 수풀이 너무 무성해서 때문에 사망자의 수를 세는 것이 불가능했다고 답했다. 그러나 수많은 적군이 쓰러졌고, 저항이 가장 심했던 곳에서 가장 많은 사망자가 나왔다. 정글 쪽으로 들어갔던 하우사족 병사들은 정글에서 수백 구에 달하는 시신을 보았다고 보고했으며, 시신 중 일부는 맥심기관총에 맞아 두 동강이 난 상태였다고 전하기도 했다. … '여왕폐하께 건배'를 외친 후에는 각자의 무용담이 펼쳐졌다. … 원정 초기, 앞으로의 전투가 접근전이 되리라는 점이 명확해지자 병사들은 리엔필드 소총의 효과성을 높이기 위해 모든 탄환의 탄두 부분을 갈아냈다.[24]

이는 목표물을 타격했을 때 치명성을 높이는 '확장탄'을 만들기 위한 것이었다. 영국이 나중에 인도에서 사용했던 '덤덤탄'과 울위치에서 생산하여 남아프리카회사가 사용했던 탄환도 확장탄이었다. 영국은 1897년 11월부터 1898년 4월까지 진행된 인도 티라 원정에서 덤덤탄(마크3)을 최초로 사용한 것으로 알려져 있다.[25] 그러나 위의 기사를 보면 영국이 베닌 원정에서 일반 탄환(탄두를 완전히 감싼 303 마크2 비확장탄)을 직접 갈아 확장탄으로 개조했다는 사실을 밝히고 있다. 그것도 공식적인 허가하에 말이다.[26] 1897년 1월은 덤덤과 울위치에서의 실험이 아직 완료되지도 않은 시점이었다는 점을 고려하면 이런 식의 개조가 지닌 심각성이 더 잘 드러난다.[27] 이는 영국이 베닌-나이저-수단 원정에서 사용한 방식들이 1868년 상트페테르부르크 선언을 비롯한 여러 협약에서 정한 교전 시 금지사항의 경계를 넘나드는 잔인한 실험이었다는 사실을 더욱 명백히 보여주는 증거다.[28]

또 하나 확실한 것은 도시에 대한 공격이 무차별적이었다는 것이다. 베닌 원정은 도시와 마을에 대한 포격으로 여성과 어린이를 포함한 베닌 왕국의 민간인을 학살하는 대량학살 작전이었다. 영국군은 로켓포와 방화, 지뢰로 온 땅을 불바다로 만들었다. 이들이 저지른 가장 큰 전쟁범죄는 단연 민간인을 향한 포격과 대규모 학살이다.

흥미로운 것은, 이보다 앞서 남아프리카회사가 남아프리카 영토에서 저지른 대량학살에 대해서는 꽤 강력한 규탄의 목소리가 있었다는 점이다. 1893년 10월~1894년 1월 그리고 1896년 3월~1897년 10월에[29] 벌어진 마타벨레 전쟁은 "잔인하고 참혹한" 전쟁이었다.[30] 이 전쟁으로 사우스 잠베지아/로디지아(현재의 짐바브웨)에서 약 6만 명이 사망한 것으로 알려져 있다. 1896년 4월 이루어진 북부 마타벨레족의 왕 로벤굴라 쿠말로에 대한 공격에서도 많은 사상자가 나왔다. 당시 미드 라나크Mid Lanark 지역 하원의원 제임스 콜드웰James Caldwell은 이 전쟁을 두고 "우리는 종종 위선적으로 모든 것이 문명의 발전을 위해 한 일이라고 말하지만, 이것은 그들의 땅을 빼앗기 위해 벌인 일이었다"고 말했다.

> 마타벨레족은 단지 자신의 나라에 쳐들어온 침략자를 몰아내기 위해 저항했을 뿐이다. 이는 건전한 애국자라면 누구나 취했을 당연한 행동이다. 새로운 통치가 원주민들에게 보여준 문명의 유일한 결과는 맥심기관총이다. 맥심기관총은 수백 명을 죽이고, 수천 명을 죽음보다 더한 고통에 빠뜨렸다. 그리고 문명화된 야만인들은 땅을 손에 넣게 됐다.[31]

"금과 다이아몬드, 배당금을 찾아" 아프리카에 들어온 칙허회사들에게는 맥심기관총과 전함, 로켓포, 포탄이 있었다. 그러나 이들에게 맞서는 "대부분의 흑인들은 거의 비무장에 가까운 상태"였다. 1차 마타벨레 전쟁 이후 1894년에 열린 청문회에서 자유당 하원의원 윌리엄 바일스William Byles는 "그러한 야만적인 행위를 규탄하는 영국인들을 대표하여" 다음과 같은 질문을 던졌다. "맥심기관총과 다른 무기들 앞에서 그들의 보잘 것 없는 무기가 제대로 맞설 수는 있었습니까?"[32]

아프리카의 식민화 과정에서 두드러진 것은 기술결정론이었다. 1890년대 남아프리카와 수단의 역사는 유럽과 아프리카 사이에 점점 크게 벌어진 군사력의 차이를 보여주는 피의 역사다. 그곳에서 서양이 보인 제국주의의 행군은 가속주의적이고 폭력적인 식민주의로 이어지고, 도덕적 퇴보는 새로운 형태의 인종주의적 사고와 타자의 비인간화, 그리고 수탈로 이어졌다. 결국 1897년의 베닌 원정으로 이어진 이 사고는 1874년의 쿠마시에도, 1868년의 막달라에도 이미 존재했다. 서양의 이런 태도는 점점 가속화됐고, 영국은 1879년 줄루 전쟁에서 8000명의 줄루족 전사를, 남아프리카회사는 1893년 10월 25일 샹가니 전투에서 한번에 1500명의 은데벨레족 전사를 학살했다. 이러한 사건들은 1898년 9월 2일 수단에서 벌어진 옴두르만 전투의 전조로도 이해할 수 있다. 허버트 키치너Herbert Kitchener 장군이 이끈 이 전투는 1885년 1월 기관총의 초기 모델이었던 가드너총이 고장 나면서 영국이 모하메드 아메드의 마흐디군에 패배했던 아부 클리 전투에 대한 설욕전으로, 상대편 병사 1만 2000명이 사망하고 1만 6000명이 부상을 입었으며, 파악되지 않은 수의 많은 민간인이 사망했다. 베닌-나이저-수단 원정의 사상자는 대체 몇 명이었을까?

이러한 끔찍함을 불러온 도덕적 퇴보는 어디에서 온 것일까? 영국은 상실과 죽음으로 주권을 없애버린 자리에서 상대를 통치하려 했다. 아메리카 대륙에서 주로 이루어진 정착형 식민주의는 자연을 텅 빈 공간, 즉 주인이 없는 '무주지'로 보았다. 그러나 세실 로즈나 조지 골디의 군국적 식민주의는 아프리카에 이미 존재하는 문화를 지우려고 했다. 이 과정에서 식민주의자들은 원주민들 또한 잔인한 학살자였다는 거짓된 주장을 내세우며 자신들의 행동을 합리화했다.[33] 1897년 베닌 원정은 이 모든 과정의 시작점이자 20세기에 벌어질 끔찍한 사건들의 전조였다. 영국이 그곳에서 그은 선은 인종차별의 시작점이었고 근대적 국경선의 시작점이었다. 이어지는 장에서 살펴보겠지만, 제국은 박물관에서도 경계선을 그었다. 제국은 민족학이라는 학문으로 인간을 유형으로 분류하고 경계선을 그어 타자를 과거에 가두려 했다. 박물관에서 아프리카는 그 모습을 제대로 드러내지 못한 채 늘 개입과 삭제의 대상이 됐다. 이 모든 것의 중심에는 '인종과학'이 있었다. 이 죽음의 기록은 유럽이 아프리카에서 저지른 일에 대한 잊힌 역사이자 1차 세계대전에서 벌어진 대규모 파괴의 원형이며, 20세기 군국적 인종주의의 원형이다.

* * *

역설적이게도 1897년 베닌 원정을 가장 잘 보여주는 것은 기록의 부재다. 공식적인 문서는 물론 비공식적인 기록에서도 공격 이후 발생한 포로, 부상당한 원주민을 위해 운영된 병원, 환경 파괴로 인한 기근 등에 대한 이야기를 찾아볼 수 없다. 영국인들이 포격으로 파괴하거나 불태운 거주지에 대한 내용은 있지만, 살 곳을 잃은 난민들을 위해 만든 거주지에 대한 내용은 없다. 예를 들어 스코틀랜드 소총부대 소속의 특수장교였던 서른두 살의 허버트 워커(추후 우스터셔 경찰청장으로 취임)가 남긴 일지를 보자. 베닌시티 약탈로부터 4주가 흐른 시점이자 오바에 대한 추적이 계속되고 있던 3월 8일 자 기록에는 마을에서 60마일 떨어진 곳에서 발견된 새로운 정착지와 주변의 마을들을 파괴하고 불태웠다는 얘기가 등장한다. 마을을 발견하고 파괴한 원정대는 랄프 무어와 브루스 해밀턴Bruce Hamilton 대령이 이끌었으며, 하우사족 병사 80명, 맥심기관총 2대, 로켓 부대, 짐꾼 140명이 동원됐다. 기록은 다음과 같다. "왕의 비축품을 모두 불태웠다. 새로 발견한 정착지에는 개간지가 몇 곳 있었고, 오두막과 새로운 집을 지으려 올려둔 뼈대가 눈에 들어왔다. 그곳에서 생활하는 추종자의 규모는 2000~3000명인 것 같다. 오후 2시 30분에 아모피아의 마을로 다시 돌아갔다. (다음날 아침) 마을을 불태웠다."[34]

보고서에는 "원주민들은 적대적이지는 않았지만 크게 겁에 질린 것 같았다. … 추가적인 저항은 없을 것으로 보인다"는 말도 적혀 있다.[35] 수만 명의 비니족 병사들은 어떻게 된 것일까? 오바의 거처에 살던 노예와 시종들은 어디로 갔을까? 금속공과 농부, 사제들은 어떻게 됐을까? 잿더미가 된 도시와 마을에 살던 여자들과 어린아이들은? 베닌을 '피의 도시'로 묘사하는 글들은 인신공양으로 죽은 사람이 몇 명인지, 영국군의 공격으로 죽은 사람이 몇 명인지 밝히지 않고 모호하게 넘어간다. 해리 로슨은 "지독한 열기 속에 끔찍한 광경이 펼쳐져 있었다. 악취가 지독했다. 인신공양의 제물로 바쳐진 시신이 사방에 흩어져 있었다"라고 회상했다.[36] 펠릭스 로스가 남긴 다음의 기록은 어떻게 이해해야 할까?

맥심기관총과 일제 사격으로 원주민들을 쫓아버리자 베닌시티는 우리 손에 들어왔다. 도시에 가까이 접근하니 제물로 바쳐진 시신이 길과 숲 여기저기에 놓여 있는 모습이 보였다. 시신들은 왕의 거처 곳곳에도 뒹굴고 있었다. 그 광경과 악취는 정말이지 끔찍했다. 몸 여기저기가 잘린 시신이 눈 돌리는 곳마다 있었다. 신이시여! 다시는 이런 광경을 마주하게 되는 일이 없게 하소서! 오후에는 왕궁을 수색하기 위한 부대가 파견됐다. 부대는 입구 쪽 통로를 살펴보다가 다시 돌아왔다. 길 위에도 온통 시신이 놓여 있었다. 머리가 잘리거나 십자가판에 못 박힌 시신이 썩어가는 그 모습은 흡사 시체안치소를 연상시켰다. 길에도, 집에도 온통 원주민들의 시신이 넘친다. 원주민의 저항이 맹렬했던 것은 사실이지만, 우리의 맥심기관총과 후장포를 보고 배운 것이 있다면 다시 도시를 탈환하려는 시도는 하지 않을 것이다. 원주민들의 부두교는 파괴됐고, 그들의 미신적 제단들은 불태워졌다.

"그들의 미신적 제단들은 불태워졌다." 지금까지 함께 살펴본 바와 같이 베닌 원정은 이츠키리족과 비니족에 대해 지속적으로 자행되어온 장기적 폭력의 확대를 상징하는 사건이었다. 안타깝지만 영국이 베닌에서 저지른 만행으로 발생한 사망자의 수를 정확히 파악하는 문제는 현재로서는 잠시 보류할 수밖에 없다.

역사학자 킴 와그너 Kim Wagner는 이 시기 영국의 식민주의적 '작은 전쟁들'에 대해 논하며 영국이 상대에게 다른 기준과 규칙을 적용한 것을 파르타 채터지 Partha Chatterjee의 "차이를 통한 식민지 지배 원칙"으로 설명했다. 채터지는 제국주의 국가들이 식민지 지배를 위해 "폭력, 의료, 인종 등 다양한 분야"에서 "제국 내에 존재하는 비백인 적들을 개념화"

한다고 주장했다.[37] 이 '차이를 통한 지배'는 박물관과도 연결하여 생각해볼 수 있다. 박물관은 일종의 장치로서, 무기로서, 차이를 만들어내는 기계로 작동했다.

> 근대 이후 박물관은 강력한 분리의 도구로 활용되어왔다. 정복당한, 또는 굴복당한 인류의 전시에는 언제나 폭력과 피해가 동반됐다. 정복당한 인류는 박물관에서 단 한 번도 정복자와 동등한 지위나 처우, 존엄을 누리지 못했다. 정복당한 인류에게는 늘 '다른' 분류법과 '다른' 전시논리가 적용됐다.[38]

1897년 베닌에서 벌어진 사건에 대한 '죽음의 기록'인 이 책에서 또 한 가지 주장하고 싶은 것이 있다. 바로 이 '차이의 원칙'이 시간적인 측면에도 적용됐다는 점이다. 목적은 타자의 문화를 파괴하는 것이었다. 기업적·군국적 식민주의의 중심에 원주민 대량학살과 추방이 있었다면, 시간의 정치학의 중심에는 왕실 유물과 성물 대한 파괴와 분산이 있었다. 그럼 이제 베닌이라는 야외공간에서 시작되어 유럽의 박물관이라는 실내공간으로 이어진 그 죽음의 기록으로 시선을 돌려보자.

11장
문화적 삭제

베닌시티의 풍습은 지독히도 잔인하여 보호령의 관리들은 오래 전부터
그곳을 박살낼 적절한 수단과 방법을 고민하고 있었다.

— 메리 킹슬리,《서아프리카 연구West African Studies》(1899)[1]

빅토리아 시대의 '탐험가'이자 작가, 제국주의자, 그리고 서아프리카를
연구한 민족학자인 메리 킹슬리Mary Kingsley의 말대로 영국은 베닌시
티를 "박살"냈다. 영국군은 불과 폭약, 커다란 망치를 동원하여 도시
전체를 조직적으로 파괴했고, 그 과정에서 광범위하지만 기록되지 않
은 인명 피해가 발생했다. 우리는 이러한 문화적 삭제 행동의 반달리
즘vandalism적 성격에 주목해야 한다. 베닌시티 공격으로 그곳에 형성되
어 있던 도심과 역사적인 건축물은 모두 흔적도 없이 파괴됐다. 영국은

비다와 이바단을 공격하며 왕실 기록물과 종교적 기록물을 모두 불태웠다. 그 이유는 무엇일까?

베닌에 존재했던 도시는 11세기에 처음 등장했다.[2] 약 1000년 전, 지금의 가나와 베냉공화국, 남부 나이지리아가 위치한 열대우림 지역에서 도시들이 발생하던 시기였다. 베닌시티는 후기 구석기 유적지인 이워 엘레루와도 가까운 곳에 위치해 있지만, 베닌에서 도시가 발현된 것은 서아프리카 지역의 '후기 철기시대'에 해당하는 시기다.[3] 이 시기 베닌시티에는 해자와 둑, 그리고 복잡한 통로로 이루어진 거대한 건축물 '이야'가 건설됐다. 19세기 유럽인들은 수세기에 걸쳐 건설된 이 건축물이 방어의 용도로 지어진 것이라 추측했다. 최근에는 코끼리의 침입을 막기 위해 지어진 것이라는 의견과 노예무역을 위해 노예들을 가두던 용도로 사용됐을 것이라는 의견도 제시됐다. 용도가 무엇이었든, 이 건축물이 영적·상징적·종교적으로 상당한 중요성을 지녔던 것은 분명하다. 1961년 12월부터 1964년 5월까지 고고학자 그레이엄 코나Graham Connah가 진행한 현장 조사와[4] 그에 앞서 이루어진 애스틀리 굿윈Astley Goodwin의 발굴 조사는[5] 이 유적의 특징과 규모에 대한 감탄으로 이어졌다. 방사성 탄소 연대측정에 따르면 가장 안쪽에 위치한 구조물의 조성 시기는 12세기로 추정되는데,[6] 주 성벽의 길이는 11~16킬로미터 정도였을 것으로 추정하고 있으며, 숲속의 해자와 둑 등을 포함한 전체 면적은 6500헥타르, 전체 길이는 약 1만 6000킬로미터라는 주장이 제기됐다. 이러한 숫자들은 다소간 부풀려진 측면도 있다. 패트릭 달링Patrick Darling은[7] 이러한 숫자를 바탕으로 이 성벽 유적이 "중국의 만리장성보다 네다섯 배 길었고, 이집트 쿠푸왕의 대 피라미드보다 100배 더 많은 흙을 옮겨 건설한 것"이라고 주장하기도 했다.[8] 1976년 판

기네스 세계기록에는 다음과 같은 내용이 실리기도 했다.

> 기계시대 이전 건설된 세계 최대의 흙 건축물은 나이지리아 중서부 베닌 왕국의 성벽 유적이다. 이 유적의 존재는 1903년에 최초로 보고됐으며, 1967년에는 부분적인 조사가 이루어졌다. 1973년 4월 조사에 의하면 총 길이가 5000~8000마일에 이르렀던 것으로 보이며, 건설을 위해 6억 세제곱야드에 달하는 흙을 옮긴 것으로 보인다.[9]

과장을 덜어내고 크레이엄 코나의 말을 빌려 설명하자면, 이 유적은 "흙을 쌓아 건설한 거대한 해자와 둑으로, 해자의 가장 낮은 지점에서 현재 남아 있는 가장 높은 지점까지 측정한 높이가 17.4미터, 둘레는 11.6킬로미터"다. 코나는 이 유적의 전체 연결 길이가 145킬로미터에 이르렀을 것이라는 결론을 내렸다.[10] 베닌과 유사한 성벽 유적은 오요 일레, 입 아포 일레, 일레 이페, 이제부 오데, 숭보의 에레도에서도 발견됐다.[11] 역사인류학적으로 볼 때, 앞서 언급한 베닌시티의 흙 건축물[12]과 베닌시티 서쪽에 위치한 베냉공화국 사비의 흙 건축물[13]은 기존에 생각했던 방어 등의 기능 외에도 공공건물로서 복합적인 정치적·우주론적 중요성을 지녔을 것으로 예측된다. 수세기에 걸친 노예노동과 강제노동으로 건설됐을 이 건축물은 종교적 공간과 자연적 공간을 나누는 역할을 했다.[14] 거대한 왕궁의 일부로서 만들어진 이 건축물은 제물을 바침으로써 우주적 힘을 활성화하도록 설계된 강력한 상징물이었을 것이다.

베닌시티를 공격한 영국은 거대한 왕궁, 흙벽돌을 쌓아 만든 집들, 묘지, 조상을 모신 제단, 정원, 장인의 작업장, 행정활동과 종교활동이 이루어지던 건물들, 주민들이 걷던 길, 그리고 성스러운 나무까지도 로켓포와 화약으로 파괴했다. 어엿한 도시를 이루던 베닌시티의 풍경은 그렇게 모두 사라졌다. 베닌시티 점령 이틀째 되던 날 조지 르클레르크 에저튼은 처리해야 할 업무 목록을 다음과 같이 기록했다.

> 2월 20일 토요일에 할 일
> 환자를 위한 병상과 들것 준비, 부두교 제단 폭파, 집과 성벽 부수기, 모후의 거처 태우기[15]

에저튼의 기록을 보면 영국군이 베닌시티 점령 후 자행한 파괴가 조직적인 성격을 띠었다는 점을 알 수 있다. 이러한 파괴는 하루아침에 베닌시티를 살아 있는 도시에서 고고학적 유적으로 바꿔놓았다. 다음날인 2월 21일 일요일에는 왕궁이 잿더미가 됐다. 추후 영국은 이것이 사고였다고 주장했지만, 단순한 사고였다기보다는 약탈의 광기 속에 벌어진 실수였을 것이다. 이 화재 탓에 영국은 왕궁에 저장해두었던 물건들 중 일부를 잃기도 했다. 건물에 대한 방화는 파괴뿐 아니라 시신을 태우기 위한 목적도 있었던 것으로 보인다. 랄프 무어는 이를 엿볼 수 있는 다음과 같은 기록을 남기기도 했다. "불이 나서 왕궁과 그 주변 구역이 모두 파괴되어버렸다. 그 탓에 숙소도 보급품도 부족해져서 야외 막사에서 생활하게 됐지만 불은 그 모든 불편을 충분히 보상해줄 만큼 모든 것을 깨끗하게 정화해주었다."[16] 정보 장교였던 레지날드 베이컨은 화재에 대해 다음과 같은 글을 남겼다.

> 대지 자체에 불이 붙어 활활 타오르는 것 같았다. 그 타오르는 모습에서

왠지 모를 음울한 장엄함, 그리고 어떤 운명 같은 것이 느껴졌다. 그곳은 죄악의 본거지였다. 애초에 불태워 없애는 것이 마땅했지만 오직 야만이 지배했던 곳에 새로운 정의를 세우기 위해 남겨둔 것이었다. 곳곳에 구석구석 스며든 피를 정화할 것은 아마도 불밖에 없을 것이다. 베닌시티에서의 마지막 날, 운명이 그 장소를 찾아왔다. 그리하여 학살의 중심이었던 그 장소는 희생당한 수백만의 목숨에 대한 벌을 받은 것처럼 우리의 눈앞에서 활활 타올랐다.[17]

이러한 물리적 파괴의 일차적인 목적은 "이교도 제사장들의 힘을 약화"하는 것이었다.[18] 베닌시티에 있던 건물들과 집 수백 채, 의식이 이루어지던 장소들은 모두 파괴됐다. 오주모, 오추디, 에즈모 족장과 모후의 거처를 포함한 왕궁 또한 자취도 없이 사라졌고, 성스러운 나무는 면화약으로 폭파됐다.[19] 왕궁이 있던 자리에는 요새와 감옥, 병원이 지어졌다. 영국군은 점령 한 달 만에 베닌시티 안에 골프장을 만들었다. "십자가형이 이루어지는 나무가 있던 장소"가 9번 홀이 됐다.[20] 스코틀랜드 근위연대의 찰스 카터Charles Carter 대위는 1897년 11월 5일 발행된 골프 잡지 《골프》에서 '오베라미' 핸디캡에 대해 언급했다. '오베라미'는 베닌의 오바를 지칭하던 또 다른 명칭이었다.[21]

영국은 베닌시티를 담당할 주재관을 임명했다. 처음 임명됐던 알프레드 터너Alfred Turner는 몇 달 만에 사망했고, 후임으로는 스물여섯 살의 어니스트 퍼시 스튜어트 루펠Ernest Percy Stuart Roupell이 임명됐다. 영국군은 왕립나이저회사와 함께 베닌 왕국 전역에서 원정과 파괴, 반란진압 작전을 계속해나갔다.[22] 오바는 형식적인 재판을 거쳐 칼라바르로 유배됐고, 그곳에서 1914년 사망했다. 오바의 휘하에 있던 족장 여섯 명은 시장에서 처형당했다.[23] 영국이 이렇게 베닌시티의 모든 것을 적극적으로 지우고 새로운 건물과 기념물을 설치한 이유는 갈웨이가 남긴 기록을 통해 짐작해볼 수 있다.

> 처형 당일 아침 베닌 주민들은 마음속 깊이 교훈을 새겼을 것이다. 그들의 왕은 제거됐고 족장들은 처형됐다. 우상은 사라지고 우상을 모시던 제단은 모두 파괴됐으며, 십자가형이 이루어지던 나무들 또한 모두 자취 없이 사라졌다. 우리는 그 모든 것이 사라진 자리에 백인의 규칙, 백인의 공정함과 정의, 평화와 안전을 채워 넣었다. 우리는 작년 비극적인 사건이 벌어졌던 그 현장에 애버딘산 화강암으로 깎은 십자가를 세웠다. 십자가에는 베닌시티로 향하다 총을 맞고 무참히 스러진 용감한 이들의 이름을 하나하나 새겼다. 원주민들은 그 십자가 앞을 지날 때면 경외와 두려움에 떨며 발걸음을 서둘렀다.[24]

허버트 워커의 2월 26일 자 일기를 보면 조직적인 파괴가 여전히 진행되고 있었음을 알 수 있다. "거주시설 건설 예정지 근처의 정글을 정리했다. 4분의 3마일가량 떨어진 곳으로, 강에 조금 더 가깝다. 방책과 방어초소를 설치할 것이다. 왕의 거처와 주변의 건물들은 모두 차차 철거할 예정이며, 그 자리에는 어떤 건물도 짓지 못하게 할 것이다."[25] 한 주 전인 1월 19일 자 일기에는 건물과 제단 파괴에 대한 내용이 등장한다. "오후에는 중대 두 개와 맥심기관총 1대를 동원하여 오주무 족장의 거처와 건물들을 정리했다. 그곳에 적군의 잔당이 모여 있을까봐 걱정했으나 텅 비어 있었다. 부두교 제단을 비롯한 모든 것에 불을 붙여 파괴했다."[26]

함락 이후 베닌시티의 왕궁과 관련 건축물에 대한 파괴가 여러 주에 걸쳐 진행되는 가운데, 이미 폐허 상태였던 건물에 대한 묘사 또한 여러 기록에 등장했다. 기록을 남긴 많은 이들이 폐허 상태의 건물들을 보고 당시 인류학에서 자주 쓰던 표현을 빌려 이것이 과거 영광으로부터의 '쇠락'을 보여주는 증거라고 주장했다. 1860년경 베닌시티를 방문한 W. F. 브레이w. F. Bray는 베닌의 집들을 다음과 같이 묘사했다.

> 붉은 점토를 사용하여 짓는 베닌의 집들은 여러 개의 방으로 이루어져 있다. 한 가지 특이한 것은 대부분의 집에 적게는 하나에서 많게는 열 개 정도의 버려진 폐허 같은 방이 존재한다는 것이다. 거의 모든 집에서 지붕도 없이 벽이 다 허물어진 이런 방을 찾아볼 수 있었다. 그 방을 쓸 수 없게 되어 다른 방을 짓게 된 것인지, 아니면 도시가 쇠락하여 가는 증거인지는 정확히 파악할 수 없었다.[27]

1892년에 방문한 갈웨이는 "남아 있는 폐허의 수를 보니 도시가 한때는 훨씬 거대했다는 것을 알 수 있었다"고 기록했다.[28] 그로부터 몇 년 후 영국박물관의 리드와 달튼은 다음과 같은 설명을 내놓았다.

> 비슷한 풍습을 지닌 다호메이 문화를 연구한 결과 특정 지역에서는 왕이 죽고 나면 그 왕이 기거했던 거주지를 폐쇄하고 다시는 사용하지 않는다는 사실을 알 수 있었다. 서아프리카에서는 망자를 그가 아꼈던 물건들과 함께 거주했던 집에 묻는 풍습이 있었기 때문이다.[29]

망자의 시신과 그를 기리는 물건을 품은 집을 그대로 보존한 채 폐허가 되도록 놓아두는 것은 베닌시티에서 기억을 기리는 성스러운 방식이었다. 그러므로 이러한 장소에 불을 지르고 약탈을 저지른 행위는 명백하고 고의적인 모독이며, 신성한 왕의 휴식처를 더럽히는 행위였다. 1897년 베닌시티 공격이 벌어진 후 박물관은 시간의 정치학을 통해 군국주의적이고 기업주의적인, 수탈적이고 재난자본주의적인 식민주의의 강력한 무기로 활용됐다. 영국은 베닌의 주권을 빼앗고 그것을 자신이 바라는 형태의 통치로 대체하기 역사와 왕권이 살아 있던 한 도시를 통째로 파괴했다. 영국은 자자에서 나나로, 다시 베닌의 오바와 비다의 에미르로 목표를 바꿔가며 지속적인 작전을 진행했고, 이를 문명과 야만의 대결로 포장했다. 여기에는 분명 여왕의 재위 60주년을 앞두고 있던 영국의 국가적 자부심과 식민지에 대한 우려 또한 작용했다. 지금까지 우리는 영국이 베닌에서 저지른 범죄의 삼위일체 중 두 가지, 즉 원주민 대량학살과 문화 파괴를 살펴보았다. 이제 그중 마지막, 예술품의 약탈을 살펴볼 차례다.

12장
약탈

울슬리 장군은 다음과 같은 말을 했다. "문명화되지 못한 미개한 나라
와의 전쟁에서는 상대가 가장 소중하게 여기는 것을 파악하여 신속하게
확보해야 한다. 상대가 중요하게 여기는 것을 빼앗거나 파괴하는 것은
전쟁을 가장 빠르게 종결할 수 있는 방법이다. 항상 이 점을 명심해야 한
다. 상대가 자극받을 애국심이나 명예가 없는 야만인이라면, 주머니에
든 것을 공략하는 것이 가장 효과적이다. 농작물이나 저장된 식량을 빼
앗는 행위는 상대의 적개심을 키운다. 이는 때로 가축을 빼앗는 것보다
적의 분노를 더 자극한다. 그들도 승자의 전리품 획득이라는 원칙은 인
정하지만, 무차별적인 파괴는 증오의 감정을 싹트게 한다. 응징 작전에
서 종종 발생하는 마을 파괴에도 같은 원칙을 적용할 수 있지만, 어차피
원주민 건물들은 금세 다시 지을 수 있기 때문에 그 정도는 덜하다. 미

개한 적들을 설득하는 가장 좋은 도구는 소총과 검이다. 미개한 원주민들도 그 위력은 잘 알고 있기 때문이다. 그러나 가끔 상황상 다른 방법이 없을 때는 마을을 파괴해야 할 수도 있다."

— 찰스 콜웰, 《작은 전쟁들》[1]

'명예'와 '애국심', 그리고 이번에는 '주머니에 든 것'이다. 찰스 콜웰은 《작은 전쟁들》의 서문에서 "정규군도 어쩔 수 없이 가축을 훔치거나 마을을 불태워야 할 때가 있다"며 "전쟁에는 인도주의자들을 충격에 빠뜨릴 만한 측면이 존재할 수밖에 없다"고 말했다. 콜웰은 그런 작전을 진행할 때는 적군이 "가장 소중하게 여기는 것"을 목표물로 삼아야 한다고 강조했다.[2]

베닌 원정으로 목숨을 잃은 아프리카인들의 수와 마찬가지로 당시 약탈된 왕실 유물과 성물의 개수 또한 정확히 알려져 있지 않다. 그 규모를 파악하고자 하는 시도가 있기는 했으나 추산은 대부분 너무나 보수적인 수준으로 이루어졌다(화보 2b). 첫 시도는 1919년 펠릭스 폰 루샨이 편찬한 '카탈로그 레조네catalogue raisonné'(대상이 되는 전체 작품을 수록한 일종의 도록)였다. 폰 루샨은 도록에서 "영국 내에 존재하는 베닌의 흩어진 작품들에 대한 모든 보고서를 추적하고 검토했으며, 중요성을 지닌 모든 작품을 빠짐없이 수록했다고 믿는다"고 말했다. 그렇게 폰 루샨은 "현재 학문적 연구를 위해 찾을 수 있는 베닌 유물의 총 수량은 약 2400점 정도인 것으로 보인다"는 결론을 내렸다.[3] 폰 루샨은 도록에서 상트페테르부르크나 바젤, 스칸디나비아 지역, 시카고, 뉴욕 등으로 건너간 작품들이 있다고 언급하기는 했지만, 모든 약탈물을 추적하는 데는 실패했다. 1982년, 필립 다크Philip Dark는 "당시 영국이 가져온 약탈물의 규모는 추정이 불가능하다"면서도, "수백 점 수준이 아닌 4000점 내외, 혹은 그 이상"일 것이라 주장했다.[4] 사실 당시 약탈물의 현재 소재를 모두 파악하여 목록화하는 것은 불가능에 가까운 작업이다. 약탈이 그만큼 대규모로 이루어졌고, 약탈물의 성격상 여전히 감춰진 물건도 많기 때문이다. 이에 대해서는 베닌 청동 장식판의 소재를 파악해보고자 애써온 캐서린 웨이소키 건쉬Kathryn Wysocki Gunsch[5] 또한 동의하고 있다.[6] 너무나도 오랫동안 외면당한 박물관 컬렉션 속의 약탈물을 파헤쳐 면밀히 살피고 이에 대한 문서 기록을 남기기 위해서는 지금의 불확실성을 극복할 수 있는 새로운 접근법이 필요하다.

우리는 베닌시티에서 당시 약탈된 각종 청동과 상아 제품을 포함한 예술품의 수가 1만 점 이상이 될 수도 있다는 사실을 인정해야 한다. 또한 그중 상당수가 개인이나 가족 소유의 컬렉션에 속해 있어 정확한 개수를 파악할 수 없다는 점 또한 인정해야 한다. 우리는 '발굴'을 진행하는 매 순간 불확실성과 불안정성을 느낄 수밖에 없을 것이다. 다른 고고학적 조사와 마찬가지로 약탈물의 규모를 '발굴'하기 위해서는 우선 지속적인 연구가 필요하다. 영국은 베닌의 문화를 무자비하게 파괴했다. 그 파괴의 규모를 생각할 때, 약탈이 처음 발생한 그 시점에서 조사를 시작하여 현재로 이동하는 것은 불가능에 가깝다. 때문에 나는 현재 우리가 가지고 있는 정보에서 출발하여 역으로 추적해보려 한다. 내가 '죽음의 기록'이라고 부르는 작업이 중요한 이유다. 마치 고고학 유물을 발굴하듯 약탈 이후의 사건들을 역순으로 한 층씩 파내려가며 확실한 정보가 남아 있는 부분과 과거의 상황을 비교하다 보면 마치 퍼즐을 맞추듯 다른 약탈물에 대한 정보 또한 읽어낼 수 있을 것이다. 이 역추적의 목표는 약탈물을 원상태로 돌리는 것도, 무조건 잊고 전진하는 것도 아니다. 우리의 목적은 약탈의 경로를 되짚고 약탈물이 본래의 모습을 드러낼 수 있게 하는 것이다. 서양의 박물관은 유물의 역사를 제대로 발굴해내는 과정을 생략한 채 원래의 모습을 찾는 데만 집중하는 경향이 있다. 이는 제대로 된 이해를 막는 행위일 뿐 아니라 폭력적인 행위이기도 하다. 이 시점에서 분명히 짚고 넘어가야 할 것이 있다. 약탈품들이 서양의 손에 넘어가 박물관에서, 그리고 개인 컬렉션에서 여전히 전시되고 있는 것은 어쩌다 보니 우연히 일어난 일이 아니다. 약탈품의 전시는 현재까지 이어지고 있는 폭력이며, 그 폭력은 피트 리버스를 비롯한 인류학 박물관이 매일 아침 문을 열 때마다 반복된다.

* * *

물론 이전에도 그런 작품을 몇 점 본 적은 있었지만, 1897년 2월 18일 베닌 정복으로 가져온 전리품들은 민족학계가 전에 본 적 없는 놀라운 규모였다.

— 펠릭스 폰 루샨, 《베닌의 유물 Altertümer von Benin》[7]

베닌의 왕실 예술품과 공예품들은 1897년 봄 이전까지 유럽에 거의 알려져 있지 않았다. 베닌을 방문한 유럽인이 남긴 기록은 드문드문 존재했는데, 1862년 방문한 리처드 버턴이 남긴 글과[8] 1889년 방문한 무역업자 시릴 펀치가 남긴 일기,[9] 그리고 같은 인물이 1891년 방문에서 찍은 사진 등이었다. 시릴 펀치가 1889년 방문 때 받아온 코끼리 상아 두 개와 1892년 협정 체결 차 방문한 존 스와인슨이 오바로부터 받아온 말 탄 사람 청동상 등 베닌 왕실에서 선물로 준 물건들 또한 소수 존재하기는 했다.[10] 갈웨이는 1892년 받아온 코끼리 상아에 "1892년 베닌시티에서 오베라미 왕이 H. L. 갈웨이에게 선물하다"라는 문구를 새겨 넣기도 했다. 갈웨이가 받은 상아의 경우 개인의 소유로 보아야 할지 국가의 소유로 보아야 할지 애매했는데, 이 부분은 1897년에도 문제가 됐다. 이에 관해 갈웨이는 다음과 같은 기록을 남겼다. "이름을 새긴 상아를 상관인 클로드 맥도널드에게 보여주자 그는 그 상아가 개인이 아닌 국가의 소유물이라고 지적했다. 이제부터 주의하겠다고 약속하자 그는 상아를 계속 가지고 있을 수 있도록 허락해주었다."[11]

현재 베닌 왕국은 그 뛰어난 예술적 전통, 그중에서도 황동과 청동을 이용한 작품들로 유명하다. 베닌의 청동 작품들은 아프리카에서 가장 오랜 전통을 자랑하는 예술 중 하나로, 포르투갈의 아프리카 진출 이전부터 존재했다. 베닌시티에 대한 군사 공격 이후 나이저해안보호령의 군인들은 수천 점에 달하는 황동과 청동 예술품, 세공 상아, 산호 등을 약탈했다. 목격자에 따르면 베닌시티에 대한 마지막 공격에 참가한 백인은 300명가량인데,[12] 공격 이후 약탈이 이루어지던 몇 주에서 몇 달 사이 상인, 병사, 보호령 직원 등 50여 명의 백인이 도시에 들어와서 약탈에 동참했다고 한다. 이들 외에 보호령을 지원했던 부대의 약탈도 있었다.

베닌의 왕실 예술과 물질문화에 대한 내용을 이 책에 모두 담는 것은 불가능하지만,[13] 간략한 개요는 함께 살펴볼 필요가 있다. 가장 잘 알려진 형태의 작품은 직사각형 양각 청동 장식판이다(화보 3, 4). 베닌 왕궁의 의식과 역사를 표현한 1000여 개의 장식판은 수세기 동안 베닌 왕궁의 벽과 나무 기둥을 장식해왔다. 장식판은 오바와 그 시종들의 모습뿐 아니라 검과 창, 당시 화폐로 사용되던 황동 고리를 들고 있는 포르투갈 상인들, 두 뺨에 빗살무늬가 새겨진 채 십자가 목걸이를 걸고 있는 전령들, 전투 중인 전사들, 소리 나는 지팡이와 장식 총채를 든 궁중 관리들 등 다양한 인물을 묘사한다. 머리에는 투구를 쓴 채 영양과 재갈 물린 표범을 들고 서 있는 사냥꾼들의 모습, 독수리가 앉아 있는 나무에서 종과 지팡이를 들고 줄을 타는 곡예사의 모습, 머리에 깃털 세 개를 꽂고 치마 같은 옷을 입은 채 조개껍데기로 된 팔찌를 두르고 징을 치는 수염 긴 제사장의 모습, 나뭇가지에 앉아 날개를 펴고 있는 닭을 향해 활을 겨눈 사냥꾼의 모습 등 장식판에는 다양한 모습이 담겨 있다. 사냥꾼과 닭이 등장하는 장식판은 닭을 잡아 그 울음소리로 미래를 점치던 베닌의 풍습을 보여준다. 이러한 작품들은 문자가 없는 사회였던 베닌에서 이미지와 서사를 통해 사건을 기록했음을 보여준다. 다시 말해 베닌의 청동 장식판은 주물이라는 기술을 통해 기억과 예언을 물질화한 것이었다.[14] 영국박물관의 오몬드 매덕 달튼은 청동 장식판을 보자마자 이것이 '귀중한 기록물'이라며, "쉽게 훼손되는 양피지가 아닌 단단한 상아와 청동에 새겨진 새로운 아프리카의 고문서 Codex Africanus"라고 말했다.[15]

에도족 언어에서 '**사에야마**sa-e-y-ama'라고 발음되는 동사는 '기억하다'라는 의미를 지니고 있지만, 문자 그대로 번역하면 '주물로 만들다'라는 뜻이다. 주조라는 행위가 기억을 위한 장치가 되는 것이다.[16]

장식판 외에 베닌의 청동 두상 또한 뛰어난 예술성으로 잘 알려져 있다. 오래된 작품 중에는 500년 전에 만들어진 것도 있다(화보 5). 두상들은 조상의 제단 위에 올려두는 용도로 제작된 것으로 왕가 조상들의 물리적인 존재를 상징한다(화보 6a, 6b). 두상은 대부분 머리에 왕관을 쓰고 산호 구슬 장식을 아랫입술에서 목까지 촘촘히 감은 채 이마 중간에는 구슬 띠 한 줄을 늘어뜨린 모습이었다. 세공 상아는 18세기 초부터 만들어졌을 것으로 추정되고 있다(화보 7). 통째로 조각한 상아는 청동 두상에 꽂아 장식하는 용도였는데, 독특한 조각을 통해 베닌의 정치와 문화를 기록하고 있었다. 왕실 역사를 기록하고 기념하는 수단이 청동판에서 상아로 넘어갔을 가능성도 있다.[17] 상아에는 왕족과 제사장, 궁중 관리, 전사, 유럽인들, 표범, 뱀, 물고기, 성스러운 유물 등이 정교하게 새겨져 있다. 두상과 상아는 베닌시티 공격이 벌어진 1897년으로부터 약 450년 전인 1440년 처음 베닌의 왕위에 오른 에우아레 1세 때부터 끊이지 않고 이어져 내려온 역대 오바들을 모시는 서른다섯 개의 제단에 장식됐다. 한때 베닌시티의 목조 탑 옆에는 하늘에서 내려오는 뱀 모양의 황동 장식품이 있었다고 한다.

1889년 12월에 베닌시티를 방문한 시릴 펀치는 왕과 족장의 제단에 놓인 두상에 상아를 어떤 방식으로 꽂는지 관찰하고 그 내용을 다음과 같이 기록해두었다(화보 6b).[18]

제단에는 여덟 개에서 열 개 정도의 청동 두상이 놓여 있었고, 각각의 두상에는 10피트 길이의 상아가 꽂혀 있었다. 상아의 표면에는 사람과 말, 악어 등의 모습이 깊은 양각으로 빽빽이 새겨져 있었다. 두상들 사이에는 황동제 사각형 종과 말을 탄 사람, 갑옷을 입은 사람 등을 정교하고 예술적으로 표현한 철 주물 모형들이 놓여 있었다. 제단 중앙에는 다른 두상들보다 크기가 큰 두상이 배치되어 있고, 주변에는 끝에 나무 조각이 달린 세공 지팡이가 놓여 있었다. 이 지팡이를 땅에 구르면 나무 조각들이 부딪히며 달그락거리는 소리가 났는데, 오늘 저녁 왕에게 들은 설명으로는 그 소리를 듣고 영혼이 다가온다고 한다.[19]

이러한 제단에서는 왕과 모후, 시종들의 모습을 표현한 '타블로' 작품들(화보 8)과 나무 지팡이, 사각뿔 형태의 청동 종, 상아를 깎아 만든 이중 종(화보 9), 황동 고리, 선사시대의 돌도끼 또한 찾아볼 수 있었다. 병사, 사슬 갑옷 차림의 기수, 유럽인들, 고수와 피리 부는 사람(화보 10), 장인, 궁중 관리, 성스러운 전령 등의 조각상 또한 놓여 있었다. 사람뿐 아니라 수탉과 표범(화보 11a, 11b), 입을 다문 말, 입을 쩍 벌린 뱀, 황동으로 주조한 표범의 두개골 모형도 있었고, 왕궁 모양으로 만든 황동 용기, 놀이용 판, 족장들의 조상 제단에 놓는 나무 두상, 그리고 왕실 청동 주조 기술자들을 기리는 테라코타 두상들도 있었다.

왕실 행사에 착용했던 수백 점의 의식용 황동, 구리, 철, 나무, 코코넛, 산호 장식도 있었다. 가슴과 허리에 둘렀던 장식용 판에는 코끼리나 숫양, 악어의 머리, 사람의 얼굴이 정교하게 표현되어 있었다(화보 12). 여기에는 총 여섯 개가 존재하는 것으로 알려진 상아로 만든 베닌 모후 가면(화보 13)과 팔찌, 반지, 머리 장식 또한 포함되어 있었다. 산호와 마노, 벽옥과 유리를 엮은 목걸이, 부적 끈, 허리춤에 거는 면으로 된 장식, 태피스트리, 천산갑 비늘로 만든 의식용 의상, 구슬을 엮어 넣은 웃옷과 가리개 옷, 카우리 조개껍데기로 만든 모자, 악어가죽으로 만든 투구 등도 있었고, 청동 바탕에 눈 부분만 철을 박아 넣은 표범도 있었다.

왕궁에는 상아와 철, 나무, 황동 등 다양한 재료로 만든 지팡이와 의식용으로 사용하던 구슬 장식 총채, 치유 도구와 점술 도구도 있었고, 벽에 걸린 의식용 검과 도끼, 상아 피리, 북, 속이 빈 막대모양의 타악기(화보 14) 등도 있었다.

그 외에 의식에 쓰이는 물병, 잔, 그릇, 대야, 양동이, 동물 모양의 물항아리도 있었다. 나무로 만든 작은 '손 제단'은 손이 능력과 성공을 상징한다고 믿는 베닌에서 개인의 업적을 기리기 위해 만든 작은 제단이었다. 상아로 만든 숟가락, 작은 상자, 소금통도 찾아볼 수 있었으며, 황동 부채, 나무틀을 댄 거울, 황동 반지와 팔지, 열쇠와 자물쇠, 조각으로 장식한 목재 문, 상아를 깎아 만든 빗장, 가루 보관함, 유럽식 투구, 황동 투구 가면, 가죽 튜닉, 청동 대포, 석궁, 화살, 깃발도 있었다. 수세기 동안 보관된 것으로 보이는 오래된 유럽 무기들과 이츠키리족 족장들이 사용했던 나무로 된 세공 노도 있었다. 조각을 새겨 넣은 의식용 나무 상자와 의자, 왕족용 황동 의자, 왕들이 앉았던 의자와 팔걸이, 산호 구슬을 엮어 만든 모자와 의식용 의상, 황동 구슬, 십자가, 구슬이 박힌 왕관도 있었다.

* * *

허버트 워커의 2월 20일 자 일기에는 영국군이 약탈물들을 모은 방식이 기록되어 있다.

왕궁과 주변 집들에서 조금이라도 가치가 있어 보이는 물건은 모두 꺼내서 지금은 병원과 지휘본부가 들어선 건물 앞에 모았다. 수많은 황동 주조상과 세공 상아가 발견됐다. 그중 상아 두 개와 상아로 세공한 표범 장식물 두 개는 여왕께 진상할 선물로 따로 빼두었다. 대장과 측근들은 나머지를 '보호'하느라 바빴다. 약탈물을 운반해줄 짐꾼을 찾는 것도 문제지만, 어쨌든 좋은 물건 중에는 졸병들 몫으로 남는 게 별로 없을 것 같기는 하다. 병영 전체에 색색의 옷과 구슬장신구 등의 약탈물이 넘쳐

난다. 짐꾼들은 화려한 의상을 차려입은 채 전사 춤을 추고 무용담을 큰 소리로 외치며 공격적이고 호전적인 분위기를 풍기고 있다.[20]

한 달 뒤, 베닌시티를 떠나며 쓴 워커의 일기는 매우 짧았다. "내일 과토를 거쳐 영국으로 돌아간다. 약탈물들을 포장하느라 정신이 없다."[21]

* * *

베닌시티 약탈에 대한 가장 일반적인 오해는 전리품에 대한 수집과 보호가 질서 있고 공식적인 방식으로 이뤄졌다는 생각이다. 이러한 오해는 문화재 반환 관련 논의에 잘못된 영향을 주기도 한다. 다시 한 번 말하지만 베닌시티 약탈은 반달리즘이자 문화적 파괴행위였으며, 거기에는 문화재를 구하거나 보호하려는 어떤 노력도 없었다. 보호령 측이 약탈물의 일부를 판매해 생긴 돈이 정부에 전달됐는지 보호령의 군인과 관리들의 주머니 속으로 사라졌는지조차도 알 수 없다. 니콜라스 토머스는 영국이 "베닌 브론즈를 경매로 판매하여 원정 비용 충당했다"고 여러 차례 주장한 바 있다.[22] 이에 대해서는 차차 증거를 확인해보자.

"외교부가 약탈물 중 일부를 판매했다"는 필립 다크의 주장은 조금 더 사실에 가깝다.[23] 영국박물관의 윌리엄 패그는 "장교들이 개인적으로 약탈물을 착복했다"고 인정하면서도 일부 약탈물은 "원정 중 죽거나 부상을 입은 군인들에게 지급할 연금을 마련하기 위해" 판매된 것이라고 주장했다.

로슨 중장은 900~1000점가량 되는 청동 장식판의 존재에 대해 해군 지도부에 보고했다. 이 장식판은 원정 중 죽거나 부상을 입은 군인들에게 지급할 연금을 마련하기 위해 판매될 공식 전리품으로 분류됐다. 나머지 청동 장식품과 철 장식품, 상아, 나무 세공품 등에 대해서는 상부에 보고하지 않고 장교들이 나눠 가졌다. 이러한 비공식적인 전리품을 챙기는 행위는 19세기까지만 해도 일반적이었지만, 현재의 기준으로는 비난의 여지가 있다.[24]

스테판 룬덴Staffan Lundén의 주장에 따르면, '죽거나 부상을 입은 군인들'을 위해 약탈물을 팔았다는 이야기는 반환 압력이 높아지고 있던 1980년대에 윌리엄 패그가 지어낸 것일 가능성이 있다.[25] 실제로 1898년 2월 영국박물관 보존담당관 찰스 허큘리스 리드는 "약탈물을 판 이익금이 보호령을 위해 쓰일 것"이라고 말한 바 있다.[26] 이 말은 무슨 의미였을까? 그리고 얼마나 정확한 말이었을까? 약탈을 이해하기 위해서 가장 먼저 해야 할 일은 그 범위를 파악하는 것이다. 약탈물의 범주를 크게 세 가지, 즉 상아 원재료, 청동 장식판, 그리고 그 외의 세공 상아와 예술품, 왕실 유물과 성물로 나눠서 함께 살펴보자.

우선 베닌시티에 보관되어 있던 대량의 상아 원재료가 어떻게 됐는지에 대해서는 기록이 남아 있지 않다. 다만 보호령이 늘 베닌의 상아에 눈독을 들여왔던 것을 고려하면, 보호령의 수중에 들어가 어딘가로 팔려갔을 가능성이 높다. 한 방문객은 베닌시티에 "무게가 70~80파운드는 족히 되어 보이는 커다란 상아가 수백 개는 있었다"고 기록했다.[27] 갈웨이는 베닌의 상아에 대해 1892년 다음과 같은 불만을 토로하기도 했다.

베닌은 우리와의 거래에서 상아를 잘 내놓지 않았다. 베닌 사람들은 상아를 주로 소보를 비롯한 주변국의 노예와 교환하곤 했는데, 소보 사람들이 상아의 가치를 높게 쳐주어 우리와 거래하는 것보다 이익이라고 생각했기 때문이다. 베닌의 왕은 자기 영토에서 나는 상아의 절반을 가져가고 있다. 코끼리 한 마리를 잡으면 상아 엄니 두 개 중 한 개는 왕이 가지는 것이다. 왕은 상아를 대량으로 쌓아두고 있으며, 거래에 거의 내놓지 않는다.[28]

앞에서도 언급했지만 필립스가 1896년 11월 17일 외교부에 보낸 전보에는 "베닌 왕의 거처에는 이번 제거 작전에 소요되는 비용을 충당할 만한 상아가 충분히 저장되어 있다는 정보를 파악했다는 사실을 알려드립니다"라는 내용이 등장한다.[29] 상아 원재료 중 상당량은 분명 처분됐다. 필립 이그바페의 주장에 따르면 보호령 측은 1897년 3월 중순까지 800파운드가량을 챙겼을 것으로 보인다.[30] 상아를 처분하는 데는 함부르크 기반의 상아 무역업자들이 개입했을 것으로 보인다. 여기에는 하인리히 아돌프 마이어 상아 회사의 소유주인 막스 베스텐다프Max Westendarp와 카를 베스텐다프Carl Westendarp도 포함되는데, 1903년 슈투트가르트의 린덴 박물관이 취득한 세공 상아 작품의 출처가 이들이었을 가능성이 높다. 이와 관련하여 랄프 무어는 추후 "1200~1500파운드 정도의 이익이 실현되어 보호령으로 들어왔던 것으로 기억한다"고 말했다.[31] 이런 수익에 대한 공식적인 기록은 발견되지 않았지만, 정말 그 정도의 돈이 들어왔다면 상아를 판매한 대금일 가능성이 높다. 당시 베닌의 예술품들은 별로 값을 쳐주지 않았기 때문이다. 상아 외에 왕궁의 다른 물건에서 빼낸 귀금속이나 산호 등을 판매한 돈도 포함됐을 수 있다. 실제 1896년 쿠마시 왕궁 공격에서는 약탈한 물품 중 금을 골라 녹인 후 무게를 달아서 판매한 일이 있었다. 베닌시티에서 약탈된 상아 또한 얼마나 많은 당구공과 빗과 피아노 건반으로 탄생했을지 알 수 없다.

두 번째 범주인 수천 점의 청동 장식판의 운명은 어떻게 추적해야 할까? 랄프 무어는 장식판 340점을 골라 다른 물건들과 함께 런던으로 보냈다. 이 약탈물들은 1897년 7월 런던에 도착했다. 영국박물관은 9월경 무어가 보낸 물건들을 대여하여 아시리아관에 임시 전시했고,[32] 민족학 전시실인 아프리카관 중앙에 대형 진열장을 설치하여 세공 상아와 청동 작품들을 전시했다(리드는 이 전시물들을 두고 약탈물 중에 임의로 고른 샘플이 아닌 '시리즈'라고[33] 표현했다).[34] 그러다 1899년 아프리카관이 "완전히 개편"되면서 "아시리아관 지하에 있던 베닌 청동 장식판 중 상당수가 아프리카관 중앙에 배치"됐다.[35]

영국박물관은 대여한 300여 점의 장식판 중 200점가량을 골라 계속 전시하기로 하고, 나머지는 외교부로 돌려보냈다. 찰스 허큘리스 리드가 손으로 작성한 〈베닌 청동 장식판의 운명〉이라는 문서를 보면, 외교부로 돌아간 장식판 중 일부는 피트 리버스, 에바 쿠터Eva Cutter 등의 수집가와 딜러에게, 일부는 호니먼과 드레스덴을 비롯한 박물관 등에게 판매됐다. 나머지는 랄프 무어가 공직자나 정치인, 왕족들에게 선물 용도로 사용했고, 일부는 자신이 가지기도 했다.[36] 1898년 여름, 장식판 열한 개가 추가로 외교부에 도착했다. 그중 세 점은 영국박물관이 가져갔고, 나머지 여덟 점의 운명은 알려져 있지 않다. 다른 베닌 약탈품들과 마찬가지로 장식판의 거래는 조금씩, 그리고 비공식적으로 이루어졌으며, 대부분이 금전을 주고받는 개인 간의 거래였다.

나머지 700여 점의 행방에 대해서는 어떤 정보가 있을까? 약탈은 다양한 경로로 이루어졌다. 독일 무역업자들이 직접 브레멘이나 베를린으로 약탈물을 반출하기도 했고, 일부는 보호령 관리들이 라고스나 영국으로 가지고 나가서 팔기도 했다. 상당수는 군인이나 식민지 관리, 무역업자들이 영국으로 가지고 갔다. 그런가하면 베닌시티에는 1897년 2월 이후 한참동안이나 왕궁 주변에 묻힌 장식판을 찾겠다고 땅을 파헤치는 사람들이 찾아왔다. 이들의 목적은 왕궁이 건재했던 시기에 모종의 이유로 누군가 묻어놓은 장식판을 찾는 것이었다. 이에 관해 리처드 데닛Richard Dennett은 1906년 다음과 같은 기록을 남겼다. "왕궁은 보지 못했기 때문에 그 모습을 묘사할 수 없지만, 폐허 주변을 걷다 보니 땅에 파헤쳐진 곳이 많았다. 어떤 것은 깊이가 15피트나 되기도 했다. … 사람들은 오바와 그 추종자들이 귀중하게 여겼던 청동 예술품을 찾기 위해 아직도 폐허 주변을 발굴하고 있다."[37]

캐서린 웨이소키 건쉬는 2018년 내놓은 저서 《베닌 청동 장식판The Benin Plaques》에서 현존하는 95개의 컬렉션에서 장식판 854개를 추적해냈다. 건쉬는 현재 330점이 독일에, 223점이 영국에, 120점이 미국에, 78점이 나이지리아에, 그리고 나머지가 오스트리아와 러시아, 스웨덴, 네덜란드, 벨기에, 스위스, 캐나다 등에 있다고 밝혔다(이 내용은 책 말미의 '부록 1'에 정리해두었다). 그런데 베닌 청동 장식판의 종합적인 목록을 만들어보려는 이러한 노력은 난관에 부딪칠 수밖에 없다. 이유는 다음과 같다. 우선 소개한 청동판 중 쉰네 점은 전체 작품이 아닌 작품의 '일부'다. 어떤 이미지는 중복되어 있기도 하고, 원래는 하나여야 할 작품이 나눠지는 바람에 두 개의 기관이 각각 따로 소장하고 있기도 하다. 예를 들어 포르투갈 사람을 묘사한 장식판의 경우 물고기 두 마리의 모습과 칼자루에 왼손을 얹고 있는 상체 부분은 영국박물관에 소장되어 있고,[38] 악어 머리 두 개와 검의 날, 그리고 하체 부분은 900마일 떨어진 빈 세계박물관에 있다.[39] 다만 건쉬의 책에는[40] 현재 파악된 장식판의 수가 854개로 되어 있으나 실제로는 868개이며, 그중 18개는 지금은 사라진 박물관에 있다. 여기서 얘기한 사라진 박물관인 '파넘 피트 리버스 박물관'에 대해서는 추후에 다시 설명하도록 하겠다.

원래도 그 행방과 이력을 추적하기 어려운 베닌 약탈물은 세 번째 범주로 오면 거의 불가능에 가까워진다. 세 번째 범주는 바로 청동 장식판을 제외한 모든 약탈품, 즉 황동, 상아, 나무, 산호 등으로 만든 모든 물건이다. 산산이 흩어져버린 이 물건들을 보면 약탈이 얼마나 혼란스럽고 무계획적으로 이루어졌는지 알 수 있다. 제임스 존슨 스위니James Johnson Sweeney가 1935년 뉴욕 현대미술관 '아프리카 흑인 예술' 전시 도록의 서문에서 말한 바와 같이 이 세 번째 범주의 물건들은 원주민을 대상으로 진행된 응징 작전에 참가했던 영국 군인이 나이가 들어 재산을 처분할 때가 오자 시장에 등장했다.[41]

* * *

베닌시티 약탈로부터 약 6개월이 지난 후 약탈물들은 런던에서 전시되기 시작했다. 1897년 7~8월 왕립식민지연구소에서 조지 윌리엄 네빌George William Neville의 베닌 컬렉션이 전시됐다.[42] 해군 대신과 찰스 캠벨Charles Campbell 대위는 1897년 8월 왕립합동군사연구소에서 청동 장식판, 조각상, 두상, 상아 부적, 놋쇠와 목재 그릇, 단검 등 '베닌의 신기한 물건들'을 전시했다.[43] 1897년 10월에는 헨리 갈웨이가 왕립지리학회

에서 "무척 흥미롭고 귀중한 물건들"을 전시했다.[44]

　약탈품들은 런던 포레스트힐의 호니먼 박물관,[45] 리버풀,[46] 파넘 피트 리버스 박물관과 옥스퍼드 피트 리버스 박물관(14장 참고), 그리고 영국박물관에서 속속 전시됐다. 1898년 6월에는 T. G. 미들브룩T. G. Middlebrook 소유의 모닝턴 크레센트의 에딘보로 캐슬에 베닌 두상이 전시된다는 소식이 들려왔다.[47] 그런가하면 해리 라이얼Harry Lyall은 공격이 이루어지기 전 베닌시티에서 탈출한 노예 두 명에게서 구입했다며 머리와 몸 전체를 덮는 의식용 의상을 전시하기도 했다.《데일리 메일》런던 지국은 "사형 집행인이 입었던 옷"이라는 설명이 붙은 이 풀을 꼬아 만든 의상을 공수해 와서 직접 입어보려는 시도를 벌이기도 했다.[48] 1898년 8월에는 웨스트민스터 사원 맞은편에 있던 왕립수족관과 겨울정원에서 열린 금속 예술 전시회에 베닌 브론즈가 함께 전시되기도 했다(왕립수족관과 겨울정원은 1903년 철거됐으며, 현재는 그 자리에 감리교 센트럴홀이 들어섰다). 전시에 방문한 한 관람객은 '텔벗 대령'이 "영국이 전란 속에 다행히 확보한 베닌시티의 특별한 청동 제품들"을 전시하고 있다는 기록을 남기기도 했다. 여기서 말하는 '텔벗 대령'은 퍼시 아모리 텔벗Percy Amaury Talbot일 가능성이 있다.[49]

　베닌 약탈품들은 그 후에도 여러 곳에서 모습을 드러냈다. 1919년에는 폰 루샨이 베닌 컬렉션을 모두 수록한 '카탈로그 레조네'를 만들려는 최초의 시도를 했다. 폰 루샨이 추산한 베닌 예술품의 수는 장식 청동판을 포함하여 모두 2400점이었다. 1950년대에 윌리엄 패그는 "수천점의 종교적 물품"이 약탈물로 베닌을 떠났다고 주장했다.[50] 지금도 계속 흩어지고 있는 베닌 문화재의 이력과 출처 문제를 풀어내는 작업은 새로운 연구 분야로 떠오르고 있으며, 소르본대학의 펠리시티 보덴스타인Felicity Bodenstein이 개척해가고 있다.[51] 약탈물 추적을 위해서는 약탈을 자행한 장교와 식민지 관리들의 역할을 이해하는 것도 필요하지만, 약탈물을 취급한 미술품 거래상과 경매 업체의 역할을 알아보는 것 또한 중요하다. 폰 루샨은 베닌 약탈 이후 첫 20년간 거래에 활발하게 참여한 거래상과 경매 업체로 크리스티, 맨슨 앤드 우즈, 에바 쿠터, 펜튼 앤드 선즈, 윌리엄 오클포드 올드먼, H. E. 로저스, J. C. 스티븐스를 꼽았다.[52] 옥스퍼드 인근 비스터를 기반으로 활동하던 윌리엄 다우닝 웹스터William Downing Webster는 귀국 군인들의 약탈물 판매에서 핵심적인 역할을 했는데,[53] 1897년에서 1901년까지 약 562점의 베닌 약탈품이 웹스터를 통해 판매된 것으로 알려졌다.[54] 실제 장교나 사병들이 베닌에서 가지고 들어와 개인적으로 소장하거나 판매한 '유물'이나 '진기한 물건'의 수는 1만 점을 상회할 것으로 추정된다. 이들이 베닌에서 들여온 약탈물은 그 외에도 다양했는데, 여기에는 인간의 유해나 조직도 포함되어 있었다. 당시 베닌에서 들여온 두개골이나 다른 인간유해 중 어느 정도가 박물관과 개인 컬렉션에 남아 있는지는 정확히 알 수 없다. 하지만 적어도 다섯 개의 치아가 1897년 베닌에서 런던으로 넘어왔으며 현재 그 치아가 목걸이가 되어 황동 가면에 담긴 채 일종의 점술 도구로 영국박물관에 있다는 점은 알려져 있다.[55]

3월 16일《스탠더드》는 조지 윌리엄 네빌의 라고스 도착을 알리는 기사를 냈다. 네빌은 1870년대 중반부터 나이저 해안과 라고스 지역에서 아프리카증기선회사를 비롯한 리버풀 무역업자들의 이익을 대변하는 대리인으로 일했고, 1896년에는 영국서아프리카은행의 파트너가 됐다. 네빌은 민간인 신분으로 베닌 원정대와 6주를 보낸 후 돌아온 길이었다.[56] 다음날 영국박물관의 보존담당관인 찰스 허큘리스 리드는 관장인 에드워드 마운드 톰슨Edward Maunde Thompson에게 다음과 같은 내용의 편지를 보냈다.

> 어제 신문에 네빌 씨가 베닌을 출발하여 라고스에 도착했다는 소식을 알리는 전보가 실렸습니다. 기사에는 네빌 씨가 이번에 상아와 청동 작품을 비롯한 원주민 장식품을 상당수 가져왔다는 내용도 함께 실려 있었습니다. 제 생각에는 우리 영국박물관이 네빌 씨가 가져온 물건들과 군 장교들이 베닌에서 발견한 물건들을 확보할 수 있을지 여부에 대해 적절한 경로를 통해 확인하는 것이 좋을 것 같습니다. 저와 저희 부서는 박물관 이사회에 물건의 확보를 위해 자금 마련을 요청할 준비가 되어 있습니다. … 이러한 원정에 참여하는 군인들에게 저희 같은 국립박물관이 그들이 원정 과정에서 종종 손에 넣게 되는 원주민 물건들을 매입할 의향을 지니고 있다는 사실을 알릴 수 있다면 좋을 듯합니다.[57]

영국박물관은 무어가 영국 왕실로 따로 발송한 물품들과 관련하여 1897년 5월 7일 외교부의 조지 커즌George Curzon 차관에게 서한을 발송하여 "여왕 폐하께서 소유를 원치 않으시는 경우 영국박물관을 위해 확보하고 싶다"는 의사를 밝혔다.[58] 리드는 특히 '표범상 두 개와 세공 상아'에 대해 관심을 보였다.[59]

1898년 베닌 '유물'들을 확보하려는 리드의 행보가 속도를 더하는 가운데, 리드의 동료인 달튼은 베닌 약탈품을 광범위하게 구매한 독일 박물관들의 행보를 기록했다.[60] 약탈에 대한 소식이 유럽에 전해진 후 폰 루샨은 라고스에 주재하는 독일 영사에게 전보를 보내 "가격은 상관없으니" 시중에 나와 있는 청동 제품과 약탈물들을 사들이라고 요청했다.[61] 독일은 이렇게 해서 263점가량의 베닌 문화재를 손에 넣게 됐다.[62] 달튼은 1899년 7월 함부르크와 베를린, 드레스덴을 방문한 후 베를린 민족학 박물관에 대해 다음과 같이 보고했다. "베를린 민족학 박물관이 관대한 선물과 영사관의 조력, 비공식적인 자금 지원 등을 통해 확보한 베닌 컬렉션은 영국박물관이 소장 중인 컬렉션보다 여러 모로 훌륭하다." 당시 베를린 박물관이 보유 중인 베닌 문화재에는 세공 상아 열두 점과 청동 두상 30~40점이 포함되어 있었다.[63] 함부르크 미술공예 박물관의 초대 관장은 1899년 5월 다음과 같은 기록을 남겼다.

영국박물관이 확보하지 못한 약탈품들은 유럽 곳곳의 박물관으로 빠르게 흩어졌다. 함부르크를 통해 많은 수가 독일로 들어왔고, 그중 상당수가 베를린 박물관으로 갔다. 그러나 가장 아름다운 철공예 제품 등은 함부르크에 남았다. 바이에른 민족학 박물관의 뷔허너Büchner 박사 또한 세공품을 필두로 한 좋은 작품들을 일부 확보했다.[64]

* * *

남아 있는 기록이 이렇게 모호한 이유는 무엇일까? 근본적인 원인은 영국이 베닌을 파괴하며 휘두른 엄청난 폭력이었다. 영국은 베닌의 주권을 완전히 삭제하고 그 자리에 식민지 지배를 채워 넣기 위해 베닌 시티와 그 주변을 광범위하게 훼손하고 문화를 완전히 파괴하는 폭력을 휘둘렀다. 이 폭력은 지금 우리가 보고 있는 흩어짐과 파편화로 이어졌다. 그러나 이 과정에서 시장 또한 중요한 역할을 했음을 기억해야 한다. 베닌 왕실의 물질문화에 대한 전면적인 삭제는 기업적·군국적 식민주의를 향해 나아가는 새롭지만 일관된 발걸음이었다. 기업적·군국적 식민주의는 이윤을 추구한다는 명분으로 파괴를 정당화했다. 죽음의 기록, 즉 인간과 문화의 상실 측면에서 보면 우리는 매일 아침 박물관 문을 열 때마다 약탈물의 전시를 통해 응징 작전의 서사를 반복하고 있는 것이다. 이는 시간과 공간을 넘어 그 상실을 다시 재생시키고 증폭시키는 행위다.

오늘날 서구의 큐레이터들은 인류보편적 문화재를 안전하게 보관하고 있다고 주장하는 박물관이라는 공간의 폭력성과 위선을 잘 깨닫지 못한다. 자신이 속한 박물관의 컬렉션에 실제로 포함된 소장품에 대한 이해가 부족하기 때문이다. 우리는 박물관에 무엇이 있는지도 모르고, 어느 소장품이 어디에 있는지도 모르며, 그 소장품이 어떤 경로로 박물관에 오게 됐는지도 모른다. 큐레이터들은 대부분의 경우 **아는 것도** 발설하지 말 것을 요구받는다. 하물며 모르는 것에 대해서는 어떻겠는가? 물론 큐레이터들이 자의로 그러는 것은 아니다. 여기에는 조직의 타성, 윗선의 주의, 이사회의 잘못된 인선, 정부의 무지한 개입 등의 여러 요소가 복합적으로 작용한다. 이러한 환경적 요소로 인해 큐레이터들은 매일의 업무 속에 자신의 의견을 개진할 시간도, 자원도, 자유도 찾기 어려워진다. 대부분의 큐레이터가 이런 현실을 바꾸고 싶어 하기는 한다. 그러나 영국에는 중요도가 꽤 높은 컬렉션 중에도 이런 업무를 담당할 큐레이터가 지정되어 있지 않은, 일종의 '부모 없는' 컬렉션이 많다. 이 부끄러운 상황은 분명 개선되어야 한다. 이와 관련해서는 책의 끝부분에서 행동 계획에 대해 논의하며 더 살펴보도록 하자.

우선 강조하고 싶은 것은 지금까지 베닌 약탈품에 대한 논의에서 '국가 대 국가'의 역할만이 지나치게 강조되어왔다는 점이다. 당시의 문화재 약탈은 공식적인 식민 정책으로 벌어진 것이 아니며, 그러므로 지금 그것을 합리화할 필요도 없다. 약탈물들이 현재 국립박물관에만 소장되어 있는 것도 아니다. 당시의 약탈에는 기업적·군국적·식민적 기업과 조직들도 무시할 수 없을 만큼 큰 역할을 했다. 그러나 우리는 이 모든 사실을 무시한 채 국가의 역할에만 집중해온 것이다. 이전 세대의 서구 학자들은 제국주의가 국가의 결속을 '강화'하기 위해 동원됐다는 생각에 기반하여 약탈에 있어 국가의 역할만을 강조하고 비판해왔다.[65]

나는 국가의 역할에만 집중하기보다는 **"국가를 구분하는 것이 국경이라면, 제국을 구분하는 것은 박물관"**이라는 표어를 지침 삼아 이 문제를 살펴보려 한다. '행위자성'은 정부에만 있었던 것이 아니다. 행위자성은 그보다 훨씬 위험한 영역, 즉 기업적 식민주의와 수탈적 군국주의, 재난자본주의와 폭력, 인종주의적 수탈, 그리고 전시 체제에도 있었다. 서아프리카는 새로운 형태의 인종과학이 탄생하던 1890년대의 순간을 몸소 경험했다. 여기에는 막스 베버가 말한 '약탈 자본주의'와 마르크스가 말한 '본원적 축적'이 함께 작용했다. 약탈 자본주의는 영국의 근대 초기 노예무역과 해적질을 빅토리아 시대 후기의 군국적 식민주의와 연결시키는 개념이며, 본원적 축적은 모든 수단을 동원하여 이익의 추출에만 집중하는 행위다.[66] 이에 관해 아실 음벰베는 다음과 같이 말했다.

> 상업적 식민주의(또는 교역소 식민주의)와 정착형 식민주의를 구분해서 생각해보는 것이 필요하다. 두 경우 모두 본국의 부의 증진에 기여할 때만 식민지의 부의 증진을 타당하게 보았다. 다른 점이 있다면 정착형 식민지는 본국의 연장선으로 인식됐던 반면 교역소나 착취 식민지의 경우

비대칭적이고 불공평한 교역 관계를 통해 본국의 부를 증진시키는 곳으로만 인식됐다는 점이다. 그렇기 때문에 현지에 대한 투자는 거의 이루어지지 않았다.[67]

지금까지 서구의 박물관들은 정착형 식민주의의 지형에 맞춰 문화재 반환 문제에 접근하며 북아메리카와 호주, 태평양 지역의 '원소장자 집단'과의 관계를 개발해왔다. 그러나 아프리카의 약탈에 대해서는 북미식 모델을 적용할 수 없다. 그렇다면 서아프리카에서 진행된 착취형 식민주의에 대한 문화재 반환은 어떻게 시작되어야 할까? 첫걸음은 약탈물들의 '생애사'가 아닌 상실의 역사를 이해하는 것, 박물관을 활짝 열어 그 안에 어떤 암 덩어리가 자리 잡고 있는지 파악하는 것이다. 이제 그 죽음과 상실의 기록을 살펴보자.

13장
죽음과 상실의 역사, 네크로로지

탐험가들의 길을 닦은 것은 총이었다. 소장품의 대부분은 군사력을 동
원한 응징 작전에서 약탈해온 물건들이다. '아프리카의 신성한 왕정' 섹
션에 전시된 베닌 종족의 유물들은 모두 영국과의 전쟁의 결과로 여기
에 와 있다.

—《영국박물관의 보물들 The Treasures of the British Museum》(1971)[1]

박물관들은 자신이 무엇을 가지고 있는지도 잘 모르고, 알고 있는 사
실에 대해서도 공유를 꺼려한다. 서구의 박물관들이 인류보편의 문화
재라 주장하며 소장하고 있는 물건들에 대한 큐레이션의 상태는 놀랄
만큼 무성의한 경우가 많다. 영국은 여전히 베닌 약탈품을 가장 많이
소유하고 있는 국가다. 그런데 영국박물관이나 로열 컬렉션, 빅토리아

앨버트 박물관 같은 국립박물관이 아닌 지역박물관이나 대학박물관에 소장되어 있는 약탈품이 더 많다. 영국박물관조차도 자신의 컬렉션에 속한 베닌 약탈물에 대한 종합적인 정보를 내놓지 못하고 있는 실정이며, 현재까지 파악된 내용에 대해서도 공개하지 않고 있다. 지역박물관의 경우 상황이 더 심각하다. 규모가 꽤 있는 지역 컬렉션의 경우에도 아프리카 담당 큐레이터는커녕 '세계문화' 큐레이터도 없어서 정확한 지식을 기대하기 어렵다. 1972년 스코틀랜드 그리녁의 맥린 박물관에서는 윌리엄 노스럽 맥밀런William Northrup Macmillan이 1925년 기증한 베닌의 청동 작품과 상아 작품 네 점이 청소용품함에서 발견된 경우도 있다.[2] 여전히 민간의 손에 남아 있는 문화재들도 많다. 청동으로 만든 포르투갈 병사상 같은 경우에는 스코틀랜드 국립박물관이 취득하기 전까지 어느 건물의 문 받침대로 쓰이고 있었다.[3] 여기 피트 리버스 박물관의 경우 베닌 약탈품 중 하나인지 아닌지 불분명한 동물 모양의 황동 지팡이 장식이 등록조차 되어 있지 않다는 사실을 1980년 발견했다.[4]

아카이브의 기록을 공개하기 시작하는 박물관들도 있는 반면에 그동안 약탈물에 대한 관리가 얼마나 허술했는지 들킬까봐 문을 닫아거는 박물관들도 있다. 이런 가운데 가장 시급한 것은 우리가 지금 아는 것들을 분해하고 역추적하여 지금까지 문화재 반환 논의를 지배해온 '사물의 생애사' 이론과 '사물의 상대적 얽힘' 이론을 뒤집는 것이다. 그러기 위해서는 우리가 이미 알고 있는 것들과 앞으로 알아낼 수 있는 것들을 바탕으로 어떤 것들이 약탈되고 어떤 것들이 상실됐는지 밝혀가야 한다.

베닌 예술품에 대한 이해를 높이기 위한 다양한 도해법 연구가 시도됐다. 필립 다크는 베닌 문화재의 '형태적 특징' 분석을 위해 직접 고안한 천공 카드를 활용하여 224개 컬렉션의 7000여 개 작품의 시각적 특징을 분석했고,[5] 캐서린 건쉬는 '가상 사고 과정 분석'을 활용하여 16세기 베닌 왕궁의 청동판 배치 방식을 재구성해보려는 시도를 했다.[6] 그러나 베닌 문화재는 기본적으로 약탈물이다. 이 맥락에서 생각할 때 서양의 큐레이터들이 가장 집중해야 할 것은 약탈물의 존재를 통해 현재도 지속되고 있는 상실과 수탈에 대해 분석하는 것이다. 이 책에서 나는 현재의 인류학 박물관이 존재하기까지 발생한 죽음과 상실에 대한 정보를 **죽음의 역사**necrology'라고 부르고, 그러한 상실에 대한 기록을 **죽음의 기록**necrography'이라 부르려 한다.

1897년 베닌이 경험한 죽음의 역사를 이해하기 위해서는 피트 리버스 장군과 인류학이라는 학문, 그리고 (영국박물관이라는 형태로) 국가가 함께 개발하고 전파시킨 사회적 진화론에서 벗어나 문화적 상실의 과정을 발굴해야 한다. 그리고 이 과정에서 우리는 베닌 문화재에 찍힌 약탈의 낙인을 제거해야 한다. 각각의 약탈물은 어딘가에 걸거나, 전시대에 올려두거나, 데이터베이스에 입력해야 하는 단순한 사물이 아니다. "베닌 왕의 모든 산호와 청동 조각, 상아가 영국군의 손에 넘어가는 순간" 갑자기 단절되어버린 역사 그 자체다.[7] 그 단절의 크기를 이해하고 그것에 시각성을 부여하기 위해서는 새로운 생애사의 층위를 더하기보다는 그 단절된 역사를, 생명 약탈의 과정을 이해해야 한다.

수백 개의 박물관에서 전시되고 있는 거대한 상실을 연구하기 위해서는 기존의 미술사가 정의하는 '소장 내력'을 뛰어넘는 개념적이면서도 실질적인 새로운 틀이 필요하다. 죽음의 기록을 작성하려는 사람은 과거의 역사나 맥락을 단순히 재조명하려 해서는 안 된다. 죽음의 역사를 기록하고자 하는 학자는 이것이 과거지향적인 작업이 아닌 미래를 바라보는 작업이라는 사실을 이해해야 한다. 네크로그라피는 바르부르크Warburg가 말하는 '**잔존**Nachleben'에 대한 연구도 아니고, 타일러Tylor가 말하는 '**잔재**survivals'에 대한 연구도 아니다.[8] 약탈물은 처음부터 약탈물로, 흩어진 형태로 존재했던 것이 아니기 때문이다. 네크로그라피는 오히려 죽었지만 죽지 않은 것들에 대한 흥미진진하고 몰입감 있는 고딕 모험소설을 읽어내는 일에 가깝다.

우리에게 필요한 도구는 붓과 찻숟가락보다는 곡괭이와 삽에 가깝다. 그 도구들을 활용하여 약탈의 삼위일체, 즉 군인과 상인, 식민지 관리들의 행동을 파헤치고 그것이 인류학 박물관과 민속예술품 시장의 등장에 준 영향을 발굴해내야 한다. 네크로그라피 작성자의 초점은 약탈을 통해 상실을 발생시킨 이 백인 남성들에게 정확히 맞춰져야 한다. 약탈자 한명 한명에게 초점을 맞춤으로서 우리는 무엇이 약탈됐는지 이해하고 그 소재를 파악하는 한편 문화재 반환의 과업을 촉진할 수 있다. 현재 이러한 지식을 지니고 있는 것은 유럽과 북미의 박물관 큐레이터들이며, 그 지식은 공유되어야 한다. 한편 이 작업이 '죽은 백인 남성'에 대한 칭찬 일색의 전기가 되는 것은 경계해야 하며, 단순히 전쟁 서사를 반복하며 약탈물을 '부정적 문화유산dark heritage'이나 '폐허 포르노ruin porn'으로 둔갑시키는 것 또한 경계해야 한다. 죽음의 기록을 작성하는 연구자는 한마디로 법의학자와 같은 윤리와 책임감을 가지고 증거에 접근해야 한다. 또한 과거 자행된 파괴와 학살의 여파를 현재도 고스란히 느끼며 살아가고 있는 사람들에게 박물관이 지고 있는 빚을 이해해야 한다. 1919년, 펠릭스 폰 루샨은 다음과 같은 기록을 남겼다.

상당수가 전리품이 되어 식민지 관리와 군인들의 손에 들어갔고, 이러한 약탈물은 며칠 사이에 라고스의 미술품 거래상에게 팔려나갔다. 정말 아름다운 문화재들이 포함된 연작 작품 세 개가 몇 년 동안 어느 영국인의 개인 컬렉션에 속해 있었는데, 결국 나중에 어딘가로 팔려갔다.[9]

외교부에 보내기 위해 런던에 들여온 물건들과 랄프 무어가 개인적으로 들여온 약탈물 외에 폰 루샨이 100년 전에 가장 뛰어난 컬렉션을 지녔다고 평가한 인물은 해리 로슨(1843~1910), 조지 르클레르크 에저튼(1852~1940), 그리고 찰스 캠벨(1847~1911)이었다.[10] 지금부터 살펴보려 하는 명단에는 이 세 명 외에 폰 루샨이 몰랐던 다른 인물들의 컬렉션도 포함되어 있다.

그럼 이제부터 '죽은 백인 남성' 열일곱 명의 기록을 알파벳순으로 살펴보자. 이 '죽음의 기록'은 약탈자의 간략한 군적으로 시작하여 이들이 훔친 물건과 관련된 사례 몇 가지를 살펴볼 것이다. 이들의 유령을 소환하는 것은 약탈자들이 남기고 간 물건이 무엇인지, 그리고 그것이 현재 어디에 있는지 파악하는 데 도움이 될 것이다.

올맨Allman. 로버트 올맨(1854~1917)은 1891년 오일리버스/나이저해안 보호령에서 군의관으로 근무하고 상당량의 약탈품을 가지고 귀국했으나, 약탈품들은 본인 사망 후 점진적으로 흩어졌다. 투구 가면 한 점을 해리 비슬리Harry Beasley의 크랜모어 박물관에 판매했으나 1939년 비슬리의 사망으로 컬렉션 자체가 와해되고 1944년 비슬리의 아내가 영국박물관에 기증했다.[11] 다른 약탈품 또한 도중에 조금씩 판매했을 가능성이 있다. 1953년 12월 7일에는 아들인 R. B. 올맨이 컬렉션 전부 또는 일부를 소더비를 통해 판매했다. 이때 판매된 작품으로는 베닌 모후의 청동 두상, 청동으로 만든 말 탄 사람 모형, 청동 표범상 두 점, 원형 세공 상아 보관함, 청동 '춤 지팡이' 두 점, 의식용 검 세 자루 등이 있는데, 대부분 나이지리아 정부가 새로 지은 라고스의 국립박물관을 위해 구매했다.[12]

베이컨Bacon. 레지날드 휴 스펜서 베이컨(1863~1947) 중령의 경우 베닌에서 가져온 약탈품 컬렉션에 대해 알려진 바가 없다. 베이컨은 서식스 주 위건홀트 출신으로 베닌 원정 당시 정보 부대 부대장으로 근무했으며, 추후 전함 드레드노트Dreadnought호의 첫 임무에서 대위로 근무하기도 했다. 《베닌: 피의 도시》라는 책을 쓰기도 했으며, 1947년 햄프셔 주 롬지에서 사망했다.

캠벨Campbell. 찰스 캠벨은 전함 테세우스호를 지휘했으며 추후 해군 제독이 됐다. 캠벨이 가져온 약탈품들은 전술한 바와 같이 1897년 왕립합동군사연구소에 전시됐으나, 그 후 어떻게 됐는지는 알려진 바가 없다. 다만 1911년 캠벨의 사망 후 영국박물관이 그의 아내에게서 상아 세공 부적 네 개와 북 한 개, 그릇 한 개를 사들였다는 점은 기록되어 있다.[13]

코크번Cockburn. 윌리엄 알렉산더 크로포드 코크번(1863년 출생)은 나이저해안보호령 부대에서 근무했으며, 1897년에 나무 화살, 부조 세공 청동판, 의식용 털가죽 의상, 팔찌, 허리장식, 부적, 목재 세공 상자와 청동을 두른 뚜껑, 단검, 장검, 열쇠, '손 제단' 등 총 예순아홉 점의 베닌 문

화재를 영국박물관에 판매했다. 당시 구매 자금은 크리스티 펀드가 지원했다.[14]

에저튼Egerton. 조지 르클레르크 에저튼은 햄프셔 주 링우드 출신으로 1895년 로슨과 함께 몸바사에서 복무하고 1896년에는 잔지바르 술탄 궁 폭격에 참가했다. 후에는 희망봉에서 지휘관(1908~1910)과 제2해군경(1911~1912)으로, 그 후에는 플리머스에서 지휘관(1913~1916)으로 복무했다. 에저튼이 가져온 약탈물들의 운명은 복잡했다. 그의 컬렉션에 속해 있던 상아 종은 아마도 경매를 통해 팔린 후 1962년 영국박물관에 기증된 것으로 보인다.[15] 최소 한 점 이상의 에저튼 약탈물이 판매되어 북아메리카의 박물관으로 흘러 들어간 것으로 보이는데, 바로 뉴욕 메트로폴리탄 미술관의 상아 팔찌다.[16] 14장에서도 논의하겠지만, 에저튼 약탈물 중 상당수는 현재 옥스퍼드 피트 리버스 박물관에서 관리되고 있다.

헤네커Heneker. 윌리엄 헤네커(1867~1939)는 캐나다인으로《정글 전투》라는 식민지 군사 교본을 펴낸 인물이기도 하다. 헤네커는 서아프리카에서 영국으로 돌아온 지 얼마 되지 않아 베냉에서 가져온 피리를 팔았으며, 영국박물관은 1900년 예술품 판매상인 롤린Rollin과 푀아르당Feuardent를 통해 이 피리를 구입했다.[17]

갈웨이Galway. 베냉 원정과 식민지 관리와 장교들에 대해 더 폭넓게 살펴보자면, 헨리 라이오넬 갈웨이(1895~1949, 나이저해안보호령에서 부판무관 및 영사로 근무)는 헨리 롤린슨Henry Rawlinson의 정보 부관으로 근무했으며, 1897년 베닌시티 공격을 비롯한 다수의 베닌 지역 원정 작전에서 하우사족 중대를 지휘했다. 전술한 바와 같이 갈웨이는 1892년 보호령 부영사 자격으로 베닌과 협정을 체결하며 오바에게서 코끼리 상아를 받았다. 갈웨이가 그 외에 다른 물건들을 수집했는지에 대해서는 알려진 바가 없다. 무어와 갈웨이가 어느 정도의 약탈물을 나눠가졌는지도 알 수 없다. 확실한 것은 갈웨이가 상아로 만든 이디아 왕비 가면을 챙겼다는 점, 그리고 이것이 1947년 12월 런던 데이비스 스트리트에 위치한 버클리 갤러리에서 전시됐다는 사실이다.[18] 갈웨이는 추후 세인트헬레나(1902~1911)와 감비아(1911~1914), 사우스오스트레일리아(1914)에서 총독으로 근무했다. 그가 총독으로 근무하며 약탈물들을 가지고 이동했는지, 어딘가에 판매했는지, 또는 후손에게 상속했는지는 알려져 있지 않다.

케네디Kennedy. 프랜시스 윌리엄 케네디(1862~1939)는 전함 포에베호에서 중위로 근무하며 1882년 7월 알렉산드리아 포격과 1895년 므웰리 원정을 비롯한 동아프리카 원정에 참여하고 나이저해안보호령에서 2년 동안 근무했다. 추후 베닌시티에서 직접 약탈한 것일 가능성이 있는 리넨 깃발을 그리니치 왕립박물관에 기증했다. 그리니치 박물관은 나나 올로무 족장의 깃발 또한 기증받은 바 있다.[19] 그 외 케네디가 베닌시티에서 약탈한 물건이 있는지는 알려져 있지 않다.

로크Locke. 랄프 프레데릭 로크(1865~1933)는 보이스래건과 더불어 필립스 사건에서 살아남은 생존자다. 로크 또한 베닌 원정에 참여했으며, 후에 남나이지리아보호령의 판무관이 됐다. 로크는 추후 엑서터의 교도 소장으로 취임하며 해당 도시에 위치한 왕립 앨버트 기념박물관에 베닌 두상을 기증했다. 1928년 1월 3일에는 스티븐스 경매소를 통해 자신의 베닌 컬렉션을 처분했는데, 그 목록은 다음과 같았다.

> 정교하게 세공한 상아 가면, 베닌의 왕이 사용했을 것으로 추정되는 상아 숟가락, 소보 족장의 대형 상아 부적, 양각 장식의 청동 받침대 한 쌍, 새 모양으로 만든 청동 족장 지팡이의 '부두교' 장식, 청동 파이프 담배볼, 청동 사형집행인 모형, 원주민, 갑옷을 입고 총을 든 사람 모형, 민달팽이 모양의 청동 발찌 한 쌍, 의식 시에 족장 뒤에서 들던 청동 지팡이 두 점, 청동 새 모형과 팔찌, 세 명의 서 있는 인물이 묘사된 청동 장식판, 원뿔형 청동 장식물, 청동 가면, 목 주위에 뱀 머리 모양의 장식이 달린 청동 '악마 가면', 무거운 청동 팔찌 한 쌍, 약물 등을 넣을 수 있는 작은 통이 달린 치유사용 청동 팔찌, 대형 청동 고리, 전사의 모습을 묘사한 청동 장식판, 사형집행인의 검, 카우리 조개껍데기로 만든 허리띠, 상아 엄니 두 쌍, 1894년 발사된 대포 조각을 담은 갈대 상자.[20]

무어Moor. 총영사였던 랄프 무어(1860~1909)는 약탈물들을 외교부와 여왕에게 이송하는 역할을 담당했다. 무어가 이송한 약탈물 중에는 영국박물관에서 모습을 드러낸 것들도 있었다. 무어가 여왕에게 보낸 물건들 중 유명한 것으로는 청동으로 상감하여 무늬를 표현한 두 개의 상아 표범상이 있는데, 이 표범상은 1900년에 윈저성 박물관에 전시되기도 했다.[21] 1899년에는 베닌시티에서 가져온 16세기 포르투갈 후장식 선회포 네 대 중 하나를 영국박물관에 기증했다.[22] 무어는 영국에서 1909년 49세의 나이로 청산가리를 이용해 스스로 목숨을 끊었다.[23] 무어는 오바 에시기에의 모후인 이디아 왕비의 모습을 표현한 가면 모양의 상아 장식품을 여러 개 가지고 있었는데, 그의 사후 그중 두 개를 인류학자 찰스 셀리그먼Charles Seligman이 사들였다. 그중 하나는 찰스 셀리그먼이 1910년 영국박물관에 판매했고, 나머지 한 개는 1958년 아내인 브렌다 셀리그먼Brenda Seligman이 넬슨 A. 록펠러Nelson A. Rockefeller에게 2만 파운드에 판매하여 현재는 뉴욕 메트로폴리탄 미술관에 전시되어 있다.[24] 록펠러에게 가면을 판매한 돈의 일부는 왕립인류학회의 기여금이 됐다. 한 평론가는 역시 인류학자였던 브렌다 셀리그먼의 문화재 판매를 두고 "직업적 혜안을 막대한 금전적 이익으로 전환할 수 있다는 가능성에 기뻐했다"고 비꼬기도 했다.[25] 랄프 무어의 약탈물에 대해서는 확실히 더 많은 부분이 파악되어야 한다. 찰스 허큘리스 리드는 무어의 죽음이 알려진 직후 다음과 같은 말을 하기도 했다. "정부 몫의 약탈물을 직접 관리했던 무어 경은 그 과정에서 뛰어난 작품 몇 점을 본인 몫으로 확보했으나, 고인의 죽음 이후 그 행방이 모두 묘연해졌다."[26]

네빌Neville. 리버풀의 무역업자이자 라고스의 은행가였던 조지 윌리엄 네빌의 컬렉션은 전술한 바와 같이 1897년 6월부터 7월까지 왕립식민연구소에서 전시됐다. 이 외부 전시 이후 그의 컬렉션은 일생 동안 웨이브리지에 있는 그의 자택에 전시됐다. 네빌의 컬렉션 중 수탉 청동상은 케임브리지대학 지저스 칼리지에 기증됐고,[27] 나머지는 네빌의 사후 1930년 5월 1일에 런던 포스터 경매소에서 판매된 후 대부분 어딘가로 흩어졌다.[28]

오시O'Shee. 왕립 공병대 소속의 리바드 알프레드 포어 오시Riebard Alfred

Poer O'Shee(1867~1942) 중위는 베닌 원정에 특수장교로 참여했다. 현재 오시가 가져온 약탈물이나 컬렉션에 대해 알려진 정보는 없다.

로슨Rawson. 랭커스터 출신이자 프리메이슨 단원이었던 해군 중장 해리 홀즈워스 로슨은 베닌 원정에서 지휘관로서의 역할을 인정받아 빅토리아 여왕 다이아몬드 주빌리 메달을 받았지만 그의 약탈물에 대해서는 거의 알려진 바가 없다. 로슨은 1860년 17세의 나이로 2차 아편전쟁에 참전해 대고포대 점령전과 베이징 점령전에서 싸웠다. 로슨은 이화원이 방화로 소실된 이후 다음과 같은 기록을 남기기도 했다. "황궁 약탈이 이루어졌지만 현장에 가지 못해서 값어치 있는 물건을 하나도 챙기지 못했다. 이번 약탈은 그 규모가 정말 컸는데, 한 장교는 1000파운드는 족히 나갈 황금 액자를 손에 넣기도 했다."[29]
　이후 희망봉과 아프리카서해안기지의 영국 해군 사령관으로 발령이 난 로슨은 1896년 8월 자신의 함대를 이끌고 마자리아 족장 음바락 빈 라시드의 근거지 므웰리를 함락시켰으며, 6장에서 언급된 바와 같이 1896년 8월 잔지바르 왕궁 폭격을 지휘했다. 로슨은 무어와 함께 약탈 명령을 내렸을 가능성이 높다. 1953년, 윌리엄 패그는 로슨이 소유하고 있던 약탈물 중 하나인 청동 기마상이 모종의 경로를 거쳐 라고스의 국립 컬렉션에 들어가게 됐다고 보고했다.[30] 그 외에는 어떤 약탈물이 존재했는지 알 수 없다. 로슨이 남아프리카로 돌아가며, 혹은 1902년 뉴사우스웨일스의 총독으로 취임하며 약탈물을 판매하거나 기증했는지, 또는 후손들에게 물려주었는지도 알 수 없다.

로스Roth **형제**. 펠릭스 노먼 로스(1857~1921)는 1892년부터 와리 교역

기지에서 일종의 '의사이자 기술자'로 근무했으며,[31] 형인 헨리 링 로스 (1855~1925)와 함께 베닌 원정에 참가했다. 요크셔 주 핼리팩스에 있는 뱅크필드 박물관의 큐레이터였던 헨리 링 로스는 1903년《위대한 베닌: 그 풍습과 예술, 그리고 공포》라는 책을 내놓았고, 1911년에는 〈박물관 에서의 인류학 컬렉션의 활용과 전시〉라는 논문을 발표했다.[32] 헨리 링 로스는 1897년 베닌 두상 세 점과 목걸이 장식 세 점을 영국박물관에 판매했다.[33] 펠릭스 노먼 로스는 옥스퍼드 피트 리버스 박물관이 소장 중인 베닌 문화재 한 점의 출처로 기록되어 있으며, 헨리 링 로스는 파 넘 피트 리버스 박물관에 있는 베닌 문화재 여덟 점의 출처로 기록되어 있다(파넘 피트 리버스 박물관에 대한 내용은 뒷부분에서 더 자세히 살펴보 도록 하겠다).

루펠Roupell. 어니스트 퍼시 스튜어트 루펠Ernest Percy Stuart Roupell은 왕립 웨일스 화승총부대와 왕립 공병 민병대 밀포드 헤이븐 사단에서 근무 했다. 베닌 원정 당시 스물여섯 살이었던 루펠은 런던 리치먼드힐 출신 으로 말보로 칼리지를 졸업했다. 1896년부터 나이저해안보호령 영국-독일 국경위원회의 부위원으로 근무한 루펠은 나나 올로무 원정에도 참가한 경험이 있다. 루펠은 베닌시티 원정 이후 주재관 겸 정무관으로 임명되어 1897년부터 1898년까지 근무했는데, 1898년에는 나무로 만 든 오바의 왕좌인 '아그바'를 영국박물관에 판매했다.[34]

　　루펠이 런던에서 처분한 약탈물들 중에는 1948년 미술품 거래상인 스핑크 앤드 선즈을 통해 판매한 오바의 산호 총채(손잡이에 큼지막한 붉은 옥이 박힌 산호줄 총채)와 식물 섬유를 꼬아 만든 줄에 산호 구슬을 꿰어 만든 의상, 산호 구슬 모자, 왕의 의자, 대나무 모양의 상아 지팡이 등이 포함되어 있다.[35] 1948년에는 버밍엄대학의 바버 미술관이 루펠의 컬렉션 중 황동 모후 제단 장식을 구매했다.[36]

세핑스 라이트 Seppings Wright. 아마추어 화가이자 《일러스트레이티드 런던 뉴스》의 특별 전쟁 특파원으로 아샨티 원정과 수단 원정, 베닌 원정, 그리스 전쟁, 미국-스페인 전쟁, 발칸 전쟁 등을 취재했다. 베닌시티에는 1897년 2월 21일 일요일 도착했다. 영국박물관의 사진 컬렉션 중에는 세핑스 라이트의 당나귀가 찍혀 있는 사진이 있는데, 약탈물들을 당나귀 등에 싣기 전 바닥에 늘어놓고 있는 모습이다.[37] 현재 영국박물관이 소장 중인 문화재 가운데 세핑스 라이트의 컬렉션에서 나온 것으로 유추할 수 있는 것들이 몇 가지 있다. 이디아 왕비의[38] 청동 두상과 상아 네 점, 지팡이, 제단 장식품, 청동 모형 두 점, 제단 물품 한 점인데, 영국박물관은 이 물건들을 자유당 정치인이자 《일러스트레이티드 런던 뉴스》의 대표, 즉 세핑스 라이트의 고용주였던 윌리엄 제임스 잉그램William James Ingram(1847~1924)에게서 사들였다.

워커Walker. 스코틀랜드 소총부대 소속의 허버트 서덜랜드 워커(1864~1932) 대위는 베닌 원정에 특수장교로 참가하고 1903년에는 우스터셔 경찰청장이 됐다. 워커의 약탈물에 대해서는 꽤 많은 것들이 알려져 있다. 워커의 컬렉션 중 일부는 1931년 7월 16일 런던의 포스터 경매소에서 판매됐다. 1909년 허버트 워커와 결혼한 조세핀 워커는 1957년 세공 상아 한 점을 나이지리아의 조스 박물관에 기증했다.[39] 허버트 워커의 네 손자 중 한 명인 마크 워커Mark Walker는 2013년 컬렉션 중 일부를 상속받은 후 2014년 6월 '예언의 새' 조각상과 황동 종을 개인 자격으로 베닌 왕실에 돌려주었다(화보 16).[40] 이 책이 집필 중인 현재 워커가家는 컬렉션에 속한 이츠키리 의식용 노 두 점을 추가적으로 반환하기 위해 피트 리버스 박물관과 협력하고 있다.[41]

* * *

베닌 원정에는 앞서 살펴본 주요 인물들 외에도 수많은 병사들이 참가했다. 열일곱 살의 4대 준남작이자 사관후보생이었던 찰스 로드니 블레인Charles Rodney Blane이 있었고, 하필 '전리품'이라는 의미의 성을 지닌 스물여섯의 에드워드 레너드 부티Edward Leonard Booty 또한 1895년 브래스강 원정과 므웰리 원정에 연이어 참가했다. 노스요크셔 주 스페니손 출신의 열여섯 살 사관후보생 버시벌 반 스트로벤지Percival van Straubenzee는 수석 병참 장교였던 스토크스-리스Stokes-Rees의 부관으로 참여했는데, 1914년 11월 1일 코로넬 해전에서 전함 굿호프Good Hope가 침몰하며 사망했다. 스물두 살의 터프턴 퍼시 해밀턴 비미시Tufton Percy Hamilton Beamish는 나중에 1차 세계대전에서는 소장으로 전함 인빈시블Invincible과 코델리아Cordelia를 지휘했다. 1920년대와 1930년대에 보수당 의원으로 활동한 그는 1940년 5월 21일 하원에서 베닌 원정에 대한 길고 편협한 연설을 늘어놓기도 했다. 이들뿐이 아니다. 약탈에는 성직자와 정부 관리, 심지어 박물관 큐레이터들도 동참했다. 우리는 이들이 무엇을 약탈했는지, 그들이 가져간 약탈물들이 어떻게 됐는지 거의 알지 못한다. 아무런 기록도 없이 손에서 손으로 전달됐기 때문이다.

베닌 문화재에 대해서는 여전히 너무나 많은 밝혀지지 않은 죽음의 역사가 존재한다. 영국박물관이 소장 중인 문화재만 예로 들어도 그야말로 무궁무진하다. 박물관이 1941년 베닌 지팡이와 새 조각상의 출처로 밝힌 퍼시 타버트Percy Tarbutt는 그 물건들을 최초에 어떻게 손에 넣게 됐는가?[42] 박물관은 1947년 표범상과 화약통, 가면 등을 포함한 스물아홉 점의 베닌 물건을 필립 스미스의 유언 집행인으로부터 사들였다. 그 최초의 출처는 어디인가?[43] 스포티스우드Spottiswode 부인이 1947년 기증한 코끼리 지팡이 장식품은 또 어떠한가?[44] 1898년 로스미드Rosmead 경의 재산에서 사들인 상아 부적은?[45] J. 에지 파팅턴J. Edge Partington이 기부한 의식용 총채의 상아 손잡이는?[46] 영국교회선교회로부터 구매하여 '베닌 왕의 100명의 아내 중 한 명이 사용했던 베개'라고 기록해둔 도자기 머리 받침대에는 어떤 사연이 있는가?[47]

지금까지도 이어지고 있는 잘못된 믿음과 정당화, 즉 베닌이 저지른 범죄를 응징하기 위해 원정이 필요했다는, 원정 비용을 충당하기 위해 약탈을 해야 했다는 주장은 이제 멈출 때가 됐다. 영국박물관의 윌리엄 패그가 말했던 군인들을 위한 연금과 보상금이 설마 개인적 판매를 통한 경제적 이득을 의미하지는 않았을 것이다. 약탈 관행은 해군 장교들 사이에서 세대를 이어 전수됐다. 나이가 어느 정도 있는 병사들은 1882년 울슬리가 이끈 이집트 아라비 파샤 진압과 잔지바르와 골드코스트 원정에서 경험한 약탈 관행을 베닌 원정에 고스란히 가지고 왔다. 베닌 원정에 참여했던 젊은 병사 중 상당수는 청나라에서 의화단을 진압하며 약탈을 되풀이했다. 당시 청나라에서는 미국, 영국, 프랑스, 러시아, 독일, 오스트리아, 이탈리아, 일본 등 8개국 연합군이 둔황의 성지 막고굴을 약탈했다.[48] 로슨이 십대였던 1860년 중국에서 직접적으로 약탈 관행을 경험했다는 사실 또한 영향을 주었을 수도 있다.

당시에는 약탈이 합법이었다는 주장도 이제 그만 할 때가 됐다.[49] 여기서 주목해야 할 맥락은 해군에서 육군으로의 전환이다. 해군의 경우 적군의 배를 격파한 후 물품이 가라앉기 전에 건져내는 게 당연했지만, 육군에는 이런 문화를 합리화할 근거가 없었다. 아프리카의 문화는 결코 가라앉고 있지 않았으니 말이다. 베닌시티 파괴는 특정한 인종을 열등한 집단으로 몰아간 20세기의 공포에 대한 예고편이었다. 서양 국가들은 집단학살을 통해 상대의 물건을 빼앗아 와서는 야만에 대한 문명의 승리를 보여주겠다며 본국 곳곳에서, 그리고 박물관에서 전시하며 백인우월주의 이념을 확장했다. 1897년 베닌-나이저-수단 원정에서 벌어진 세 가지 주요 폭력, 즉 인명 살상(촌락과 마을에 대한 공격, 확장탄 사용, 무차별적 발포를 통한 기병대 등 학살, 부상당한 적을 포로로 받아주지 않고 사살), 문화적 장소 파괴, 왕실 관련 물질문화 약탈은 모두 1899년 헤이그 협약에서 금지됐다. 19세기 말에도 세상은 이것이 옳지 않은 행동이라는 것을 알고 있었다. 우리는 지금 추상적이고 관념적이 태도로 이 일을 과거의 기준으로 판단하겠다는 태도를 지녀서는 안 된다. 약탈의 전리품들이 여전히 북반구의 박물관들을 채우고 있기 때문이다. 그 폭력은 큐레이터가 멋대로 '유물'로 규정할 수 없는 현실이며 현재다.

약탈이 병사들과 식민지 관리들의 배를 불렸고 그 과정에서 결코 정당화할 수 없는 폭력이 벌어졌지만 어쨌든 결과는 나쁘지 않았다는 거짓말도 이제 멈춰야 한다. 이런 주장은 생각보다 만연해 있다. 일례로 2007년 열린 대규모 순회전시였던 '베닌: 왕과 의식들' 카탈로그의 서문에서 당시 각각 빈 민족학 박물관(현 세계박물관), 파리 케 브랑리 박물관, 베를린 민족학 박물관, 시카고 미술관 등의 관장이었던 크리스티안 피스트Christian Feest, 장-피에르 모엥Jean-Pierre Mohen, 비올라 쾨니그Viola König, 제임스 쿠노James Cuno는 별다른 문제의식 없이 다음과 같은 주장을 펼쳤다. "21세기를 사는 우리의 관점에서 본다면 당시의 군사 행동은 결코 정당화할 수 없는 것으로 느껴진다. 그러나 결과적으로 그로 인해 이 작품들이 더 많은 이의 주목을 받게 됐다는 점은 기억할 필요가 있다."[50]

이제 우리가 함께 작성하고 있는 이 '죽음의 기록'은 상실과 폭력의 배경을 발굴하기 시작했다. 발굴은 언제나 가장 위에 있는 층위에서 시작해야 한다. **고고학은 단순히 과거의 잔해를 연구하는 학문이 아니다. 고고학이 연구하는 것은 지속되는 존재로서의 인간이다.** 그럼 이제 다음 장에서는 베닌의 물건들이 약탈을 통해 "더 많은 이의 주목을 받게 됐다"는 주장에 대해 파헤쳐보자.

서구의 박물관들은 파괴와 폭력으로 상대의 문화재를 빼앗아온 행위에 대해 그것이 일종의 '문화적 보호'였다는 해묵은 거짓말을 해왔다. 그러나 애초에 그러한 약탈을 불러왔던 아프리카 문화에 대한 무지와 무시는 현재의 박물관에서도 똑같이 나타나고 있다. 박물관들은 세계 문화 컬렉션과 그들이 관계를 맺고 있는 다양한 공동체를 경시하고 있으며, 직원의 구성 또한 다양성을 반영하지 못하고 있다. 이제부터 살펴볼 두 피트 리버스 박물관(파넘 피트 리버스 박물관, 옥스퍼드 피트 리버스 박물관)이 소장 중인 베닌 컬렉션의 운명은 이 사실을 적나라하게 보여준다. 그럼 피트 리버스 박물관의 이야기를 렌즈 삼아 유럽의 박물관들이 아프리카의 약탈물들을 취득함으로써 그 자체로서 무기가 된 과정을 함께 살펴보자.

14장
무기의 박물관

에도 족장 목재 두상, 베닌 왕국, 나이지리아

앨런 스톤 컬렉션: 아프리카, 오세아니아, 인도네시아 예술 – 1호

2013년 11월 15일 오후 2시(동부표준시), 뉴욕 소더비 경매장

추정가: 7000~1만 미국달러

낙찰가: 2만 미국달러

높이: 24.5인치(62.2센티미터)

전시: 도싯, 파넘, 피트 리버스 박물관, 1934~1960년대

소장 내력:

아우구스투스 H. 레인 폭스 피트 리버스, 파넘

알렉산더 레인 폭스 피트 리버스, 파넘, 상기인으로부터 상속

조지 H. 레인 폭스 피트 리버스, 파넘, 상기인으로부터 상속

스텔라 피트 리버스, 파넘, 상기인으로부터 취득

K. 존 휴잇, 보그팜, 제임스 이코노모스, 산타페, 상기인으로부터 취득

윌리엄 스타크, 덴버, 상기인으로부터 취득

S. 토머스 알렉산더 3세, 세인트루이스, 상기인으로부터 취득

머튼 D. 심슨, 뉴욕, 1976년 5월 상기인으로부터 취득(관리번호 1785)

앨런 스톤, 뉴욕, 1977년 5월 상기인으로부터 취득

관련 문헌: 아우구스투스 H. 레인 폭스 피트 리버스, 《베닌의 고대 미술》, 런던, 1900년, 73페이지, 자료 36, 사진 277, 278[1]

베닌시티 약탈이 정말 유럽과 아메리카 박물관들의 주장대로 신중한 큐레이션과 세심한 보존으로 이어져 아프리카의 문화적 유산을 지켰을까? 박물관들은 진정 방문객들이 찾아와 아프리카 문화유산을 감상하고 그 아름다음에 감탄하는 공간이 됐을까? 전혀 그렇지 않다. 위의 경매 정보에 등장하는 베닌 목재 두상은 최초 약탈 이후 미술품 거래상 윌리엄 다우닝 웹스터에게 넘어갔고, 파넘 피트 리버스 박물관을 설립한 아우구스투스 H. 레인 폭스Augustus H. Lane Fox Pitt-Rivers는 1899년 1월 12일 이를 30파운드에 구매했다. 최초 약탈자와 웹스터를 포함하여 모두 열한 명의 손을 거친 이 두상은 2013년에 경매에서 2만 파운드에 판매되어 열두 번째 소유주의 손에 들어갔다.[2]

피트 리버스 박물관의 사례는 '문화적 보호'라는 주장이 지닌 공허함을 잘 보여준다. 피트 리버스 박물관은 아프리카 약탈물 중 상당 부분을 소유해왔고 바로 그 문화유산들을 계속해서 시장에 내다 팔고 있다. 1897년에 벌어진 무자비한 폭력이 여전히 베닌의 문화를 전 세계에 흩어놓고 있는 것이다. 그 폭력의 충격은 일종의 복시複視를 만들어

냈다. 시간의 순서가 뒤바뀌고 사물이 서로에게 겹쳐들며 박물관과 시장, 과거와 현재가 뒤섞였다. 피트 리버스 박물관 또한 두 개로 분열되어 존재했다.

현재는 각각 파넘과 옥스퍼드에 위치한 두 개의 피트 리버스 박물관 중 옥스퍼드 쪽만 박물관으로 남아 기능하고 있다. 첫 번째 피트 리버스 박물관은 런던에 위치한 소유주의 집에서 개인적으로 전시하던 무기 컬렉션으로 출발했다. 이 무기 컬렉션에 추후 인간의 두개골과 유럽 선사시대 유물 등 '민족학'적인 물건들이 더해져 옥스퍼드에서 공개적으로 전시되기 시작했다. 두 번째 피트 리버스 박물관은 레인 폭스가 자신의 사유지에 새로 지은, 완전히 새로운 컬렉션이었다.

두 박물관이 모두 베를린 회의가 개최된 1884년에 설립됐다는 것은 아마도 단순한 우연은 아닐 것이다. 이 두 박물관의 설립자는 1827년 4월 4일 태어난 아우구스투스 H. 레인 폭스다. 빅토리아 여왕이 즉위한 1837년 6월 20일 열 살이었던 그는 1901년 1월 22일 세상을 떠난 빅토리아 여왕보다 8개월 앞선 1900년 5월 4일 사망했다. 베닌시티 약탈이 있었던 1897년으로부터 3년 후였다. 두 박물관 모두 많은 수의 베닌 약탈품을 소장하고 있었다. 첫 번째 박물관은 아우구스투스 헨리 레인 폭스가 1851년부터 1882년까지 수집한 컬렉션을 토대로 만들어졌다. 그는 이 컬렉션을 베스널 그린과 사우스 켄싱턴에 있는 자택에서 전시했다. 그러다 '피트 리버스'라는 이름과 함께 친척의 유산을 물려받으면서 옥스퍼드대학에 별도의 전시관을 건립하고 자신의 컬렉션을 기증하여 1884년 옥스퍼드 피트 리버스 박물관을 개관했다. 개관 당시 3만 점 규모였던 컬렉션은 관장이었던 인류학자 에드워드 타일러Edward Tylor와 헨리 밸푸어Henry Balfour의 관리 아래 점점 늘어났고, 2차 세계대전 발발 시점을 기준으로 25만 점에 도달했다. 현재는 전 세계에서 모인 30만 점의 문화재와 비슷한 수의 식민지 시대 사진이 이 박물관에 보관되어 있다. 첫 컬렉션을 옥스퍼드대학에 기증한 아우구스투스 H. 레인 폭스 '피트 리버스'는 막대한 재산을 활용하여 두 번째 컬렉션을 꾸리기 시작했다. 마침내 첫 컬렉션과 유사한 규모의 물건들이 모였고, 피트 리버스는 잉글랜드 남부 월트셔 주와 도싯 주의 경계에 있는 파넘에 박물관을 지어 이 컬렉션을 전시했다.

피트 리버스는 자신의 두 컬렉션을 모두 '유형학적 박물관typological museum'으로 꾸리고자 했다. 그는 다양한 시간과 장소에서 수집한 세계 곳곳의 물건들을 일정한 형태로 단순화하여 늘어놓고 비교하는 방식으로 일종의 사회진화론적 분류법을 개발했다. 그렇게 분류한 물건들을 자신이 생각하는 사회적 진화 순서에 맞춰 배치함으로써 서양의 기술적 우월성을 주장하고자 한 것이다.[3] 이에 대해서는 다음 장에서 더 자세히 알아보도록 하고, 우선 피트 리버스 박물관(들)에서 베닌 약탈품 컬렉션이 어떤 방식으로 형성되고 축소됐는지 살펴보도록 하자. 명칭은 '제2컬렉션'이지만 1897년 베닌 약탈 이후 먼저 형성된 것은 이 '제2컬렉션'이었다.

* * *

1919년 펠릭스 폰 루샨은 피트 리버스가 모은 소위 '제2컬렉션', 즉 파넘 피트 리버스 박물관에 귀속한 베닌 예술품에 대해 다음과 같이 말했다.

현재 영국박물관에는 빼어나게 아름다운 베닌 예술품이 280점 존재한다. 수집의 귀재인 피트 리버스는 막대한 유산을 활용하여 인생의 말년에도 베닌 유물을 비롯한 여러 작품들을 수집했고, 그 결과 베닌 예술품 227점을 남기고 떠났다. 피트 리버스의 생전 유지에 따라 이 컬렉션은 옥스퍼드 피트 리버스 박물관으로 옮겨지지 않고 도심에서 멀리 떨어진 솔즈베리 근처의 러시모어 영지에 남을 것으로 보인다.[4]

'제2컬렉션'으로 알려져 있기는 하지만, 베닌 약탈품 수집 시기를 기준으로 보면 파넘 피트 리버스 박물관 쪽의 컬렉션이 먼저 생성됐다. 제2컬렉션에 속한 베닌 예술품 283점의 출처는 책 뒷부분의 '부록 3'에 정리해두었다. 이 컬렉션은 피트 리버스가 인생의 마지막 3년 동안 수집한 것이다. 그의 컬렉션에 최초로 유입된 베닌 약탈품은 1897년 5월 25일 스티븐스 경매소에서 구입한 두 점의 청동 조각상이었다.[5] 피트 리버스는 1897년 4월 4일부터 1899년 11월 7일까지 총 여섯 차례에 걸쳐 스티븐스 경매로를 통해 베닌 약탈품을 구입했다.[6] 그러나 가장 많은 물건을 공급한 것은 민속 예술품 거래상 윌리엄 다우닝 웹스터였다. 웹스터는 컬렉션의 3분에 2에 해당하는 188점의 예술품을 피트 리버스에게 판매했다.[7] 그 외에 웹스터의 파트너였던 에바 쿠터를 비롯하여 조지 파비안 로렌스George Fabian Lawrence, 차링크로스 거리의 조지 R. 하딩George R. Harding, 제임스 트레가스키스James Tregaskis 등도 피트 리버스에게 베닌에서 온 물건들을 판매했다. 파넘 피트 리버스 박물관은 1898년 3월 24일 '나이저해안보호령 재무담당관'에게서 일곱 점의 베닌 청동판을 구입했고, 1898년 11월 12일에는 5~8파운드가량의 가격으로 청동판 두 점을 추가적으로 구매하여 총 58파운드를 지불했다. 피트 리버스는 베닌 원정에 직접 참여한 장교들에게서도 아홉 개의 베닌 약탈물을 사들였다. 판매자는 1895년부터 1899년까지 나이저해안보호령에서 지역 판무관으로 근무한 노먼 버로우스Norman Burrows였다. 버로우스는 멜러홀(그레이터맨체스터 지역) 출신으로 사우스웨일스경비대 소속이었다.[8]

피트 리버스는 병환에 시달리면서도 생의 마지막 3년 동안 베닌 컬렉션의 규모를 키우는 데 집중했다. 피트 리버스가 집필한 카탈로그 《베닌의 고대 미술Antique Works of Art from Benin》은[9] 그가 사망한 달에 인쇄에 들어가 사후에 발간됐다. 그 외에 정밀한 수채화 삽화를 곁들이고 상세한 설명을 적어 넣은 또 다른 카탈로그도 발간됐다(화보 7).[10]

* * *

옥스퍼드 피트 리버스 박물관의 경우 베닌 원정 약탈품을 최소 145점 보유하고 있다. 이곳의 베닌 컬렉션은 헨리 링 로스로부터 황동 화약통을 기증받은 1898년부터 베닌 브론즈 주조 틀 세 점을 취득한 2012년까지 꽤 긴 기간에 걸쳐 형성됐다(주조 틀은 책에서 추적한 문화재 숫자에 포함하지 않았다). 이 주조 틀은 1960년대에 윌리엄 패그의 동생 버나드 패그Bernard Fagg를 위해 제작됐다. 윌리엄 패그는 1938년부터 영국박물관의 부보존담당관으로 근무했고, 1969년부터 1974년까지는 민족학 부서의 보존담당관으로 근무했다. 버나드 패그는 나이지리아 문화재청의 초대 청장이자 20세기 나이지리아 박물관 역사의 핵심 인물로, 추후 1963년부터 1975년까지 피트 리버스 박물관의 큐레이터로 일했다.

이 145개의 작품(부록 2 참고) 중 마흔네 점과 상당수의 사진, 수채화, 기록물 등은 박물관의 소유가 아닌 대여품이다. 옥스퍼드 피트 리버스에는 청동 장식판 열 점이 있고, 그 외 다양한 황동, 황동 도금, 상아, 철, 나무, 산호로 만든 작품들이 있다. 그 145점 외에도 베닌 원정 약탈물이었을 가능성이 높은 물건들이 꽤 있지만, 현재로서는 목록에 넣을 충분한 근거가 없다.

가장 큰 비중을 차지하는 것은 두마스-에저튼 기금으로부터 장기 대여 중인 마흔한 점의 작품이다. 이 컬렉션은 조지 르클레르크 에저튼이 수집한 것으로, 세공 상아 두 점, 의식용 검('에반') 두 자루, 또 다른 의식용 검('아다') 세 자루(그중 한 자루는 산호 구슬로 장식한 칼집 포함), 황동 상감 상아 세공 국자, 눈 부분에 청동을 박아 넣은 상아 두상, 뚜껑 달린 상아 굽다리 접시, 청동 장식판, 뚜껑 달린 황동 용기, 제단 장식의 황동 받침, 황동 주조물 열한 점, 금박 황동으로 장식한 상아 세공 부적, 베닌 모후와 여섯 명의 시종을 표현한 주조물, 색칠한 목재 가면, 상아 세공 손잡이 총채, 옆으로 부는 상아 피리, 또 다른 상아 피리 조각, 원뿔 모양 황동 허리 장식 네 점, 목재 그릇 또는 뚜껑, 세공한 목재 지팡이, 목재 직조 막대, 구멍 뚫린 마노 구슬 다섯 개 등이 여기에 속한다.[11]

그다음으로 많은 것은 1900년 9월 메리 킹슬리의 동생인 찰스 킹슬리(동화책 작가였던 삼촌과 동명)가 기부한 베닌 물건 스물여덟 점이다. 메리 킹슬리는 1900년 6월 2차 보어 전쟁에서 간호사로 근무하던 중 시몬스 타운에서 서른일곱의 나이로 세상을 떠났다. 킹슬리가 기부한 물건에는 장식판 두 점, 상아로 만든 표범 가면, 철 경첩이 달린 상아 빗장, 양각 세공을 한 황동 부채, 동물 머리 모양 목재 장식함, 지팡이에서 떼어낸 황동 기마상, 무늬를 새겨 넣은 코코넛 잔 두 개, 의식용 황동 투구, 황동 종 두 개, 황동과 상아, 철로 만든 부적 아홉 개, 용도가 불분명한 황동제 물건, 인간과 동물의 두상을 양각으로 넣은 황동 장식함, 새 모양 장식이 달린 황동 지팡이, 인간과 숫양, 악어의 모습을 본 뜬 황동 가면 네 개가 포함되어 있다.[12]

나머지 베닌 물건 중 스물두 개는 스티븐스 경매소를 통해 구입한 것인데, 품목은 청동 장식판부터 작은 돌도끼 모형 일곱 점까지 다양했다. 나머지 쉰네 점은 1898년부터 1991년까지 다양한 상황에서 이루어진 구매와 기부로 피트 리버스에 오게 됐다. F. 엠버리F. Embury가 1907년 구입한 청동 장식판의 경우 "1897년 베닌 점령 이후 한 원주민 상인 여성이 영국군의 눈에 띄지 않게 숨겨 두었다가 라고스로 가지고 나온 것을 구매했다"고 기록되어 있다.[13] 청동 장식판 네 개와 말을 탄 추장('이야세') 모양의 상아 지팡이 장식, 황동 지팡이 등 여섯 점의 물건은 남부 나이지리아의 산림청장이었던 헨리 닐러스 톰슨Henry Nilus Thompson이 1908년 12월 기증한 것이다.[14]

베닌에서 약탈한 목재 세공 상자는 특수장교였던 프레드 윌리엄 베인브리지 랜던Fred William Bainbridge Landon 대위가 1909년에 기증한 것이다. 베닌 원정 당시 서른여섯 살이었던 랜던은 옥스퍼드 모들린대학을 졸업하고 샌드허스트 육군사관학교에 진학한 후 나이저해안보호령 부대의 수송지휘관으로 원정에 참가했다.[15] 1917년에는 조지 차딘 덴튼George Chardin Denton이 황동 가면을 기증했다. 덴튼은 1889년부터 1900년까지 라고스 식민지의 식민장관으로 근무했고, 1900년부터 1911년까지는 감비아의 총독으로 근무했다.[16] 1917년에는 소설가이자 일기 작가였던 베이트리스 브레이스웨이트 배티Beatrice Braithwaite Batty 또한 황동으로 만든 종 두 개를 기증했다.[17] 1922년에는 《정글의 그림자 속에서In the Shadow of the Bush》를 쓴 퍼시 아모리 텔벗이 베닌 석궁과 16세기 포르투갈식 양날 검을 기증했다. 모두 베닌 원정 당시 약탈한 것이었다.[18] 레지날드 커 그랜빌이 약탈한 목재 세공 의자는 손자인 존 그랜빌John Granville이 1979년 기증했다.[19] 박물관은 1970년 목재 세공 두상을 소더비에서 구매하기도 했다.[20] 피트 리버스에는 애시몰린 박물관에서 장기 대여한 가면 세 개도 전시되어 있는데, 이 가면들은 제럴드 로버트 라이트링어Gerald Roberts Reitlinger가 옥스퍼드대학에 기증한 컬렉션 중 일부다. 라이트링어의 기증품은 "1897년 베닌 원정 이후 베닌시티의 통치인으로 임명된 해롤드 모슬리 더글라스Harold Moseley Douglas의 소유였다"고 기록되어 있는데, 이는 아치볼드 캠벨 더글라스Archibald Campbell Douglas와 동일인물일 가능성도 있다.[21] 한편 해리 비슬리가 사망하고 그가 설립했던 크랜모어 박물관의 소장품들이 뿔뿔이 흩어지게 되면서, 1941년 피트 리버스 박물관은 베닌의 종 세 개를 기증받았다.[22]

그 외 옥스퍼드 피트 리버스 박물관에는 조지 르클레르크 에저튼이 베닌 원정 도중 그린 수채화 세 점과 워커, 에저튼, 네빈이 작성한 문서들, 그리고 공격 진행 당시 찍은 사진들이 다수 소장되어 있다.

* * *

피트 리버스의 사후에도 파넘의 '제2컬렉션'은 '제1컬렉션'과 통합되지 않았다. 피트 리버스는 옥스퍼드대학과의 여러 분쟁을 이유로 들어 두 컬렉션의 통합 가능성을 애초에 배제했다. 두 박물관의 베닌 컬렉션을 합치지는 않았지만 피트 리버스는 비서인 해롤드 세인트조지 그레이Harold St. George Gray를 통해 파넘에 있던 물건 네 점을 옥스퍼드 측 박물관에 이관했다. 어딘가 어색하지만 전형적인 이 이관으로 두 기관 사이에는 나름의 연결성이 형성됐다. 당시 옥스퍼드로 넘어간 네 가지 물건은 고고학자였던 피트 리버스가 유물 발굴 현장에서 기록용으로 사용했던 작은 청동 '메달', 런던 구도심 지역에서 발굴된 로마시대 청동 귀이개, 도싯 북부 모트콤에서 1900년 발굴된 펜나이프, 그리고 베닌에서 약탈된 산호 줄이었다.[23]

피트 리버스는 살아생전 막대한 재산과 민족학 물품 관련 지식을 동원하여 상당량의 베닌 물건들을 모았다. 그렇게 모은 파넘 박물관의 베닌 문화재들은 옥스퍼드 측에 보낸 소량을 시작으로 여기저기로 흩어져버렸다. 파넘 박물관 자체는 피트 리버스의 가족들이 물려받아 1970년대까지 운영했다. 그러나 손자인 조지 레인 폭스 피트 리버스George Lane-Fox Pitt-Rivers(1890~1966)와 그의 파트너였던 스텔라 론즈데일Stella Lonsdale의 손을 거치며 파넘 박물관의 베닌 문화재들은 조금씩 나뉘어 팔려나갔다. 파시스트였던 조지 피트 리버스는 옥스퍼드 우스터 칼리지 재학 시절 우생학적 내용을 담은《문명의 충돌과 인종의 접촉Clash of Cultures and the Contact of Races》이라는 책을 쓴 전력이 있었고,[24] 스텔라 론즈데일은 2차 세계대전 당시 나치의 이중첩자로 활동하다 국가방위법 18B조를 위반한 나치 동조자로 영국 감옥에 수감된 바 있는 인물이다. 파넘 박물관에 있던 베닌 컬렉션의 묘연한 행방에 대해서는 책 뒷부분의 '부록 4'에 정리해두었다.

조지와 스텔라는 물려받은 컬렉션을 팔아 부를 축적했다. 정확한 문서 기록으로 남아 있지는 않지만 이들은 베닌 약탈 문화재 283점을 포함하여 수만 점에 이르는 '비서구권' 예술품을 일부러 조금씩 나눠 판매하는 방식으로 흩어지게 했는데, 그 과정에서 파시스트적 사상의 영향이 있었던 것으로 보인다. 이러한 행동으로 발생한 문화적 피해는 가

늠하기 어려울 정도로 막대하다. 이렇게 시장으로 나온 약탈품 중 일부는 스미소니언 박물관, 메트로폴리탄 미술관, 다트머스대학 후드 미술관, 슈투트가르트 린덴 박물관, 그 외 개인 컬렉션으로 팔려나갔다. 그러나 사실 대부분은 그 행방을 알 수 없거나 정보를 찾을 수 없다(부록 4 참고). 옥스퍼드 피트 리버스 박물관은 1965년부터 1988년까지 '제2컬렉션'에서 나온 283개의 문화재 중 황동으로 된 표범 가면, 두상, 모형, 그릇과 나무 빗 두 점 등 총 여섯 점을 사들였다.[25]

* * *

1929년 발행된《파넘 피트 리버스 박물관 안내서》서문에서 조지 피트 리버스는 박물관의 컬렉션에 대해 다음과 같이 설명했다(다시 한 번 강조하자면 조지 피트 리버스는 설립자의 손자이자 인류학자였고, 2차 세계대전 당시에는 영국 정부에 의해 감옥에 수감됐던 인물이다). "현대의 미개인들이 만들어낸 이 거칠고 원시적인 예술품과 문화는 우리가 상상하는 것보다 훨씬 더 야만에 가깝다."[26] 박물관은 1898년 베닌 문화재를 전시할 공간을 확보하기 위해 9번 전시실을 신설했다.[27] 한때 박물관의 큐레이터였던 레너드 더들리 벅스턴Leonard Dudley Buxton은 안내서의 마지막 부분에 다음과 같은 글을 썼다.

9번 전시실 출입구 양쪽에 전시된 베닌의 골동 예술품들은 이 박물관의 가장 흥미로운 물건들이다. 베닌시티는 기니 해안 나이저강 하구에 위치한 도시로, 15세기 초나 그보다 조금 앞선 시기에 포르투갈이 처음 발견했다. 18세기 초에는 네덜란드의 한 작가가 황동과 청동, 상아로 만든 베닌의 예술품과 현지의 인신공양 풍습에 대한 글을 쓰며 세상에 더 널리 알려졌다. 영국 사절단이 방문을 시도한 1896년 무렵 베닌시티는 노예무역 철폐의 여파로 도시의 많은 부분이 이미 쇠락하고 폐허화된 상태였다. 베닌 측은 사절단을 기습 공격했고, 일행은 두 명을 남기고 몰살당했다. 영국은 곧 응징을 위한 원정대를 파견했다. 영국군이 점령 후 둘러본 베닌시티는 그동안 알려진 바와 같이 피의 도시였다. 영국은 베닌시티에서 발견된 수많은 예술품을 밖으로 실어 날랐다. 대부분 인간의 삶과는 무관한 야만적인 종교의 기괴한 유물이었다. 이런 야만인들의 예술품은 서양 예술에 익숙한 사람들의 눈에 기괴해 보일 수 있지만, 관심이 있다면 한번 들여다볼 가치가 있다. 혹시 그림을 그릴 줄 안다면 전시실에서 작품을 보고 그림을 그려볼 것을 권한다. 이 안내서에 실린 사진들은 안타깝게도 실물의 모습을 생생하게 담아내지 못했다. 공작용 점토같이 모양을 쉽게 바꿀 수 있는 재료로 모형을 만들어보는 것도 좋다. 굉장히 쉽지 않으면서도 흥미로운 작업이 될 것이다.[28]

피트 리버스 박물관(들)을 연구하는 과정에서 읽게 된 이 90여 년 전의 글은 서양의 박물관들이 베닌 약탈물에게 얼마나 불안하고 불안정한 집이었는지를 보여준다. (이고르 코피토프가 노예제도를 설명하며 썼던 표현을 빌자면) 베닌 약탈물들은 약탈 이후 "새로운 지위를 얻음으로써 잠시 다시 개인화"되지만 언제나 판매를 통해 교환 가치를 실현할 수 있는 '잠재적 상품'이었다.[29] 벅스턴은 방문객들에게 유토로 베닌의 물건을 만들어보라고 권했지만, 점토로 만든 것같이 가변적이고 불안한 것은 오히려 이중의 의식을 만들어내는 장치로서 작동하는 박물관이다.

이제 지금까지 고수해온 '사물의 생애사'적 관점을 버릴 때가 왔다.

아프리카의 예술을 언제까지나 빅토리아 시대 제국주의자의 눈으로 바라볼 수는 없다. 이제 '상대적 얽힘'이라는 유령을 쫓는 것도 그만둘 때가 됐다. 아프리카는 '접촉 지대'가 아닌 '충격 지대'에 가까웠다. 아프리카는 증여가 아닌 약탈로, 더하기가 아닌 빼기로 만들어진 공간이다. 우리는 아프리카의 상실이 두 배, 세 배로 증가하는 동안 고개를 돌리고 실눈을 뜨며 외면해왔다. 그 사이 식민주의적 폭력은 박물관과 시장이라는 두 개의 경로를 통해 시공간을 넘어 확장됐다. 두 개의 피트 리버스 박물관 중 한 곳은 남아 있는 물건들을 모아 여전히 운영되고 있지만, 다른 한 곳에 있던 약탈물들은 시장으로, 전 세계의 박물관으로, 알려지지 않은 개인 수집가에게로 완전히 흩어져버렸다. 이런 현상은 전 세계의 다른 베닌 문화재 컬렉션에서도 반복되고 있다. 예술품 시장과 박물관들은 20세기 내내 베닌의 물건들을 타자화하며 '원시' 예술로, '부족' 예술로 취급해왔다. 사정이 이렇다 보니 1897년의 폭력은 시간이 지나도 아물지 않고 오히려 더 심해지고 있다. 현재 베닌 약탈물을 소유하고 있는 박물관과 컬렉션 목록은 '부록 5'에 정리해두었다.

약탈품으로서 영국에 도착한 베닌의 물건들은 패배한 적의 '원시'적인 '부족' 예술로 전시됐다. 문화재를 지키기 위해 가져왔다는 변명이 무색하게 이 약탈품들은 박물관 내에서 전혀 안전하지 않았다. 파넘 피트 리버스 박물관이나 크랜모어 박물관처럼 박물관 자체가 문을 닫게 되면서 컬렉션 전체가 어딘가로 팔려간 경우도 있었다. 군사 박물관들의 경우 전시 중인 물건에 대한 이해가 떨어져 관리가 제대로 이루어지지 않기도 했다. 잘못 전시되거나 파손되는 경우도 많았다. 1899년 시카고 필드 박물관에서 가져온 리버풀 박물관의 베닌 모후 청동 두상 조각은 1941년 5월 3일 독일군의 집중 공습으로 수천 점의 다른 문화재와 함께 잿더미가 되어버렸다.[30] 그다음 달인 6월 24일에는 폭격으로 헐 시립 박물관이 파괴됐다. 베닌 약탈품 중 하나였던 청동 장식판은 다행히도 몇몇 문화재와 함께 폐허 속에서 발견됐다.

W. G. 제발트W. G. Sebald는 2차 세계대전 당시 연합군이 자행한 독일 131개 도시 공습으로 60만 명에 달하는 독일 민간인이 목숨을 잃은 일을 언급한 강연에서 극단적인 폭력과 상실이라는 맥락 속의 문화적 기억은 단순한 관찰이 아닌 일종의 '자연사적' 접근을 요한다고 말했다.[31] 이는 발터 벤야민Walter Benjamin의 영향을 받은 주장으로, 벤야민은 기억이 "과거를 조사하기 위한 도구"가 아닌 "경험의 전달 매체"라고 주장했다. "흙이 그 안에 묻힌 고대 도시를 담고 있는 매체"인 것처럼 말이다.[32]

그런 의미에서 옥스퍼드 피트 리버스 박물관의 로어 갤러리는 재수집을 통해 만들어진 가장 우울한 매체다. '베닌의 왕실 예술'이라는 제목을 붙인 세 폭 진열장 속 전시물은 모두 훔쳐온 물건이다. 박물관은 지금까지 무자비한 전쟁과 승리의 이야기를 깨알같이 적어 넣은 설명판을 붙여두고 훔쳐온 물건을 전시하며 새로운 형태의 '인종과학'을 만들어내고 문화적 우월의식을 전파해왔다. 그러나 앨런 보이스래건의 7파운드포, 즉 두 번 발사되는 총의 황동 포탄은 진열장 속의 황동 두상이 되어, 장식판이 되어, 팔찌가 되어 두 번째 폭발을 준비하고 있다. 120년이라는 시간과 4500마일이라는 거리를 건너 이루어지는 이 두 번째 폭발은 진열장의 유리를 깨고, 나무틀을 부수고, 이 공간을 하나하나 새로운 공간으로 바꿔놓을 것이다. 바로 박물관이 지금껏 설파해온 '시간의 정치학'을 재고할 수 있는 공간으로 말이다.

15장
시간의 정치학

박물관이 수행해온 기능 중 하나는 바로 미라와 조각, 주물의 생산, 즉 깊이를 상실하고 물질의 타성으로 돌아간 물건의 생산이다. 미라화와 조각화, 주물화는 모두 분리의 논리와 완벽하게 맞아떨어진다. 이 행위의 목적은 물건에 평화와 휴식을 제공하는 것이 아니었다. 이 행위의 목적은 정복과 분류의 전쟁이 끝난 후 한데 모은 두개골에서 영혼을 몰아내듯 형태에 깃든 혼을 몰아내는 것이었다. 노예라는 존재 또한 박물관에 입성하기 위해서는 다른 원시의 물건과 마찬가지로 내부에 있는 모든 힘과 기본적인 에너지를 제거해야만 했다.

— 아실 음벰베, 《죽음의 정치》[1]

'미라화와 조각화, 주물화'와 힘의 제거에 대한 음벰베의 이론은 프란츠 파농Frantz Fanon과 에메 세제르의 영향을 받은 것으로 보인다. 파농은 《대지의 저주받은 사람들》에서 유럽인들의 "분할되어 있는 세계"를 "움직이지 않는 조각상들의 세계"라고 표현했다. 이곳에서 아프리카의 문화나 생각, 행동은 "정복하는 장군의 조각상"으로 흡수되고, 움직이지 않는 물건으로 축소되어 경계를 넘지 않고 정해진 자리에만 있는 존재가 된다. 파농은 "아파르트헤이트 또한 식민지 세계의 분할을 보여주는 분열의 한 형태에 불과하다"고 주장했다.[2]

파농의 주장은 '사물화'에 대한 에메 세제르의 주장을 연상시킨다. 세제르는 "기독교는 문명이고 이교도는 야만이라는 부정한 방정식이 타락한 식민주의자와 인종차별주의자를 양산했다"며 다음과 같이 주장했다.

> 나는 '접촉'에 대해 이야기했다. 식민주의자와 식민지인 사이에는 강제노동과 협박, 압력, 경찰, 세금, 절도, 강간, 공물, 야유, 불신, 교만, 자위, 탐욕, 골 빈 엘리트들, 타락한 대중들만 있을 뿐이다. 인간적 접촉은 고사하고 지배와 피지배의 관계만이 버티고 있을 뿐이다. 식민주의자를 자습감독으로, 군대의 장교로, 감방의 간수로, 그리고 노예 지배자로 살게 하면서 식민지인은 생산의 한 도구로 전락시키는 관계 말이다. 따라서 내 공식은 이렇다. 식민주의 = 사물화. 나는 우레와 같은 상찬의 함성을 듣는다. 진보와 위대한 '성취'와 질병의 완치와 삶의 질의 진일보에 대해 의심 없이 떠드는 사람들의 함성을. 그럴 때면 나는 본질을 박탈당한 사회와 그 사회의 짓밟힌 문화와 해체된 조직과 빼앗긴 땅과 풍비박산난 종교와 파괴된 정교한 예술품과 피어보지도 못한 나름의 놀라운 가능성들에 대해 이야기를 꺼낼 수밖에 없다. 그들은 내게 사실을, 통계를,

길게 깔린 신작로와 운하와 철로를 들이민다. … 그러나 내가 말하고자 하는 것은 자신들의 고유한 신, 땅, 관습, 그리고 삶, 즉 춤을 즐기는 삶, 지혜를 구하는 삶으로부터 철저하게 유리된 사람들의 이야기다.[3]

시장과 박물관이라는 이중의 장치를 통해 왕궁의 성스러운 물질문화를 단순한 사물로 바꾸는 행위는 영국이 19세기 말 베닌-나이저-수단 원정에서 보여주었던 현대적이고 폭력적인 식민화의 또 다른 측면이다.

유럽과 북미의 인류학 박물관들은 파농이 말하는 '분할'의 공간이고, 세제르가 말하는 '사물화'의 공간이며, 음벰베가 말하는 '미라화, 조각화, 주물화'의 공간이다. 이 생명과 본질의 변화에서 박물관은 아프리카인들의 비인간화를 수행하는 핵심적인 기관이 됐다. 피트 리버스를 비롯한 약탈의 박물관들은 학살과 문화적 파괴, 약탈을 인종과학이라는 선전으로 덮어버리고 인간의 문화를 물질의 형태로 전시하는 것을 당연한 일로 만들어버린다. 약탈의 박물관의 중심에는 수탈에 대한 비인간화가 존재한다. 나는 박물관의 이런 행위를 가능케 한 핵심적인 요소로 시간의 정치적 활용, 즉 '시간의 정치학chronopolitics'을 꼽고 싶다. 요하네스 파비안Johannes Fabian은 《시간과 타자Time and the Other》에서 '동시대성의 부정'이라는 개념을 소개했다. 근대 초기의 인류학자들은 시간성을 공간성에 겹침으로써 유럽에서 멀어질수록 과거로 돌아가는 것으로 인식했고, 급기야 동시대의 태즈메이니아나 티에라델푸에고 지역의 원주민을 구석기인으로 취급하려 했다.[4] 파비안이 주장한 '동시대성의 부정'은 분명 시간의 정치학을 구성하는 특징이지만, 여기에는 다른 요소 또한 존재한다. 시간의 정치학은 상대의 문화에서 기술을 지우고 상대가 살아온 삶의 풍경을 완전히 폐허로 만들어버린 후 인류학 박물관이라는 기술을 활용해 그 폭력의 순간이 시간을 넘어 연장되고 기념되도록 만들었다.

* * *

피트 리버스를 유형학적 박물관으로 만들겠다는 설립자의 계획은 군사적인 측면과 관련이 있었다.[5] 1850년대 설립된 피트 리버스의 첫 컬렉션은 무기 박물관이었고, 그는 무기를 비롯한 전시물들의 분류를 통해 사회적 진화론을 도출했다.[6] 다윈의 진화론을 복잡다단한 물질문화의 세계에 적용해보겠다는 피트 리버스의 생각은 그가 왕립합동군사연구소에서 1866년과 1867년 세 차례에 걸쳐 진행한 '원시적 전투'에 대한 강연에서 시작됐다.[7] 그는 베스널 그린(1873)과 사우스 켄싱턴(1878), 옥스퍼드(1884)의 전시에서 자신이 수집한 무기들을 '유형'별로 분류하고 각각의 '유형'을 가상의 '시리즈'로 정리함으로써 설계상의 작은 혁신이 큰 규모에서 실행됐을 때 점증적으로 유의미한 효과를 낼 수 있다는 점을 증명하려 했다. 피트 리버스는 '문화의 진화'라고 부른 자신의 이론에서 "선조가 높은 수준의 문화를 구가했다고 하더라도 그 후손은 퇴화할 수 있다"는 주장을 펼쳤다. 이전 시대의 문화를 제대로 구현하지 못한 채 성급히 흉내만 내다보면 진화가 아닌 퇴화가 온다는 의미였다.[8] 피트 리버스의 이러한 주장은 1890년대 베닌의 문화적 퇴락을 주장하는 인종주의의 중요한 주제가 됐다.

이러한 접근에서 한발 더 나아가 박물관들은 '원시적인' 예술과 기술을 인간의 두개골, 각종 유형을 보여주는 사진 자료, 선사시대의 석기, 식민전쟁의 전리품과 함께 전시하기 시작했다. 이러한 식의 전시는

19세기 말 약 30년 동안 주로 영국과 독일에서 개발되어 그 외의 국가로 퍼져나갔다. 여기에는 암스테르담의 트로펜 박물관(1864), 뮌헨(1868)과 라이프치히(1869), 베를린(1873), 드레스덴(1875), 함부르크(1879), 프랑크푸르트(1904)의 민속학 박물관들, 스톡홀름의 스칸디나비아 민속학 박물관(1873), 트로카데로 박물관(1878), 옥스퍼드 피트 리버스 박물관, 케임브리지 인류고고학 박물관, 파넘 피트 리버스 박물관(1884), 취리히 민속학 박물관(1889), 파월 코튼 박물관(1896), 제네바 민속학 박물관(1901), 슈투트가르트 린덴 박물관(1911) 등이 포함됐다. 노예제가 억류와 소유를 통한 지배의 도구였다면 고고학과 인류학은 물질문화의 압수와 전시를 통한 예속의 도구가 됐다.

피트 리버스가 은퇴하고 시간이 꽤 흐른 1890년대가 됐을 무렵에는 그가 기술 혁신에 대해 한 주장이 점진적인 차이가 아닌 엄청난 격차로 나타나고 있었다. 베닌-나이저-수단 원정에서 영국군의 맥심기관총과 로켓, 그리고 '적군'의 기병과 화승총 사이에는 넘을 수 없는 극명한 차이가 존재했다. 유럽의 역사는 "무기의 속도로 발전"하며 시간을 새로운 갈등의 전장으로 만들고 있었다.[9]

'무기의 박물관'은 점차 타자성을 생산하는 '무기로서의 박물관'이 되어갔다. 박물관이 무기가 된 과정을 이해하기 위해서는 1890년대에 나타난 '인종과학'의 변화를 읽을 수 있어야 한다. 1897년 베닌 원정은 두 개의 피트 리버스 박물관에서 무기화가 시작된 분수령이자, 영국의 박물관들, 인류학이라는 학문, 그리고 빅토리아 시대와 에드워드 시대를 관통하는 인종과학을 이해하는 데 꼭 필요한 핵심적인 사건이다. 박물관의 무기화는 상업적·문화적으로 영국과 긴밀한 교류를 주고받았던 독일에서도 빠르게 나타났다. 박물관은 어떻게 무기화됐을까? 박물관들은 약탈물이라는 매개를 통해 식민주의적 폭력과 문화 파괴를 기억하고 북반구와 남반구를 일종의 '문명'과 '야만'으로 나눴다. 인류학 큐레이터들의 손에서 북반구와 남반구의 차이는 단순한 지리적 차이가 아닌 시간, 또는 시대의 차이가 됐다. 박물관은 전시하는 물건에 공간의 차이가 아닌 시간의 차이를 덧씌웠고, 그렇게 전시된 물건들은 인종주의를 시각화하는 대용물이 됐다. 한편 옥스퍼드대학 내에는 1884년을 기점으로 피트 리버스와 애시몰린, 두 개의 인류학 박물관이 존재하게 되면서 의외의 지점에서 고전 고고학과 '비고전' 고고학의 선명한 구분이 이루어지게 된다.[10] 석기시대 이집트와 터키에 관련된 문화재는 피트 리버스에 전시됐고, 청동기시대 이집트와 터키에 관련된 문화재는 애시몰린에 전시됐다. 석기시대와 설화시대 영국 관련 문화재는 피트 리버스에, 청동기, 철기, 로마시대 영국 문화재는 애시몰린에 전시됐다. 애시몰린의 관장이었던 아서 에반스Arthur Evans는 문명의 물리적 전시에 집중했고, 피트 리버스의 초대 관장이었던 에드워드 타일러는 전시를 통한 '실물 교수object lessons'에 집중했다.

> 이제 박물관의 표본이 인간의 삶에 대한 특별한 연구를 도울 '실물 교수'의 도구가 될 수 있는 시대가 왔다. 과거 야만적인 종족이 만든 물건들은 우리의 호기심을 자극하는 흥미로운 것이긴 했으나 사실 그러한 사물에서 별다른 유익한 역할을 기대할 수는 없었다. 그러나 이제 이 물건들은 학생들로 하여금 '과거와 미래'를 비교할 수 있도록 돕는 교구가 될 수 있다.[11]

'실물 교수'는 랄프 무어가 베닌 원정을 정당화할 때도 다음과 같이 직접적으로 언급한 바 있는 개념이다. "학살을 저지른 자들에 대한 처벌은 악행을 저지르면 힘세고 부유한 이들도 처벌을 받게 된다는 것을 약하고 가난한 이들에게 보여주는 '문명의 실물 교수'가 될 것이다. 이러한 실물 교수 후에는 생명과 재산을 보호하는 문명이 현지에 도입되어야 한다. 물론 문명 전파는 오랜 시간이 요구되는 과업일 것이다."[12]

민족학은 종종 인간의 신체에 집중하는 1860년대의 '인류학'에 반대했다는 이유로 긍정적인 평가를 받는다. 이 시기 식민 본국의 지식인들은 점점 늘어나는 '작은 전쟁들'을 보며 서양 기술의 우월성을 논했다. 지식인들은 '인종' 간의 생물학적·인지적 차이나 서로 다른 '문화' 간의 물질적 역사의 차이에 집중했다.[13] 피트 리버스를 비롯한 민족학 박물관들은 신체가 아닌 사물에 집중했다는 이유로 '인종과학'에 대해서는 일종의 면죄부를 받았다. 피트 리버스가 주장한 사물 '유형'이 인종 유형이라는 개념과 밀접하게 연관되어 있었는데도 말이다.[14] 우리가 주목해야 할 것은 빅토리아 시대 중기부터 말기까지의 진화인류학에서 인종주의에 반대하는 프란츠 보아스Franz Boas의 인류학으로 넘어가는 그 경계다. 바로 그 경계에서 물질문명이 타자와의 차이를 만드는 도구가 되고 무기가 됐기 때문이다. 인류학자들은 한때 골상학 연구를 위해 두개골 계측기를 사용했지만, 1890년대 들어서는 에버라드 임 투른Everard im Thurn 등의 인류학자가 사진 활용의 중요성을 강조하고 나섰다. 투른은 "신체의 계측이라면 오히려 살아 있을 때보다는 사후에 더 정확하게 측정할 수 있다"며 "단순한 신체 계측을 넘어 살아 있는 존재로서의 원시 종족을 더 정확하게 기록하기 위해서는 사진을 활용해야 한다"고 주장했다.[15] 카메라 렌즈가 기록한 '타자'의 삶과 죽음에 대한 시각적 정보는 사진학적 자료가 되었다. 민족학 박물관에서는 이렇게 '찍은(take)'

사진과 '가져온(take)' 물건들을 서구 문화와 '비서구' 문화의 거리를 측정하기 위한 도구로 사용하는 새로운 유형의 인종적 사고가 나타났다.

역설적이게도 이러한 사회진화론의 영향으로 베닌 약탈품들은 두 피트 리버스 박물관에서 특별한 대우를 받게 됐다. 두 박물관은 베닌 문화재들을 곳곳에 흩어서 전시하지 않고 문화적 맥락이 유지되도록 한 장소에 모아서 전시했다.[16] 지금도 옥스퍼드 피트 리버스 박물관의 중앙 홀에서 위층으로 올라가면 '베닌의 왕실 예술'이라는 제목이 붙은 진열장이 놓여 있다. 그 안에 놓인 문화재들은 '습격'과 '응징'을 주장하는 설명판을 붙인 채 열심히 자신이 해야 할 일을 하고 있다. 그 모습은 '실물 교수' 그 자체다(화보 15b). 제러미 쿠트Jeremy Coote는 파넘 피트 리버스의 베닌 문화재 전용 진열장에 대해 "뿔뿔이 흩어져 전시될 경우 그 진가가 제대로 발휘될 수 없다는 점을 파악한 피트 리버스가 보여 준 깜짝 놀랄 만한 관대함"이라고 추켜세웠다.[17]

그러나 피트 리버스의 생각을 덜 관대하게 해석하는 것도 가능하다. 1897년 베닌 원정은 언제나 헨리 라이더 해거드Henry Rider Haggard가 1885년 발표한 《솔로몬 왕의 동굴》 종류의 모험소설이나 으스스한 이야기와 연결됐다. 1889년 베닌시티를 방문한 무역업자 시릴 펀치는 베닌이 "피와 독의 땅, 노예와 미신과 폭정의 땅"이라며 베닌 왕궁에는 "해거드의 소설에 등장할 법한 기이하고 기괴한 장면"이 펼쳐져 있었다고 말했다.[18] 파넘과 옥스퍼드의 피트 리버스는 그런 모험소설을 연상시키는 어두운 배경에 베닌 진열장을 배치했다.

박물관 전시의 목적은 지금 막 파괴된 유서 깊은 문화, 타자의 살아 있는 문화를 고고학 유적으로 둔갑시키는 것이었다. 정착민 식민주의에서는 공간이 인종적 이념과 폭력의 주요 공격 대상이었다면, 기업적·

수탈적 식민주의에서는 시간이 공격의 주된 도구가 됐다. 박물관은 파괴된 베닌 왕국을 과거의 영역에 가두기 위해 비유럽지역의 유물들과 함께 전시했다. 이는 '원시적'인 아프리카의 문화와 대결하여 승리를 거둔 유럽 문화의 '미래 지향적인' 이미지를 강조하기 위한 행동이었다. 유럽은 서아프리카에 '문명'이 존재하지 않았다는 주장을 줄곧 내세웠다. 1889년, 왕립나이저회사의 총재 헨리 애버데어는 런던 빅토리아 제방 인근의 서리 하우스 사무실에서 열린 회사의 9차 일반 총회에서 베닌과 인도를 비교하여 다음과 같이 말하기도 했다. "동인도회사는 이미 오래된 문명이 자리 잡고 있는 나라에 뿌리를 내렸다. 그러나 나이저강 근처에는 돈벌이가 될 만한 것이 아무 것도 없었다."[19]

이 시기 백인우월주의는 새로운 방식으로 폭력을 드러냈다. 박물관들은 때로는 기꺼이, 때로는 억지로 공범이 되어 베닌 브론즈에 그 폭력을 연장시켰다. 폭력의 연장은 현대의 것을 과거의 것으로 만드는 일종의 '의고주의archaism'를 통해 이루어졌다. 영국은 살아 있는 전통을 파괴하고 인명을 살상함으로써 생생한 주권과 종교적 권력의 현장을 고고학 유적지로 바꿔놓았다. 이 과정에서 약탈 그 자체보다 유럽과 북미의 박물관에서 이루어진 약탈물의 전시가 더 큰 효과를 발휘했다. 베닌-나이저-수단 원정은 오랜 역사를 지닌 왕국과 종교에 대한 현대 군국주의의 공격이었다. 아프리카 철기시대에 건설된 베닌의 토성과 중세부터 존재해온 칼리파국의 중심지들은 모두 파괴됐고, 약탈의 박물관들은 영국의 군사기술과 재앙적·수탈적 식민주의가 초래한 만행을 시간을 뛰어넘어 연장했다.

1930년 갈웨이는 베닌에서 본 물건과 예술품에 대해 회상하며 "수세기 동안 흙과 먼지에 덮여 있었던 것처럼 보였다"고 말했다.

어떤 집에는 독특한 모양의 청동 장식판이 수백 개씩 쌓여 있기도 했다. 놀랍도록 정교한 주조물과 거대한 상아를 세공한 장식품 또한 찾아볼 수 있었다. 나중에 알게 된 일이지만, 이러한 장식품을 만들던 세공 기술은 이미 베닌에서 꽤 오래 전 자취를 감춘 이후였다. 아직 세공하지 않은 상아 또한 많이 있었는데, 어떤 우물 안에서는 50개가량의 상아를 발견하기도 했다. 그 외에 상아와 청동으로 만든 팔찌, 상아를 깎아 만든 표범상, 청동 두상, 나무를 깎아 아름답게 장식한 의자와 상자들, 일일이 열거하기 어려울 정도로 다양한 물건들이 있었다. 모두 어디선가 주기적으로 약탈해온 것으로 보였다.[20]

세제르가 '사물화'라고 표현하고 음벰베가 '미라화'라고 표현한 작업은 큐레이터들에 의해 새로운 차원으로 진행됐다. 영국박물관의 윌리엄 패그는 "산더미처럼 쌓여 있던 청동 장식판들은 18세기 오바가 이미 버린 것이나 마찬가지였다"고 말하며 약탈을 정당화했다.[21] 한 평론가는 피트 리버스의 베닌 예술품 카탈로그인 《베닌의 고대 미술》을 보고 다음과 같은 감상을 내놓기도 했다. "이런 발달된 문명의 유물이 왕궁 단지 바닥에 묻힌 채로, 원주민들이 사는 집에 숨겨진 채로 발견됐다는 사실이 놀랍다. 그러한 문명의 흔적을 도시 내 다른 곳에서는 찾을 수 없었다는 점 또한 놀랍다. 대부분의 유물은 여전히 피로 얼룩져 있었다고 하는데, 이것은 인신공양의 흔적으로 보아야 할까?"[22]

일부는 베닌의 청동 장식판을 두고 의식 진행에 대한 정보를 담은 '참고용 자료'로 보기도 했다.[23] 서양인들은 베닌의 예술품을 베닌 사람들과 분리하려고 끊임없이 시도했다. 이러한 기조는 과학 잡지인 《사이언티픽 아메리칸》이 베닌의 예술에 대해 다룬 다음과 같은 첫 기사에서부터 시작됐다. "이러한 예술작품을 정말 흑인들이 직접 만든 것인지, 아니면 대대로 주조 기술을 연마해온 어떤 떠돌이 장인 부족이 만든 것인지는 알 수 없다. 그러나 그 예술품들이 지금까지 어둠의 대륙 아프리카의 서쪽 해안에서 발견된 작품 중 가장 흥미로운 작품이라는 점은 확실하다."[24]

같은 해 리드와 달튼은 다음과 같은 말을 하기도 했다. "그렇게 놀라운 예술품들을 발견하게 되리라고는 전혀 기대하지 않았다. 비니족 같은 야만족에게서 어떻게 그렇게 수준 높은 작품이 나오게 됐는지 혼란스러웠다. 솔직히 말하면 그 문제에 대한 답은 아직도 구하지 못했다."[25]

찰스 허큘리스 리드는 1898년 9월 영국과학진흥협회 브리스틀 지부에 제출한 베닌 브론즈 관련 논문에서 베닌이 "북쪽의 주요 교역로를 통해 팀북투 등 무역 중심지들의 영향을 받았을 가능성"이 있다고 강조하며 베닌이 "지중해 지역 고대 문명의 유물"을 가지고 있을 가능성이 있다고 언급했다. 그는 또한 베닌이 "14세기 프란체스코회 수사들의 왕래로 기독교를 믿는 에티오피아와 교류했다"는 점을 강조했다.[26]

메리 킹슬리 또한 베닌 예술이 외부 영향의 결과로 발달했다는 의견을 내놓았다.

한 가지 흥미로운 사실은 베닌 사람들이 동을 능숙하게 다룬다는 내용이 아주 오래 전 기록에도 남아 있다는 점이다. 혹시 이들의 조상이 저멀리 가나안 땅에서 동 작업 기술을 배워온 것은 아닐까? 성경에서 모세는 가나안 땅에 대해 '그 땅의 산에서는 동을 캘 것이라'(신명기 8장 9절)라고 말한 바 있다.[27]

피트 리버스 또한 베닌의 청동 기술을 두고 "유럽의 영향으로 보아도 사실에 크게 어긋나지 않을 것"이라며 "16세기 포르투갈 사람들의 영향일 것"이라 주장했다.[28] 십여 년 후 독일의 인류학자 프로베니우스Frobenius는 한 발 더 나아가 이페와 베닌을 비롯한 식민 이전 나이지리아 도시들이 플라톤이 "헤라클레스의 기둥 너머"에 있다고 묘사한 아틀란티스라고 주장하고 나섰다. 베닌의 예술품을 서양 고대의 유물들, 즉 유럽 백인이 만든 예술품과 직접적으로 연결하고자 하는 주장이었다.[29] 폰 루샨을 비롯한 많은 이들이 이집트, 아랍, 심지어 에트루리아와의 연관성을 주장했다.

베닌시티의 '유적화'와 함께 17~18세기 서아프리카의 오랜 '상인 민족학' 전통에서 나온 또 다른 민족학적 사고 또한 등장했다. 이러한 움직임의 중심에는 메리 킹슬리와 그녀의 지인 헨리 링 로스가 있었다. 메리 킹슬리는 골디와 존 홀트John Holt를 포함한 리버풀 지역 무역업자들, 그리고 드 카르디de Cardi '백작'을 비롯한 런던 아프리카협회의 회원들과 절친한 사이였다. 메리 킹슬리의 독특한 백인우월주의는 그녀가 왕립식민연구소에서 한 연설에 잘 녹아 있다. 연설의 내용은 로스가 내놓은 베닌시티에 관한 책에 우호적으로 서술되어 있는데, 킹슬리는 연설에서 "백인과 흑인 간에 존재하는 광범위한 생물학적·정신적 차이"를 지적하며 "흑인을 두고 덜 발달된 유럽인이라고 하는 것은 종種이 아예 다른 야생토끼를 두고 덜 발달된 집토끼라고 하는 것과 마찬가지"라고 주장했다.[30] 킹슬리는 자신의 책《서아프리카 여행기Travels in West Africa》에서 "나는 아프리카인뿐 아니라 모든 유색인종이 백인종에 비해 정도가 아닌 유형 자체로서 열등하다고 생각한다"고 썼다.[31]

단순한 신체적 차이에 기반을 두기보다는 문화적 차이에 기반을 둔 백인우월주의적 사상은 1910년 나온 《영국박물관 민족학 컬렉션 핸드북》에도 다음과 같이 투영됐다.

> 원시인의 정신은 산만하여 어딘가에 길게 집중하지 못한다. 원시인은 생각을 정리하지 못하기 때문에 위급한 상황에서 쉽게 혼란에 빠진다. 이들은 습관의 존재이기 때문에 백인들이 자기 나라에 새롭게 소개하는 문물을 비롯한 낯선 것들을 마주하면 정신적 균형을 잃는다. 구분 능력과 분석 능력이 발달되어 있지 않아, 우리에게는 너무도 당연한 구분도 이들에게는 당연하지 않다. … 이들의 원시적 사고가 한 가지 흥미로운 결과를 낳기는 한다. 바로 문명화되지 못한 성인과 문명화된 아이에게서 공통적으로 찾아볼 수 있는 반쯤은 시적인 언어 사용이다.[32]

킹슬리는 종교를 통해 흑인을 "백인과 동등한 존재로 만든다"는 기독교의 입장에 적극적인 반대를 표했다.[33] 메리 킹슬리의 인종주의는 단순한 생물학적 차이가 아닌 문화적 차이에 기반해 열등의 이미지를 위조해냈다. 이렇게 킹슬리는 "서아프리카 영국 무역업자들의 지적, 철학적 대변인"이 됐다.[34] 나이지리아 역사학자 케네스 디케 노라Kenneth Dike Nworah에 따르면, 메리 킹슬리의 영향으로 1895년경부터 영국령 서아프리카에 대한 민족주의적 식민주의를 주창하는 리버풀 기반의 '분파'가 형성됐다. 전 지구적인 자본주의를 지지하고, 전통적인 기독교와 인도주의, 가부장제를 옹호하는 이 분파는 스스로를 '제3자들The Third Party'이라고 불렀다. 이들은 문화적 맥락을 이해하고 아프리카의 문화를 '존중'함으로써 "상인들의 입지를 넓히고 선교단체의 입지를 약화시키는 것"을 목표로 했다. 킹슬리는 "흑인에게는 연민"이, "백인 무역업자에게는 명예와 존경"이 필요하다고 주장했다.[35] 제3자들은 "정의와 지혜, 그리고 무엇보다 민족학적 사실을 바탕으로 흑인 인종의 관리를 세계적 중요성을 지닌 문제로 인식"할 것을 요구했다.[36]

이렇게 나타난 새로운 종류의 백인우월주의는 단순한 생물학적 차이가 아닌 '문명'의 차이를 들어 백인의 우월성을 주장하고, 기이하고도 악의적인 동정심으로 타자성을 만들어냈다. 다시 말해, 이것은 생물학적 타자성이 아닌 문화적 폄훼의 이념이었다. 존 플린트John Flint는 1963년 메리 킹슬리를 재평가한 논문에서 다음과 같이 주장했다.

> 킹슬리는 흑인의 생물학적 열등성에 대한 당대의 주장을 받아들이지 않았다. 그 생각을 받아들이면 자녀를 최선의 길로 이끄는 객관적인 아버지를 표방하며 생물학적으로 열등한 흑인들을 이끌어야 한다고 주장한 영국 식민부의 통치 방식이 도덕적으로 최선이라는 사실 또한 받아들여야 했기 때문이다. 이는 킹슬리의 목적에 부합하지 않았다.[37]

영국의 장교들과 식민지 관리들은 인종주의를 직접적으로 드러냈다. 베이컨은 보호령의 하우사족 부대에 대해 "지적 능력과 전통이 영국인에 비해 현저히 열등하다"고 평했고,[38] 아프리카인들의 두뇌 회전이 '느리고' 정신은 '산만'하며 어린애같이 행동한다고 말하기도 했다.[39] 보이스래건은 《베닌 학살》에서 거리낌 없이 자신을 '지배 종족'이라고 표현하기도 했다.[40] 인류학 박물관들은 새로운 물질주의적 증거와 전시를 통해 이러한 편견을 새로운 형태의 폭력과 증오로 재탄생시켰다. 물질문화 전시는 상대를 대상화함으로써 맥락과 주체성을 박탈하여 인종 '과학'의 장치로 만들었다.[41] 치누아 아체베Chinua Achebe가 조셉 콘래드의 《암흑의 핵심》에 대해 평한 바와 같이 아프리카 예술은 '유럽과의 대조'를 위한 대상으로, '유럽의 들러리'로 전시됐다.[42]

노예가 폐지되고 영국령 카리브해 지역의 노예가 해방되면서 유럽인들은 흑인 지배의 정당성을 유지하기 위한 새로운 방법과 언어를 만들어냈다. 물리적 인류학과 '인종적' 사고의 파괴적 관계는 19세기 중반부터 말까지 이어졌고, 우생학적 주장과 파시스트적 사고는 20세기 초 30년간 성행했다. 그리고 이러한 사고는 현재까지도 그 영향을 이어오고 있다. 영국과 독일의 민족학 박물관들이 어떻게 약탈물을 전시하고 그 폭력을 정당화하는 데 동원됐는지 그 상세한 과정은 알려져 있지 않다. 그러나 확실한 것은 1897년 베닌 약탈이 그 과정에서 일종의 분기점 역할을 했다는 것이다. 베닌 약탈품을 전시하는 민족학 박물관, 또는 '세계문화' 박물관은 모두 어김없이 필립스 사건과 '응징 작전'이라는 서사를 반복하고 있다. 영국은 베닌의 주민을 학살하고, 문화적 장소를 파괴하고, 왕실 보물을 시장에 내다 판 것으로도 모자라 전시를 통해 시간 그 자체를 전쟁터로 만들었다. 그 과정에서 고고학과 인류학은 체임벌린이 주창한 '건설적 제국주의'의 핵심이었던 '제국주의적 응용과학'으로 활용됐다. 1890년대에 나타난 시간의 정치학은 필립스 사건에 관련된 시간의 순서를 뒤바꾸는 전략에 물리적 거리를 시간적 거리로 뒤바꾸는 전략을 결합하여 서아프리카의 강력한 왕국이었던 베닌을 저먼 고대의 시간으로, 잊힌 세계로, 환영받지 못하는 의고주의의 영역으로 쫓아버렸다.[43] 이렇게 베닌의 문화는 박물관에 전시된 물건들을 통해 고대의 '유물'이자 '골동품'이 됐다.[44] '원시 미술'과 '민속예술'이라는 분류가 발명되며 베닌의 물건들은 현재라는 시간에서 쫓겨나 갑자기 '시간을 뛰어넘은 걸작'이 되어 '진품'과 '(1897년 이후 만들어진) 모조품'

을 엄격하게 따지는 영역이 되어버렸다.[45]

이렇게 베닌의 물질문화는 역사 이전과 역사 이후를 오갔다. 베닌의 물건들은 한나 아렌트가 말한 "문명을 멸망시킨 미지의 재앙에서 '역사 이후'의 살아남은 생존자"이자, "작은 재난이 잇달아 일어나서 이런 재난의 단조로움이 인간 삶의 자연 조건처럼 보일 때 일어날 법한 대재앙의 생존자"다.[46]

박물관의 전시를 통한 타자화는 공연성을 더하며 단순한 원시적 편견과 분리를 넘어섰다.[47] 폴 리베Paul Rivet는 1931년 12월 다카르-지부티 민족학 연구단으로 다호메이를 방문하며 "민족학 박물관의 주된 임무는 문화적·식민주의적 선전 도구의 역할을 하는 것"이라고 말했다.[48] 데이비드 그레이버David Graeber는 "유럽이 서아프리카인들을 희화화하는 데 매달렸던 것은 아프리카의 '타자성' 때문이 아니었다"며 "강렬한 거부반응을 불러일으킨 것은 오히려 그들과의 유사성"이었다고 주장했다.[49] 이러한 맥락에서 민족학 박물관의 공연성은 군사적 행동이 그어 놓은 인종적 차이의 경계를 더 확장했다. 전시성을 통한 타자화의 가장 악명 높은 예시는 아마도 브뤼셀에 설치됐던 '인간 동물원'일 것이다. 레오폴 2세는 1897년 만국박람회 당시 테르뷔렌에 개관한 왕립 아프리카 박물관 인근의 공원에 인간 동물원을 설치하고 콩고인들을 데려다 전시했다. 증기선과 기차에 실려 온 267명의 성인 남성과 여성, 아이들은 강가와 숲속, 그리고 문명화된 마을로 꾸며진 세트장의 오두막에서 생활하며 수십만 관람객의 구경거리가 됐다. '콩고자유국의 국왕'을 자임했던 레오폴 2세의 행동은 많은 비난을 샀다. 같은 해인 1897년 빅토리아 여왕의 다이아몬드 주빌리 행사는 지금도 큰 비난을 받지는 않는다. 대부분 1897년 6월 26일 화요일에 열린 군대 행렬 정도만을 공식

행사로 기억하고 있기 때문이다.

> 50개 중대의 선두에는 아라비아식 바지에 푸른색 상의를 입고 파란 술
> 이 달린 붉은색 터키식 모자를 쓴 골드코스트와 왕립나이저 하우사부
> 대가 섰다. 유럽에 최초로 모습을 드러낸 아프리카인 부대의 모습은 생
> 경했지만, 군중은 이들이 최근 베닌과 아샨티, 나이저 원정에서 보여준
> 활약을 기억하며 진심어린 환호를 보냈다.[50]

이러한 부대별 행진과 아프리카 부대 열병식은 그해 여름 런던의 축
제 분위기를 돋우는 중요한 요소였다. 하지만 이것이 전부가 아니었다.
1898년 5월,《데일리 메일》에는 5월 19일부터 6월 2일까지 진행된 19회
연례군사대회에서 열린 "베닌 원정 공성군의 서아프리카 전투 재연 공
연"을 홍보하는 기사가 실렸다. 이 공연의 최종 리허설에는 7000명의
관중이 몰렸는데, 그중 6000명이 런던 북부의 어린 학생들이었다. 근위
용기병 3연대가 줄루족과 다른 야만 종족들을 잡아들이는 모습을 연
기하며 남아프리카 전투 재연이 마무리되자 공연의 대미를 장식할 '베
닌 점령' 재연이 시작됐다.

> 일군의 하우사족 부대와 수병들이 1897년 2월 베닌 원정을 재연했다.
> 재연에 참가한 병사 중에는 원정에 직접 참여했던 이들도 있는 것으로
> 알려졌다. 재연 행사가 열린 농업회관에는 베닌 원정에서 사용된 맥심
> 기관총 받침대도 등장했다. 기관총 담당이었던 하우사족 경찰군 소속
> 의 버로우스 대위는 아프리카에서 수행했던 역할을 수차례 재연했다. 무
> 시무시한 야만족과의 전쟁을 생생하게 선보인 공연은 부상병 이송부터

왕궁 입구 폭파까지 원정 당시의 모습을 재연한 끝에 성벽에 영국 국기가 휘날리는 장면을 마지막으로 마무리됐다.[51]

사실 이런 식의 공연은 이전에도 이미 진행된 바 있었다. 국립육군박물관에는 베닌 원정군이 귀국 직후 포츠머스나 런던에서 진행한 공연의 사진들이 남아 있다. 사진에 등장하는 마흔다섯 명의 군인은 흑인 분장을 하고 있다(화보 15a).[52] 가발과 갈대를 엮은 망토로 분장한 군인들은 몽둥이와 지팡이, 창, 활과 화살, 북 등을 들고 있는 모습이며, 한 명은 해골을 꽂은 지팡이를 들고 있다. 앞쪽에서는 인신공양 풍습을 표현한 듯이 한 명이 무릎을 꿇은 채 고개를 숙이고 있고, 또 다른 한 명은 베닌에서 약탈한 의식용 검을 내리치려는 동작을 취하고 있다.[53] 이러한 이미지의 연출은 '백인적 투사' 부분에서 설명한 바와 같이 가해자와 피해자의 위치를 바꾸려는 백인들의 시도다. 사진이나 공연을 통한 시각적 전시에는 응징 전쟁의 결과라는 설명판을 달고 박물관에 전시된 베닌 약탈품에 깃든 것과 똑같은 편견과 승리주의가 담겨 있다.

베닌은 '타락'하고 '퇴보'한 문명으로 묘사됐다.[54] 영국은 베닌의 예술품을 '퇴락한 예술'로 전시했고, '열등한' 베닌 사람들을 대량으로 학살했으며, 종교적·문화적으로 중요한 장소들을 파괴했다. 이러한 행위는 곧 다가올 20세기의 폭력의 예고편이었다. 민족학 박물관은 요새와 참호, 철조망, 맥심기관총과 탱크들과 함께 20세기적 기술폭력에서 분명한 자리를 차지했다. 한나 아렌트가 말했듯 "인종이 국가를 대체"했고, 그럼으로써 인종은 제국주의 통치를 위한 도구가 됐다.[55] 인류학 박물관은 제국주의적 경계의 물리적·이데올로기적 풍경의 일부가 됐고, 현재도 그 일부로 남아 있다. 우리가 이 장에서 살펴본 과정은 앤 로라 스톨러가 제국의 '폐허'가 아닌 '폐허화'라고 부르는 과정의 일부를 이룬다. 이러한 맥락에서 박물관의 진열장은 그 당시에도, 그리고 지금까지도 인종주의와 학살, 문화유산의 파괴라는 기업적·군국적 식민주의 사업의 선전도구로 쓰이고 있다. 여기에 대해서는 박물관의 큐레이터도, 관장도, 이사도, 후원 모임도, 기증자도, 그 누구도 변명하거나 정당화할 수 없다. 이제 이 백인 중심적인 구조를 제대로 이해하고, 거부하고, 해체함으로써 그동안의 폭력을 끝낼 때가 왔다.

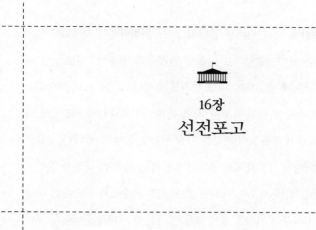

16장
선전포고

> 베닌 브론즈에 대해 말하자면, 약탈이 오히려 구원이었다.
>
> — 존 보드먼John Boardman, 옥스퍼드대학 교수, 2016

2001년 9월 11일, 뉴욕과 워싱턴DC에서 테러가 발생했다. 그리고 그로부터 15개월이 지난 2002년 12월, 이라크 침공이 발생하기 3개월 전이었던 어느 흐린 아침 영국박물관 홈페이지에 새로운 내용이 추가됐다. '비조 그룹Bizot Group'이라는 단체가 발표한 '인류보편 박물관의 중요성과 가치에 관한 선언'을 소개하는 보도 자료였다. 1992년 설립된 비조 그룹에는 2002년을 기준으로 "인류보편 박물관이라는 개념을 지지하는 세계 유수의 열여덟 개 박물관과 미술관"이 가입되어 있었다.

선언문은 지난 10월 뮌헨에서 열린 비조 그룹 회의에서 작성되어 영국 박물관에 전달됐다. 세계 주요 박물관 관장들의 비공식적인 모임인 비조 그룹은 공통의 관심사에 대해 논의하기 위해 정기적으로 회합하고 있다. 문화재의 본국 반환 요구에 따른 인류보편 컬렉션의 완결성에 대한 위협은 현재 박물관들이 직면한 가장 시급한 문제 중 하나다. 훌륭한 박물관과 미술관은 그 자체로서 뛰어난 문화적 성취로, 다양한 문화적 전통과 인류를 한데 모으는 역할을 한다. 또한 박물관과 미술관은 다양한 특별 전시와 상설 전시를 통해 훌륭한 작품에 세계적인 맥락을 부여하여 그 어느 곳에서도 쉽게 구현할 수 없는 전체적인 의미를 생생히 전달하기도 한다. 영국박물관의 관장인 닐 맥그리거Neil MacGregor는 비조 그룹의 선언문을 두고 "세계 최고의 박물관과 미술관의 관장들이 공동의 가치와 목표를 위해 함께 내놓은 유례없는 규모의 선언문"이라며, "박물관과 미술관의 컬렉션이 축소되고 사라지는 것은 세계문화유산에 있어 큰 손실이 될 것"이라고 말했다.[1]

참여한 박물관과 미술관은 모두 북반구에 위치해 있었고,[2] 서명 당사자의 절반은 미국의 기관이었다.[3] 나머지는 G8 국가에서 캐나다가 빠지고 네덜란드가 들어간 구성이었다.[4] 선언문은 국가 문화재와 다국적 문화유산에 대한 다양한 주장을 담고 있었지만, 열여덟 개 당사자 중 국립박물관은 런던과 파리, 마드리드의 박물관뿐이었다. 선언문은 "고고학적·예술적·민속적 유물에 대한 불법적인 반출은 엄격히 금지해야 한다"면서도 관련 규정이 없었던 '과거에 취득한 소장품'에 대해서는 별도의 개념을 적용하려 했다. 서명 당사자들은 '수십 년 또는 수세기 전'에 취득한 문화재의 경우 그것이 "구입에 의해서든, 증여에 의해서든,

분할에 의해서든 현대와는 다른 상황에서 취득된 점을 고려하여 해당 시대를 반영한 별도의 가치와 감수성을 적용해야 한다"고 주장했다. 선언은 또한 "박물관도 유효하고 가치 있는 맥락으로 인정할 수 있다"며 "취득한 문화재는 그동안 해당 문화재를 관리해온 박물관의 일부분이자 박물관이 위치한 나라의 일부분"이라고 주장했다. 보도 자료는 다음과 같은 내용으로 이어진다.

> 만약 고대 문명의 유물이 주요 박물관을 통해 세계인에게 소개되지 않았다면 오늘날 고대 문명에 대한 인류의 보편적인 감탄은 지금처럼 깊게 자리 잡지 못했을 것이다. 박물관은 특정한 나라의 국민만이 아닌 모든 나라의 국민을 위해 존재한다. 박물관은 끝없는 재해석을 통한 지식 양성을 사명으로 하는 문화 개발의 주체며, 박물관에 있는 모든 전시물이 그 과정에 기여한다. 그러므로 소장품의 다양성과 다면성을 축소하는 행동은 모든 방문객의 권리를 침해하는 행동이 될 것이다.

사실 반환 요구는 전혀 새로운 움직임이 아니다. 문화재 반환에 대한 요구는 수십 년째 확대되고 있다. 베닌의 경우 1933년부터 1978년까지 오바로 재위한 아켄주아 2세(오모 노바 네도 우쿠 아크폴로크폴로)가 1936년에 처음으로 문화재 반환을 요구했다. 베닌 약탈 당시 오바였던 오본람웬은 1914년 칼라바르에서 사망했고, 왕위는 아들이었던 에웨카 2세가 물려받았다.[5] 에웨카 2세는 루가드의 '간접 통치'하에서 왕궁을 재건하기 시작했고, 1936년 아켄주아 2세가 처음으로 1897년의 약탈 문화재 반환을 정식으로 요구한 것이다. 2년 후 산호 왕관 두 개와 산호 구슬을 엮어 만든 의상 한 점이 베닌으로 돌아갔다. 문화재의 소유자는 베닌 원정에 참여한 군인의 아들 G. M. 밀러G. M. Miller였는데, 1935년부터 영국박물관이 대여하여 전시하던 것을 소유자의 요청으로 반환한 것이다.[6]

반환 문제는 2차 세계대전 이후와 나이지리아 독립 이후에도 계속 이어졌다. 조세핀 워커는 남편인 허버트 워커의 약탈품 중 일부를 1957년 나이지리아에 반환했다(12장 참고). 베닌시티 약탈, 그리고 나이지리아와 아프리카의 문화, 아프리카 디아스포라 문화에서 베닌 예술이 지닌 중요성에 대한 대중적 관심이 커지면서 1971년 나이지리아는 베닌 브론즈의 모습을 넣은 우표를 만들었다. 1979년에는 나이지리아의 에디 우그보마Eddie Ugbomah 감독이 〈가면The Mask〉이라는 영화를 만들기도 했다. 나이지리아의 액션 영웅이 영국박물관에 침입하여 이디아 왕비 가면을 되찾아온다는 내용의 영화였다.

결정적인 순간은 베닌시티 약탈로부터 80년이 지난 1977년 나이지리아가 2차 범아프리카 문화예술 축제인 페스탁FESTAC을 개최하면서 찾아왔다. 나이지리아 정부는 영국박물관에 전시된 이디아 왕비 가면을 축제의 마스코트로 선정하고 영국 측에 1974년과 1976년 두 차례에 걸쳐 대여를 요청했지만 파손의 위험이 있다는 이유로 거절당했다. 당시 영국 정치계의 태도는 1977년 3월 8일 도널드슨 판사가 상원에서 한 다음의 말에 잘 드러나 있다(참고로 도널드슨 판사는 아래의 발언을 하기 몇 달 전 영국의 유명한 오심 사건인 '길포드 4인방 사건'과 '맥과이어 7인방' 사건을 맡았다. 도널드슨 판사는 해당 판결을 내리며 피고들에게 "교수형이 폐지되지 않았다면 당신들은 사형됐을 것"이라고 말한 것으로 유명하다).

요즘 해외에서 들여온 문화재를 그것이 원래 '속한' 곳으로 돌려보내야 한다는 불쾌한 주장들이 심심찮게 들려오고 있다. 단호히 말하건대 현재 영국의 국립박물관들이 소장 중인 문화재는 모두 제대로 된 대가를 지불하고 적법하게 취득한 것들이다. 영국 정부와 박물관은 예술품에 대한 다른 국가의 반출 규제를 전적으로 존중하며, 불법적인 방법으로 영국에 반입된 문화재는 절대 취득할 계획이 없다. … 그러나 우리는 불법적인 거래와 적법한 취득을 구분해야 한다. 게다가 우리가 적법하게 취득한 문화재 중에는 현지에 그대로 두었을 경우 파괴됐을 가능성이 높은 것들도 많다. 더불어 그러한 취득이 이루어지지 않았다면 현재 많은 학자와 대중이 즐기고 있는 훌륭한 컬렉션 또한 탄생할 수 없었을 것이다. 영국의 국립박물관들은 엄격한 보존과 관리를 통해 학자들의 연구와 대중의 감상을 용이하게 함으로써 세계를 이롭게 하고 있다.[7]

나이지리아 정부는 시장에 약탈품이 나타날 때마다 사들이기 시작했다. 1980년에는 소더비 경매 나온 문화재들을 80만 파운드에 사들였다. "나이지리아 예술품 반환을 거부한 국가들에 호소하기 위해" 다음 해 라고스의 국립박물관에서 열릴 '고대 베닌의 잃어버린 보물들'이라는 전시를 진행하기 위해서였다. 전시의 안내 책자에는 "불법적으로 반출된 예술품의 반환을 요구하는 것은 우리의 당연한 권리"라는 내용이 들어갔다.[8] 이에 대해 영국박물관의 진 랭킨Jean Rankine 부관장은 "영국박물관에는 불법적으로 취득한 물건이 단 하나도 존재하지 않는다"며, "베닌 브론즈의 경우 취득 당시 영국이 해당 지역에 대해 정당한 권한을 가지고 있었고, 그러므로 영국의 행동은 적법성에 부합하는 것으로 보아야 한다"고 답했다.[9]

이 시기를 전후로 백인적 투사는 세 가지 새로운 주장으로 나타났다. 첫째는 약탈물의 취득이 적법하게 이루어졌을 뿐 아니라 그 반환이 오히려 불법이라는 주장이었다. 이러한 주장을 하는 이들은 국립박물관 소장품의 처분을 금지하는 규정을 들며 반환 가능성 자체를 부정했다. 둘째는 베닌 브론즈가 나이지리아를 떠남으로써 영국에서 안전하게 보관될 수 있었고, 반환이 문화재를 다시 위험에 빠뜨릴 수 있다는 주장이었다. 셋째는 아프리카의 주권을 부정하고 반출해간 약탈물의 반환을 요구하는 행위가 '정치적'이라는 주장이었다.

다시 10년이 흐른 후 베닌 원정 100주년이 다가오며 문화재 반환 문제는 더 큰 주목을 받았다. 여기에 앞장선 것은 1994년 하원의원이 된 버니 그랜트Bernie Grant였다. 그랜트는 조사를 통해 영국 전역의 지역박물관과 비국립 박물관이 소장 중인 베닌 문화재 현황을 밝히며 영국 정부에 압박을 가했다.[10] 반환 요구에 대해서는 또다시 익숙한 반응이 돌아왔다. 반환의 선례가 생기면 서양의 박물관은 텅 비어버릴 것이라는 주장도 있었고, 문화재가 본국으로 돌아가면 인류 전체의 문화유산을 세계인이 즐길 수 없게 된다는 주장도 있었다. 본국이 문화재를 적절히 관리하지 못할 것이라는 주장도 나왔다.

그러다 2002년이 되며 반환 논의는 새로운 임계점에 도달했다. 2002년 1월, 나이지리아 의회는 오바산조Obasanji 대통령에게 영국박물관의 베닌 브론즈에 대한 반환을 정식으로 요청할 것을 요구하는 안건을 만장일치로 통과시켰다. 《타임스》는 그보다 앞서 "영국 정부가 베닌 브론즈를 두고 나이지리와의 결전을 준비하여 특사를 소환했다"는 기사를 1면 헤드라인으로 보도했다.[11] 나이지리아 박물관위원회 위원장 오모토소 엘루예미Omotoso Eluyemi는 "나이지리아의 역사적 유물인 베닌 예술품을 어째서 유럽에 빼앗겨야 하는가?"라는 질문을 던졌다.[12]

그해 3월 미술전문지 《아트 뉴스페이퍼》에서 마틴 베일리Martin Bailey 기자의 탐사 보도가 나오며 영국박물관이 1950년에서 1972년 사이 베닌 브론즈 스물네 점을 반환하고 여덟 점을 판매했다는 사실이 공개됐다. 또한 영국박물관의 윌리엄 패그가 1950년대에 나이지리아에 있는 동생 버나드 패그의 에이전시를 통해 영국박물관의 베닌 브론즈 열 점을 '최소한의' 가격에 나이지리아에 판매했다는 사실도 드러났다. 버나드 패그가 관여하고 있던 새로운 나이지리아 국립박물관 설립을 지원하기 위해서였다. 영국박물관은 1972년 나이지리아에 추가적으로 열네 점 또는 스무 점의 문화재를 판매하기 전에 시장 가치를 확인하기 위해 여덟 점의 문화재를 예술품 시장에서 판매했다. 박물관은 문화재를 판매하며 1963년 제정된 영국박물관법의 허점을 활용했다. 바로 작품이 '중복'되는 경우 처분을 허용한다는 조항이었다.[13] 상원에서 이에 대한 청문회가 열렸고, 박물관 측은 문화재의 "상실에 대해 유감을 표하는" 웃지 못 할 일이 벌어졌다.[14] 당시 박물관의 답변 내용으로는 나이지리아 정부 외의 구매자를 파악할 수 없다. 다만 현재 보스턴 미술관이 기증 예정품으로 대여하여 전시중인 로버트 리먼 주니어Robert Lehman Jr. 소유의 청동 장식판 두 점이 교환 또는 거래를 통해 1972년 영국박물관에서 취득된 것으로 기록되어 있다.[15]

2002년 9월이 되며 다시 《아트 뉴스페이퍼》에는 한층 더 복잡한 죽음의 역사를 지닌 베닌 청동 두상에 대한 깜짝 놀랄 만한 기사가 실렸다.[16] 17세기에 제작된 이 두상(화보 5)은 1897년 약탈됐다가 1940~1950년대에 나이지리아 정부가 다시 매입하여 국립박물관에 전시 중이었는데, 연방군사정부 수반이던 야쿠부 고원Yakubu Gowon 장군이 반출하여 1973년 6월 12일부터 15일까지 진행된 영국 국빈방문에서 엘리자베스

2세에게 선물했다. 알려진 바에 따르면 원래는 선물용으로 복제품을 제작했는데, 완성된 작품이 마음에 들지 않아 박물관에 있던 진품을 가지고 나온 것이었다. 영국은 이 기사가 보도되기까지 29년 동안 엘리자베스 2세가 받은 선물이 복제품인 줄 알았다고 한다.

이렇게 문화재 반환을 둘러싼 정치적 논쟁이 점점 뜨거워지는 가운데, 2002년 12월 발표된 비조 그룹의 '인류보편 박물관의 중요성과 가치에 관한 선언'은 나이지리아의 베닌 브론즈 반환 요구나 그리스의 엘긴/파르테논 마블 반환 요구에 반박하기 위해 새로운 주장을 펼쳤다. 첫째는 약탈에 대해 과거와 현재에 같은 기준을 적용할 수 없다는 주장이고, 둘째는 문화재가 박물관으로 편입되며 긍정적 재맥락화를 거쳤다는 주장이며, 셋째는 서양의 박물관에게는 세계인을 위해 인류보편의, 그러므로 초국가적인 문화유산을 관리할 의무가 있다는 주장이었다.

* * *

물론 오늘날의 인류학 박물관에서 '쿤스트슈츠Kunstschutz'(적국의 예술작품을 확보하여 보호한다는 명목으로 진행된 나치의 예술품 수집)의 논리는 더 이상 통하지 않는다. 이번 장의 시작 부분에서 인용한 옥스퍼드대학 예술사학자이자 고전 고고학자, 박물관 보존담당자인 존 보드먼 교수 같은 주장도 이제는 찾아보기 힘들다.[17] 아프리카 국가들이 자국의 문화유산에 대해 결정하고 관리할 능력이 없다는 주장 또한 설 자리를 잃었다.

지난 20년 동안 '인류보편 박물관'이라는 수사는 메트로폴리탄 미술관이나 게티 미술관, 뉴욕 현대미술관이나 루브르 박물관 같은 미술

위주의 전시시설뿐 아니라 '세계문화' 박물관에서도 점점 더 많이 인용되고 있다. 이러한 움직임을 이끈 것은 선언문의 서명기관들 중 가장 방대한 민족학 컬렉션을 소장하고 있는 영국박물관과 베를린 국립박물관이다. 각각 런던과 베를린에 위치한 이 두 박물관은 현재 가장 큰 규모의 베닌 약탈물 컬렉션을 보유하고 있기도 하다. 선언문에 서명한 열여덟 개의 박물관과 미술관은 모두 베닌시티에서 약탈된 문화재를 현재 소장하고 있거나 과거 어느 시점에 전시한 적 있는 기관이다. 이들은 인류보편의 박물관이라는 전통을 지켜야 한다고 주장하지만, 사실 그 개념은 21세기에 등장한 규범적 신화에 불과하다.

인류보편 박물관이라는 신화는 다음과 같은 과정을 거쳐 발명된 것으로 보인다. 우선 '인류보편'이라는 용어는 엘긴/파르테논 마블 반환에 대한 논쟁이 한창이던 1980년대에 영국박물관법 개정을 위해 발의된 법안을 논의하는 과정에서 처음 사용됐다. 일반의원에 의해 발의된 그 법안은 "국제적 의무를 지키기 위해 필요하다고 판단하는 경우 영국박물관 소장품의 본국 반환을 결정할 수 있는 권한"을 박물관 이사회에 부여함으로써 소장품의 처분을 가능하게 하려는 법안이었다. 1983년 10월 상원에서 열린 법안 관련 토의에서 박물관 이사회의 의장인 버크 트렌드Burke Trend는 이사회의 입장을 다음과 같이 전달했다.

이사회는 당연히 반대하는 입장입니다. 반대의 이유는 명확합니다. **세계 최고의 인류보편 박물관**이라고도 볼 수 있는 영국박물관을 유지하고 개선하는 것이 이사회의 가장 큰 역할인데, 해당 법안은 바로 그 역할에 돌이킬 수 없는 손상을 줄 수 있습니다. 저는 '인류보편'이라는 말을 다시 한 번 강조하고 싶습니다. 물론 박물관에 전시되어 있는 각각의 컬렉션들은 그 자체로서도 훌륭하며, 모두 그에 걸맞은 국제적 명성을 누리고 있습니다. 이집트 유물, 고전 유물, 중세와 근대 컬렉션 등 모두 개별적으로도 훌륭한 컬렉션입니다. 각각의 컬렉션이 현실적인 이유로 개별적으로 관리되고 있기는 하지만, 박물관은 개별 컬렉션의 단순한 총합이 아닙니다. 영국박물관은 세계의 다양한 문명이 서로 영향을 주고받으며 발달해온 과정을 단계별로 보여주는 것을 목적으로 하는, 인류 전체의 역사라는 개념에서 오는 물리적 통합성을 보여주는 것을 목표로 하는 기관입니다.[18]

인류보편 박물관이라는 용어가 등장한 것은 문화재 민족주의가 활발하게 전개되고 있던 대처 1기 내각(1979~1983) 무렵이었다.[19] 의회에서 처음 등장한 이후 문화유산부 등에서 비공식적으로 활용되던 '인류보편 박물관'이라는 용어는 블레어 2기 내각에 즈음하여 하나의 일관된 개념으로 자리 잡았다. 이 시기 영국박물관은 새롭게 출범한 문화미디어스포츠부 산하로 편입되며 일련의 변화를 겪었고, 9·11 테러 이후 지정학적 지형의 변화 또한 경험했다.

'멋진 영국Cool Britannia'이라는 슬로건하에 2012년 런던 올림픽 개최 계획이 발표되면서 박물관과 문화유산은 관광산업 확장의 핵심이 됐다. 그리스는 2004년 아테네 올림픽을 앞두고 엘긴/파르테논 마블 반환을 요구했지만, 베닌이 문화재 반환을 요구했던 베닌 원정 100주년과 시기가 겹쳐 소통이 원활히 진행되지 못했다. 이러한 분위기에서 2003년 10월 29일 문화정책장관 에스텔 모리스Estelle Morris는 의회 회의에 참석하여 인류보편 박물관의 목표를 다음과 같이 설명했다.

영국박물관의 관장은 '인류'를 이롭게 하기 위해 세계의 다양한 문화를 대표하는 컬렉션을 보유하고, 컬렉션을 안전하게 보관, 보존, 편집, 연구, 전시하여 가능한 많은 이들에게 선보일 수 있도록 노력하는 것을 박물관의 목표로 꼽았습니다. 그런 의미에서 영국박물관은 **인류보편 박물관**입니다.[20]

'인류보편의 백과사전식 박물관'이라는 신화는 2003년 영국박물관 개관 250주년에 즈음하여 당시 관장이었던 닐 맥그리거의 주도하에 진행된 두 가지 주요 개편과 통합 과정에서 더 부상한 측면도 있다. 당시 개편으로 인류박물관Museum of Mankind은 문을 닫고, 벌링턴 가든스에 있던 민족학 부서는 다시 영국박물관의 본관이 있는 블룸즈버리로 옮겨왔다. 영국박물관 도서관 열람실 또한 문을 닫았고, 1823~1827년 사이에 만들어진 왕의 도서관 자리에는 '계몽 전시관'이 들어섰다.

영국박물관은 이 개편을 통해 인류학 관련 서사를 눈에 띄게 줄이고, 영국박물관이 18세기의 '인류보편'적인 백과사전적 이상을 바탕으로 설립됐다는 주장을 전면에 내세웠다. 문화적 불확실성이 팽배한 현대 사회에서 인류보편의 이상을 수호하겠다는 선언이었다. 그러나 실상을 들여다보면 이 인류보편이라는 표현은 오랜 전통을 지닌 것이라기보다는 2002년에 다시 발명된 어휘에 가까웠다. '인류보편 박물관'이나 '백과사전적 박물관'이라는 표현은 20세기 말에 거의 처음 등장한 용어다. '보편universal'이라는 단어가 이전에도 사용된 적은 있지만, 이는 현재 박물관들이 주장하는 의미가 아닌 다양한 분야(자연사, 고고학, 지리학 등)나 다양한 형태의 미술작품을 전시하는 박물관이나 미술관을 뜻했다. 예를 들어 1962년 미국 자연사 박물관의 앨버트 에이드 파Albert

Eide Parr 관장은 자신의 박물관이 자연사에서 문화사까지 두루 아우르고 있다는 면에서 '보편적 박물관universal museum'이라 할 수 있다고 설명한 바 있다.[21] 이에 앞선 1922년 폴 비트리Paul Vitry는 〈루브르 가이드〉에서 루브르가 '산업미술에서 응용미술, 장식예술'은 물론 회화와 조각까지 망라하는 '백과사전적 박물관'이라고 말하기도 했다.

영국박물관은 계몽 전시관의 개관에 맞춰 《계몽Enlightenment》이라는 책을 발간했다. 저자인 킴 슬론Kim Sloan이 '인류보편 박물관'을 주제로 하는 이 책의 1부 1장에 실은 글의 제목은 **'국가에 속하되 보편을 향하다: 계몽과 영국박물관'**이었다. 그러나 프랜시스 베이컨의 말을 인용한 이 제목은 그 기원과 의미를 제대로 이해하지 못한 채 잘못 사용됐다. 베이컨이 한 말은 영국박물관을 두고 한 말이 아니라 아이작 뉴턴의 업적을 두고 한 말이었다.[22] (알렉산더 포프와 뉴턴은 동시대인이고, 포프가 묘비명 등을 통해 뉴턴에 대한 칭송을 남긴 일이 있다는 점을 고려할 때 해당 인용은 포프가 뉴턴에 대해 한 말이며, 킴 슬론은 이에 대해 알고 있었지만 책에는 실수로 잘못 인용한 것으로 보인다.)

게다가 한스 슬론Hans Sloane의 기증품을 바탕으로 블룸즈버리에서 개관한 1753년 당시 영국박물관에서 주축이 됐던 것은 5만 권의 장서와 3만 2000개의 메달과 주화, 그리고 식물 표본실이었지, 빽빽한 진열장에 모아놓은 1000여 개의 수집품이 아니었다. 영국박물관은 세계 문화재에 대한 보편적 비전을 담은 근대적 박물관으로 시작된 것이 아니라 신세계 '농장 귀족'이 모은 장식품에서 시작된 것이었다. 영국박물관이 인류보편의 이상을 바탕으로 설립됐다는 주장은 의도적인 조작이자 신화인 것이다.

인류학적 용어로 설명해보자면, 인류보편 박물관이라는 개념은

1920년대 브로니슬라프 말리노프스키Bronislaw Malinowski가 연구한 트로브리안드 제도 원주민의 '규범적 신화'와 유사하게 기능한 것으로 볼 수 있다. 트로브리안드 제도에서 과거는 "신화와 역사를 나누는 경계선"이 시간적 분할과 일치하지 않는, "모든 사건이 담긴 하나의 거대한 창고"와도 같았다.[23] 인류보편 박물관 개념은 또 한편으로는 레드클리프-브라운Radcliffe-Brown이 권력의 하강보다는 승계에 더 집중한 "이론적 또는 추측적 역사"라고 부른 것과 유사한 면을 보이기도 한다.[24]

과거 영국박물관에게 '세계문화' 컬렉션을 만들겠다는 야심이 있었던 것은 사실이지만 이 또한 인류보편의 이상과는 상관없는 19세기 말 민족학 부서의 작품이자 사회진화론적 사고와 제국주의적 '수집', 인종과학이 결합된 결과였다. 그리고 앞서 언급한 바와 같이 그 과정에서 베닌 약탈물의 전시는 일종의 분기점이 됐다. 20세기 들어서는 많은 인류학자들이 지나치게 포괄적이고 탈맥락적인 문명중심적 경향을 벗어나고자 애썼다. 유럽의 문화적 우월성에 집착하는 고전 중심의 예술사를 지양하고 다양한 삶의 방식에 대한 존중을 강조하려는 이 노력은 1970~1980년대의 영국의 인류박물관에서 구현됐다. 그러나 공교롭게도 '인류보편 박물관의 중요성과 가치에 관한 선언'이 발표되고 얼마 되지 않아 인류박물관의 운영은 중단됐다.

한편 대서양 건너 미국에서는 제임스 쿠노가 닐 맥그리거와 유사한 행보를 보였다. 쿠노는 〈문화 전쟁: 박물관 문화재 반환에 반대하며〉라는 기고문을 통해[25] '백과사전적 박물관'이 미국의 독립선언문에 담긴 가치들과 맥을 같이 한다는 주장을 펴며 반환운동에 대한 전쟁을 선포했다.[26] 케나의 고고학자이자 국립박물관장인 조지 아붕구George Abungu는 인류보편 박물관 선언문을 놓고 "특권층 박물관들이 모여 내놓은 선언"이라며, "타인의 문화와 식민주의에 대한 해석을 지배하고 독점하려는 서구 사회의 시도"라고 비판했다.[27] 실제로 인류보편 박물관 선언문은 문화다양성과 소장품 대여를 통한 문화 외교 등 국제적 교류라는 수사 속에 소프트파워로서의 문화와 문화재를 도구화하려는 시도의 일부였다. 영국과 미국이 선언한 '테러와의 전쟁' 시대에, 조지 W. 부시가 말한 '신세계질서'의 세계에서 인류보편 박물관이라는 서사를 이용하여 박물관을 글로벌한 공간으로 조종해내려는 시도이기도 하다. 그리고 과거의 기업적·군국적 식민주의와 식민적 차이에 의한 통치가 아프리카와 중동에서 다시 나타났다. 1890년대의 전쟁들이 아프가니스탄(2001~현재), 시리아(2011~현재), 이라크(1991, 1998, 2003~2009, 2014~현재), 그리고 팔레스타인에서 재연되고 있는 것이다.[28]

2004년 7월 《가디언》 기고문에서 닐 맥그리거는 베닌시티 약탈에 대해 이야기하며 이라크 침공을 직접적으로 언급했다.

> 베닌 브론즈는 시대를 통틀어 가장 뛰어난 조형 작품에 속한다. 베닌의 청동 장식판은 오바의 궁전 벽이나 기둥에 나란히 걸어두는 용도로 제작됐는데, 그 기교와 풍부한 미적 감각은 보는 이를 압도했다. 19세기 말 오바는 왕궁을 다시 짓는 동안 이 장식판들을 떼어내어 따로 보관해두었다. 한편 영국의 영사 일행이 방문이 금지된 성스러운 시기에 베닌시티 방문을 시도했고, 오바의 명령에 의한 것은 아니었지만 결과적으로 이들이 살해당하는 사건이 발생했다. 영국은 이에 대한 보복으로 베닌에 토벌대를 파견했다. 치안이 붕괴됐고, 장식판을 비롯한 문화재들이 강탈당하고 팔려나갔다(바그다드가 떠오르는 부분이다). 이때 반출된 문화재들은 나중에 런던과 베를린, 파리와 뉴욕의 박물관에서 전시되며 큰

반향을 일으켰다. 서양의 예술가와 학자는 물론 일반 대중들도 16세기 아프리카에 그렇게나 정교한 금속 작품이 존재했다는 사실을 깨닫고 깜짝 놀랐다. 1897년의 불운한 사건으로 흩어진 문화재들로 인해 아프리카와 아프리카 문화에 대한 새롭고 안정적인 관점이 형성될 수 있었던 것이다.[29]

"바그다드가 떠오르는 부분이다." 인류보편 박물관 선언은 사실 1897년 베닌시티 약탈의 배경이 됐던 기업적·수탈적 식민주의와 많은 부분에서 우려스러운 연속성을 보이고 있다. 미국은 이라크가 대량살상무기 확산을 금지하는 국제법을 위반했다고 주장하며 이를 명분으로 정권 교체를 위한 전쟁에 나섰고, 2003년 9월 사담 후세인의 동상을 철거했다. 많은 이가 이 전쟁의 불법성을 알았고, 수많은 이들이 목숨을 잃었다. 어찌 보면 이 전쟁은 자원 추출에 가장 큰 가치를 두는 식민주의적 기업 이윤과 자유무역을 가로막는 '비서구' 통치자를 제거하고 정권을 교체하려는 의도가 함께 작용하여 일어난 전쟁이다. 고무와 야자유가 석유로 바뀌었을 뿐, 분명 1890년대의 베닌 왕국을 떠올리게 하는 측면이 있다.[30] 대량살상무기 제거는 폭력의 명분이 되어 이라크에서 벌어진 강탈과 점유를 정당화했다. 인권침해를 근절하고 서구식 민주주의를 세운다는 명분은 과거 영국이 내세웠던 노예제와 식인풍습, 인신공양 근절 등 인도주의적 명분을 연상시킨다. 이라크로 하여금 국제적 의무를 준수하게 만들기 위해 필요한 모든 수단의 사용을 허락한다는 내용의 유엔안보리결의 678호와 687호는 1892년 베닌의 오바가 서명한 협정을 연상시킨다. 2002년 초부터는 '불법 전투원'에 대한 '특별인도조치'를 단행하기 시작하며 보편적인 인권법 적용은 유예됐다.

한편 서구권 박물관들은 2001년 아프가니스탄의 바미안 석불을 폭파한 탈레반의 행동을 규탄하면서도 미국이 이라크 침공 중 직간접적으로 파괴한 유적지나 문화유산에 대해서는 오히려 이라크를 탓했다. 전쟁 중 바그다드의 국립도서관에는 두 번이나 화재가 발생했고 박물관과 문화재에서 약탈이 발생했지만 제네바 협약과 헤이그 협약에 따른 약탈 방지 의무를 소홀히 한 연합군에게는 책임을 묻지 않았다. '보편주의'는 빅토리아 시대 말 영국인들에게 나타났던 투사의 이념을 그대로 이어받아 연장했다. 박물관들은 9·11 이후 토니 블레어가 2003년 7월 17일 미국 의회 연설에서 "우리의 무기는 총이 아닌 신념"이라 주장하며 내세운 세계관을 새로운 무기로 장전했다.

> 어떤 이들은 자유에 대한 애착이 우리 문화의 산물이며, 다른 사람들은 우리만큼 자유를 사랑하지 않는다고 말합니다. 어떤 이들은 자유와 민주주의, 인권과 법치주의가 미국적 가치이자 서구적 가치라고 말합니다. 그러나 이는 잘못된 생각합니다. 그러한 가치는 시간과 공간을 뛰어넘어 모든 인간에게 적용되는 보편적인 가치입니다. 선택권을 가진 인간이라면 누구나 추구하는 가치입니다. 자유를 지키는 가장 확실한 방법은 자유를 전파하는 것입니다. 자유는 최후의 방어선이자 최초의 공격선입니다. 테러리스트들이 증오로 인류를 분열시키려 할 때 우리는 자유라는 이상으로 인류를 통합해야 합니다. 우리는 최선을 다해서 그 이상을 위해 싸우고 그 이상을 보편화해야 합니다.[31]

수만, 어쩌면 수십만에 이르는 문화재가 불법 고미술품 시장으로 유입됐다. 동상 철거와 추격, '붉은 여명 작전(패트릭 스웨이지 주연의 영화에서 따온 이름)'과 2003년 12월 13일의 체포에 이르기까지 사담 후세인의 몰락 과정 중계는 니콜라스 미르조예프Nicholas Mirzoeff가 말하는 이미지의 '무기화'를 그대로 보여줬다. CNN이 방송으로 내보낸 후세인의 굴욕적인 신체검사 장면은 전쟁에서 승리를 거둔 후 사진을 찍고, 물건을 빼앗고,[32] 그 약탈물에 자기중심적인 설명을 달아 런던에서 워싱턴DC에 이르기까지 수많은 박물관에 전시했던 영국의 모습을 연상시켰다.

1890년대의 군국적·기업적 식민주의 모델을 그대로 답습하듯 거대 석유회사 브리티시페트롤리움BP은 2001~2002년 영국박물관 연례보고서에 '파트너 기업'으로 처음 등장했다.[33] BP는 150만 파운드를 지원하여 영국박물관 중앙 홀에 자사의 이름을 붙인 강연장 겸 공연장을 만들었다. BP의 최고경영자이자 콜럼버스 이전 시대 예술품 수집가이기도 한 존 브라운John Browne은 1996년부터 영국박물관의 이사로 활동했다. 테이트 브리튼 미술관을 비롯한 소규모 미술관의 작품개편을 돕는 등 활동을 이어오던 BP는 9·11 이후 영국박물관의 '세계문화' 부문을 본격적으로 지원하기 시작했다.

잘 알다시피 역사는 승자가 기록한다. 승자만이 글을 쓸 줄 알 때는 특히 더 그렇다. 패배한 이들, 즉 정복당하거나 파괴당한 사회에 속한 사람들은 오로지 물건을 통해서만 사연을 전할 뿐이다. 이 책에 등장하는 카리브의 타이노족, 호주의 원주민, 아프리카의 베닌 사람들, 잉카 사람들은 자신들이 만든 물건을 통해 과거에 이룬 업적을 우리에게 생생하게 전한다. 물건으로 서술된 역사가 그들에게 목소리를 되돌려주는 것이다.[34]

닐 맥그리거가 인류보편 박물관의 이념을 담은 자신의 책《100대 유물로 보는 세계사》의 머리글에 쓴 내용이다. 약 20년이 흐른 지금, 이라크전 선전포고와 인류보편 박물관 선언이 중시하는 '가치'가 인권이나 문명이 아닌 기업의 이윤과 지정학적 우위 확보였다는 사실은 테러와의 전쟁과 대량살상무기라는 부시와 블레어의 거짓말이 100년 전 응징 작전을 위해 영국이 내세웠던 구실과 크게 다를 바 없었다는 사실만큼이나 자명해졌다. 21세기가 된 지금 백인적 투사의 이념은 새로운 형태로 다시 약탈물에 스며들고 있다. 20세기가 시작되기 3년 전이었던 1897년, 베닌의 약탈물들은 빅토리아 여왕의 재위 60주년을 빛내주는 역할을 훌륭하게 수행했다. 20세기가 끝나고 3년이 흐른 후, 문화 전쟁의 최전선에 선 박물관 관장들은 약탈물을 이용한 관광 수익과 제국주의적 향수에 집중했다.

베닌 공격의 핵심이 문명 전파를 통한 야만 정복이 아니라 이익 창출과 기존 통치자 제거였다는 사실은 이제 모두가 알고 있다. 마찬가지로 인류보편 박물관이라는 개념은 새로운 무기이자 21세기의 규범적 신화일 뿐이다. 영국은 고무와 야자유를 손에 넣겠다고 베닌을 침공하고 약탈했다. 그 약탈물을 지키겠다며 내놓은 '인류보편 박물관 선언'은 석유를 손에 넣기 위해 내놓은 '선전포고'와 한통속이다. 신화학을 연구한 인류학자 클로드 레비스트로스는 2005년 루브르 박물관에 대해 다음과 같이 말했다. "루브르 박물관은 절대로 인류보편의 박물관이 아니다. 그곳에는 프랑스와 서구사회의 전통을 형성한 것들만 모여 있기 때문이다."[35] 2007~2008년 열린 '베닌의 왕과 의식'이라는 특별 전시는 빈과 파리, 베를린과 시카고에서 성황리에 진행됐지만 정작 나이지리아에서는 열리지 못했다. 이 사실은 인류보편을 주장하는 박물관들이 어디에 선을 긋고 있는지, 그리고 그 선을 얼마나 강하게 긋고 있는지 보여준다. 인류보편이라는 개념은 이 시대의 시간의 정치학이 됐고, 이 사실은 런던의 영국박물관에서도, 베를린의 박물관 섬에서도, 시카고의 필드 박물관에서도 명확히 드러났다. 서양의 박물관들은 인류보편이라는 신화를 만들어내려 하고 있다. 계몽의 가치라는 가면 뒤에는 유럽의 제국주의라는 폭력적인 유산이 다시 장전되고 있었다. 그러나 그러한 시도도 박물관을 둘러싼 역사의 진보를, 특히 아프리카에서 일어나는 움직임을 완전히 막을 수는 없었다. 그 전환의 순간은 2010년대 중반에 찾아왔다. 아실 음벰베가 '부정적 순간negative moment'라고 부른 순간이었다.

17장
부정적 순간

피트 리버스 박물관은 옥스퍼드에서 가장 폭력적인 공간이다.
— '세실 로즈 동상 철거운동Rhodes Must Fall' 옥스퍼드 모임 트위터 계
정, 2015년 10월 23일

언젠가 미래의 고고학자들이 현대 서구의 인류학 박물관 유적을 발굴
한다면 그들은 2015년을 정의하는 중대한 사건을 파악하여 애쓸 것이
다. 2015년에는 물론 많은 일이 있었다. 미국에서는 우파 포퓰리즘이
부상했고, 영국에서는 브렉시트를 위한 준비가 시작됐으며, 난민 '사태'
도 심각해지기 시작했다.[1] 2008년 금융위기의 여파도 어느 정도 영향
을 주었을 것이다. 그러나 인류학과 박물관의 입장에서 나중에 돌아봤
을 때 2015년은 '아프리카적 순간'으로 기록될 것이라고 생각한다. 2015

년 10월 피트 리버스 박물관에 변화의 계기를 가져온 것은 분명 아프리카적 생각이었다. 피트 리버스의 변화는 세실 로즈 동상 철거운동 옥스퍼드 지부에서 활동하는 학생이 앞서 소개한 내용을 트위터에 올린 그 순간에 시작됐다.

옥스퍼드의 로즈 동상 철거운동은 2015년 봄 케이프타운대학에서 성공적으로 전개된 캠페인을 바탕으로 진행됐다. 케이프타운대학은 학생들과 교직원의 집단적인 항의 끝에 1934년 세워진 세실 로즈의 청동 동상을 철거했다. 사실 식민주의자이자 인종차별주의자, 칙허회사인 영국남아프리카회사의 설립자이자 운영자였던 세실 로즈의 동상이 학내에 억압적인 분위기를 조성한다며 이를 철거해야 한다는 주장은 수십 년째 이어져오고 있던 터였다. 그러다 2015년 3월 9일 추마니 맥스웰Chumani Maxwele이라는 학생이 동상에 인분을 투척한 것을 시작으로 수개월간 시위와 점거농성이 이어졌고, 결국 학교 측은 2015년 4월 9일에 동상을 철거했다.

2015년 5월에 시작된 옥스퍼드대학의 철거운동은 케이프타운대학 때와 마찬가지로 학내에 존재하는 제도화된 인종차별을 공론화하기 위해 오리엘 칼리지에 설치된 세실 로즈 동상을 철거하는 것을 목표로 했다.

옥스퍼드 철거운동 측은 다양한 문제를 제기했다. 시위 참가자들은 학내 토론클럽에서 제국주의에 관한 토론을 진행하며 '식민주의의 귀환'이라는 이름의 칵테일을 제공하고 홍보 이미지에 쇠사슬에 묶인 손 사진을 이용한 것에 대해 항의하는가 하면, 흑인 학생과 교직원들이 학내에서 경험하는 인종차별에 대해 이야기하고, 학생과 교수진 중 흑인과 소수민족 학생이 과소대표됐다는 점 또한 지적했다. 학과과정의 탈식민화에 대한 요구도 있었다. 동상뿐 아니라 대학의 건물 자체에 대한 문제도 제기됐다. 이에 관해 동상 철거운동 옥스퍼드 지부는 2015년 5월 28일 창립 선언문에서 다음과 같이 주장했다.

옥스퍼드대학은 수세기 동안 세실 로즈와 크리스토퍼 코드링턴Chri-stopher Codrington, 벤저민 조웨트Benjamin Jowett, 피트 리버스를 비롯한 '위대한' 제국주의자의 폭력적인 정복을 기념하고 그로부터 이익을 얻어온 기관이다. 옥스퍼드에는 식민지 수탈로 세운 건물과 기념물, 도서관과 지적 유산들이 숨이 막힐 만큼 가득하다.[2]

옥스퍼드 동상 철거운동은 피트 리버스 박물관을 덮고 있던 타성을 깨뜨렸다. 피트 리버스는 식민시대 컬렉션을 검토하고 우선 정착형 식민주의 전시물에 초점을 맞춰 북미와 호주, 태평양 지역의 '원소장자 집단'과 소통했다. 그 결과 소장 중이던 인체조직과 유해를 송환하고 문화·예술 교류를 기획하는 등 나름의 성과를 낼 수 있었다. 그러자 이번에는 흑인 학생들로부터 새로운 항의가 들어왔다. 아프리카에서 폭력적으로 빼앗아온 약탈품을 상설 전시하는 것은 본질적으로 그 폭력을 연장하는 행위라는 항의였다. 학생들은 매일 아침 박물관이 문을 열때마다 "영국 식민주의의 잔혹성과 인종차별을 공개적으로 미화하는" 전시가 관람객을 맞이하게 된다는 점을 지적했다.[3]

옥스퍼드에서 제국주의의 생존자는 압제자가 생존자의 역사를 인질로 잡고 모든 것이 자기의 유산인 양 구는 모습을 지켜봐야만 한다. 옥스퍼드에서는 많은 이들의 역사가 배제되어 있고, 있다고 해도 제국주의적 상징에 가려서 거의 보이지 않는다. 이곳 옥스퍼드에서는 많은 이들이 자신의 경험과 지식을 전달할 '정당한' 언어를 찾지 못해 인지부조화의 고통을 느낀다. 피트 리버스 박물관에 간 생존자들은 가족과 조상, 그리고 생존자 '자신'이 물건이 되어 적나라하게 전시된 모습을 보며 고통 받는다.[4]

백인우월주의의 이름으로 탄생한 이미지와 조형물을 지우는 것이 과거에 재갈을 물리고 과거를 지우는 행위라는 비판이 제기되자, 철거운동 측의 케힌데 엔드류스Kehinde Andrews는 "집단학살의 주범을 미화하는 기념물을 건설하는 것은 이미 그 자체로서 식민주의의 진짜 역사를 지우려는 행위"라고 반박했다.[5] 다시 나타난 백인적 투사라는 오래된 습관은 지금까지 식민주의의 가해자가 해온 역사 삭제를 식민주의의 생존자들이 하고 있다며 비난을 전가하려 했다. 이에 대해 아미아 스리니바산Amia Srinivasan은 다음과 같이 말했다.

> 동상 철거가 무장단체 이슬람국가나 저지를 법한 야만적인 행위라는 비난은 납득할 수 없다. 공공 상징물에 대한 모든 변화가 팔미라 폭파급의 만행이라면 찰스턴의 한 교회에서 흑인 아홉 명이 인종차별주의자에 의해 살해당하는 사건이 벌어진 후 사우스캐롤라이나 주의회에 남부연합기를 내려달라고 한 사례나 전후 독일에서 나치 문양 사용을 금지하는 사례는 어떻게 이해해야 할 것인가?[6]

케이프타운과 옥스퍼드의 로즈 동상에서 미국의 남부연합군 동상까지 펼쳐지고 있는 철거운동의 지형은 이 동상들과 '민족학' 문화재들간의 공통점을 상기시킨다. 옥스퍼드에서 세실 로즈의 동상을 철거하려는 노력, 그리고 피트 리버스 박물관을 탈식민화하려는 노력은 백인 우월주의 전쟁을 기념하는 유산을 청산하려는 노력이다.[7] 1880년대에서 1910년대 사이에 우후죽순으로 설치된 로버트 E. 리Robert E. Lee의, '스톤월' 잭슨'Stonewall' Jackson의, 그리고 제퍼슨 데이비스Jefferson Davis의 동상은 수동적 기념물이 아닌 미래의 폭력을 위한 적극적 결집의 상징이었다. 새로운 형태의 문화적 인종주의가 떠오르고 있던 19세기 말, 베닌 브론즈는 군사적 승리를 기리는 기념물이 됐다. 대부분의 미국의 남부연합군 동상이 구조적 인종주의의 형태로 여전히 곳곳에 남아 있는 노예제의 유산을 지속시킨다는 주장은 큰 이견 없이 받아들인다. 그러나 많은 큐레이터들이 약탈물과 식민주의적 폭력 사이에 존재하는 연결 고리는 잘 인지하지 못한다. 이와 관련된 흑인에 대한 폭력은 이미 과거의 일이 됐다고 생각하기 때문이다.

그러나 박물관의 전시와 수탈이 계속되는 한 폭력은 계속될 수밖에 없다. 이 책을 쓰고 있는 현재, 오리엘 칼리지의 로즈 동상은 여전히 그대로 남아 있다. 비록 아직 철거가 진행되지는 않았지만, 2020년 6월 17일 오리엘 칼리지 이사회가 내렸던 철거 결정은 유구한 역사의 옥스퍼드 교내 곳곳에 남아 있는 백인중심적 시설의 해체 가능성을 보여준다. 이제 관심은 차별의 도구로 사용된 박물관에게로 향하고 있다. 국가를 구분하는 것이 국경이라면, 제국을 구분하는 것은 박물관이다. 국경과 박물관이라는 두 도구는 인간을 유형으로 나눈다.

로즈 동상 철거운동은 아파르트헤이트가 철폐된 1994년으로부터 한 세대가 지난 지금 이 깨달음을 피트 리버스 박물관에 가지고 왔다. 폭력의 역사는 역사가 아닌 현재다. 아실 음벰베는 우리가 맞이하고 있는 이 중차대한 시기를 '부정적 순간'라고 표현했다.

부정적 순간은 기존의 대립이 해소되지 않은 상태에서 새로운 대립이 등장하는 순간을 뜻한다. 부정적 순간에는 갈라지고 분열된 미완의 힘들이 서로 부딪치며 작용하지만, 그 힘들은 결국 서로 작용을 주고받으며 확실성이 된다. 부정적 순간에는 기존의 해소되지 못한 위기와 새로운 위기가 충돌을 향해 달려간다. 그 충돌은 실제 일어나기도 하고, 일어나지 않기도 한다. 충돌은 폭발을 불러오거나 힘을 잃으며 점차 소멸되기도 한다. 충돌이 실제 발생할지는 알 수 없지만, 부정적 순간이 오면 순수와 안주의 시대는 끝난다.[8]

* * *

인류보편 박물관을 자처하는 기관들은 이 부정적 순간에 자신들만의 방식으로 대응하고 있다. 이들은 인류보편의 가치에서 탈식민 역사까지 새로운 가치를 강조하고 있다. 이러한 현상은 상당한 인류학 컬렉션을 지닌 베를린과 런던의 두 서명 당사 기관에서 목격되고 있다. 훔볼트 포럼 박물관의 개관 관장이 되어 베를린으로 건너간 닐 맥그리거는 박물관 섬의 베를린 궁전 터에 개관한 이 '세계문화' 박물관이 신식민주의적 프로젝트라는 비판이 고조되자 독일 일간지 《타게스슈피겔》에 다음과 같은 글을 기고했다. "복잡한 시대와 사회적 변화 속에서 백과사전적 박물관의 역할은 다시 정립되어야 한다. 이러한 박물관들은 역사적 이유로 대부분 유럽이나 북미에 위치해 있다. 우리가 던져야 할 중요한 질문은 이것이다. 박물관의 컬렉션은 누구의 것인가? 그리고 그 존재 이유는 무엇인가?"[9]

영국박물관의 하트위그 피셔 관장은 2018년 4월 《가디언》에 실린 샬럿 히긴스Charlotte Higgins 와의 인터뷰에서 "영국박물관에 외국인은 없으며, 박물관은 세계 국가다"라고 말하며 영국박물관이 "세계를 위한 세계의 박물관"이라고 주장했다.[10] 한편 2017년 11월에는 아부다비 루브르 박물관이 개관했다. '아랍권 최초의 인류보편 박물관'을 표방한 이 박물관의 개관 컬렉션에도 1897년 베닌에서 약탈된 오바의 두상이 어김없이 포함됐다.[11] 2012년에는 보스턴 미술관이 파넘 피트 리버스의 소장품이었다가 로버트 리먼의 소유가 된 베닌 문화제 열세 점을 취득했다. 물론 곧바로 반환 요구가 이어지기는 했다. 한편 2014년에는 보스턴 미술관이 불법적으로 반출된 여덟 점의 나이지리아 문화재를 반환했다. 모두 '1970년 유네스코 문화재의 불법 반출입 및 소유권 양도의 금지와 예방수단에 관한 협약'이 발효된 1972년 4월 24일 이후 불법 반출된 문화재였는데, 여기에는 1976년 베닌 왕궁에서 반출된 청동 조각상 한 점과 테라코타 두상 두 점도 포함되어 있었다.[12]

많은 이들이 오랫동안 추구해온 가치는 '탈식민화', '투명성', '껄끄럽고 논쟁적인 역사를 풀어가겠다는 확고한 의지' 등의 표현이 되어 비조그룹 박물관과 미술관의 홍보 담당자들이 즐겨 사용하는 유행어가 됐다. 빅토리아 앨버트 박물관과 홈볼트 포럼은 새로운 전시실을 개관하며 유럽 식민주의 역사에 대해 숨김없이 전달하겠다고 약속했다. 그러나 이러한 움직임과 함께 다시 오래된 폭력이 다시 고개를 들고 있다. 바로 시간의 정치학이라는 폭력이다. 빈 세계박물관에 있는 '베닌과 에티오피아: 예술과 힘, 그리고 회복성'이라는 제목의 전시 설명은 해당 작품들이 "문화적 맥락에서뿐 아니라 오스트리아와 박물관과의 현대적인 관계에서 탈식민적 변화를 반영하고 있다"고 주장한다.[13] 빅토리아 앨버트 박물관의 트리스트람 헌트Tristram Hunt는 과거를 균형 있는 시각으로 바라봐야 한다며 탈식민이 아닌 역사 전달에 집중해야 한다고 주장했다.

> 빅토리아 앨버트 박물관의 경우 탈식민화는 탈맥락화를 의미할 수밖에 없다. 소장 중인 컬렉션은 물론 박물관 자체의 의의에 제국의 역사가 내재되어 있기 때문이다. 우리가 집중해야 할 것은 해석이다. 정치적인 접근으로 무조건 선과 악으로 나누려하기보다는 제국의 공과 과를 세심하게 살펴보아야 한다. 제국주의는 분명 식민주의적 폭력의 요소를 지니고 있었지만, 그 안에는 세계시민주의와 교류를 통한 융합도 존재했다. 제국을 통해 교역과 종교, 전쟁과 작용, 사람과 문화가 융합됐고, 그 교환과 교류의 결과가 바로 우리가 지금 박물관에서 찾아볼 수 있는 물질문화인 것이다.[14]

그러나 식민주의의 입장에서 식민주의 역사를 서술한다는 것은 모순이다. 과거의 행위를 정당화하기 위해 현대의 가치를 상대화해서는 안 된다. 지금 우리가 말하는 것은 단순한 과거의 행위가 아닌 현재까지 지속되고 있는 폭력이기 때문에 더더욱 그렇다. 폭력이 이미 끝났다는 주장은 베닌 약탈물을 소장하고 있는 북미의 박물관과 미술관, 경매장, 개인 수집가에게서도 자주 들어볼 수 있는 주장이다. 자신들은 그저 거래를 통해 합법적으로 구매했을 뿐이니 반환과는 상관이 없다는 논리다. 베닌 원정에 참여한 군인의 자손 중 약탈물을 상속받은 이들 또한 이러한 논리를 펼친다. 그러나 이러한 주장은 분류 자체부터가 오류다. 이들이 소유하고 있는 것은 일반적인 예술작품이 아닌 폭력의 전리품이기 때문이다. 반환 노력이 시작될 때까지 이 사실은 변할 수 없다.

이런 상황에서 '세계문화' 박물관의 탄생에 큰 역할을 한 인류학과 고고학이 약간의 도움을 줄 수 있을지도 모르겠다. 두 학문은 어떤 의미에서 역사의 반대라고 볼 수도 있기 때문이다.

과거를 기준으로 생각해서는 폭력의 역사를 제대로 말할 수 없다. 우리가 마주하고 있는 약탈물들은 과거의 어느 지점에서 그 역사를 멈춘 것이 아니라 지속적인 의미를 지닌 채 현재에 존재하고 있기 때문이다. 박물관에 있는 6만 개의 문화재는 6만 개의 진행 중인 사건이다. 앞서 말한 바와 같이 **고고학은 단순히 과거의 잔재를 연구하는 학문이 아니다. 고고학이 연구하는 것은 지속되는 존재로서의 인간이다.** 그러므로 베닌에서 발생한 거대하고 일방적인 폭력,[15] 그 '문화적 강간'의 역사를 다룰 때는 "우선 모으고 나중에 살피는" 테일러식 인류학 연구 방법을 기억해야 한다.[16] 박물관의 약탈물을 연구할 때는 아리엘라 아줄레이Ariella Azoulay가 다음과 같이 지적한 역사에 대한 통찰을 염두에 두어야 한다. 아줄레이는 역사라는 학문이 현재 서양의 박물관에 전시된 약탈물의 존재와 "사용하던 도구와 장식물, 모든 물건을 송두리째 빼앗긴 채 다시 안식을 취할 수 있는 세상을 재건하고자 애쓰고 있는 수백만 명의 사람들"이 마치 별개의 존재인 것처럼 끊임없이 분리하려 한다는 점을 지적했다.[17]

폭력과 상실을 과거에 가두려 하는 '세계문화' 박물관들의 시도를 용인해서는 안 된다. 그 폭력과 상실은 지금 여기 우리 앞에 있으며, 박물관들은 빼앗아온 것들에 대해 분명 빚을 지고 있다. 그렇다면 베닌 문화재를 전시하고 있는 박물관들은 지금 전시실에서 그 존재를 어떤 방식으로 설명하고 있을까? 애들레이드에서 뉴욕까지, 상트페테르부르크에서 파리까지, 박물관들이 우리에게 해온, 우리에게서 숨겨온, 그리고 우리에게 반복해온 이야기들을 살펴보자. 다음은 각 박물관이 제공하고 있는 베닌 문화재 전시 설명판의 내용이다.

스코틀랜드 국립박물관: 1897년 2월 영국은 현재의 나이지리아에 위치한 베닌 왕국에 대한 응징 원정을 진행했다. 베닌 공격은 같은 해 1월 허가를 받지 않고 베닌 왕국에 들어간 영국 식민지 관리들이 살해당한 사건에 대한 보복이었다. 영국군은 왕궁이 자리해 있던 베닌시티에서 엄청난 문화적 가치를 지닌 4000여 점의 물건들을 영국으로 가지고 왔는데, 그중 일부는 원정에 들어간 비용을 충당하기 위해 판매됐다. 당시 영국이 가져온 문화재는 현재 대부분 유럽과 아메리카 대륙의 박물관에 있으며, 그중 소수가 스코틀랜드 국립박물관에 전시되어 있다. 20세기 중반부터 나이지리아를 제외한 국가에 위치한 박물관의 베닌 문화재 반환에 대한 문제가 제기됐으며, 이 문제는 아직 해결되지 않았다.[18]

영국박물관: 서양이 베닌의 예술을 발견하다. 베닌 예술에 대한 서양의 발견은 1897년 영국의 베닌시티 공격 이후 이루어졌다. 1890년대, 베닌은 나이지리아 남부를 점령하려는 영국에 저항했다. 1897년 3월, 영국은 자국의 대표단을 살해한 것에 대한 보복으로 베닌의 수도인 베닌시티를 공격하여 점령했다. 영국은 1000여 점의 청동 장식판을 포함하여 왕궁에 있던 수천 점의 보물을 전리품으로 챙겼다. 외교부는 원정에 들어간 비용을 충당하기 위해 공식적인 전리품을 경매로 판매했다. 원정에 참가한 군인들이 개인적으로 약탈하여 판매한 상아와 청동, 목재 예술품 또

한 그 규모가 상당했다. 베닌의 보물들은 큰 반향을 일으켰고, 아프리카 예술에 대한 관심과 함께 20세기 서양 예술에 큰 영향을 주었다.[19]

상트페테르부르크 인류고고학 박물관: 1897년 영국군이 오바의 왕궁을 초토화하며 베닌의 영광은 막을 내렸다. 베닌 왕국은 식민지 시대까지 명맥을 유지했으나 예전의 영광은 거의 남아 있지 않았다. 베닌의 청동 작품들은 현재 유럽과 아메리카 지역의 박물관에 뿔뿔이 흩어져 있지만, 지금도 베닌에서는 나무나 흙을 사용한 새로운 작품들이 만들어지고 있다.[20]

스톡홀름 세계문화 박물관: 1897년의 침공. 영국의 식민주의 세력은 베닌을 영토 확장의 걸림돌로 보았고, 영국은 1897년 베닌을 점령한 후 왕을 타국으로 유배했다. 영국군은 베닌의 왕궁을 해체하고 내부에 있던 청동과 상아 예술품을 영국으로 가져와 개인 수집가와 박물관에 판매했다.[21]

런던 호니먼 박물관: 1897년 2월, 영국군은 베닌 왕국을 상대로 군사 작전을 전개했다. 그 결과 베닌시티는 함락되고 왕국은 독립을 잃었다. 현재 이곳에 전시된 대부분의 물건들은 당시 영국의 군인들이 도시를 불태우고 가져온 것으로, 세계 곳곳의 박물관에서는 보유의 정당성에 대한 논쟁이 진행되고 있다. 호니먼 박물관은 라고스 국립미술관과 베닌시티 국립미술관의 큐레이터들과 전시 방법에 대한 논의를 거친 후 전시를 진행 중이다.[22]

라이덴 민족학 박물관: 전쟁의 전리품. 교역을 독점하는 베닌의 오바를 눈엣가시로 여겼던 영국은 1897년 영국 영사 일행 살해 사건을 핑계로 베닌 왕국에 대한 응징 작전을 진행했고, 그 결과 독립적인 왕국으로서의 베닌은 종말을 맞이했다. 베닌시티는 초토화됐고, 영국은 군사 작전에 들어간 비용을 충당하기 위해 베닌에서 돈이 될 만한 것을 모조리 가져다 판매했다.[23]

시카고 필드 박물관: 1897년, 독립의 종말. 비극의 지형. 1884~1885년 열린 베를린 회의에서 유럽의 열강들은 각자 영토를 챙기기 위해 아프리카를 '분할'했다. 영국은 이를 바탕으로 서아프리카에서 세력을 확장하려 했으나 베닌이 나이지리아 내륙 진출을 막았고, 양측의 정치적 긴장상태는 1897년 최고조에 달했다. 그러던 중 한 영국 영사가 베닌의 종교 의식 기간 중에 오바의 허락 없이 베닌시티에 방문하려 했고, 영사의 일행은 매복 공격을 받아 대부분 목숨을 잃고 말았다. 매복을 누가 지시했는지는 밝혀지지 않았지만, 영국은 이 사건을 구실로 베닌을 침공했다. 오바에게 응징하기 위해 베닌시티에 도착한 병사들을 기다린 것은 끔찍한 광경이었다. 오바가 왕국을 구하려는 마지막 시도로 수많은 인질을 제물로 바치고 있었던 것이다. 겁에 질린 영국군은 베닌시티를 불태웠고, 오바의 보물들은 대부분 영국으로 보내졌다.[24]

파리 케 브랑리 박물관: 설명 없음

뉴욕 메트로폴리탄 미술관: 설명 없음

*　*　*

베닌 원정에 대한 서사는 매년 150여 개의 서구권 박물관에서 이렇듯 다양한 버전으로, 때로는 그저 침묵을 통해 수백만의 관람객에게 전달되고 있다.

베닌의 이야기는 어째서 이런 식으로 전달되고 있을까? 빅토리아 시대의 군국적·기업적 식민주의는 대량학살과 문화 파괴를 정당화하는 서사를 만들어냈다. 인류학 박물관과 민족학 박물관들은 그 폭력이 끝나지 않고 지속될 수 있도록 식민주의의 서사와 함께 베닌의 약탈품들을 전시해왔다. 매일 아침 박물관이 잠겨 있던 문을 열고, 도난방지 알람을 끄고, 조명을 켜고, 방문객을 맞이할 때마다 그 폭력은 반복된다. 오늘 아침 박물관을 찾은 관광객과 현장학습을 온 학생들 앞에서도 그 폭력은 반복됐다. 폭력이 반복될수록 각각의 약탈물에 내재된 사건의 밀도는 올라간다. 이제 임계점이 멀지 않았다. 박물관이 아무리 성찰을 강조하고 설명판의 내용을 수정해도 소용없다. 전시물 설명에 식민지 폭력에 대한 이야기를 아무리 덧붙여도, 반환 노력 없이 계속 전시를 진행하고 있다는 사실 자체가 폭력의 반복이자 연장이기 때문이다. 행동 없는 성찰은 단순한 자기만족으로 끝날 가능성이 높다. 말과 이미지로 행동을 대신하려하는 이런 접근은 약탈물을 일종의 '다크 투어리즘dark tourism'이나 '폐허 포르노'로 둔갑시켜 또다시 이용할 가능성이 있다. 박물관은 약탈물에 대한 새로운 접근방식을 개발하고 이에 투자하여 지금까지의 관행을 끝내야 한다. 그러기 위해 우선 필요한 것은 큐레이터들의 이해와 행동이다.

"베닌 브론즈가 폭력의 여파 속에 점유됐다"는 식의 서사는 이제 뒤집혀야 한다.[25] 우리는 서양의 박물관에 존재하는 약탈물들이 끊임없이 새롭게 되살아나는 폭력의 예시임을 인정하고 알려야 한다. 식민지 폭력과 문화재 반환은 과거와 현재로 분리된, 동떨어진 문제가 아니다. 이것은 역사적 문제 이전에 고고학적 문제이며 인류학적 문제다.[26] 이 책 또한 식민주의의 영향으로 현재 고통 받는 이들에 대한 다른 학자들의 연구가 없었다면 집필이 불가능했을 것이다. 사람과 사물을 연구하는 고고학과 인류학이 약탈된 문화재와 수탈당한 사람들을 다시 연결하는 작업에 나서줄 것이라 믿는 것은 너무 큰 희망일까?

* * *

청동은 변형이 매우 용이한 재료다. 베닌은 융합과 주조를 통해 청동을 다루는 기술이 뛰어났다. 베닌 왕국은 브리스틀과 런던, 리버풀에서 생산된 황동 고리와 구리선을 노예와 교환했다. 노예와 교환한 구리재료들은 주조를 통해 베닌 브론즈가 됐다. 인간과 비인간을 교환하고 주체성과 대상성을 교환하여 역사를 기록하는 청동 장식판을 만들어낸 것이다.[27] 17~18세기 대서양의 삼각 무역이라는 지형에서 베닌 예술품의 이러한 합성적 특성은 유럽에서도 찾아볼 수 있었다. 영국박물관은 1750년대에 한스 슬론이 기증한 개인 수집품 컬렉션에서부터 시작됐다. 슬론이 자메이카 사탕수수농장 운영으로 축적한 막대한 부를 활용하여 일평생 모은 수집품이었다. 아우구스투스 헨리 레인 폭스의 재산 또한 베닌의 청동 작품들과 비슷한 합성을 통해 생성됐다. 그는 말년에 '피트 리버스'라는 성과 함께 엄청난 유산을 물려받았는데, 이는 피트 가문과 벡포드 가문의 여러 인물들이 카리브해 지역에서 사탕수수 사업을 하며 모은 네 개 이상의 원천이 합쳐진 유산이었다. 거기에 영국 정부가 1838년 노예제를 폐지하며 기존의 주인들에게 준 보상금 2000만 파운드까지 일부 더해졌다.

정부가 노예제 폐지 보상금을 지급했던 당시 열한 살의 아우구스투스 헨리 레인 폭스는 아직 '피트 리버스'라는 성을 상속받지 않은 상태였다. 흑인 노예, 즉 재산을 잃은 백인 주인에게 지급됐던 이 돈은 수십 년이 흐른 후 여러 경로를 거쳐 피트 리버스의 재산이 됐다. 그리고 피트 리버스는 70번째 생일을 맞은 1897년 4월, 이 돈으로 베닌의 예술 작품들을 구입했다. 아프리카 흑인을 착취하여 일군 재산을 받아서 아프리카의 또 다른 흑인들을 학살하고 빼앗아온 물건들을 산 것이다. 유니버시티 칼리지 런던이 만든 '영국 노예 소유권 유산 데이터베이스'는 이 복잡한 경로를 잡아내지 못했다. 그 결과 "피트 리버스 장군은 1880년부터 별도의 제2컬렉션을 수집하여 도싯 주의 파넘에 있는 개인 소유 박물관에 전시했는데 현재 이 컬렉션은 해산되어 남아 있지 않다"고만 서술함으로써 제1컬렉션은 노예 관련 유산으로 마련한 것이 아닌 것처럼 잘못 전달하고 있다. 데이터베이스는 그럼으로써 피트 리버스가 1897~1899년 파넘 박물관을 위해 구매한 283점의 약탈물과 옥스퍼드 박물관을 위해 구매한 145점의 약탈물이 모두 노예 관련 재산을 직접적으로 사용한 구매였다는 사실을 가려버렸다.[28] 유니버시티 칼리지 런던은 이 프로젝트를 설명하며 "우리가 여전히 함께 살아가고 있는 유산"이라는 표현을 사용하지만, 사실 이것은 유산이 아닌 지속이자 연장이다. 이것은 앤 로라 스톨러가 '폐허가 아닌 폐허화'라고 부르는 '억압 상태'의 연장이며, '제국의 지속성'이라는 맥락 속에 '연속성'을 이루는 요소다.[29] '약탈의 이론'이 우리에게 요구하는 분할성과 지속적 파괴에 대한 질문을 품은 이 연속성은 그 안에 담긴 다양한 요소들로 인해 계속해서 형태를 바꾼다.

2016년 1월 26일 서인도제도대학의 힐러리 베클스Hilary Beckles 부총장은 옥스퍼드대학에서 '영국의 검은 부채Britain's Black Debt'라는 주제로 강연을 했다.[30] 영국 블레어 정부는 2001년 더반 인종차별 철폐회의에서 대서양 지역의 노예제도는 당시 영국에서 합법적이었으므로 사과할 사안이 아니라는 입장을 밝힌 바 있는데, 베클스는 영국이 노예제도로 거둔 이익을 반환하는 형태로 빚을 갚아야 한다고 주장했다. 베클스는 상환 방법으로 두 가지를 제시했다. 첫째는 노예제 폐지 시 노예가 아닌 노예의 소유주에게 주었던 배상금에 해당하는 규모의 경제적 투자였고, 둘째는 "제국주의의 중심이었던 지역에 여전히 만연한 후식민주의적 폭력을 종식하기 위한 노력에의 동참"이었다.[31]

2015년 영국 언론은 1842년 노예 소유주들에게 보상금을 지급하기 위해 빌렸던 2000만 파운드의 공공채무를 모두 상환했다는 소식을 떠들썩하게 보도했다. 그러나 1900년 정부가 왕립나이저회사에 지급한 배상금에 대한 이야기는 언론에 크게 소개된 적이 없다. 조지 골디는 제임슨 진군 사건과 커크 보고서 이후 왕립나이저회사의 칙허 취소를 앞두고 가능한 많은 보상을 받기 위한 계획에 골몰했다.[32] 골디는 자신의 목적을 이루기 위해 나이저회사의 이사회에 존 커크를 영입하고, 랄프 무어와 긴밀히 협력하며 베닌-나이저-수단 원정에서 회사와 보호령의 작전을 조율했다. 의회에서는 나이저회사에 대한 사안이 논의됐고, 나이저회사는 베닌-나이저-수단 원정의 승리로 협상에서의 입지를 다질 수 있었다. 1899년 4월, 외교부는 나이저해안보호령의 관할을 체임벌린이 이끄는 식민부로 넘겼다.[33] 역사학자들은 1899년 12월 31일 나이저회사의 칙허가 취소된 것을 두고 '추락'이라고 표현하곤 하지만,[34] 사실 골디와 나이저회사는 칙허 취소로 막대한 이익을 챙겼다. 영국 정부는 나이저회사에 1886년까지 소급 적용한 각종 권리와 '행정적 손해'에 대해 45만 파운드, 건물과 상점들에 대해 11만 5000파운드, 공공채무에 대한 책임 인수로 25만 파운드를 지급하기로 결정했다. 이에 더해 영국은 회사 소유였던 영토 500제곱마일 내에 위치한 광물과 주석 광산 사용료의 절반을 99년 동안 회사에 지급하기로 했다.[35] 정리하자면 총 86만 5000파운드의 배상금과 광산 사용료를 지급하고, 공장 설비와 자산, 기지와 부두에 대한 소유권은 회사가 유지하는 조건이었다.

1900년 1월 1일에는 남나이지리아보호령이 탄생했다. 영국은 남나이지리아보호령과 북나이지리아보호령을 통합하여 1914년 나이지리아 식민지 및 보호령으로 선포했다. 영국이 베닌시티 원정 이래 줄곧 목표로 삼았던 것이 바로 이것이었다. 결과적으로 나이저회사와 보호령은 통치 측면에서 하나로 통합됐고 나이저회사는 고무와 기름야자 플랜테이션, 목재 등의 분야에서 사업을 강화하며 엄청난 이익을 누릴 수 있게 됐다. 1925년 골디가 사망한 후 왕립나이저회사는 1930년대부터 유니레버 산하의 유나이티드아프리카회사에 흡수됐고, 1987년에는 유니레버로 완전히 흡수됐다.

* * *

앞서 우리는 카리브해 노예에 대한 배상금 청구 사례를 논의하며 유산legacies과 지속durations을 구분해보았다. 이 구분은 약탈과 부채, 학살, 문화적 파괴, 전시, 인종주의에 대해 우리가 현재 지니고 있는 이해에 어떤 영향을 줄까? 1897년의 베닌은 서양의 박물관에는 존재하지만 현재의 베닌시티에는 존재하지 않는다. 약탈물을 전시하는 행위는 불평등을 당연한 것으로 여기게 하고, '과학적인' 인종주의를 직접적으로 제도화하며, 차이를 만들어낸다. 베닌 약탈물의 전시는 마치 사진과도 같이 시간에 개입하여 과거의 폭력을 현재로 실어 나르고, 과거의 사건을 현재까지 연장시켰다. 영국은 시간을 조작하여 베닌 왕국이 문화적으로 열등한 미개 국가라는 편견을 만들어냈다. 이렇게 만들어진 베닌에 대한 이미지는 베닌 약탈의 원인이자 전제조건이 됐다. 그렇게 베닌을 공격한 영국은 백인적 투사를 통해 피해자와 가해자의 자리를 바꿔버렸다. 베닌 약탈물의 전시는 부산물도, 모조품도, 단발적인 여파도 아니다. 약탈물의 전시는 행위를 정당화하는 일종의 사후 수식이었다.

프리드리히 엥겔스의 《반뒤링론》에는 로빈슨 크루소에 대한 이야기가 등장한다. 크루소는 칼을 이용해 프라이데이를 통제한다. 폭력은 단순히 의지로만 실행할 수 있는 행위가 아닌 물질적인 전제조건을 필요로 하는 행위다. 가장 핵심적인 것은 폭력의 시행이다. 이와 관련해서 엥겔스는 "크루소가 칼을 어디에서 구했는가?"라는 질문을 던진다.[36] 베닌 사례의 경우 우리는 영국이 그 '칼', 즉 베닌 왕실의 유물과 성물을 어디에서 구했는지 알고 있다. 베닌의 물건들은 박물관에서 백인우월주의를 위한 무기가 됐고, 그 무기는 서양이 아프리카를 처벌하고 복속시킴으로써 근대 세계를 이루었다는 신화를 장식하는 데 활용됐다. 놀라운 것은 이 이야기가 지금까지도 매일 반복되고 있다는 점이다. 그 폭력은 매일 규칙적으로 반복되고 있다. 둥둥 울리는 군대의 북소리처럼, 1900년부터 99년 동안 왕립나이저회사와 유니레버가 가져간 광산 사용료처럼, 매일 박물관의 문이 열리고 닫힐 때마다 반복되고 있다.

야자유부터 석유까지, 자원 추출에 집중하는 기업적·군국적 식민주의는 오랫동안 폭력을 반복해왔다. 식민적 폭력의 역사화는 문화재 반환을 지연시킨다. 우리가 지금 말하는 폭력은 먼 과거에 일어난 일이 아니다. 1897년 베닌 원정에 참여했던 병사들 중에는 1970년대까지 생존했던 이도 있다. 영국의 식민주의적 학살과 폭력에 참여했던 병사들은 단 두 세대 이전의 사람들이다. 현재를 살고 있는 영국인들의 할아버지 세대인 셈이다. 개인적인 약탈물 반환 사례로 12장에 소개한 마크 워커는 허버트 워커의 손자다. 문제는 영국인들이 자국의 파시즘 격파와 '도덕적 충동'에만 집중하려 한다는 점이다. 자국의 도덕성에 대한 믿음과 그 믿음을 강화하는 장치들이 인종주의의 역사를 가리고 있다.[37] 영국인들이 생각하는 대영제국의 역사는 편리하게도 해적으로 시작해 노예무역 철폐로 끝난다. 박물관들 역시 많은 경우 1838년 노예제 철폐에서부터 2차 보어전쟁(1899~1902)에 이르는 기간에 대해서는 은근슬쩍 넘어가려고 한다. 그러나 영국박물관의 수장고에 세계 곳곳에서 가져온 문화재가 본격적으로 쌓이기 시작한 것은 바로 이 시기였다. 문화재는 다양한 과정과 경로를 통해 유입됐다. 그중 가장 주요한 경로는 약탈과 '인종' 이념이었다. 베닌은 상호의존적인 이 두 개의 경로를 통해 "문명의 역사적 기록과 그 시각적 형상"을 유린당했다.[38] 그 유린은 지금까지 지속되고 있지만 우리는 이를 깨닫지 못한다. 조디 버드Jodi Byrd가 말하는 '식민지적 인지불능'의 발현 때문이다. 버드는 "식민주의가 우리 주변에 여전히 만연하지만 이미 그 안에 존재하는 이들은 식민주의의 광범위하고 구조적인 공식화를 이해하지 못한다"고 말한 바 있다.[39]

박물관은 식민지 폭력의 도구가 되고 차이를 만들어내는 전쟁의 기술이 됐다. 이 현상은 피트 리버스 박물관에 존재했던 '죽은 적에 대한 대우'라는 주제의 진열장에서 극명하게 드러난다. 박물관은 이 진열장에 일명 '쪼그라든 머리'로 불리는 에콰도르의 '싼사'와 파푸아뉴기니, 남수단, 나갈랜드, 북미, 브라질 등에서 수집한 유골과 머리가죽 등을 전시했다.[40] 베닌의 경우에도 과거 승리를 기념하기 위해 일종의 전리품으로서 머리를 모으는 풍습이 있었을 수도 있지만, 진열장 안의 두상은 조상을 기리기 위해 만든 작품이었다. 그런데 백인적 투사가 발휘되며 조상의 두상이 '전리품 두상'으로 둔갑한 것이다. 이는 약탈당한 사람을 약탈자로 몰아가는 백인적 투사였다. 이 두상은 베닌의 전리품이 아닌 영국의 전리품이었다. 이 두상들은 과도기적 정의가 기억을 행동으로 바꾸는, 그리고 기억을 통해 평화를 구축하는 환경적 변화가 마무리될 때까지 전리품으로 남아 있을 수밖에 없다.

야만에 대한 문명의 승리라는 폭력적인 세계관은 박물관이라는 완곡한 무기를 통해 제도적 인종차별이 되어 현재까지도 영향을 주고 있다. 이것은 롭 닉슨Rob Nixon이 말하는 '느린 폭력slow violence,'[41] 즉 남반구의 빈곤층을 조용히 공격해온 화석연료의 무분별한 개발, 사막화, 대규모 멸종, 기후변화, 기름유출 사고, 핵폐기물 문제, 삼림 벌채, 전통적인 토지관리법의 실종, 전쟁으로 인한 환경파괴, 지뢰 문제 등과도 비교해볼 수 있다. 유럽과 북미가 환경에 대한 위기감을 느끼기 수십 년 전부터 남반구의 빈곤층은 그 위기를 생생히 겪어왔다. 에메 세제르는 나치가 출현하고 유럽 땅에 인종적 전쟁과 대규모 파괴가 나타난 때로부터 30년 전 그와 똑같은 폭력이 서아프리카에서 나타났을 때 유럽과 북미가 이를 묵인했던 것을 지적하며 이들을 '공범'이라고 불렀다. 유럽과 북미는 자신들이 그 폭력의 대상이 되기 전까지 폭력에 침묵했다.

그들은 자신이 폭력의 대상이 되기 전까지 그것을 용인하고, 용서하고, 외면하고, 정당화했다. 그때까지는 폭력이 비유럽 지역의 사람들에게만 향했기 때문이다. 유럽인들이 그 폭력을 키웠다. 그렇게 점점 자라 폭발한 그 폭력은, 서구 문명과 기독교 문명의 틈새를 비집으며 파고들었고, 결국 유럽인들 또한 그 붉은 물에 집어삼켜지고 말았다.

— 에메 세제르, 《식민주의에 대한 담론》(1955)[42]

* * *

2018년 개봉한 마블사의 영화 〈블랙 팬서〉에는 악당 에릭 킬몽거가 영국박물관에서 비브라늄(운동 에너지를 흡수, 저장, 분출할 수 있다는 설정의 가상 물질) 도끼를 훔쳐내는 장면이 등장한다. 트리스트람 헌트는 이 장면이 "박물관과 식민지적 부당함을 둘러싼 논란"을 잘 보여주고 있다고 말하며 백인적 투사의 전형을 보여줬다고 평가한다.[43] 한편 호니먼 박물관의 조애나 제터스트롬-샤프Johanna Zetterstrom-Sharp는 다음과 같은 평을 내놓았다. "킬몽거는 식민시대 유물을 반환하기 싫어서 어색한 변명을 늘어놓는 박물관 담당자들이 좋아할 만한 인물이다. 박물관이 설정한 가상의 적, 즉 비이성적이고 감정적이며 공격적이고 충동적인 이산민의 완벽한 전형이기 때문이다."[44]

현재 박물관이 관리하고 있는 문화재와 예술품은 폭력을 통해 약탈된 것이며, 그 미래에 대한 '논란'은 존재할 수 없다. 일부 박물관은 문화재의 반환이 박물관에 대한 공격이라고 하지만 사실은 그 반대다. 반환 요구는 박물관을 공격한다기보다는 서양에서만 유독 주장하고 있는 인류보편이라는 이념의 허상을 폭로할 뿐이다. 식민지적 폭력은 전 지구적으로 펼쳐진 재난자본주의 속에서 계속 연장되고 있다. 이는 영국 박물관에 대한 BP의 지원에서도 극명하게 드러난다. 영국은 이제 식민적 폭력에 개입하기 위한 국가적 노력을 시작해야 한다. 우리가 새롭게 선포한 '인류세anthropocene'라는 시대 명칭은 자칫 서양의 식민주의가 이 시대에 준 영향을 지워버릴 위험이 있다. 분명 추출적 식민주의가 이익을 추구하며 환경에 변화가 온 것인데 그 개연성을 지우고 마치 우연히 일어난 일 같은 인상을 주는 것이다. 인종을 신체가 아닌 환경에 새기는 이 행위는 문자 그대로 불평등의 자연화naturalization다. 도나 해러웨이는 이에 대한 대안으로 '자본세Capitalocene, 플랜테이션세Plantationocene, 쑬루세Chthulucene'라는 명칭을 제안한 바 있다. 나는 여기에 타자를 다른 시간에 가두는 '시간세Chronocene'라는 개념도 더하고 싶다.

아실 음벰베는 백인 위주의 학계에서 사용하는 '후식민주의적 이론postcolonial theory'과[45] 거리를 두기 위해 '후식민postcolony'이라는 개념을[46] 주장했다. 음벰베가 후식민 개념을 통해 설명하고자 한 것은 단순한 학문적 입장이 아닌 지형으로서의 시간이었다. 음벰베의 후식민 개념은 인류학 박물관을 일종의 시작점으로 바꿔줄 수 있을까? 태생적으로 백인중심적인 서양의 박물관을 변화시키기 위해 우리가 해야 할 일은 무엇일까? 나는 두 가지 답을 제시하고 싶다.

첫째, 우리는 영국이 아프리카에서 자행한 식민주의적 폭력의 역사를 더 잘 파악해야 한다. 그곳에서 벌어진 학살의 규모, 문화 파괴의 정도, 그리고 식민지 활동이 지녔던 상업적 측면 등에 대해 더 잘 알아야 한다. 독일은 1차 세계대전 패전 후 맺은 1919년 6월 28일 베르사유 조약으로 연합국에 넘기기 전까지 나미비아, 카메룬, 르완다 식민지를 소유하고 있었다. 마크 테케시디스Mark Terkessidis는《누구의 기억이 중요한

가?Whose Memory Counts?》라는 책에서 독일이 이들 식민지에 남긴 영향을 추적했다. 테케시디스는 이 책에서 현재의 독일 문화 깊숙이 남아 있는 인종주의적 구조를 폭로함으로써 독일의 학계와 정치계, 그리고 대중에게 오늘날 독일 문화의 탈식민이 얼마나 이루어졌는지 생각해볼 것을 요구한다.[47] 독일은 1904년 독일령 남서아프리카에서 산족과 나마족, 헤레로족에 대한 집단학살을 저질렀다. 이들 부족이 독일의 지배에 항거해 무장봉기를 벌이는 과정에서 독일인 100명이 사망했는데, 이에 대한 보복으로 5만~10만 명에 이르는 산족과 나마족, 헤레로족을 학살한 것이다. 1차 세계대전 이후 영국 외교부는 독일이 1890년에서 1905년까지 아프리카 식민지에서 자행한 토지와 가축 몰수, 채찍질, 권리 파괴, 강제 노동 등의 부당 행위를 조사하고 기록했다. 영국은 이 기록에서 독일의 행동을 두고 "무자비하고 야만적인 행동"이라며 "독일보다 국력이 약한 나라가 이런 악행을 벌였다면 문명 세계 전체에서 폭풍 같은 분노가 일었을 것"이라고 말했다. 영국은 또한 독일이 '봉기와 저항'에 대한 '불필요한 전쟁들'을 벌여 "수 년 사이에 20만 명이 야만적으로 살해됐다"는 내용을 1912년 추정치를 바탕으로 주장했다. 여기에는 1904년 헤레로족 학살과 1905~1907년 독일령 동아프리카에서 일어난 마지마지족 '반란'에 대한 진압이 포함됐다. 영국의 기록에 따르면 독일은 도망치거나 항복하는 적을 죽이고, 포로를 교수형에 처했으며, 여자와 어린아이들에게 총을 쏘았다. 사실 독일이 이런 식민지적 폭력을 저지른 것이 처음은 아니었다.[48] 1897년 카를 페터스Carl Peters는 아프리카인들을 상대로 저지른 만행 때문에 독일동아프리카회사에서 쫓겨났다.

독일은 헤레로족과 나마족 집단학살과 마지마지 전쟁에서 저지른 일들을 인정하기 시작했다. 벨기에 또한 레오폴 2세가 콩고자유국에서 저지른 만행에 대해 많은 사실을 밝혀내고 있다. 콩고자유국에서는 30여 년간 인구의 절반에 해당되는 1000만 명가량이 목숨을 잃었다.[49] 다비트 판 레이브라우크가 주장한 바와 같이,[50] 서양의 고무 타이어 수요가 증가하자 콩고에서는 노예제 철폐와 자유무역을 구실로 수많은 사람이 죽음으로 내몰렸다. 이제 영국에 대해 말해보자. 영국은 베를린 회의가 열린 1884년부터 1차 세계대전이 발발한 1914년까지의 기간 동안 동아프리카, 남아프리카, 서아프리카에서 어떤 일을 벌였는가? 영국은 이 '0차 세계대전' 기간 동안 아프리카에서 벌인 '작은 전쟁들'이 준 피해를 파악하는 작업을 시작해야 한다. 영국은 1차와 2차 세계대전에서 승리하며 나치를 규탄했지만, 자국이 벌인 백인우월주의적 폭력과 문화 파괴에 대해서는 눈을 감았다. 박물관에 전시된 약탈물들은 아무리 비판과 성찰, 회한을 담은 설명판을 비치해둔다 해도 그 존재 자체가 폭력을 미화한다.

두 번째 답은 첫 번째 답에 직접적으로 연관되어 있다. 약탈물을 이해하기 위해서는 역사를 거슬러 올라가는 접근이 필요하다. 이것이 바로 내가 말하는 '네크로그라피', 즉 죽음과 상실의 기록이다. 아파르트헤이트가 지속이었던 것처럼, 오늘날 나이저강 유역에서 석유 회사들이 유출 사고로 강을 더럽히고 있는 이 현실이 지속인 것처럼,[51] 약탈물의 전시는 지속이자 과거의 찌꺼기다. 치누아 아체베가 "흑인에 대한 반감의 찌꺼기"라고 표현했던 것이 바로 이것이다.[52] 전시된 약탈물에 담긴 지식은 '민족학'적이지도, '인류학'적이지도 않다. 거기에 담긴 것은 인간의 죽음과 문화의 파괴에 대한 지식, 즉 죽음의 역사다. 인류학 박물관은 식민적 폭력을 지속시키는 공범이다. 박물관은 영국이 각종 '응징 전쟁'에서 약탈해온 물건을 전시하고 베닌 원정에 대한 잘못된 서사를 반복함으로써 폭력을 지속시켰다. 전시물에 대한 설명에 아무리 조심스러운 언어를 사용했어도 마찬가지다. 반환은 오늘날 박물관이 직면하고 있는 문제 중 결단코 가장 중요한 문제다. 문화재 반환에 대한 논의는 물론 그 외의 필요한 것들에 대한 논의도 이루어져야 한다. 내가 이 책에서 1897년 베닌 원정을 통해 보여주고 싶었던 것은 박물관의 약탈물과 인간유해, 인종과학과 민족주의적 전시 사이의 연결점이다. 나는 이를 통해 약탈이 제국주의의 단순한 부산물이 아닌 지배의 주요 도구이자 '인종'에 대한 새로운 문화적 이념이었다는 점을 확인하고자 했다.

* * *

훔쳐온 물건이 존재하지 않는, 모두의 합의와 동의를 거친 물건만 전시되어 있는 인류학 박물관을 상상해보자. 백인 병사가 상대의 문화를 파괴하고 폭력적으로 빼앗아온 약탈품이 수백만 달러에 거래되지 않고 정당한 소유주에게 돌아가는 예술품 시장을 상상해보자. 큐레이터의 주요 업무가 상실의 역사 연구인 박물관을 상상해보자. 눈앞에 놓인 전시물이 언제 누구에게서 빼앗은 물건인지 파악하고, 필요시 그 반환을 논의하는 박물관 말이다.

그런 의미에서, 이 책은 공간으로서의 인류학 박물관을 지키기 위해 쓴 글이다. 박물관은 19세기 말에서 20세기 초까지 초기 파시즘의 선전에 동원됐다. 박물관을 채웠던 인종 유형 등의 전시는 1945년 파시즘이 격퇴된 후 일괄적으로 철거됐다. 노골적인 인종 전시가 설 자리를 잃었듯, 약탈물의 전시 또한 더 이상 박물관이라는 공간 내에 존재해서는 안 된다. 현재까지 인류학은 서구 사회에서 학문으로서 중요한 역할을 해왔다. 그리고 포퓰리즘과 인종차별, 불관용이 부상하는 오늘날, 인류학은 그 어느 때보다도 필요한 학문이다. 그러나 제대로 된 역할을 수행하기 위해서는 우선 인류학 박물관들이 스스로를 분석하고, 새로운 목표를 세우고, 새로운 역할을 상상할 수 있어야 한다. 가장 중대한 과제는 우선 컬렉션에 속한 약탈물을 파악하고 그에 대한 조치를 취하는 것이다. 유럽과 북미에 위치한 인류학 박물관의 가장 핵심적인 역할은 현재의 유럽/북미 중심적 사고에 새로운 관점과 지식, 생활방식과 제작방식 등을 추가하고 인간의 삶에서 물질문화가 지니는 보편적인 중요성을 일깨우는 것이다. 컬렉션 내에 약탈물이 모두 사라졌을 때에야 박물관은 비로소 이런 역할을 수행할 수 있다. 그다음 목표는 대대적인 반환 프로그램이 되어야 한다. 이 반환 프로그램에서는 떠나는 문화재의 자리를 그와 관련된 예술가나 디자이너의 창작물로 채워야만 한다. 이렇게 약탈물이 떠난 자리를 새로운 창작물로 채운 인류학 박물관은 유럽의 식민주의가 파괴한 삶과 환경, 문화를 기억하고 반성하는 공간이 될 수 있다. 사진을 찍는 행위가, 약탈이라는 행위가 마치 번쩍 하고 순간적으로 터지는 카메라 플래시나 맥심기관총에서 총알이 발사되는 짧은 시간처럼 과거의 찰나적 순간이었다는 착각을 벗어나야 한다. 우리는 그 착각에서 벗어나 박물관이 정지 상태에 가깝게 멈춰 지금까지 연장해놓은 상실과 폭력을 마주해야 한다.

박물관의 큐레이터들은 박물관 안의 물건들을 늘 똑같이 유지하고 싶어 한다. 나는 이러한 성향이 일종의 망설임일 수도 있다고 생각한다. 피트 리버스 박물관은 몇 년 동안이나 망설여왔다. 그러나 이제 새로운 역할을 할 수 있을지도 모른다. 눈앞의 비인간성을 직시하고 나면 지금

같은 상태로 공간이 유지되는 한 과거의, 또는 현재의 폭력이 절대로 사라질 수 없다는 것을 깨닫게 된다. 폭력이 한순간에 사라지게 만드는 것은 불가능하지만, 이미 많은 이들이 느끼고 있는 폭력의 존재를 인정하고 시각화하는 것은 가능하다. 인류학 박물관은 현재를 위한, 또 과거를 위한 양심의 공간이 될 수 있다. 박물관은 그렇게 막다른 길이 아니라 앞으로 나아가는 과정이 될 수 있다. 그러나 물론 반환이 동반되지 않는다면 그 모든 것은 무의미하다.

18장
1만 개의 단절된 역사

이곳에 박물관을 세우면 어떨까 하는 생각이 들었다. 일종의 경고의 의
미로.

— 올가 토카르추크Olga Tokarczuk,《죽은 이들의 뼈 위로 쟁기를 끌어라》[1]

박물관의 권력은 보존의 기술에서 시작된다. 부패를 거의 정지에 가깝
게 멈춰 세우는 기술은 익숙한 환상을 만들어낸다. 시간의 흐름 자체
가 멈춰질 수 있다는, 모든 것이 그대로 유지될 수 있다는 아주 달콤한
환상이다.

　좋아하는 유물이나 조각 작품, 회화 같은 것들을 여러 번 다시 찾아
가서 본 경험이 있을 것이다. 여러 번 찾아가서 본 작품 앞에서 우리가
느끼는 것은 물질의 불변보다는 우리 자신의 변화인 경우가 많다. 삶의

변화와 신체적 변화를 이끌고 조용히 전시되어 있는 작품 앞에 서면, 작품은 우리를 측정하는 자가 되고 우리를 비추는 전등이 되어 우리가 얼마나 자라고 나이 들었는지, 얼마나 변했는지를 느끼게 한다. 이렇게 우리가 박물관에 남기는 작은 기억의 흔적이 박물관이라는 공간에 남아 다른 방문객들을 맞아주는 것은 아닐까? 박물관이 단순한 유물저장소 이상의 존재가 되기 위해서는, 현대를 구성하는 공공의 장소로서 잠재력을 실현하기 위해서는, 이 반복되어 층층이 쌓인 인간적 요소가 그 핵심에 있어야 한다. 물론 박물관이 실제로 시간을 멈출 수는 없다. 그러나 박물관은 변화를 돋보이게 할 수 있으며, 심지어 직접 변화를 가져올 수도 있다. 박물관의 유물과 작품들은 매번 방문할 때마다 우리에게 그 안에 아직 끝나지 않은 역사가 있다는 사실을 일깨워준다. 이 끝나지 않은 역사의 반환은 어떻게 이루어져야 할까?

박물관이 하곤 하는 가장 큰 착각 중 하나는 박물관이라는 공간을 넘어서까지 '보존'을 실행할 수 있다고 생각하는 것, 즉 보존이라는 행위를 수단이나 비유 이상의 것으로 생각하는 것이다. 그러나 식민적 과거를 돌아보고 직시하려는 움직임이 전 세계적으로 일고 있는 지금, 박물관이 이 역사의 흐름을 거스를 수 있는 방법은 없다. 그럼에도 불구하고 박물관들은 강경하고 시대착오적인 발언을 내놓고 있다. 3장에서 살펴보았듯 영국박물관은 **"파르테논 마블을 가져온 창의적 행동이 될 수도 있다"**고 주장하며 말만 바꾼 과거의 편견을 그대로 드러냈다. 바로 앞 장에서 살펴본 빅토리아 앨버트 박물관의 입장은 더 심각하다. 박물관 측은 문화재 반환이 본질적으로 파괴적인 '탈맥락화'라며, 그것을 일종의 문화적 파괴에 빗댔다. 빅토리아 앨버트 박물관에서는 1868년 막달라에서 약탈된 성물을 두고 '논쟁적인 문화재'라고 설명했다. 정확히 어떤 점에서 논쟁적이라는 것일까? 그런가 하면 영국박물관은 1897년 베닌시티에서 전리품으로 약탈된 왕실 유물을 둘러싼 "껄끄러운 역사가 존재한다는 점을 인정한다"고 말했다. 정확히 어떤 점에서 껄끄럽다는 의미일까?

BBC가 영국박물관과 함께 제작한 라디오 시리즈 〈100가지 유물로 보는 세계사〉는 2010년 1월 처음 방송됐다. 방송이 끝난 지금은 BBC 웹사이트에서 각각의 유물을 설명하는 짧은 글의 형태로만 찾아볼 수 있는데, 설명의 마지막 부분에는 "이 유물에 대한 댓글 사용이 중단 됐습니다"라는 문장이 덧붙여져 있다.[2] 그러나 약탈 유물에 대한 논의와 행동은 전혀 중단된 적이 없고 중단되어서도 안 된다. 엑서터 로열 앨버트 박물관의 컬렉션에 속한 베닌 청동 두상을 소개하는 첫 문장은 다음과 같다. "이 유물은 아름다운만큼이나 논쟁적인 유물이다."[3]

이런 식의 프레임은 큐레이터가 만든 것도, 활동가들이 만든 것도 아니다. 이것은 모두 현 상황을 제대로 읽지 못하는 국영박물관의 홍보 부서에서 만든 작품이다. 이들의 언어는 단순히 상황을 완곡하게 표현하여 진실을 감추는 것을 넘어 분열적으로 작용한다. 문화재 반환이라는 주제가 '모두 유지'와 '텅 빈 전시실' 사이의 양자택일이 될 수밖에 없다는 오해를 퍼뜨리기 위해 기획된 언어인 것이다. 그런 식의 이분법적 접근을 취해야 할 이유는 전혀 없다. 게다가 영국의 박물관들은 사실 이미 일부 약탈품을 반환한 사례도 있다. 영국 국립박물관장위원회는 유대인 학살과 더불어 2차 세계대전 당시 벌어진 수많은 만행 중 하나인 예술품 약탈을 규탄한다는 입장을 밝혔으며,[4] 나치 약탈 예술품에 대한 1998년 워싱턴 원칙에 따라 약탈 예술품의 출처 파악 책임을 청구인이 아닌 박물관에게로 넘겼다. 영국의 박물관들은 또한 그보다 더 오래 전부터 원주민 유해 등을 원소장자 집단에 반환해왔다. 이제 남은 질문은 이것이다. 식민지 폭력으로 약탈한 전리품들은 어떻게 해야 할 것인가?

이것은 남반구 전체에 영향을 주는 사안이다. 2017년 프랑스의 에마뉘엘 마크롱 대통령의 지시로 작성된 펠윈 사르와 베네딕트 사보이의 〈사르-사보이 보고서〉는 2015년부터 진행되어오고 있는 '아프리카적 순간'에 대한 답이었다. 이 보고서는 약탈 문화재 반환에 대한 새로운 답을 내놓고 있다. 2017년 11월 마크롱 대통령은 부르키나파소 와가두구대학에서 약탈 문화재와 관련하여 다음과 같은 연설을 했다.

> 몇몇 아프리카 국가들의 문화유산 중 상당수가 프랑스에 있다는 것은 용납하기 어려운 사실입니다. 물론 그러한 유산이 프랑스로 오게 된 데는 나름의 역사적 설명이 있지만, 장기적으로 보았을 때 이는 분명 어떤 조건에서도 합리화할 수 없는 행동입니다. 아프리카의 문화유산은 개인 소장품으로서만 존재해서도 안 되고, 유럽의 박물관에만 존재해서도 안 됩니다. 이러한 문화유산은 파리에서뿐만 아니라, 다카르에서도, 라고스에서도, 코토누에서도 전시되어야 합니다. 5년 이내에 아프리카의 문화유산이 아프리카로 임시 또는 영구 귀환될 수 있는 여건을 마련하기 위해 노력하겠습니다. 이것이 저의 우선과제가 될 것입니다.[5]

아프리카 대륙에서 주로 진행된 수탈적·군국적 식민주의는 태평양이나 아메리카 대륙의 정착형 식민주의와는 다른 여건을 불러왔다. 펠윈 사르와 베네딕트 사보이의 보고서는 '인류보편 박물관'이라는 신화가 우리의 시야를 가리는 역할을 한다는 점을 지적했다. '인류보편'이라는 표현과는 달리 실제로는 인류보편의 가치와 이상에 반하는 이 박물관들은 그 무엇보다도 투명하고 정확하게 공개해야 할 요소, 즉 현재 소장중인 약탈품들을 취득하게 된 다양한 경로를 은근슬쩍 가려버린다. 물론 전쟁에서 전리품을 챙기는 것은 과거 인류가 보편적으로 해온 행동이다. 그러나 박물관들은 아프리카가 무자비하게 파괴되던 빅토리아 시대와 에드워드 시대에 '인종과학'과 식민주의적 폭력에서 분명 핵심적인 역할을 했다. 이 시기 아프리카에서 벌어진 유골과 무기, 왕실 유물과 성물에 대한 약탈은 단순히 제국주의와 더불어 나타난 부작용이 아니었다. 이 시기의 약탈은 폭력과 대량학살, 문화재 파괴를 정당화하고 백인우월주의를 전시하기 위한 핵심적인 기술이었다.

1884년 베를린 회의에서 1914년 1차 세계대전 발발까지 이르는 30년 동안 박물관은 약탈이라는 행위의 성격을 바꿔놓았다. 약탈의 박물관은 새로운 형태의 백인우월주의를 위한 기간시설이 되어 폭력을 연장했다. 서양은 폭력적인 군사 작전으로 빼앗은 물건들을 박물관으로 가져와 '원시'나 '퇴락'이라는 설명을 붙여 전시했다. 이러한 폭력의 연장은 백인우월주의의 핵심이었으며, 20세기에 인류를 덮친 공포의 전조였다. 지금껏 이런 일을 해온 서양의 국립박물관들이 이 자신들의 공모행위에 대해 '논쟁'하는 것은 부끄러운 일이다. 이미 많은 관람객과 큐레이터들이 폭력적이고 인종적인 전시 방식에서 이 약탈물들이 겪은 과거의 무자비한 수탈의 역사를 읽어내고 있다.

식민지 약탈물의 반환은 균형의 문제도 아니고, 편을 가를 문제도 아니다. 약탈물 반환은 지금까지 가려져 있던 문제를 지적하고, 지금도 진행 중인 제도적 인종주의를 해결하기 위한 노력이다. 놀랍게도 영국 박물관계의 고위 전문가나 정치인들 중에는 여전히 아프리카 국가들의 문화재 관리 능력을 문제 삼는 이들이 다수 존재한다. 1896년 아샨티 전쟁에서 '발견'된 14세기 영국 청동 물주전자를 영국박물관으로 가져오며 근 500년의 세월동안 물주전자를 잘 보관해온 아샨티의 관리 능력을 문제 삼았던 것이 생각나는 대목이다.[6] **"돌려줘봤자 누가 다시 훔쳐갈 뿐"**이라는 말은 도둑들의 표어일 뿐이다. 영국의 국립박물관들은 (나치 약탈 예술품이나 인간유해 반환이라는 예외가 분명이 있었음에도) 소장품 처분을 허락하지 않는 법을 탓하며 훔쳐온 것들을 되돌려주지 않고 원소유국에 장기 임대하는 방식으로 문제를 해결하려 하고 있다. 이러한 태도는 대학이나 지자체 박물관들이 반환 요구에 대해 보이고 있는 열린 태도와 대조적이다. 많은 비국립 박물관들이 사례별 접근을 통해 식민지 약탈품의 소장내력을 파악하고 아프리카의 목소리에 대한 지지를 시작하고 있다. 이 흐름은 결코 멈출 수 없다. 반환은 옹호할 수 없는 행위에 대한 옹호를 멈추는 행동이며 아프리카의 박물관계와 동료, 공동체를 지지하는 행동이다. 그것은 양심과 기억의 장소로서의 서구 박물관의 역할을 새롭게 하는 행동이며 현재도 진행 중인 인종적 폭력을 중단하는 행동이다. 반환은 말 그대로 빚을 갚는 행동이자 관계를 재건하는 행동이다. 박물관을 둘러싼 세계는 변화하고 있으며, 아무도 그 변화를 멈출 수 없다. 지지부진한 논의는 행동에 길을 내주고 있다. 우리의 행동을 기다리는 1만 개의 베닌 약탈물이, 그 1만 개의 단절된 역사가 어떻게 진행될지 지켜봐야 할 일이다.

맺음말
반환의 10년

약탈물의 서양 박물관으로의 이동은 이중의 과정이다. 이 행위는 약탈물을 원래의 주인에게서 빼앗았고, 동시에 '우리'를 풍요롭게 했다. 약탈은 빼앗긴 자들의 권리와 의사에 반하여 서구의 학자와 학생, 예술가, 큐레이터, 사진작가, 박물관 주변 사람들, 그리고 관람객에게 특권을 주었다. 약탈이 이중의 과정이었던 만큼 그 반환 또한 이중의 과정으로 이루어지는 것이 마땅하다. 직간접적으로 약탈을 겪은 원소장자 집단에 문화재를 반환하고, 동시에 그동안 약탈물의 혜택을 입은 기관이나 공동체는 해당 문화재에 대한 모든 권리를 포기해야 한다. 우리가 요구하는 것은 이곳에 있는 문화재를 다른 곳으로 옮기는 단순한 물리적인 이전이 아니다. 우리는 지식인 공동체가 그동안 영속화한 상징적이고 인식론적인 폭력의 존재를 대중 앞에 드러내고 인정할 것을 요구한다. … 이것은 상황을 바로잡을 수 있는 기회다.
— 로드아일랜드대학 디자인스쿨 집회 유인물, 2018년 11월 30일[1]

사실 이 책은 독자의 실천만이 결론이 될 수 있는 종류의 책이다. 그러나 일종의 맺음말로 아프리카 유물 반환을 현실로 만들기 위한 실질적인 방법들을 몇 가지 짚어보고자 한다.

2018년 11월 로드아일랜드대학 디자인스쿨에서는 학교 박물관이 소장중인 베닌 조각상의 베닌 왕실 반환을 촉구하는 집회가 열렸다. 집회 유인물에는 이런 문장이 쓰여 있었다. "학교는 답하라. 식민주의와 결탁할 것인가 공모할 것인가? 결정의 시간이 왔다." 같은 날, 일반 시민들로 구성된 탈식민운동단체인 '이곳을 탈식민화하라Decolonize This Place'는 베닌 컬렉션을 소장 중인 브루클린 박물관 앞에서 '즉각적 배상과 보상'을 외치며 박물관 내 '탈식민화 위원회' 설치를 요구했다.[2] 몇 개월 후, 브루클린 박물관은 이 집회에 대한 일종의 답을 보냈다. 아프리카 예술 컬렉션의 고문 큐레이터 자리에 대한 백인 여성 크리스틴 윈드뮬러-루나Kristen Windmuller-Luna의 '무신경한' 임명이었다. 풀뿌리 운동들은 박물관을 둘러싼 많은 문제들을 하나로 연결하고 있다. 동상 철거운동과 배상, 문화재 반환과 제도적 인종차별은 모두 연결되어 있는 문제다. 이러한 문제들은 나아가 문화적 차이, 백인우월주의, 사회와 대학 교육 과정의 탈식민화 문제로, 그리고 인류학 박물관을 공공의 장소로 활용하기 위한 방법에 대한 고민으로도 연결되고 있다. 다음은 어디가 되어야 할까?

제국주의는 백인우월주의라는 이념을 위해 의도적으로 인류학을 활용했으며, 그런 의미에서 약탈물 전시를 통한 식민지적 폭력의 연장은 결코 부수적인 피해가 아니다. 물론 이런 사실을 인지한다고 해도 박물관의 탈식민화가 바로 이루어지지는 못할 것이다.[3] 그러나 박물관이 생각과 행동을 위한 장소가 되는 것은 가능하다. 인류학 박물관은 식민화 과정에서 아프리카를 비롯한 여러 지역에서 발생한 대량학살에 대해, 그리고 그 과정을 정당화하는 데에 있어 '인종과학'이 수행한 역할에 대해 인정하고 대중에게 알리고 공공의 장소가 될 수 있다. 과거 '인종과학'이라는 미명하에 박물관에 전시되던 유골들은 2차 세계대전 이후 전시실에서 자취를 감췄다. 현대의 박물관들도 현재 전시중인 문화재가 제국주의적 폭력을 정당화하는 역할을 한다는 사실을 직시하고 전시를 중단해야 한다.

약탈물에 대한 네크로그라피는 박물관의 '투명성'을 밝히는 수단인 동시에 박물관이 서 있는 토대를 발굴하는 수단이기도 하다. 책의 서두에 소개한 린드크비스트의 말대로 우리가 발 딛고 선 자리를 파헤치기 위해서는 고고학자의 발굴용 삽이 필요하지만, 어느 시점에는 오랜 시간 단단하게 굳어온 것들을 해체하기 위한 전동드릴이 필요할 수도 있다. 나치 약탈 예술품에 관한 국제 규약인 1998년 워싱턴 회의 원칙은 나치가 1933년부터 1945년까지 약탈한 예술품의 권리 규명 책임을 청구인이 아닌 박물관에게 두었다. 1897년 베닌시티에서 약탈된 문화재 1만여 점에 대해서도 유사한 원칙을 적용해야 한다. 그런 의미에서 박물관계와 학계는 약탈 문화재 소재를 파악하는 중대한 임무를 수행하기 위한 협업을 시작할 필요가 있다. 이를 위해서 박물관들은 관련 자료를 공개해야 한다. 그리고 그 자료는 단순한 데이터가 아닌, 해당 문화재가 거쳐 온 상실의 역사와 내력을 담은 네크로그라피의 형태여야 한다. 나는 이 책을 통해 그 과정을 시작해보고자 현재 내 위치에서 정보에 접근할 수 있는 약 422점의 베닌 문화재에 대해 조사해보았다. 145점은 옥스퍼드 측이 대여나 취득을 통해 가지고 있고, 283점은 현재는 어디론가 흩어진 '제2컬렉션'에 속해 있었다(그중 여섯 점은 옥스퍼드에 있는 145점에 포함되어 있다). 그러나 아직 해야 할 일이 너무도 많다. 독일에서는 공공박물관의 소장품 취득 내력 공개를 요구하는 캠페인이 벌어지고 있다. 영국의 경우 대부분 박물관의 컬렉션에 대한 기본적인 사실을 파악하는 것조차 매우 어렵다. 비교적 재정이 넉넉한 영국박물관조차도 베닌 컬렉션에 대한 정보를 조사하고 편찬하기 어려운 형편이라고 주장하고 있으며, 지난 10여 년간 긴축과 예산삭감에 시달린 많은 비국립 박물관들은 자료조사에 나설 여력이 없는 실정이다. 약탈문화재에 대한 정보를 파악하고 반환을 시작하기 위한 공공 예산 지원이 절실하게 필요한 이유다.

백인들은 응징 서사와 각종 이념을 통해 그동안 벌어진 일들을 아프리카의 탓으로 돌리며 비난을 전가해왔다. 그러나 이것은 단순히 비난의 전가만의, 베닌시티 약탈만의 문제가 아니다. 박물관들은 이제 개별적인 사례를 넘어 19세기부터 20세기 초반까지 이루어진 식민지 시대의 약탈과 전 지구적 자본주의의 등장 과정을, 그리고 그에 앞서 17세기부터 18세기까지 나타난 수탈의 원형을 파악하기 위해 더 광범위한 정보를 모으고 연구 협력을 진행해야 한다. 박물관에게는 제임스 쿡 선장 같은 탐험가들을 영웅화하는 것보다, 도서관과 수도원, 왕궁에 대한 약탈의 역사를 수동적이고 '균형 잡힌' 서사로 전달하는 것보다, 소장 내력을 숨기고 약탈물을 전시하는 것보다 훨씬 더 중요한 할 일이 있다. 바로 박물관의 컬렉션이 제국주의적 약탈의 결과물이라는 점을 명확히 하고 이에 대한 지식을 나눔으로써 수탈당한 개인과 공동체, 국가, 나아가 박물관 이용객들에 대한 윤리적 책임을 다하는 새로운 공간을 만드는 것이다.

우리의 행동이 급박하게 요구되는 이 '부정적 순간'에 정부는 박물관이 소장 중인 문화재의 반환을 돕기 위한 명확하고 공식적인 절차를 마련해야 한다. 인간유해나 나치 약탈품 반환에 대해서는 대부분의 국가에 명확한 정책과 규정이 존재하는 반면, 식민지 약탈품에 대한 규정은 아직 갈 길이 멀다.[4] 영국의 국립박물관들은 소장품 처분을 제한하는 국가유산법의 제한을 받지만, 대학박물관이나 지역박물관은 즉각적인 행동에 나설 수 있는 여지가 있다.[5] 반환에 대한 규정을 마련할 때 고려해야 할 요소로는 박물관의 해당 문화재 소장에 대한 법적 근거, 취득 당시의 상황, 반환을 요구하는 주체와 문화재 사이의 관계, 또 다른 요구 주체의 존재 여부 등을 들 수 있다.

1924년 이후 나이지리아에서 영국으로 보내진 베닌 문화재의 적법성, 특히 1970년 유네스코 협약 이후 보내진 문화재의 적법성 또한 고려해야 할 요소다. 국제적 이동을 거쳐 영국의 컬렉션으로 편입된 몇몇 베닌 브론즈 중에는 그 적법성을 시급히 검토해야 할 것들도 있다. 여기에는 1973년 나이지리아의 야쿠부 고원 장군이 라고스 국립박물관에서 반출하여 엘리자베스 여왕에게 선물한 청동 두상도 포함된다. 1972년 즈음 영국박물관이 로버트 리먼에게 청동 장식판 두 점을 양도하거나 판매하게 된 경위 또한 파악해야 하며, 혹시 교환이 이루어졌다면 영국박물관 측이 리먼 측으로부터 어떤 문화재를 받았는지 밝히는 것도 큰 도움이 될 수 있다. 그 과정에서 고려해야 할 또 다른 요소가 있다. 해당 문화재를 양도하거나 판매할 권한이 없는 이에게서 취득한 것은 아닌지, 속해 있던 공동체에서 어느 정도의 중요성을 지닌 물건이었는지, 혹시 왕실의 보물이나 종교적 성물은 아니었는지 파악하는 것이 필요하다. 무엇보다 반환을 요청한 측과 동등한 입장에서 진정성 있는 대화를 거쳐야 하며, 반환한 인간유해가 매장 등을 통해 소멸되어도 관여하지 않는 것이 당연하듯, 반환 이후 문화재 활용에 대해서는 어떤 간섭도 하지 않겠다는 자세를 가져야 한다.

〈사르-사보이 보고서〉가 제시한 한 가지 중요한 원칙에 대해서도 행동이 필요하다. 바로 새로운 '유형학'의 도입이다. 이 새로운 유형학은 제멋대로 상상해낸 문화적 분류가 아닌 식민지 문화재에 대한 박물관의 '취득' 경로에 기반을 둔 것이어야 한다. 네크로그라피 작성이라는 과업의 핵심이기도 한 이 취득의 유형학에서 첫 번째 분류가 되어야 할 것은 바로 "폭력을 통해 빼앗아온 약탈물"이라는 분류다. 여기에는 영국이 1868년 에티오피아 막달라에서, 1874년과 1896년 가나의 아샨티 왕국에서, 그리고 아프리카 곳곳에서 벌어진 소위 '작은 전쟁들'에서 약탈한 약탈물과 전리품이 포함될 것이다. 그중 가장 포괄적이고 대표적인 사례는 물론 베닌 약탈물이 될 것이다. 펠윈 사르와 베네딕트 사보이는 큐레이터들에게 반환에 대한 시각을 넓혀 문화재를 둘러싼 다양한 상황을 고려할 것을 제안했다. 우선 취득 유형을 일곱 가지 정도로 제시해보자면 다음과 같다. ① 종류를 막론한 모든 형태의 폭력을 이용한 약탈. 여기에는 왕실이나 다른 주권 주체의 물건에 대한 약탈이 포함된다. ② 인간유해에 대한 인류학적 수집. ③ 식민지 시대 선교 단체 등에 의한 종교적 성물이나 물건에 대한 압수. ④ 고고학적 수집이나 도굴. ⑤ 자연사적 표본에 대한 '과학적' 수집. ⑥ '민족학적' 수집. ⑦ 물물교환이나 구입, 의뢰 등을 통한 취득. 이 목록은 폭력의 강도 순서로 나열한 것이 아니다. 펠윈 사르와 베네딕트 사보이가 강조한 바와 같이 이 모든 취득 유형에는 다양한 '압력'이 존재했고 지금도 존재하기 때문이다.[6] 이 유형학 예시는 폭력의 정도를 분류하는 것보다는 네크로그라피 작성을 위한 기본적인 틀을 새롭게 제공하는 것을 목적으로 한다.

이 세상에는 훔쳐온 물건으로 채워지지 않은 인류학 박물관이 필요하다. 지금까지 반환에 관련된 박물관의 '대화'는 '얽힘'이나 복잡성을 핑계로 너무나도 자주 장광설이나 배제, 방해, 침묵과 삭제로 채워졌다. 그러나 이 역사의 많은 부분은 사실 그렇게 복잡하거나, 어렵거나, 얽혀 있지 않다. 반환을 위해 고려해야 할 역사는 오히려 단순하다. 약탈된 물건이 존재하고 그 물건을 돌려달라고 요구하는 공동체가 존재한다면 서구 박물관들은 그 물건은 물론 그와 관련된 지식, 자원, 연결, 기반을 돌려주기 위해 적극 노력해야 할 의무가 있다. 큐레이터들은 반환을 통해 본연의 업무를 더 잘 수행할 수 있게 될 것이다. 자신이 속한 박물관의 소장품들을 더 잘 이해하는 업무 말이다. 이는 인간유해에 대해서도 적용될 수 있다. 요구가 있을 시에만 대응하는 기존의 업무 방식은 선제적으로 지식을 공유하고 반환에 적극적으로 나서는 방식으로 변화해야 한다. 이러한 반환과 지식의 공유는 무분별한 자원 채취로 남반구 곳곳에 많은 피해를 초래해온, 그리고 지금도 지구의 풍경과 환경을 훼손하고 있는 대형정유회사 같은 재난자본주의적 기업의 후원 없이도 얼마든지 수행할 수 있다.

유럽과 아메리카의 도시에 필요한 것은 현재와 같은 모습의 박물관이 아니다. 지금 그곳에는 다른 방식의 생활과 관점, 사고와 관계를 이해할 수 있도록 돕는 새로운 형태의 세계문화 박물관이 절실히 필요하다. 새로운 형태의 세계문화 박물관에서는 약탈해온 문화재를 반환하고 그 자리를 새로운 예술품으로 채워보는 것은 어떨까? 문화재 원소유국 예술가와 디자이너, 작가의 작품을 구매하여 약탈 문화재가 있던 자리를 채우는 프로그램을 운영한다면 박물관은 현대의 식민주의를 새로운 방식으로 기억하는 공간이 될 수 있을 것이다.

인류학 박물관과 고고학 박물관, 세계문화 박물관의 역할을 새롭게 상상해보자. 박물관은 분명 양심의 장소로, 이행과 복원, 정의의 장소로, 문화를 기억하는 장소로 다시 태어날 수 있다. 끝이 아닌 과정의 장소가 될 수 있다.

아프리카 문화재 반환에 대한 국제적 압력이 임계점에 다다른 지금, 영국은 제국주의적 과거를 어떤 방식으로 직면할지 결정해야 할 중대한 기로에 서 있다. 식민주의적 문화 파괴 활동으로 약탈한 문화재에 대한 문제는 시민들의 새로운 행동 영역으로 부각되고 있다.

지금이 희망과 낙관의 시간이 될 수 있을지는 아직 모르지만, 행동의 시간이 되어야 한다는 점은 분명하다. 20년 전, 나중에 내 동료가 된 피트 리버스 박물관의 한 직원은 "베닌 청동판은 기념품 상점에 걸어놓고 먼지를 뒤집어쓰도록 내버려두는 것이 문화적으로 가장 적합한 보관 방식일 것"이라는 말을 농담이랍시고 던지곤 했다.[7] 그러나 이제 그런 농담이 허용되던 시대는 지났다. 데이비드 아자예David Adjaye의 설계로 베닌시티에 왕립박물관 건립이 추진되고 있는 가운데, 옥스퍼드의 피트 리버스 컬렉션을 둘러싼 세계는 빠르게 변하고 있다.

반환에 대한 가장 큰 오해 중 하나는 그것이 국가 대 국가로 진행되어야 한다는 생각이다. 베닌 문화재의 반환을 논할 때도, 아프리카의 다른 문화재 반환을 논할 때도 대부분의 사람들은 식민 지배를 했던 국가가 현재의 아프리카 국가에 문화재를 반환하는 것으로 생각한다. 그러나 베닌 문화재는 국가가 아닌 베닌 왕실로 돌아가야 한다. 영국의 경우에도 영국박물관이나 빅토리아 앨버트 박물관 같은 국립박물관이 아닌 비국립 박물관이 더 많은 베닌 문화재를 보유하고 있다. 영국박물관법의 적용을 받지 않는 40여 곳의 비국립 박물관과 대학들은 지금이라도 소장 중인 베닌 문화재 반환을 결정할 수 있다. 케임브리지대학 지저스 칼리지의 경우 실제 베닌 수탉 동상 반환을 위한 절차를 진행 중이다.[8]

책 마지막 부분에 수록된 '부록 5'는 베닌 브론즈 문제의 중심을 식민지 폭력에서 문화재 반환으로 옮기기 위한 일종의 시작점이 될 수도 있으리라 생각한다. 현재 전 세계적으로 베닌 약탈품을 보유 중인 컬렉션은 161개에 달하는 것으로 확인 또는 추정되고 있다. 그중 절반 정도가 영국(45개)과 미국(38개)에 있다. 독일 박물관의 경우에도 25개 정도의 컬렉션이 베닌 약탈품을 보유 중인 것으로 추정되며, 베닌 왕실을 포함한 9개의 나이지리아 컬렉션에도 속해 있다. 이 네 개의 국가 외에도 앙골라에서 세네갈, 호주, 오스트리아, 벨기에, 캐나다, 덴마크, 프랑스, 아일랜드, 이탈리아, 일본, 네덜란드, 노르웨이, 포르투갈, 러시아, 스페인, 스웨덴, 스위스, 아랍에미리트 등 국가의 약 43개 컬렉션에 베닌 약탈품이 속해 있다는 사실이 잠정적으로 확인됐다. 이 목록은 어디까지나 잠정적이며, 추정과 과거 정보에 의존하여 작성한 부분도 있다. 예를 들어 영국 웰컴 컬렉션의 경우 소장 중이던 베닌 컬렉션을 어딘가에 기증하거나 판매했을 가능성이 있으며, 일부는 여전히 보유 중이거나 장기 대여 중일 수도 있다. 소장 중이던 베닌 예술품을 판매한 사실이 명확히 확인된 박물관도 있다. 가장 유명한 사례로는 2007년 뉴욕주 버펄로 소재 올브라이트 녹스 미술관에서 처분을 결정하며 뉴욕 소더비 경매에서 474만 달러에 낙찰되어 베닌 약탈물 중 최고판매가를 기록한 17세기 오바 청동 두상을 들 수 있다. '부록 5'의 목록에는 구입이나 상속으로 형성된 개인 컬렉션은 빠져 있다는 점도 기억해야 한다.

2010년에는 1949년 사망한 헨리 갈웨이의 후손 중 일부가 현존하는 여섯 개의 이디아 왕비 가면 중 한 점과 청동 작품, 상아 작품 등 약탈물 판매를 시도했다가 나이지리아가 주도한 반대 운동으로 실패하며 대중의 관심을 끈 사례가 있었다.[9] 개인적 판매에 대한 정보는 잘 공개되지도 않는다. 예를 들어 2016년 울리 앤드 월리스/엔트위슬 경매소에서 판매된 또 다른 청동 두상의 경우 그 판매가가 공개되지 않았다. 경매소 측은 "일곱 자릿수 대의 상당한 고가"로 "베닌 예술품 중 최고가를 기록했을 것"이라고만 언급했다.[10] 이 책의 개정판이 나온다면, 그때는 더 상세한 정보를 수록할 수 있기를 바란다. 베닌 브론즈의 규모와 현재 소재를 더 파악할 수 있다면, 나아가 베닌 왕실로의 반환 과정에 대한 내용도 포함할 수 있다면 더할 나위 없을 것이다. 이와 관련하여 알고 있는 정보나 이 책에 실린 내용 중 수정해야 할 사항이 있다면 트위터 계정 @BrutishMuseum으로 제보를 부탁한다.

* * *

왕립나이저회사 메달의 약장에는 '평화, 정의, 예술'이라는 의미의 라틴어 단어 'Pax, Jus, Ars'가 새겨져 있다. 어두운 역사 속의 저 단어들을 가져와 현대의 박물관을 위한 새로운 표어로 삼아볼 수는 없을까? 베닌 청동 두상을 만들 때 사용한 탈납주조 방식에서처럼 약탈의 박물관이라는 주형을 녹여낸 자리에 다양한 재료를 채워 넣어 새로운 박물관을 양산하는 것은 불가능할까? 이 질문에 대한 답은 지금 이 책을 읽고 있는 독자들에게 달려 있다. 이 책을 내려놓고 의자에서 일어나 문을 박차고 나가 2020년대를 반환의 10년으로 만들어줄 여러분 말이다.

1. 아샨티 메달 삽화 2차 초안. 에드워드 J. 포인터. 1874년 7월. 영국박물관(소장품 번호 1919.1216.19).

2a. 갈웨이 부영사와 베닌의 족장들. 1892년 3월 방문 중 리버풀의 무역업자인 존 스와인슨이 촬영. 클로드 맥도널드의 나이저해안보호령 사진첩. 엘리엇 엘리소폰 사진 아카이브. 국립 아프리카 예술 박물관. 스미소니언 협회(소장품 번호 1996-190143).

2b. 약탈이 진행되고 있는 베닌 왕궁 내부. 사진에는 찰스 허버트 필립 카터(1864~1943)와 E. P. 힐, 그리고 신원을 알 수 없는 남성이 찍혀 있다. 1897년 2월 촬영. 피트 리버스 박물관(소장품 번호 1998.208.15.11).

3. 조지 르클레르크 에저튼이 베닌시티에서 약탈한 청동 장식판. 피트 리버스 박물관/두마스–에저튼 기금(소장품 번호 1991.13.8).

4. F. 엠버리에게서 매입한 베닌 청동 장식판. 엠버리의 기록에는 "1897년 원정을 통한 베닌 점령 이후 한 원주민 상인 여성이 영국군의 눈에 띄지 않게 숨겨 두었다가 라고스로 가지고 나온 것을 구매했다"고 되어 있다. 피트 리버스 박물관(소장품 번호 1907.66.1).

5. 베닌 청동 두상. 17세기 중반 제작. 1973년 6월 나이지리아의 야쿠부 고원이 라고스 국립박물관에서 가지고 나와 엘리자베스 여왕에게 선물했다. 로열 컬렉션 기금(소장품 번호 RCIN 72544).

6a. 조지 르클레르크 에저튼이 그린 베닌시티의 조상 제단, 1897년. 피트 리버스 박물관/두마스-에저튼 기금(소장품 번호 1991.13.3).

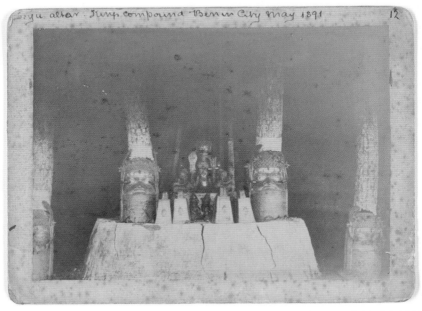

6b. 베닌 왕국의 조상 제단을 찍은 사진. 시릴 펀치가 1891년 베닌시티 방문 시 촬영했다. 엘리엇 엘리소폰 사진 아카이브. 국립 아프리카 예술 박물관. 스미소니언 협회(소장품 번호 EEPA.1993-014).

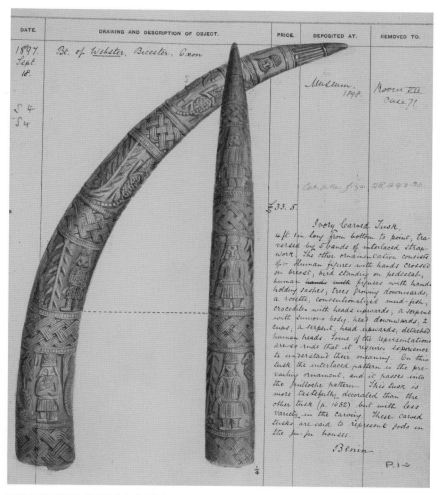

7. 파넘 피트 리버스 박물관에서 제작했던 삽화를 곁들인 '제2컬렉션' 카탈로그의 한 페이지. 1897년 9월 18일 웹스터에게서 35파운드에 구입한 세공 상아 작품이다. 이 세공품은 1981년 3월 30일 소더비에서 경매를 통해 누군가에게 팔린 것으로 보인다(케임브리지대학 도서관 Add. 9455, vol 5, p. 1600).

8. 조지 르클레르크 에저튼이 베닌시티에서 약탈한 베닌 모후와 여섯 명의 시종 제단 장식. 피트 리버스 박물관/두마스-에저튼 기금(소장품 번호 1991.13.25).

9. 상아로 만든 이중 종('에고고'), 16세기 초 제작. 1898년 10월 2일 피트 리버스 박물관이 헨리 링 로스에게서 6파운드에 구입(카탈로그 vol 5, p. 1746). 1958년 이전 마티아스 코머가 구입했으며, 1958년에 브루클린 박물관이 구입했다(소장품 번호 58.160).

10. 피리 부는 남자 청동상. 16세기 제작. 1899년 8월 7일 피트 리버스 박물관이 웹스터에게서 구입했다(카탈로그 vol 6, p. 1989). 1957년 이전 K. 존 휴이트에게 판매됐다가 1957년 넬슨 A. 록펠러가 구입하여 1972년 원시미술박물관에 기증했다. 그 후 1978년 메트로폴리탄 박물관으로 이전됐다(소장품 번호 1978.412.310).

11a. 표범 청동상. 16~17세기 제작. 1899년 3월 17일 피트 리버스 박물관이 웹스터에게서 20파운드에 구입(카탈로그 vol 6, p. 1929). 1957년 이전 K. 존 휘이트에게 판매됐다가 1957년 마티아스 코머가 구입하고, 다시 1958년 넬슨 A. 록펠러가 구입하여 원시미술박물관에 기증했다. 그 후 1978년 메트로폴리탄 박물관으로 이전됐다(소장품 번호 1978.412.321).

1929.				
DATE.	DRAWING AND DESCRIPTION OF OBJECT.	PRICE.	DEPOSITED AT.	REMOVED TO.
1899 Mar. 17.	Bronze Leopard, tail deficient; total height 15½". incised spots and small punch-marks all over. The pupils of the eyes are inlaid with iron. Benin. Bt of webster.	15½" £20 Room VII Case 75	One of the hind legs broken off and repaired by natives with a piece of ivory. The leopard is covered with	legs broken with P. 89

11b. 파넘 피트 리버스 박물관에서 제작했던 삽화를 곁들인 '제2컬렉션' 카탈로그의 한 페이지. 11a의 표범 청동상을 보여주고 있다(케임브리지대학 도서관 Add. 9455, vol 6, p. 1929).

12. 허리에 다는 청동 가면 장식품. 옥스퍼드대학 애시몰린 박물관 소장품이며, 현재 피트 리버스 박물관에 장기 대여 중이다(소장품 번호 1983.25.1).

13. 상아로 만든 이디아 왕비 가면 장식품. 1898년 4월 14일 피트 리버스 박물관이 스티븐스 경매소에서 25파운드에 구매했다(카탈로그 vol 5, p. 1623). 추후 1964년 슈투트가르트 린덴 박물관이 취득했다(소장품 번호 F 50565).

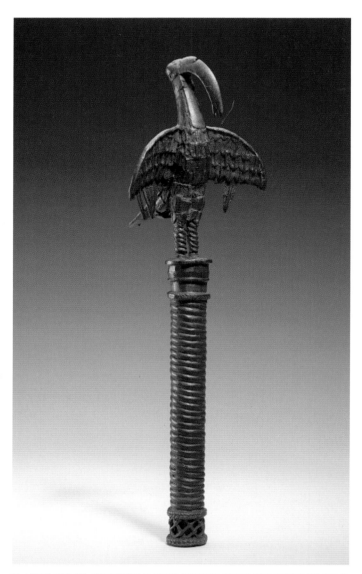

14. 내부가 비어 있는 청동 막대에 새 장식을 얹은 악기. 18세기 제작. 1899년 6월 8일 피트 리버스 박물관이 웹스터에게서 4.1파운드에 구입(카탈로그 vol 6, p. 1954). 이후 올가 허시혼이 1966년 구매하여 2015년까지 소장 후 2016년부터 현재까지는 스미소니언 협회 국립 아프리카 예술 박물관이 소장 중이다(소장품 번호 2016-1-1).

15a. 1897년 베닌에서 돌아온 병사들이 흑인 분장을 하고 인신공양 의식을 흉내 낸 공연을 하는 모습. 장소는 포츠머스 또는 런던으로 보인다. 국립육군박물관(원판 18804).

15b. 2020년 2월 촬영한 피트 리버스 박물관 로어 갤러리의 '베닌 왕실 예술' 진열장의 모습. 진열장 오른쪽에 걸려 있는 의식용 노 두 점은 마크 워커가 할아버지에게서 상속받은 것으로, 현재 반환 절차를 추진 중이다.

16. '베닌 브론즈 두 점의 귀환'. 마크 워커의 베닌 문화재 반환을 기념하기 위해 2014년 6월 베닌 왕궁 내에서 열린 행사의 안내장이다(마크 워커 제공).

부록

현재까지 파악된 베닌 청동판의 소재지

박물관	소장개수*
개인 소장	파악 불가**
베를린 민족학 박물관	255
런던 영국박물관	192
라고스 국립박물관	64
빈 세계박물관	46
드레스덴 민족학 박물관	36
시카고 필드 박물관	35
뉴욕 메트로폴리탄 미술관	26
라이프치히 그라시 박물관	20
'파넘 피트 리버스 박물관'(현재 폐쇄)	18***
상트페테르부르크 러시아 민족학 박물관	18
보스턴 미술관	15
스톡홀름 세계문화 박물관	14
런던 호니먼 박물관	13
라이덴 민족학 박물관	13
베닌시티 국립박물관	12
워싱턴DC 국립 아프리카 예술 박물관	11
옥스퍼드대학 피트 리버스 박물관	10
케임브리지대학 고고학 인류학 박물관	7
펜실베이니아대학 고고학 인류학 박물관	7
프랑크푸르트 세계문화 박물관	6
워싱턴DC 허시혼 미술관 조각정원	5
슈투트가르트 린덴 박물관	5
뉴욕 미국 자연사 박물관	3
브레멘 민족학 박물관	3
뉴욕 브루클린 박물관	3
하버드대학 피바디 고고학 민속학 박물관	3

뮌헨 오대주 박물관	3
클리블랜드 미술관	2
나이지리아 조스 박물관	2
함부르크 로터바움 박물관	2
시애틀 미술관	2
취리히대학 민족학 박물관	2
시카고 미술관	1
볼티모어 미술관	1
댈러스 미술관	1
샌프란시스코 드영 박물관	1
인디애나폴리스 미술관	1
로스앤젤레스 카운티 미술관	1
뉴올리언스 미술관	1
'개인 소장'(이전 암스테르담 트로펜 박물관)	1
쾰른 라우텐스트라우흐–요에스트 박물관	1
만하임 라이스–엥겔호른 박물관	1
로열 온타리오 박물관	1
암스테르담 트로펜 박물관	1
이바단대학	1
아이오와대학	1
리버풀 세계 박물관	1
전체	868

* 2017년 건쉬 연구 이후: 부록 4
** 개인 소장 중인 베닌 장식판의 소재를 파악하는 작업은 두 가지 이유로 매우 어려운 일이다. 우선 약탈물이 판매된 경우 해당 유물의 미술품 시장 내 이동을 파악하는 것 자체가 쉽지 않고, 판매되지 않고 가족 내에서 상속된 경우에도 누가 상속을 받았는지 파악하기가 어렵다. 일부는 판매하고 일부는 상속한 경우도 있다.
*** 파넘 피트 리버스 박물관의 폐관 이후 18개의 장식판은 다른 곳으로 옮겨졌을 것이다. 이미 다른 박물관이나 기관으로 유입되어 통계에 중복으로 잡혔을 가능성도 있다.

부록 2

옥스퍼드 피트 리버스 박물관에 소장 중인 베닌 유물(제1컬렉션)의 출처

출처	개수
두마스-에저튼 기금(대여)	41
메리 헨리에타 킹슬리	28
스티븐스 경매소, 38 킹스트리트, 코벤트 가든, 런던	22[1]
파넘 피트 리버스 박물관	7
헨리 닐러스 톰슨	6
커스버트 에드가 피크 경	5
프레데릭 베드포드 제독	5
조지 파비안 로렌스	4
윌리엄 다우닝 웹스터	3
크랜모어 민족학 박물관	3
제럴드 로버트 라이트링어	3
베아트리스 브레이스웨이트 베티	2
퍼시 아모리 텔벗	2
펠릭스 노먼 링 로스	1
G. F. 마틴	1
F. 엠버리, 본머스	1
윌리엄 핑글랜드, 리버풀	1
프레드 윌리엄 베인브리지 랜든 중령(H. K. 이든을 통해)	1
조지 차딘 덴튼	1
제임스 토머스 후퍼	1
토머스 윌리엄 탭하우스, 옥스퍼드 시장	1
헨리 밸푸어	1
소더비 경매소	1
존 그랜빌, 레지날드 커 그랜빌의 손자	1
전체	145

부록 3

파넘 피트 리버스 박물관이 소장했던
베닌 유물(제2컬렉션)의 출처

윌리엄 다우닝 웹스터	188
스티븐스 경매소, 38 킹스트리트, 코벤트 가든, 런던	26
조지 파비안 로렌스	25
나이저해안보호령 재무담당관, 다우닝 스트리트	9
노먼 버로우스, 멜러 홀	9
헨리 링 로스	8
에바 쿠터	5
윌리엄 크로스, 리버풀	4
알려지지 않음	3
제임스 트레가스키스, 232 하이 홀본	2
찰스 허큘리스 리드	1
리버풀 박물관	1
조지 R. 하딩, 세인트제임스스퀘어, 런던	1
J. 영, 글래스고	1
전체	283

부록 4

파넘 피트 리버스 박물관에 있던 베닌 유물 (제2컬렉션)의 현재 소재[2]

알려지지 않음	227
뉴욕 메트로폴리탄 박물관	27
보스턴 미술관	14
스미소니언 박물관	8
이스트앵글리아대학 세인스버리 센터	1
예일대학 미술관	1
아일랜드 헌트 박물관	1
뉴욕 브루클린 박물관	1
시애틀 미술관	1
슈투트가르트 린덴 박물관	1
다트머스대학 후드 미술관	1
전체	283

부록 5

현재 1897년 베닌 약탈품을 소장중인 것으로
추정되는 박물관, 미술관, 컬렉션 명단

영국(45)

얼스터 박물관, 벨파스트

바버 미술관, 버밍엄대학

버밍엄 박물관 및 미술관, 버밍엄

브라이튼 박물관 및 미술관

브리스틀 박물관

고고학 인류학 박물관, 케임브리지대학

지저스 칼리지, 케임브리지

두마스-에저튼 기금, 케임브리지

스코틀랜드 국립박물관, 에든버러

마이어스 박물관, 이튼 칼리지

글래스고 미술관

세인트 뭉고 종교 예술 박물관, 글래스고

켈빙로브 박물관, 글래스고

뱅크필드 박물관, 핼리팩스

이스트요크셔 군사 박물관, 헐

헐 박물관

입스위치 박물관

리즈 시립 박물관

리즈 무기 박물관

세계 박물관, 리버풀

리버풀 박물관

영국박물관, 런던

호니먼 박물관, 런던

램버스 궁전, 런던

자연사 박물관, 런던

왕립 그리니치 박물관, 런던

빅토리아 앨버트 박물관, 런던

웰컴 컬렉션, 런던

메이드스톤 박물관, 켄트

맨체스터 박물관, 맨체스터대학

그레이트 노스 박물관, 뉴캐슬

국립 영국 해군 박물관, 포츠머스

컴벌랜드 하우스 박물관, 포츠머스

랭커셔 연대 박물관, 풀우드 배럭스, 프레스턴

파월 코튼 박물관, 버칭턴온시

노포크 박물관

세인스버리 센터, 이스트앵글리아대학, 노리치

로열 앨버트 기념 박물관, 엑서터

애버딘대학 박물관

애시몰린 박물관, 옥스퍼드대학

피트 리버스 박물관, 옥스퍼드대학

시티 아트 갤러리, 샐퍼드

리버풀 세계 박물관

워링턴 박물관 미술관

로열 컬렉션, 윈저

미국(38)

볼티모어 미술관, 메릴랜드

피비 허스트 인류학 박물관, 캘리포니아대학, 버클리

보스턴 미술관, 보스턴, 매사추세츠

올브라이트 녹스 미술관, 버펄로, 뉴욕

버펄로 과학 박물관, 뉴욕

피바디 박물관, 하버드대학, 케임브리지, 매사추세츠

시카고 미술관, 일리노이

필드 박물관, 시카고, 일리노이

클리블랜드 미술관, 오하이오

댈러스 미술관, 텍사스

후드 미술관, 다트머스대학, 하노버, 뉴햄프셔

덴버 미술관, 콜로라도

디트로이트 미술관, 미시건

인디애나폴리스 미술관, 인디애나

아이오와대학, 아이오와시티

로스앤젤레스 카운티 미술관, 캘리포니아

파울러 박물관, 캘리포니아대학, 로스앤젤레스

밀워키 공립 박물관, 위스콘신

미니애폴리스 미술관, 미네소타

뉴어크 박물관, 뉴저지

예일대학 미술관, 뉴헤이븐, 코네티컷

뉴올리언스 미술관, 루이지애나

미국 자연사 박물관, 뉴욕시

브루클린 박물관, 뉴욕시

메트로폴리탄 미술관, 뉴욕시

스토발 박물관, 노먼, 오클라호마

앨런 기념 미술관, 오벌린, 오하이오

필라델피아 미술관, 펜실베이니아

카네기 미술관, 펜실베이니아

펜실베이니아대학 고고학 인류학 박물관

로드아일랜드대학 디자인스쿨 미술관, 프로비던스, 로드아일랜드

하펜레퍼 인류학 박물관, 프로비던스, 로드아일랜드

드 영 박물관, 샌프란시스코, 캘리포니아

시애틀 미술관, 워싱턴

시립 미술관, 세인트루이스, 미주리

허시혼 미술관 조각정원, 워싱턴DC

국립 아프리카 예술 박물관, 워싱턴DC

독일(25)

민족학 박물관, 베를린

보데 박물관, 베를린

시립 박물관, 브라운슈바이크

해외 박물관, 브레멘

라우텐스트라우흐-요에스트 박물관, 쾰른

헤센 주립 박물관, 다름슈타트
민족학 박물관, 드레스덴
세계문화 박물관, 프랑크푸르트
자연과 인간 박물관, 프라이부르크
민족학 연구소, 괴팅겐대학
미술공예 박물관, 함부르크
로텐바움 박물관, 함부르크
니더작센 주립 미술관, 하노버
민족학 박물관, 하이델베르크
뢰머-펠리제우스 박물관, 힐데스하임
그라시 박물관, 라이프치히
민족학 박물관, 뤼베크
라이스-엥겔호른 박물관, 만하임
요하네스구텐베르크대학, 마인츠
오대주 박물관, 뮌헨
린덴 박물관, 슈투트가르트
시립 박물관, 울름

나이지리아(9)
베닌 왕실
오셈웨기 에보혼 대사제 개인 컬렉션, 베닌
국립박물관, 베닌시티
국립박물관, 칼라바르
국립박물관, 이페
조스 박물관
국립박물관, 라고스
이바단대학, 나이지리아
박물관 및 유물에 대한 국가위원회

앙골라(1)
둔도 박물관

호주(2)

남호주 박물관, 애들레이드

호주 박물관, 시드니

오스트리아(2)

세계박물관, 빈

오스트리아 과학학회, 빈

벨기에(3)

민족학 박물관, 앤트워프

왕립 예술 역사 박물관, 브뤼셀

왕립 아프리카 박물관, 테뷰런

캐나다(4)

캐나다 역사 박물관, 가티노, 퀘벡

몬트리올 미술관

로열 온타리오 박물관, 토론토

인류학 박물관, 브리티시컬럼비아대학, 밴쿠버

덴마크(2)

국립박물관, 코펜하겐

모스가르드 박물관, 오르후스대학

프랑스(2)

케 브랑리 박물관, 파리

클뤼니 박물관, 파리

아일랜드(2)

국립박물관, 더블린

헌트 박물관, 리머릭

이탈리아(1)

바티칸 박물관

일본(1)

국립 민족학 박물관, 오사카

네덜란드(4)

트로펜 박물관, 암스테르담

국립 고대 박물관, 라이덴

민족학 박물관, 라이덴

민족학 박물관, 로테르담

노르웨이(1)

민족학 박물관, 오슬로대학

포르투갈(2)

지리학연구회, 리스본

그라오 바스코 박물관, 비세우

러시아(3)

모스크바 국립대학 인류학 박물관

쿤스트카메라 민족학 인류학 박물관, 상트페테르부르크

러시아 민족학 박물관, 상트페테르부르크

세네갈(1)

흑인 문명 박물관, 다카르

스페인(2)

세계문화 박물관, 바르셀로나

인류 원시역사 연구회, 마드리드

스웨덴(3)

세계문화 박물관, 예테보리

세계문화 박물관, 스톡홀름

웁살라대학

스위스(7)

민족학 박물관, 바젤

역사 박물관, 베른

민족학 박물관, 제네바

민족학 박물관, 뇌샤텔

민족학 컬렉션, 생갈렌

리트베르크 박물관, 취리히

민족학 박물관, 취리히대학

아랍레미리트(1)

루브르 아부다비

합계: 161

옮긴이의 말

번역자의 일 중 가장 큰 부분을 차지하는 것은 물론 번역이지만, 국내에 소개할 만한 해외 도서를 발굴하고 검토하는 일 또한 생각보다 많은 부분을 차지한다. 주로 해외 출판사의 분기별 신규 도서 카탈로그를 살펴보며 국내 출간을 제안할 도서를 선정하는데, 아무래도 평소에 관심을 가지고 있던 주제를 다룬 책이 눈에 더 잘 들어올 수밖에 없다. 여행을 좋아하지만 왠지 모를 거부감에 루브르나 영국박물관 같은 서양의 주요 박물관에는 거의 발을 들여놓은 적이 없는 내게 박물관의 폭력을 다룬 《대약탈박물관》은 그야말로 눈에 확 띄는 책이었다.

박물관을 생각하면 대개 특유의 고요하고 정적인 분위기가 가장 먼저 떠오를 것이다. 그렇기에 '박물관'이라는 단어와 '폭력'이라는 단어는 언뜻 잘 연결이 되지 않는다. 그러나 "영국박물관에서 영국 것은 건물과 경비원 뿐"이라는 뼈 있는 농담이 보여주듯, 서양의 주요 박물관을 채운 유물 중 상당수는 사실 제국주의와 식민주의가 한창이던 시절 다른 나라에서 폭력적으로 빼앗아온 일종의 전리품이다. 영국인인 저자는 'British Museum(영국박물관)'에서 철자를 하나 바꾼 'Brutish Museums(폭력적인/야만적인 박물관)'을 책의 제목으로 정했다. 현대 서양 박물관이 교묘하게 감추고 있는 폭력성을 꼬집는 듯한 기발한 제목에서부터 관심이 갔는데, 원서를 살펴보고 검토서를 작성한 끝에 감사하게도 번역까지 이어질 수 있었다.

관심 있는 주제의 책을 직접 발굴하여 번역하게 됐다는 생각에 기쁜 마음으로 작업을 시작했지만, 번역 과정은 결코 쉽지 않았다. 다른 분야의 책도 마찬가지지만 특히 역사서의 경우 정확한 번역을 위해 다양한 자료를 참고해야 하는데, 베닌 왕국에 대한 자료를 찾을 때마다 저자가 책에서 반복적으로 언급하는 바로 그 '기록의 부재'에 직면할 수밖에 없었기 때문이다. 19세기면 그리 먼 과거도 아닌데, 베닌 왕국의 역사에 대한 상세한 자료를 찾는 것은 국문은 물론 영문으로도 어려운 일이었다. 그도 그럴 것이 왕가의 기록이었던 베닌 청동판은 베닌시티 원정 이후 약탈되어 뿔뿔이 흩어졌고, 영국인들은 원정에 사용된 총알의 개수까지 꼼꼼히 기록하면서도 베닌 문화에 대한 기록을 남길 필요성은 느끼지 못했으며, 베닌 사람들은 자신들이 겪은 파괴에 대해 기록할 기회를 가지지 못했기 때문이다. 저자는 그 기록의 부재를 채우기 위해 베닌시티 원정 전후의 신문 기사와 사설에서부터 주요 관련 인물들이 주고받은 서한과 전보, 원정에 참가한 병사들의 사진과 일기까지 수많은 자료를 뒤졌다. 베닌에 살았던 사람들이 직접 남긴 기록은 거의 남아 있지 않은데, 영국인이 영국의 필요에 의해 남긴 기록은 상당 부분 디지털 아카이브로까지 남아 있다는 점이 얄궂으면서도, 그나마 참고할 자료가 있다는 점에서 번역자로서는 다행으로 느껴졌다. 때로는 너무 단편적이거나 맥락을 연결하기 어려워서 아쉬운 부분도 있었지만, 당시의 자료들을 들여다보는 일은 충분히 흥미로우면서 보람 있는 작업이었다.

《대약탈박물관》은 사실 문화재 반환이라는 주제에 대한 단순한 흥미만으로 술술 읽어나가기에는 조금 버거운 책일 수도 있다(적어도 번역자인 나에게는 그랬다는 고백이기도 하다). 특히 책의 앞부분에 등장하는 다양한 인류학 이론과 사회학 개념은 뒷장으로의 진행을 막는 일종의 벽처럼 느껴질 수도 있다. 그러나 이 이론과 개념들은 분명 책의 뒷부분에 등장하는 방대하고 세세한 자료에 더 깊은 의미를 부여하는 역할을 하고, 나아가 또 다른 독서를 위한 출발점이 되어주기도 한다. 현재로서는 한국에서 이 책을 가장 치열하게 여러 번 읽은 1호 독자인 번역자의 말을 믿고 부디 인내심을 가지고 읽어주시기를 부탁한다.

이 책의 저자는 역사학자가 아닌 고고학자이자 인류학자이며 박물관의 큐레이터다. 그는 현대의 박물관이 대약탈의 박물관이라고 비판하는 것에서 그치지 않고 실제 자신이 일하는 박물관에서 어떤 방식으로 탈식민화와 문화재 반환을 추진하고 있는지 소개한다. "발 딛고 선 곳을 파헤치라"는 린드크비스트의 주문에 충실하게 자신이 할 수 있는 일부터 시작하는 저자의 모습은 약탈 문화재 반환이라는 거대한 과업이 언젠가는 어떤 형태로든 이루어질 수 있으리라는 희망을 준다. 거대 박물관들이 이런저런 핑계를 대며 문화재 반환을 피하고 있는 상황에서 개인 소장자와 대학 박물관이 일부나마 반환 움직임을 보이고 있는 것 또한 환영할 만한 일이다. 이러한 움직임이 앞으로도 이어져서 저자의 말대로 언젠가 더 많은 베닌 브론즈의 반환 소식을 담은 개정판이 출간될 수 있기를 기원해본다.

마지막으로 결코 해당 분야의 전문가라고는 할 수 없는 평범한 번역자의 검토서를 읽고 출간을 결정해주신 도서출판 책과함께와 원고가 완성될 때까지 믿고 기다려주신 편집자께 감사의 말씀을 드리고 싶다. 여러 사람의 수고가 깃든《대약탈박물관》이 오랜 시간 많은 독자에게 읽히며 저자가 바라는 문화재 반환 행동을 불러오는 데에 조금이나마 보탬이 되기를 희망한다.

2022년 3월
정영은

주

머리말

1. Linqvist 1979: 25－26.
2. Osadolor and Otoide 2008.
3. Erediauwa and Akpolokpolo 1997: 32.

1장 두 번 발사되는 총

1. Boisragon 1897: 26.
2. 우비니/베닌시티 명칭의 역사에 대한 논의는 다음을 참조. Osadolor 2001: 51-3.
3. Boisragon 1897: 63, 189; cf. Bacon 1897.
4. 'Ein ausgeraubtes Schaufenster, das Haus, aus dem man einen Toten getragen hatte, die Stelle auf dem Fahrdamm, wo ein Pferd gestürzt war － ich faßte vor ihnen Fuß, um an dem flüchtigen Hauch, den dies Geschehn zurückgelassen hatte, mich zu sättigen' (Benjamin 1938: 422; 나의 번역).
5. Read 1899: n.p.
6. Read and Dalton 1899: 4.
7. Hicks 2015: 12.
8. Weisband 2017.
9. Olivier 2008.
10. Hawkes 1951: 26.
11. Latour 1991.
12. Haraway 1991; Hacking 1999.
13. Hicks 2010.
14. Cowan 1985.
15. Hollenback and Schiffer 2010.
16. Hicks 2019a, 2019b.
17. 20세기 공중전을 배경으로 어린 시절을 보낸 스벤 린드크비스트는 현대전이 지닌 남근중심적 특성에 대해 다음과 같이 회상했다. "어린 시절에는 집안 욕실에서든 집밖 공중화장실에서든 소변을 볼 때면 항상 목표물을 정하고 폭격했다. 다섯 살이 되자 나는 이미 노련한 폭격수가 되어 있었다. 어머니는 내게 '모두가 전쟁놀이를

하면 결국 전쟁이 일어난다'고 말씀하셨다." (Lindqvist 2001: 1 참조)

18. Geary 1997: 47.

19. Karpinski 1984.

20. Boisragon 1898: 77.

21. Dennett(1906: 188)의 책에 베닌시티 공격 직후 왕궁의 모습과 베닌 브론즈를 찍은 독일 상인 에르드만(Erdmann)의 사진에 대한 내용이 등장한다.

22. Roth 1903: vii; University of Oxford, Pitt Rivers Museum manuscript archives, Egerton diary, p. 28. Granville's widow went on in 9 October 1920 to marry the Governor of Falkland Islands, John Middleton. Cf. *The Times*, 6 August 1943, p. 1.

23. 'Presque partout, en particulier, l'appareil photographique paraît spécialement dangereux. Les indigènes ignorants, dit M. Junod, ont une repulsion instinctive quand on veut les photographier. Ils disent : « Ces blancs vont nous voler et nous emporter au loin, dans des pays que nous ne connaissons pas, et nous resterons des êtres privés d'une partie de nous-mêmes. » Quand on leur montre la lanterne magique, on les entend qui plaignent les personnages représentés sur les images, et qui ajoutent : « Voilà ce qu'ils font de nous quand ils ont nos photographies ! » Avant que la guerre de 1894 éclatat, j'étais allé montrer la lanterne magique dans des villages païens éloignés. Les gens m'accusèrent d'avoir causé ce malheur, en faisant ressusciter des hommes morts depuis longtemps' (Lévy-Bruhl 1922: 440; 나의 번역).

24. Papers of Captain George Howard Fanshawe Abadie, 1897-1904: Letters from Nigeria. Oxford University Bodleian Library Special Collections MSS Afr s 1337: 7-8.

25. James 1995: 303.

26. Mbembe 2003, 2019; cf. Hicks and Mallet 2019: 29, 41, 88.

2장 약탈의 이론

1. Kassim 2017; 강조는 원문의 것.

2. Hicks 2010: 63; Hicks and Beaudry 2010: 8-9.

3. Guyer 2016.

4. Mauss 1925: 74; Guyer 2012: 494.

5. 'Die Entdeckung der Gold- und Silberländer in Amerika, die Ausrottung, Versklavung, und Vergrabung der eingebornen Bevölkerung in die Bergwerke, die Eroberung und Ausplünderung von Ostindien, die Verwandlung von Afrika in ein Geheg zur Handelsjagd auf Schwarzhäute, bezeichnen die Morgenröthe der kapitalistischen Produktionsära. Diese idyllischen Prozesse sind Hauptmomente der

ursprünglichen Accumulation. Auf dem Fuss folgt der Handelskrieg der europäischen Nationen, mit dem Erdrund als Schauplatz' (Marx 1867: 734; 나의 번역).

6. Luxemburg 1951 [1913]: 364-5; 강조는 내가 한 것.

7. Harvey 2003.

8. Luxemburg 1951 [1913].

9. Stoler 2016: 6-7.

10. 'Refuser de donner, négliger d'inviter, comme refuser de prendre, équivaut à déclarer la guerre; c'est refuser l'alliance et la communion' (Mauss 1925: 51; 나의 번역).

11. Sahlins 1972: 1-2.

3장 죽음과 상실의 기록, 네크로그라피

1. Hartwig Fischer와의 인터뷰, *Ta Nea*, 26 January 2019, www.tanea.gr/print/ 2019/01/26/greece/h-ellada-lfden-einai-o-nomimos-lfidioktitis-lftonglypton- lftou-parthenona/.

2. 예를 들어, Gosden and Marshall 1999; Hoskins 1998.

3. Appadurai 1986.

4. 예를 들어, Henare 2008.

5. Whyte 2011.

6. Hicks 2010.

7. Thomas 1991: 207.

8. Ibid.: 83.

9. Ibid.: 207.

10. Thomas 1998: ix.

11. Thomas 2010: 7.

12. Ibid.

13. Hicks 2010.

14. Hicks 2013: 12.

15. Ingold 2014: 383-5.

16. Hicks 2013.

17. Gosden and Larsen 2007: 7, 32, 68.

18. Friedman 2002.

19. Plankensteiner 2007c.

20. Gosden and Larsen 2007: 15, 241.

21. Coote and Morton 2000: 39.

22. Coote 2014: 131.

23. O'Hanlon and Harris 2013: 8-12.

24. 예를 들어, Krmpotich and Peers 2011; Peers 2013.

25. 예를 들어, Morton 2015; Derbyshire 2019.

26. Clifford 1997: 192.

27. Hicks and Mallet 2019: 29.

28. Foucault 1997: 243.

29. Agamben 1998.

30. Hicks and Mallet 2019.

31. Mbembe 2003; cf. Mbembe 2019.

32. Hicks and Mallet 2019: 29.

33. Kopytoff 1986: 65.

34. Hicks 2010.

35. Patterson 1982: 39.

36. Cf. Kopytoff 1982: 220.

37. Gilroy 2003: 263.

38. Mbembe 2019: 171.

39. Thomas 2016.

40. 다음을 참조. Arendt 1958a: 199-212; Hicks and Mallet 2019: 79.

4장 백인적 투사

1. 'Überhaupt ist es schwer, einen Gegenstand zu erhalten, ohne zum mindesten etwas Gewalt anzuwenden. Ich glaube, daß die Hälfte Ihres Museums gestohlen ist' (Essner 1986: 77에서 인용; 나의 번역).

2. Peckham 2015: 131.

3. 빅토리아 여왕의 주치의였던 제임스 리드(James Reid)는 1896년 9월 시력 악화를 겪고 있던 여왕에게 1퍼센트 농도의 코카인 안약을 처방했다(King 2007: 76). 벨라도나에 관한 내용은 여왕의 시녀였던 리튼(Lytton) 백작부인의 일기에 등장한다 (Lutyens 1961: 81).

4. Goldie 1901: 238.

5. Curtin 1973: 300-2.

6. Eyo 2007: 34; *Sunday Guardian*, Lagos, 16 February 1997.

7. Burton 1870.

8. Bacon 1897: 13; cf. Bacon 1925; Boisragon 1897; Burton 1863a, 1863b; Roth 1903: 49, 79; cf. Galway 1893: 8-9; Pinnock 1897.

9. Menke 2008; Peckham 2015.

10. Arata 1990: 622.

11. Fagg 1981; cf. Eyo 1997.

12. Plankensteiner 2007c: 25.

13. 다음을 참조. Anene 1966; Ryder 1969; Home 1982: 32; Ratté 1972: 8.

14. Lämmert 1975: 112-37.

15. 'Die Projektion der eigenen bösen Regungen in die Dämonen ist nur ein Stück eines Systems, welches die "Weltanschauung" der Primitiven geworden ist' (Freud 1913: 60; 나의 번역).

16. Desbordes 2008.

17. Callwell 1906: 27.

18. Boisragon 1897: 189.

19. Bacon 1897.

20. Forbes 1898: 70.

21. Roth 1897: 508.

22. Igbafe 1975: 417.

23. Bray 1882: 362.

24. Geary 1965 [1927]: 119.

25. The Royal Niger Company, *The Times*, 22 August 1887, p. 14.

26. Lugard 1922: 76.

27. Ayandele 1968: 408.

28. Boisragon 1897: 189.

29. Bacon 1897: 30; 내가 교정한 것.

30. House of Commons, 2 April 1897, *Hansard* 48: column 445.

31. Trevor-Roper 1965: 9.

32. DiAngelo 2018.

33. Roth 1903: xv.

5장 0차 세계대전

1. Callwell 1906: 22.

2. *Western Gazette*, 25 September 1896, p. 8.

3. 포인터가 1874년 5월에 작업한 고전적인 버전의 1차 초안은 사용되지 않았다. 1차 초안에서 영국군은 가죽 갑옷과 투구 차림에 검과 둥근 방패를 들고 있고, 아프리카인들은 풀을 엮어 허리에 두른 차림으로 창과 도끼를 들고 있는 모습이다. 종이에 잉크. 대영박물관 소장품 번호 1919,1216.17. 다른 수정판 또한 대영박물관이 소장 중이지만, 1874년 최종 버전은 왕립 조폐국 박물관이 소장하고 있다.

4. 다음을 참조. Wroth 1894: 269; Kear 1999: 90-92.

5. Wesseling 2005: 101.

6. Ibid.: 102.

7. Johnston 1923: 183.

8. Home 1982: 2, 10.

9. Lugard 1902: 5.

10. House of Commons, 21 March 1887, *Hansard* 312: 831. 다음도 참조. FO 84/1880/411.

11. Gallagher and Robinson 1953: 15.

12. Cain and Hopkins 1987, 1993: 8-10.

13. Darwin 1997.

14. Stoler 2006: 136.

15. Hicks and Mallet 2019; cf. Wolfe 2016.

16. Klein 2007.

17. Galway 1930: 238.

18. Lugard 1922: 304.

19. Galway 1930: 245.

20. Ibid.: 246-7.

21. Nigeria, *The Times*, 8 January 1897, p. 6.

22. Stern 2015: 36.

23. Koch 1969.

6장 기업적·군국적 식민주의

1. University of Oxford Bodleian Libraries Special Collections Mss Afr. s. 88, f. ff.44a-b. Goldie to Salisbury, 14 August 1896.

2. Carlos and Nicholas 1988.

3. Darwin 1935: 139.

4. Hall 1894: 213.

5. FO 84/1880/7 'The Lower Niger', G.D. Goldie Taubman/National African Company 18 June 1885.

6. FO 84/1880/131. The Humble Petition of the National African Company, Limited, to the Queen's Most Excellent Majesty in Council, 20 February 1885.

7. Pearson 1971: 72; Notification of the British Protectorate of the Niger Districts, *London Gazette*, 18 October 1887.

8. Lugard 1895: 973.

9. Galway 1937: 550.

10. Dutt 1953: 32.

11. Galway 1937: 551; FO 84/1880/1.

12. Hall 1894: 204-5.

13. Ibid.: 206.

14. Mintz 1985.

15. Pearson 1971: 70.

16. Pinnock 1897: 44.

17. Shield 1997: 68.

18. Pearson 1971: 70.

19. von Hellermann 2013: 51; Thompson 1911: 12.

20. Pearson 1971: 73.

21. FO 84/1880./397, 15 December 1886.

22. The Royal Niger Company, *The Times*, 27 July 1889, p. 12.

23. Pearson 1971: 74.

24. MacDonald 1895: 12.

25. Lugard 1922: 361.

26. FO 84/2194/218-226, Regulation to carry out the General Act of the Brussels Conference 1890, Her Majesty's Protectorate of the Oil Rivers, 1 January 1893.

27. Goldie 1888.

28. Galway 1937: 548.

29. Galway 1930: 226.

30. British and Foreign State Papers, 1894-95, LXXXVII, 929.

31. FO 84/2194 275-280. Typescript report by R. Moor, Commandant of the O.R. Irregulars, 9 August 1892.

32. *Scotsman*, 13 January 1897, p. 6.

33. Boisragon 1894; Macdonald 1896: 5.

34. E.g. FO 84/2194 269-270. MacDonald to Curzon, 8 December 1892.

35. House of Commons 1899: 17-22; cf. Galway 1937: 548.

36. Johnston 1923: 178.

37. Johnston 1899: 26.

38. *Liverpool Mercury*, 1 August 1885.

39. Galway 1930: 222. 그러나 그가 테네리페에 12개월 동안 머물렀다는 보도도 있으므로 이는 사실이 아닐 수도 있다(《뉴욕타임스》 1891년 8월 9일 자 보도 등).

40. Burton 1863a, 1863b.

41. *Edinburgh Evening News*, 18 June 1885, p. 4.

42. A visit to the King of Benin by Cyril Punch, 1889. Manuscript journal held at Bodleian Libraries, University of Oxford, GB 0162 MSS.Afr.s.1913.

43. Blackmun 1997.

44. Auchterlonie and Pinnock 1898.

45. FO 84/2194 54−60. 'Report on the journey from Benin to Lagos by way of the interior creeks by H. Galway, Vice Consul'.

46. *Scotsman*, September 24, 1894, p. 7.

47. Galway 1893a: 128−30.

48. Treaty Between the HM the Queen of England and the King of Benin. Oil Rivers Protectorate, 26 March 1892. FO 84/2194/114−116.

49. FO 84/2194 120−121. Report on visit to Ubini (Benin City) the capital of Benin Country. H. Galway, 30 March 1892.

50. Anene 1966: 189.

51. FO 84/2194 111−113, MacDonald to Salisbury 16 May 1892.

52. Galway 1893b: 8.

53. Ibid.: 9; 강조는 내가 한 것.

54. Sir Claude MacDonald on West African affairs, *The Times*, 4 November 1892, p. 3; 강조는 내가 한 것이다.

55. *London Gazette*, 16 May 1893, p. 2835.

56. Johnston 1923: 200.

57. *Hansard*, 14 December 1888, Volume 332: 227−8.

58. Gordon 2018: 159.

59. Henderson 1892.

60. 브로헤미는 현재의 나이지리아 델타 주 와리 북부 코코라는 도시 인근에 위치해 있었다. 해당 지역에는 현재 나나 올로무 박물관이 들어서 있다.

61. Johnston 1923: 197−8; Galway 1893a: 125; *Scotsman*, September 24, 1894, p. 7.

62. *The Times*, 22 November 1894, p. 8.

63. Geary 1965 [1927]: 109.

64. *The Times* 4 November 1892, p. 3.

65. MacDonald 1895: 12.

66. Anene 1966: 178; Home 1982: 19.

67. *Yorkshire Herald*, 4 September 1894, p. 6.

68. Moor: 1895: 4.

69. MacDonald 1895: 11.

70. 휴는 요크셔 주 헐(Hull)에서 해안경비대로 근무하던 시절 '병에 이를 정도의 지나친 음주 행위'로 군법행위에 회부됐다. 그는 음주 상태에서 '벌거벗은 여성들'이나 '증기 함재정을 몰고 오는 사탄'을 보는 등 환각에 시달렸지만 다시 현역으로 복귀했고, 1901년에는 남아프리카 공화국에서 참전 메달과 세 개의 약장을 받았다. *Daily Mail*, 2 January 1897, p. 3.

71. Home 1982: 10; *Scotsman*, 22 December 1894, p. 10.

72. Hickley 1895: 191, 198.

73. House of Commons 1895: 13.

74. Hickley 1895.

75. House of Commons 1895: 38; *Scotsman*, 22 December 1894, p. 10.

76. *The Times*, 22 November 1894, p. 8.

77. Hickley 1895: 198.

78. *Edinburgh Evening News*, 15 January 1895, p. 4.

79. House of Commons 1895: 25, 32.

80. *Glasgow Herald*, 7 January 1895, p. 6.

81. MacDonald 1896: 5.

82. Salubi 1958: 199.

83. Johnston 1923: 185; Kirk 1896: 21.

84. Galway 1937: 553.

85. Ibid.: 556.

86. Kirk 1896: 22.

87. Moor 1898: 3.

88. *Irish Times*, 12 April 1895.

89. Galway 1937: 555.

90. AFRICA: Report. Enquiry into Outrage Committed on Brass People by Royal Niger Company, 25 August 1895. National Archives. FO 881/7754X.

91. *Irish Times*, 12 April 1895.

92. *Pall Mall Gazette*, 2 April 1896.

93. Fox Bourne 1898: 288.

94. Kirk 1896: 2, 8, 17–20.

95. Ibid.: 6.

96. Ibid.: 13

97. Roupell 1897: 85.

98. Koe 1896.

99. Anon. 1896: 379.

100. House of Commons 1895: 11.

7장 폭정과의 전쟁

1. Mr Chamberlain and the Colonies, *Glasgow Herald*, 12 November 1895.
2. Harvey 2003: 126.
3. Goldie to Hill, 24 August 1896. Bodleian Libraries special collections MSS Afr s 88, f 44d.
4. 부재지주에 대한 비유를 비롯한 다른 식민지적 개념들은 조지 왕조 시대 대서양 너머 영국의 카리브해 지역 식민지에서 대규모 농장을 운영했던 상류층 백인들의 경험을 바탕으로 형성된 것이었다(Hicks 2008: 219).
5. *Hansard*, 22 August 1895, Volume 36, column 641.
6. Home 1982: 54.
7. Rawson 1914: 90–96.
8. *Manchester Guardian*, 2 October 1896, p. 5.
9. Igbafe 1970.
10. Anon. 1896: 379.
11. *Scotsman*, 13 January 1897, p. 7.
12. Home 1982: 26.
13. Ibid.: 25; Egharevba, 1968: 46.
14. *Scotsman*, 23 February 1897, p. 7.
15. Boisragon 1897: 56; Burns 1963: 176; Geary 1965 [1927]: 108; Home 1982: 22; Igbafe 1970: 396.
16. The Kumassi Expedition, *The Times*, 1 February 1896, p. 9.
17. *Edinburgh Evening News*, 15 February 1896, p. 2.
18. Reprinted in *Scotsman*, 13 January 1897, p. 7.
19. The African Trade, *Liverpool Mercury*, 9 March 1897.
20. West African News, *The Times*, 19 February 1896, p. 10.
21. Foreign News, *Liverpool Mercury*, 19 February 1896.
22. J. C. Anene(1966: 190)는 필립스 서한의 발송일이 11월 16일이 아닌 11월 24일이라 주장했다.
23. Partially reproduced by Newbury 1971: 147–8 from National Archives FO 2/102: Niger Coast/Commissioners and Consuls General/Mr Moor, Capt. Galway, Mr Phillips/West Coast/Despatches, 83–119. Vol. 3; 다음도 참조. National Archives of Nigeria (Enugu): Catalogue of the Correspondence and Papers of the Niger Coast Protectorate 268 3/3/3, p. 240; National Archives of Nigeria (Ibadan): CSO 1/13, 6,

Phillips to FO, Number 105, 16 November 1896.

24. vAnene 1966: 190−91; cf. Nevadomsky 1997: 20; Layiwola 2007: 83; War Office to Colonial Office, 24 December 1896 (Newbury 1971: 147, 각주 2).

25. West African Affairs, *Daily Mail*, 6 January 1897.

26. *Liverpool Mercury*, 7 January 1897, p. 4.

27. *Pall Mall Gazette*, 7 January 1897, p. 7.

28. West Coast of Africa, *The Times*, 7 January 1897, p. 8.

29. Houses of Parliament 1897: 7, 15.

30. Anene 1966: 191.

31. Auchterlonie and Pinnock 1898: 6.

32. Benin Disaster, *Daily Mail*, 13 January 1897.

33. Home 1982: 42.

34. Boisragon 1897: 111.

35. 케네스 C. 캠벨을 케네스 랜킨 캠벨(Kenneth Rankin Campbell)과 혼동하지 않도록 주의해야 한다. 케네스 랜킨 캠벨 대위는 1897년 2월 베닌 원정에 참가했던 또 다른 인물로, 1931년에 사망했다. 찰스 캠벨 중장(1847~1911) 또한 베닌 원정에 참가했다.

36. 베닌 '학살'에 대한 공식 보고서 중 일부에는 고든의 이름이 조던(Jordan)이라고 표기되어있기도 하다(Houses of Parliament 1897: 18).

37. Houses of Parliament 1897: 21.

38. Home 1982: 45−6.

39. *pace* Plankensteiner 2007d: 86.

40. The Romance of Adventure, *Northampton Mercury*, 13 January 1899, p. 2.

41. *Standard*, 16 January 1897, p. 4.

42. *Daily Mail*, 16 January 1897.

43. Galway 1930: 244.

44. Benin Disaster, *Daily Mail*, 13 January 1897.

45. *The Times*, 12 January 1897, p. 3.

46. *Daily Mail*, 12 January 1897.

47. Benin Disaster, *Daily Mail*, 13 January 1897.

48. Foreign Office to Phillips, 9 January 1897. National Archives FO 403/248. (Niger Territories Further Correspondence, Part VII).

49. Ibid.; cf. Geary 1965 [1927]: 114.

50. Houses of Parliament 1897: 1.

51. Helly and Callaway 2000: 51.

52. House of Commons, 14 February 1896, *Hansard*, volume 37: column 372.

53. House of Commons 1897: viii.

54. Lugard 1899: 5.

55. Shaw to Scarborough, 12 January 1897. Bodleian Libraries Special Collections MSS
    Afr s 101: f. 99.

56. House of Commons 1897.

57. The Niger Expedition, *Standard*, 31 December 1896, p. 3.

58. Cf. Curnow 1997: 46.

59. Scarborough to Hill, 12 January 1897. Bodleian Libraries Special Collections,
    Lumley Papers: MSS Afr s. 101 f. 101.

60. British officers killed, *North American* (Philadelphia), 12 January 1897, p. 2.

61. Home 1982: 35.

62. The Niger Expedition, *Standard*, 31 December 1896, p. 3.

63. *Pall Mall Gazette*, 4 January 1897.

8장 베닌-나이저-수단 원정

1. Plankensteiner 2007c: 201.

2. Osadolor and Otoide 2008: 408.

3. Flint 1960: 247.

4. Ibid.: 245.

5. Cook 1943: 149.

6. Nigeria, *The Times*, 8 January 1897, p. 6.

7. 영국 의회는 기자였던 플로라 루이스 쇼(1852~1929)를 남아프리카 제임슨 진군 사
   건 관련 특별조사위원회에 증인으로 소환했다. 플로라 쇼는 1902년 프레데릭 루가
   드와 결혼했고, 루가드는 1914년 나이지리아 초대 총독으로 취임했다.

8. *Daily Mail*, 14 January 1897.

9. *Glasgow Herald*, 5 January 1897.

10. Goldie, 'confidential' circular: Order of the Day. 1 January 1897. Bodleian Libraries
    Special Collections MSS Afr s 88: f. 44.

11. Bodleian Libraries Special Collections, Lumley Papers. Scarborough to Foreign
    Office MSS Afr 101 f. 127; Vandeleur 1898: 97.

12. 'For the King' a speedy avenging, *Daily Mail*, 16 January 1897.

13. Bacon 1897: 128-9.

14. 예를 들어 *Scotsman*, 1897년 1월 13일 자 7면에는 다음과 같이 두 원정을 구분하는
    내용이 실렸다. "참사의 현장은 로코자에 위치한 나이저회사 본부에서 멀리 떨어진

곳이다. 나이저회사의 원정은 이미 시작되었고, 이는 나이저해안보호령의 작전과는 무관하다."

15. *Standard*, 16 January 1897.

16. Callwell 1896: 246.

17. Lugard 1922: 359.

18. British occupy Bida, *Washington Post*, 11 February 1897, p. 10.

19. Kirk-Greene 1968: 52; Vandeleur 1898: 202.

20. Orr 1911: 37.

21. Goldie, Despatch from Egnon to Council, 6 February 1897. Bodleian Libraries Special Collections MSS Afr s 88: f. 45.

22. Goldie, 'confidential' circular: Order of the Day. 1 January 1897. Bodleian Libraries Special Collections MSS Afr s 88: f. 44.

23. Vandeleur 1898: 205.

24. Ibid.: 206.

25. Vandeleur 1898: 209-11.

26. Ibid.: 212.

27. Ibid.: 202.

28. The Colonies, *The Times*, 30 March 1897, p. 13.

29. The Wars of 1897, Number 1, *Glasgow Herald*, 24 January 1898.

30. Vandeleur 1897: 366.

31. Goldie, 'confidential' circular: Order of the Day. 1 January 1897. Bodleian Libraries Special Collections MSS Afr s 88: f. 44.

32. *The Times*, 17 July 1897, p. 20.

33. Nigeria Expedition: further successful operations. Southern Foulah Capital Destroyed, *Weekly Irish Times*, 6 February 1897, p. 5.

34. The Colonies, *The Times*, 30 March 1897, p. 13.

35. Newbury 1971: 148; Goldie to Denton, 18 February 1897. National Archives CO 879/45.

36. The Niger Expedition, *Scotsman*, 29 March 1897, p. 7.

37. The Battle of Bida, *Spectator*, 13 February 1897, p. 78-9.

38. Goldie 1898: xviii.

39. Vandeleur 1898: 58, 89, 93, 114, 218, 233.

40. Ibid.: 223.

41. Goldie 1897.

42. Uzoigwe 1968: 472.

9장 베닌시티 약탈

1. *Encyclopaedia Britannica* (1797: 172).
2. University of Oxford, Pitt Rivers Museum manuscript archives, Egerton Papers.
3. HMS *St George*, HMS *Theseus*, HMS *Phoebe*, HMS *Forte*, HMS *Philomel*, HMS *Barrosa*, HMS *Widgeon*, HMS *Magpie*, HMS *Alecto* and Admiral Rawson's yacht The *Ivy*.
4. Auchterlonie and Pinnock 1898: 6.
5. Bacon 1897: 115.
6. Boisragon 1897: 171.
7. Ibid.: 173.
8. Bacon 1897: 115.
9. Ibid.: 42.
10. Ihekwaba 2016.
11. Bacon 1897.
12. University of Oxford, Pitt Rivers Museum manuscript archives, Egerton Papers.
13. Kirk-Greene 1968: 51, fn. 12.
14. Home 1982: 98.
15. Scott 1909: 4.
16. The Usages of War, *Pall Mall Gazette*, 3 September 1874; The Brussels Conference, *The Times*, 26 October 1874, p. 10.
17. 사실상 이러한 탄환의 사용은 1868년 채택된 '전쟁 중 400그램 이하 특정 폭발물 사용금지에 관한 상트페테르부르크 선언'에서 이미 금지된 바 있다.

10장 대량학살

1. Cited by Lindquist 2001: 50.
2. Houses of Parliament 1897: 42-4.
3. Boisragon 1897: 175.
4. Callwell 1906: 370-71.
5. Heneker 1907: 5.
6. Roth 1897: 508.
7. Ibid.: 26, 162.
8. Mockler-Ferryman 1898: 295-6.
9. *Manchester Guardian*, 25 March 1897.
10. Ibid.
11. Ravenstein 1898: 603.

12. House of Commons 20 April 1899. *Hansard* Volume 70: Column 35.

13. Goldie 1901: 237.

14. *The Times*, 7 February 1890, p. 4.

15. Scott Keltie 1895: 519-21.

16. Killed on the Niger, *Milwaukee Sentinel*, 12 January 1897.

17. *Standard*, 30 January 1897, p. 5.

18. Houses of Parliament 1899a: 6.

19. Ibid.: 9.

20. Galway 1937: 561.

21. Home 1982: 96.

22. Flint 1960: 247-8; Kirk-Greene 1968: 50.

23. Heneker 1907: 138.

24. *Portsmouth Evening News*, 20 March 1897.

25. Wagner 2019: 282.

26. 이 부분은 킴 와그너 박사의 전문적인 식견에 도움을 받아 집필됐다.

27. Spiers 1897: 4.

28. 1899년 7월 영국 국방부는 이와 관련하여 외교부에 다음과 같은 공식 답변을 제출했다. 답변서를 통해 당시 영국 정부가 진행한 탄환 시험의 역사를 어느 정도 파악할 수 있는데, 1897년 베닌 원정 또한 그 일부였음이 명확하다. "소구경 소총 도입 초기에는 단단한 탄피로 탄자를 완전히 덮는 탄환을 사용했다. 그러나 1895년 치트랄 원정에서의 경험으로 탄자를 완전히 덮는 탄환의 대인저지력이 떨어진다는 사실을 알게 되었다. 그러한 탄환은 뼈를 관통할 수는 있었지만 파열시키지는 못했고, 근거리에서 발사했을 때도 상대를 즉시 쇼크 상태에 빠뜨려 무력화하는 능력이 부족했으며, 연부 조직에 맞았을 때의 손상 또한 상대적으로 미미했다. 그 결과 적군은 영국군이 이전에 사용하던 무기에 비해 새로운 소총을 무시하기에 이르렀고, 탄환에 맞은 적군이 전투를 계속하는 모습이 다수 포착되었다. 이러한 상황을 바탕으로 정부는 대구경 탄환에 필적할 만한 대인저지력을 갖춘 소구경 탄환을 개발하기 위한 실험을 진행하도록 지시했다. 관련 위원회는 연구를 통해 두 종류의 탄환을 제안했다. 정부는 둘 중 더 치명적인 부상을 야기하는 탄환을 채택하지 않고, 필요한 최소한의 저지력만을 충족하는 탄환을 채택했다. 둘 중 덜 파괴적인 이 탄환이 현재 마크4로 알려진 탄환이다."

29. 'To Butcher the Boers': letters and telegrams sent to Mr Van Deth, a citizen of Transvaal now in New York, *Daily Inter Ocean*, 3 March 1896.

30. House of Commons, 15 March 1894. *Hansard* Volume 22: Column 206.

31. *Glasgow Herald*, 8 April 1896.

32. House of Commons, 15 March 1894. *Hansard* Volume 22, column 428.

33. Arendt 1958b: 192.

34. University of Oxford, Pitt Rivers Museum manuscript archives, Diary of Herbert Walker, entry for 8 March 1897.

35. *Manchester Guardian*, 23 March 1897.

36. Rawson 1914: 138.

37. Wagner 2018: 224; Chatterjee 1994.

38. Mbembe 2019: 171.

11장 문화적 삭제

1. Kingsley 1899: 465.

2. Connah 1975.

3. Es'andah 1976: 12.

4. Connah 1967.

5. Goodwin 1957, 1963.

6. Connah 1975.

7. Darling 1976, 1984, 1998, 2016.

8. Darling 1984: 6.

9. McWhirter and McWhirter 1976: 273.

10. 다음을 참조. Connah 2015: 203; cf. Roese 1981, Roese et al. 2001; Maliphant et al. 1976; Kaplan 2009.

11. 다음을 참조. Willet 1970; Soper and Darling 1980; Agbaje-Williams 1983; Ogundiran 2003; Usman 2004.

12. Rowlands 1993.

13. Norman and Kelly 2006; Monroe 2010.

14. Ben-Amos 1980: 78.

15. University of Oxford, Pitt Rivers Museum manuscript archives, Egerton Papers.

16. Moor 1897: 28.

17. Bacon 1897: 107-108.

18. *Scotsman*, 23 February 1897.

19. Bacon 1897: 102-105; Rawson 1914: 152.

20. Galway 1930: 242.

21. "당시 핸디캡을 받은 사람은 카터 대위, R. E. P. 가베트 중위(왕립 웨일스 화승총부대), W. 헤네커 대위(코노트 유격대), 호위스 박사, L. C. 코이 대위, E. P. S. 루펠 대위(이상 모두 나이저해안보호령 소속) 등이었다." *Golf*, 5 November 1897, p. 149.

22. Osadolor 2001: 227–32; Home 1982: 109.

23. Ryder 1969: 291.

24. Galway 1930: 243.

25. University of Oxford, Pitt Rivers Museum manuscript archives, Diary of Herbert Walker, entry for 26 February 1897.

26. University of Oxford, Pitt Rivers Museum manuscript archives, Diary of Herbert Walker, entry for 19 February 1897.

27. Bray 1882: 367.

28. Galway 1893: 130.

29. Read and Dalton 1899: 9.

12장 약탈

1. Callwell 1896: 34–5.

2. Callwell 1906: 34.

3. 폰 루샨이 추산한 베닌 유물 2400점의 소재지와 규모는 다음과 같다. 베를린(580점), 쾰른(73점), 드레스덴(182점), 프랑크푸르트(51점), 함부르크(196점), 라이덴(98점), 런던(280점), 피트 리버스(227점), 슈투트가르트(80점), 빈(167점), '그 외'(379점)(von Luschan 1919: 12-13). 1919년에 폰 루샨은 대영박물관과 파넘 피트 리버스 박물관 외에 "핼리팩스와 리버풀, 옥스퍼드에도 매우 아름다운 작품들이 있다"고 밝힌 바 있다(von Luschan 1919: 10; cf. von Luschan 1898).

4. Dark 1982: xi.

5. Gunsch 2017.

6. Gunsch pers. comm.

7. Von Luschan 1919: 1, my translation.

8. Burton 1863a, 1863b.

9. A visit to the King of Benin by Cyril Punch, 1889. Manuscript journal held at Bodleian Libraries, University of Oxford, GB 0162 MSS.Afr.s.1913.

10. 이 기마상은 1978년에 리버풀 박물관이 매입했다(Karpinski 1984 참조). 나이저보 호령에서 찍은 이 기마상의 사진은 스미소니언 협회 국립 아프리카 예술 박물관에 위치한 엘리엇 엘리소폰 사진 아카이브의 클로드 맥도널드 사진 기록하에 보관되어 있다(소장품 번호 EEPA.1996-019).

11. Galway 1930: 236.

12. Portsmouth Evening News, 20 March 1897.

13. 다음을 참조. Ben-Amos 1980; Plankensteiner 2007c.

14. Plankensteiner 2010.

15. Dalton 1898: 419.

16. Plankensteiner 2007b: 22; Ben-Amos Girshick 2003.

17. Plankensteiner 2007d: 78.

18. A visit to the King of Benin by Cyril Punch, 1889. Manuscript journal held at Bodleian Libraries, University of Oxford, GB 0162 MSS.Afr.s.1913, f. 31.

19. A visit to the King of Benin by Cyril Punch, 1889. Manuscript journal held at Bodleian Libraries, University of Oxford, GB 0162 MSS.Afr.s.1913, f. 40.

20. University of Oxford, Pitt Rivers Museum manuscript archives, Diary of Herbert Walker, entry for 20 February 1897.

21. University of Oxford, Pitt Rivers Museum manuscript archives, Diary of Herbert Walker, entry for 14 March 1897.

22. Thomas 2016: 74. (2020년 3월 현재) 영국박물관에 게시된 공식적인 전시 설명판의 내용은 다음과 같다 "영국은 1000여 점의 청동 장식판을 포함하여 왕궁에 있던 수천 점의 보물을 전리품으로 챙겼다. 외교부는 원정에 들어간 비용을 충당하기 위해 공식적인 전리품을 경매로 판매했다."

23. Dark 1973: 13.

24. Fagg 1981: 21.

25. Lunden 2016: 409, fn. 49.

26. Read and Dalton 1898: v.

27. Auchterlonie and Pinnock 1898: 9-10.

28. Galway 1893b: 8.

29. Omitted from Newbury 1971: 148; 다음을 참조. National Archives of Nigeria (Enugu), Catalogue of the Correspondence and Papers of the Niger Coast Protectorate 268 3/3/3, p. 240; National Archives of Nigeria (Ibadan): CSO 1/13, 6, Phillips to FO, Number 105, 16 November 1896.

30. Igbafe 1970: 398.

31. Moor to Foreign Office, 9 June 1898. National Archives FO 83/1610.

32. Benin Antiquities at the British Museum, *The Times*, 25 September 1897, p. 12.

33. Read 1899: n.p..

34. British Museum 1898: 63.

35. British Museum 1899: 66.

36. Ratte 1972.

37. Dennett 1906: 188.

38. British Museum accession number Af1898,0115.2.

39. Eisenhofer 2007.

40. Gunsch 2018: 13n1, Annex 4.

41. Sweeney 1935: 12.

42. *The Times*, 1 July 1897, p. 10.

43. Interesting trophies from Benin, *Pall Mall Gazette*, 9 August 1897.

44. Goldie 1897: 373.

45. Coombes 1994: 150. 호니먼 박물관의 경우 베닌시티 함락 전 밀반출된 베닌 예술품을 라이더(Rider)라는 이름의 남성에게서 매입했을 가능성이 있다(Quick 1898). 《일러스트레이티드 런던 뉴스》 1897년 4월 10일 자 기사 '베닌에서 온 전리품들' 참조.

46. Forbes 1898; Tythacott 2008.

47. *Daily Mail*, 1898년 6월 21일 자. 선술집이었던 에딘보로 캐슬에는 일종의 '무료 박물관'이 있었는데, 이 박물관에 전시되었던 물품들은 1908년 데벤햄스토어앤컴퍼니가 경매로 처분했다.

48. *Daily Mail*, 1897년 2월 10일 자 기사 '베닌에서 온 물건' 참조. 언급된 물건이 정말 베닌에서 건너왔다고 가정한다면, 보도 날짜로 판단할 때 베닌시티 공격 이전에 반출된 것으로 볼 수 있다.

49. Starkie Gardner 1898: 571.

50. Fagg 1953: 165.

51. Bodenstein 2018.

52. Von Luschan 1919: 9.

53. 예를 들어, Webster 1899; cf. Waterfield and King 2006.

54. Plankensteiner 2007b: 34.

55. British Museum 2010: 74; British Museum accession numbers Af1954,23.394.i, Af1954,23.396–398, Af1954,23.780.

56. The Benin Massacre, *Standard*, 16 March 1897, p. 3.

57. Read to Thompson, 17 March 1897. National Archives FO 800/148/11, ff. 47–8.

58. FO 800/30/1-2./ Letter from Walter Langley to Curzon, 7 May 1897.

59. FO 800/30/1-2./ Letter from Charles Hercules Read to Walter Langley, 7 May 1897.

60. Dalton 1898; cf. Carlsen 1897.

61. Von Luschan 1919: 8.

62. Plankensteiner 2007b: 34.

63. Chit-chat, *Yorkshire Telegraph and Star*, 10 August 1899, p. 3; *Standard*, 16 August 1899, p. 8.

64. Brinkmann 1899, my translation.

65. 예를 들어, Coombes 1994: 59–60; cf. Coombes 1988: 57; 1997.

66. Bendix 1960: 306.
67. Mbembe 2019: 11.

13장 죽음과 상실의 역사, 네크로로지

1. Stafford-Clark 1971: 163-4.
2. Idiens 1986; Idiens 1991: 39.
3. Plankensteiner 2007b: 36.
4. 피트 리버스 박물관 소장품 번호 1980.19.1. 이 소장품은 출처 정보의 부족으로 이 책에서 추정한 피트 리버스의 1897년 베닌 컬렉션에 포함하지 않았다.
5. Dark 2002: 15; 다음을 참조. Dark 1967, 1982.
6. Gunsch 2017, 2018.
7. Galway 1930: 236.
8. Didi-Huberman 2002: 61.
9. Von Luschan 1919: 8, 나의 번역.
10. Ibid.: 10.
11. British Museum accession number Af1944,04.12.
12. Fagg 1953: 169, fn. 25.
13. British Museum accession numbers Af1922,0313.1-6.
14. British Museum 1898: 70, 75.
15. British Museum accession number Af1963,04.
16. Metropolitan Museum accession number 1978.412.340.
17. British Museum collections, Af1900,0720.4.
18. Of arts and witchcraft, *Daily Mail*, 20 December 1947.
19. National Maritime Museum collections, West African flag (AAA0557), Itsekiri Flag (AAA0555).
20. Stevens 1928.
21. Royal Collection RCIN 69926.
22. British Museum collections, Af1899,0610.1.
23. Home 1982.
24. British Museum collections, Af1910,0513.1. Metropolitan Museum, 1978.412.323.
25. Linne 1958: 172.
26. Read 1910: 49.
27. Zetterstrom-Sharp and Wingfield 2019. (네빌의 집 내부 사진을 볼 수 있는 링크: http://brunoclaessens.com/2014/09/benin-treasures-on-a-pre-1930-interior-photo/#.XiXB3lP7R24)

28. Foster 1930; Grim trophies for sale, Daily Mail, 29 April 1930.

29. Rawson 1914: 22.

30. Fagg 1953: 166.

31. Roth 1922; cf. Roth 1897; McDougall and Davidson 2008.

32. Roth 1903, 1911; cf. Roth 1898, 1900.

33. British Museum accession numbers Af1897,1217.2 Af1897,1217.3 Af1897, 1217.6 Af1897,1217.5 Af1897,1217.4.

34. Plankensteiner 2007c: 487; British Museum accession number Af1898, 0630.2.

35. 대영 박물관 소장품 번호 Af1898,0630.1~5. 루펠이 소유하고 있던 또 다른 베닌 약탈품인 상아 세공 타종 도구 또한 캐슬린 앱스타인(Kathleen Epstein)을 거쳐 1964년 대영박물관의 소유가 되었다. 소장품 번호 Af1964,07.1.

36. University of Birmingham, Barber Institute. accession number No.48.1. http://barber.org.uk/unknown-west-african-artist/.

37. 'The donkey belongs to Sepping Wright local correspondent of the Illustrated London News', British Museum accession number (Photographs) Af,A79.17.

38. Read and Dalton 1899: 41–3; British Museum accession number Af1897,1011.1.

39. Foster 1931; Fagg 1953: 169.

40. The man who returned his grandfather's looted art, BBC News, https://www.bbc.co.uk/news/magazine-31605284.

41. Soldier's grandson to return items he looted from Benin City. https://www.theguardian.com/uk-news/2019/dec/17/soldiers-grandson-toreturn-items-looted-from-benin-city-nigeria.

42. British Museum collections, Af1941,02.2.

43. British Museum collections, Af1947,18.46

44. British Museum collections, Af1947,14.1.

45. Read and Dalton 1899: 40.

46. Read and Dalton 1899: 40; British Museum 1899: 70.

47. British Museum collections, Af1952,07.123.

48. Wang 2019: 55.

49. 예를 들어, Fagg 1970: 9.

50. Feest et al. 2007: 17.

14장 무기의 박물관

1. http://www.sothebys.com/en/auctions/ecatalogue/2013/so-stone-n09040/lot.68.html.

2. Cambridge University Libraries Add.9455. *Catalogue of the archaeological and anthropological collections of Augustus Pitt-Rivers* Volume 6, f.1818.

3. Hicks 2013b.

4. Von Luschan 1919: 9 –10; 나의 번역.

5. Cambridge University Libraries Add.9455. *Catalogue of the archaeological and anthropological collections of Augustus Pitt-Rivers* Volume 4, f.1507/1 and /2.

6. Waterfield 2006 참조. 1897년 4월 4일, 1897년 5월 25일, 1898년 3월 7일, 1898년 4월 4일, 1898년 6월 6일, 1899년 7월 4일, 1899년 11월 7일에 스티븐스 경매소에서 구입.

7. 1897년 9월 8일, 1897년 9월 30일, 1897년 10월 15일, 1898년 4월 14일, 1898년 5월 24일, 1898년 6월 6일, 1898년 6월 22일, 1898년 6월 25일, 1898년 6월 28일, 1898년 8월 13일, 1898년 8월 15일, 1898년 10월 15일, 1898년 11월 12일, 1898년 12월 5일, 1898년 12월 15일, 1898년 12월 17일, 1898년 12월 30일, 1898년 12월 31일, 1899년 1월 2일, 1899년 1월 12일, 1899년 1월 14일, 1899년 1월 23일, 1899년 3월 2일, 1899년 3월 17일, 1899년 5월 17일, 1899년 6월 8일 웹스터에게서 구입.

8. 국립 육군 박물관은 노먼 버로우스의 사진앨범에 있던 사진 스물세 장을 소장하고 있다(소장품 번호 1966-12-45). 버로우스가 더비셔 멜러홀에서 베닌의 상아제품과 함께 찍은 사진은 로버트 홈이 쓴《피의 도시를 재고하다(City of Blood Revisited)》 (1982)에 사진자료로 소개됐다.

9. Pitt-Rivers 1900a.

10. Cambridge University Libraries Add.9455. *Catalogue of the archaeological and anthropological collections of Augustus Pitt-Rivers* (Six manuscript volumes).

11. Pitt Rivers Museum accession numbers 1991.13.1 –28, 32 –44.

12. Pitt Rivers Museum accession numbers 1900.39.1 –27.

13. Pitt Rivers Museum accession number 1907.66.1.

14. Cf. Thompson 1911. Pitt Rivers Museum accession numbers 1908.41.1 –4, 1909.1.1 –2.

15. Pitt Rivers Museum accession number 1909.11.1.

16. Pitt Rivers Museum accession number 1917.2.13.

17. Batty wrote under the name Beatrice Stebbing. Pitt Rivers Museum accession number 1917.38.1 –2.

18. Pitt Rivers Museum accession numbers 1922.67.1, 1923.2.1.

19. Pitt Rivers Museum accession number 1979.8.1.

20. Pitt Rivers Museum accession number 1970.16.1.

21. Pitt Rivers Museum accession numbers 1983.25.1 –3.

22. Pitt Rivers Museum accession numbers 1941.2.119.

23. Cambridge University Libraries Add.9455. *Catalogue of the archaeological and anthropological collections of Augustus Pitt-Rivers* Volume 5, f.1741/1; Pitt Rivers Museum accession number 1900.32.4.

24. Pitt-Rivers 1927; 다음을 참조. Hart 2015.

25. Pitt Rivers Museum Accession Numbers 1965.9.1B, 1966.13.1, 1975.7.1-2, 1988.11.1-2.

26. Pitt-Rivers 1929: 3.

27. Coote 2014, 2015; Saunders 2014: 219-20.

28. Dudley Buxton 1929: 61-3.

29. Kopytoff 1986: 65.

30. Tythacott 1998: 25.

31. Sebald 1999.

32. 'Das Gedächtnis [ist] nicht ein Instrument für die Erkundung des Vergangnen, vielmehr das Medium. Es ist das Medium des Erlebten wie das Erdreich das Medium ist, in dem die alten Städte verschüttet liegen.' (Benjamin 1932: 400; 나의 번역).

15장 시간의 정치학

1. Mbembe 2019: 171.

2. 'Monde compartimenté, manichéiste, immobile, monde de statues: la statue du général qui a fait la conquête, la statue de l'ingénieur qui a construit le pont. Monde sûr de lui, écrasant de ses pierres les échines écorchées par le fouet. Voilà le monde colonial. L'indigène est un être parqué, l'apartheid n'est qu'une modalité de la compartimentation du monde colonial. La première chose que l'indigène apprend, c'est à rester à sa place, à ne pas dépasser les limites' (Fanon 2002 [1961]: 53; 나의 번역).

3. 'J'ai parlé de contact. Entre colonisateur et colonisé, il n'y a de place que pour la corvée, l'intimidation, la pression, la police, l'impôt, le vol, le viol, les cultures obligatoires, le mépris, la méfiance, la morgue, la suffisance, la muflerie, des élites décérébrées, des masses avilies. Aucun contact humain, mais des rapports de domination et de soumission qui transforment l'homme colonisateur en pion, en adjudant, en garde-chiourme, en chicote et l'homme indigène en instrument de production. À mon tour de poser une équation : colonisation = chosification. J'entends la tempête. On me parle de progrès, de «réalisations», de maladies guéries, de niveaux de vie élevés au-dessus d'eux-mêmes. Moi, je parle de sociétés vidées d'elles-mêmes, de cultures piétinées, d'institutions minées, de terres confisquées, de religions

assassinées, de magnificences artistiques anéanties, d'extraordinaires possibilités supprimées. On me lance à la tête des faits, des statistiques, des kilométrages de routes, de canaux, de chemins de fer ⋯ Je parle de millions d'hommes arrachés à leurs dieux, à leur terre, à leurs habitudes, à leur vie, à la vie, à la danse, à la sagesse' (Césaire 1955: 12−13).

4. Hicks and Mallet 2019: 62−4.

5. Evans 2014.

6. Tylor 1874: 129.

7. Cf. Hicks 2010, 2013b.

8. Lane Fox 1875: 519.

9. Virilio 1977: 74.

10. Evans 1884; Hicks 2013a.

11. Tylor 1896: vi; 강조는 내가 한 것; 다음을 참조. Hicks 2010: 34.

12. Moor 1897: 29; 강조는 내가 한 것.

13. Hicks 2013a.

14. Morton 2015.

15. im Thurn 1893: 184.

16. 키프로스와 북미의 사례 또한 피트 리버스 박물관이 유형학적 태도를 벗어났던 초기 예시가 될 수도 있다. 이 또한 더 탐구해볼 만한 주제다.

17. Coote 2015: 9.

18. A visit to the King of Benin by Cyril Punch, 1889. Manuscript journal held at Bodleian Libraries, University of Oxford, GB 0162 MSS.Afr.s.1913, ff. 35, 46.

19. The Royal Niger Company, *The Times*, 27 July 1889, p. 12.

20. Galway 1930: 241.

21. Fagg 1953: 165.

22. Anon. 1903.

23. Ezra 1992: 118.

24. *Scientific American* 1898.

25. Read and Dalton 1898: 371.

26. Read 1898: 1020.

27. Kingsley 1899: 456.

28. Pitt-Rivers 1900b: iv.

29. Frobenius 1909; Ita 1972.

30. Roth 1903: xix.

31. Kingsley 1897: 500.

32. Joyce et al. 1910: 31–2; 다음을 참조. Lunden 2016: 363.

33. Kingsley 1897: 489.

34. Flint 1963: 96.

35. Ibid.: 100.

36. Nworah 1971: 349.

37. Flint 1963: 99.

38. Bacon 1897: 132.

39. Ibid.: 30.

40. Boisragon 1897: 142.

41. Agamben 1999: 106.

42. Achebe 1978: 2–3.

43. Plankensteiner 2007a: 201.

44. Coombes 1996: 31; Gunsch 2014.

45. Nevadomsky 2012: 14.

46. Arendt 1958b: 192.

47. Cf. Taussig 1992: 33.

48. Edwards 2017.

49. Graeber 2005: 413.

50. *Lloyds Weekly Newspaper*, 27 June 1897.

51. *Daily Mail*, 19 May 1898, p. 3. 다음도 참조. The Military Tournament, Graphic, 28 May 1898.

52. Nevadomsky 2006.

53. 이 이미지는 묘한 지점에서 블룸즈버리 그룹이 1910년 벌인 '드레드노트 사기극 (Dreadnought Hoax)'을 연상시킨다. 드레드노트 사기극은 (2차 보어 전쟁에 참전한 바 있는) 호레이스 드 베르 콜(Horace de Vere Cole)이 버지니아 울프(사건 당시에는 버지니아 스테판) 등 일행과 함께 흑인 분장을 하고 아비시니아 대표단인 척하며 해군 전함인 드레드노트호를 견학한 사건이다. 당시 드레드노트호의 선장은 정보 장교로 베닌 원정에도 참여한 바 있는 레지날드 베이컨이었다.

16장 선전포고

1. https://web.archive.org/web/20031017051711/http://www.thebritishmuseum.ac.uk/newsroom/current2003/universalmuseums.html.

2. Schuster 2004.

3. 미국 서부에서는 로스엔젤리스에 위치한 로스엔젤리스 카운티 미술관과 게티 미술관이, 동부에서는 보스턴 미술관, 필라델피아 미술관, 그리고 뉴욕 시에 위치한 구

겐하임 미술관과 메트로폴리탄 미술관, 현대 미술관, 휘트니 미술관이 참여했다. 이에 더해 오하이오의 클리블랜드 미술관과 시카고 미술관 또한 참여했다.

4. 유럽에서는 베를린 시립박물관, 뮌헨의 바이에른 시립박물관, 마드리드의 프라도 미술관과 티센보르네미사 미술관, 파리의 루브르, 피렌체의 피에트레 두레 박물관, 암스테르담 국립미술관, 상트페테르부르크의 에르미타주 미술관, 런던의 영국박물관 등이 참여했다.

5. Lugard 1922: 304.

6. Plankensteiner 2007c: 88, 501-2; Lunden 2016: 211.

7. House of Lords, 9 March 1977. *Hansard Volume* 380, column 1061.

8. Plea for the Return of Benin's Art Treasures, *Financial Times*, 2 November 1981, p. 20.

9. Should we give back these treasures?, *The Times*, 19 October 1981, p. 10.

10. 영국의 베닌시티 약탈 100주년이었던 1997년을 앞두고 버니 그랜트가 전개한 베닌 문화재 반환 운동 관련 기록들은 런던 비숍스게이트 협회에 '베닌 브론즈 캠페인 파일(Benin Bronzes Campaign Files)' 항목으로 보관되어 있다(분류 번호 BG/ARM/4. 1994-2000).

11. Envoy recalled over bronzes, *The Times*, 26 January 2002, p. 1.

12. Nigeria wants bronzes back, *The Times*, 25 January 2002, p. 17.

13. Reply by Baroness Blackstone to a written question by Lord Freybery, House of Lords, 10 April 2002. *Hansard* Volume 633, column 104.

14. '영국박물관, 한 점당 75파운드에 베닌 브론즈 판매', *The Times*, 2002년 3월 27일자 13면 보도. 영국박물관이 외무부로부터 1898년 기증받은 청동 장식판들 중 두 점을 뉴욕의 은행가이자 대표적인 베닌 문화재 수집가인 로버트 오웬 리먼의 다른 수집품들과 교환했다는 주장이 제기됐지만, 박물관은 이와 관련하여 열린 상원 청문회 답변에서 상세한 사항을 밝히지 않았다. 박물관은 이때도 '중복' 작품이었다는 점을 처분의 구실로 내세웠다.

15. Museum of Fine Arts Boston accession numbers L-G 7.21.2012 and L-G 7.27.2012.

16. Royal Collection accession number RCIN 72544.

17. Boardman 2016: 326.

18. House of Lords, 27 October 1983. *Hansard* Volume 444, columns 405-6; emphasis added.

19. Wright 1985 참조.

20. House of Commons, 29 October 2003. *Hansard* 412, column 412; emphasis added.

21. Parr 1962.

22. Sloan 2003.

23. Malinowski 1922: 300－301.

24. Radcliffe-Brown 1941: 1.

25. Cuno 2014.

26. Cuno 2011: 21.

27. Abungu 2008: 32.

28. Hicks and Mallet 2019: 59.

29. The whole world in our hands. www.theguardian.com/artanddesign/2004/jul/24/heritage.art.

30. 예를 들어, Galway 1937: 565.

31. Our ultimate weapon is not guns, but beliefs, *The Times*, 18 July 2003.

32. Mirzoeff 2005: 70.

33. British Museum 2002: 37.

34. MacGregor 2011: xvii.

35. Price 2007: 35에서 인용.

17장 부정적 순간

1. Hicks and Mallet 2019. 이 책은 우리가 코로나19의 파급효과에 대해 아직은 다 알지 못했던 2017년 7월부터 2020년 1월 사이에 집필됐다.

2. Rhodes Must Fall Oxford 2018 [2015]: 3－4.

3. Qwabe 2018: 10.

4. Rhodes Must Fall Oxford 2018 [2015]: 4.

5. Andrews 2018: x.

6. Srinivasan 2016.

7. Cf. Upton 2015.

8. Mbembe 2015: 2.

9. Neil MacGregor zur Kolonialdebatte Welterbe und Besitz, *Der Tagesspiegel*, 16 October 2017. www.tagesspiegel.de/kultur/neil-macgregor-zur-kolonialdebatte-welterbe-und-besitz/20457758.html.

10. www.theguardian.com/culture/2018/apr/13/british-museum-directorhartwig-fischer-there-are-no-foreigners-here-the-museum-is-a-worldcountry.

11. Louvre Abu Dhabi accession number 2015.036.

12. Museum of Fine Arts, Boston, transfers eight antiquities to Nigeria. www.mfa.org/news/nigeria-transfer.

13. https://twitter.com/artcrimeprof/status/1076586936691814401/photo/1.

14. Tristram Hunt, 2019, Should museums return their colonial artefacts? *Guardian*, 29

June 2019. www.theguardian.com/culture/2019/jun/29/should-museums-return-their-colonial-artefacts

15. Layiwola 2007: 83.

16. Marett 1936: 69.

17. Azoulay 2019: 33.

18. https://twitter.com/johngiblin/status/1145974975763013632.

19. https://twitter.com/profdanhicks/status/1145683532209184768.

20. 'В 1897 году английская армия взяла штурмом дворец Обы, положив конец величию Бенина. Царская династия пережила колониальные времена, но от былого блеска осталось немногое. Бронзовые изображения рассеялись по европейским и американским музеям, а новые делают из дерева или глины.'

21. 'Invasionen 1897. Den engelska kolonialmakten såg Benin som ett hinder i sina strävanden att utvidga sitt territorium. År 1897 intog man därför Benin och tvingade kungen i exil. De engelska trupperna skövlade palatsen och förde konstverk av brons och elfenben till London där de såldes vidare till privatsamlare och museer.' https://twitter.com/mlawbarrett/status/1146065512738123776?s=20.

22. https://twitter.com/johnmcternan/status/1160142618082316288.

23. https://twitter.com/acediscovery/status/1185915391199055873.

24. https://twitter.com/KimTodzi/status/1146021850532765697.

25. Thomas 2016: 86.

26. Hicks and Mallet 2019.

27. 그러나 다음을 참조. Ben-Amos Girshick 2003: 106.

28. Legacies of British Slave-ownership, George Pitt-Rivers, 4th Baron Rivers (1810–66). www.ucl.ac.uk/lbs/person/view/23192.

29. Stoler 2008, 2016.

30. Beckles 2018; cf. Beckles 2013.

31. Beckles 2016: 72.

32. Flint 1960: 213.

33. Cook 1943: 75.

34. 예를 들어, Falola and Heaton 2008: 101.

35. Burns 1929: 175.

36. Engels 2010 [1878]: 153.

37. Cf. Gilroy 2003: 264.

38. Nevadomsky 2012: 15.

39. Vimulassery et al. 2016; cf. Byrd 2011.

40. Rowlands 1993: 296.

41. Nixon 2011.

42. ‘… que ce nazisme-là, on l'a supporté avant de le subir, on l'a absous, on a fermé l'oeil là-dessus, on l'a légitimé, parce que, jusque-là, il ne s'était appliqué qu'à des peuples non européens; que ce nazisme-là, on l'a cultivé, on en est responsable, et qu'il sourd, qu'il perce, qu'il goutte, avant de l'engloutir dans ses eaux rougies, de toutes les fissures de la civilisation occidentale et chrétienne' (Césaire 1955: 6-7; 나의 번역).

43. Hunt, 2019. Should museums return their colonial artefacts?

44. https://twitter.com/JohannaZS/status/1145985271118422016.

45. Mbembe and Dorlin 2007: 142; 나의 번역.

46. Mbembe 1992.

47. Terkessidis 2019.

48. Foreign Office 1920: 45-6.

49. Vansina 2010: 58.

50. Van Reybrouck 2014.

51. Okonta and Douglas 2003; Wengraf 2018.

52. Achebe 1977: 789.

18장 1만 개의 단절된 역사

1. Tokarczuk 2018.

2. https://twitter.com/profdanhicks/status/1212854436860702720.

3. www.bbc.co.uk/ahistoryoftheworld/objects/ZR_ouZ0BTTeJOibUSdejDA.

4. National Museum Directors Council, Spoliation of works of art during the Holocaust and World War II period. www.nationalmuseums.org.uk/what-we-do/contributing-sector/spoliation/.

5. Emmanuel Macron's Speech at the University of Ouagadougou. www.elysee.fr/emmanuel-macron/2017/11/28/emmanuel-macrons-speech-at-theuniversity-of-ouagadougou.en.

6. Read and Dalton 1899: 2.

맺음말: 반환의 10년

1. Protesters request RISD Museum return bronze sculpture to Nigeria. https://hyperallergic.com/473864/protesters-request-risd-museum-returnbronze-sculpture-to-nigeria/.

2. www.artnews.com/art-news/news/year-protest-met-chapel-hill-kochi-

beyond-11583/.

3. Kassim 2017.

4. 유럽연합 내에서 제기되는 반환 요구에 대해서는 2014년 5월 15일 유럽 의회와 이
   사회가 채택한 '회원국의 영토로부터 불법적으로 반출된 문화재의 반환에 관한 지
   침'(2014/60/EU)과 유럽연합 규정 개정안(1024/2012) 등 적용 가능한 법령이 일부
   존재한다. https://eur-lex.europa.eu/eli/dir/2014/60/oj 참고.

5. 우선 영국의 사례만 살펴보자면 국가유산법은 이미 개정된 전례가 있다. 대표적
   으로는 2019년에 영국 의회가 2009년 개정판 홀로코스트법(문화재반환법)에 포
   함되어 있는 반환 시기 '일몰 조항'을 삭제한 사례를 들 수 있다. 현재의 상황을 고
   려할 때, 영국 국립 박물관장위원회가 식민지 약탈 문화재 반환에 대해 나치 약
   탈 문화재 반환의 경우와 유사한 지지입장을 밝히기까지는 오랜 기간이 걸릴 것으
   로 보인다. 그런 의미에서 국가유산법의 적용을 받지 않는 대학이나 지자체 박물
   관 등 영국의 '비국립' 박물관들은 혁신을 통해 새로운 방식의 문화재 반환을 시도
   할 수 있는 중요한 위치에 있다. www.museumsassociation.org/museums-journal/
   news/28032018-nmdc-back-repeal-holocaust-claims-sunset-date 참고.

6. Sarr and Savoy 2018.

7. Coote and Morton 2000: 54, n. 5.

8. Bronze cockerel to be returned to Nigeria by Cambridge college. www.theguardian.
   com/education/2019/nov/27/bronze-cockerel-to-be-returnedto-nigeria-by-
   cambridge-college

9. Plankensteiner 2016: 139. Urgent appeal to stop Lieutenant-Colonel Henry
   Lionel Galway from selling stolen Benin mask for £5 million In London. http://
   saharareporters.com/2010/12/22/urgent-appeal-stop-lieutenantcolonel-henry-
   lionel-galway-selling-stolen-benin-mask-£5.

10. Benin bronze helps Woolley & Wallis retain lead in regional sales league. www.
    antiquestradegazette.com/news/2017/benin-bronze-helps-woolleyand-wallis-
    retain-lead-in-regional-sales-league/.

부록

1. Stevens Auction Rooms, 4 December 1899 and 12 February 1901.

2. 이 수치는 베닌 브론즈 관련 온라인 카탈로그 자료들을 피트 리버스 '제2컬렉션' 카
   탈로그와 상호 참조하여 얻은 대략적이고 초기적인 추정치에 해당한다. '알려지지
   않음' 항목에 속해 있는 문화재들의 소재를 파악하고 이 표의 내용을 제대로 완성
   하는 것이 앞으로 내 연구의 중요한 부분이 될 것이다.

참고문헌

Abungu, G.O. 2008. 'Universal Museums': New contestations, new controversies. In G. Mille and J. Dahl (eds) *Utimut: Past heritage – future partnerships, discussions on repatriation in the 21st century*. Copenhagen: International Work Group for Indigenous Affairs and Greenland National Museum & Archives, pp. 32–43.

Achebe, C. 1978. An Image of Africa. *Research in African Literatures* 9(1): 1–15.

Agamben, G. 1999. *Remnants of Auschwitz: The witness and the archive* (trans. D. Heller-Roazen). London: Zone.

Agbaje-Williams, B. 1983. A Contribution to the Archaeology of Old Oyo. Unpublished PhD, University of Ibadan.

Andrews, K. 2018. Preface. In R. Chantiluke, B. Kwoba and A. Nkopo (eds) *Rhodes Must Fall: The struggle to decolonise the racist heart of empire*. London: Zed, pp. ix–xiv.

Anene, J.C. 1966. *Southern Nigeria in Transition 1885–1906. Theory and practice in a colonial Protectorate*. Cambridge: Cambridge University Press.

Anon. 1896. West Africa. *The Annual Register: A review of public events at home and abroad. For the year 1896*. 138 (VI): 376–80.

Anon. 1903. Review of Antique Works of Art from Benin. Collected by Lieutenant-General Pitt-Rivers. *The Studio* 29(123), June 1903: 72.

Arata, D. 1990. The Occidental Tourist: 'Dracula' and the anxiety of reverse colonization. *Victorian Studies* 33(4): 621–45.

Appadurai, A. 1986. Introduction: Commodities and the politics of value. In A. Appadurai (ed.) *The Social Life of Things: Commodities in cultural perspective*. Cambridge: Cambridge University Press, pp. 3–63.

Arendt, H. 1958a. *The Origins of Totalitarianism* (second enlarged edition). Cleveland, OH: Meridian Books.

Arendt, H. 1958b. *The Human Condition* (second edition), Chicago, IL: University of Chicago Press.

Arnold, A.J. 1898. Campaigning on the Upper Niger (letter to the Editor). *The Spectator* 81(3660), 20 August: 243.

Auchterlonie, T.B. and J. Pinnock 1898. The City of Benin. *Transactions of the Liverpool Geographical Society* 6: 5–16.

Ayandele, E.A. 1968. The Relations between the Church Missionary Society and the Royal Niger Company, 1886–1900. *Journal of the Historical Society of Nigeria* 4(3): 397–419.

Azoulay, A. 2019. *Potential Histories: Unlearning imperialism*. London: Verso.

Bacon, R. 1897. *Benin: City of blood*. London: Edward Arnold.

Bacon, R. 1925. Benin Expedition. In *A Naval Scrap-Book, First Part, 1877–1900*. London: Hutchinson and Company, pp. 197–207.

Beckles, H.M. 2013. *Britain's Black Debt: Reparations for Caribbean slavery and native genocide*. Kingston: University of the West Indies Press.

Beckles, H.M. 2018. Britain's Black Debt: Reparations owed for the crimes of native genocide and chattel slavery in the Caribbean. In R. Chantiluke, B. Kwoba and A. Nkopo (eds) *Rhodes Must Fall: The struggle to decolonise the racist heart of empire*. London: Zed, pp. 62–73.

Ben-Amos, P. 1980. *The Art of Benin*. London: Thames and Hudson.

Ben-Amos Girshick, P. 2003. Brass Never Rusts, Lead Never Rots: Brass and brasscasting in the Edo Kingdom of Benin. In F. Herreman (ed.) *Material Differences: Art and identity in Africa*. New York: Museum of African Art, pp. 103–11.

Bendix, R. 1960. *Max Weber: An intellectual portrait*. Berkeley, CA: University of California Press.

Benjamin, W. 1932. Ausgraben und Erinnern. *Gesammelte Schriften* IV (ed. T. Rexroth). Frankfurt: Suhrkamp Verlag, pp. 400–1.

Benjamin, W. 1938. Berliner Kindheit um neunzehnhundert. *Gesammelte Schriften* VII (ed. T. Rexroth). Frankfurt: Suhrkamp Verlag, pp. 385–433.

Blackmun, B.W. 1997. Continuity and Change: The ivories of Ovonramwen and Eweka II. *African Arts* 30(3): 68–79, 94–6.

Blumberg, H.E. and C. Field 1934. *History of the Royal Marines 1837–1914*. Devonport: Swift and Company.

Boardman, J. 2016. Review of A. Swenson and P. Mandler (eds) 'Britain and the Heritage of Empire, c. 1800–1940'. *Common Knowledge* 22(2): 326.

Bodenstein, F. 2018. Notes for a Long-term Approach to the Price History of Brass and Ivory Objects Taken from the Kingdom of Benin in 1897. In B. Savoy, C. Guichard and C. Howald (eds) *Acquiring Cultures: Histories of world art on western markets*. Berlin: De Gruyter, pp. 268–87.

Boisragon, A. 1894. Inclosure 5: Niger Coast Protectorate Force. In C.M. Mac-Donald (ed.) *Report on the Administration of the Niger Coast Protectorate August 1891 to August 1894. Presented to both Houses of' Parliament by Command of Her Majesty*. London: Harrison and Sons (Africa 1), p. 16.

Boisragon, A. 1897. *The Benin Massacre*. London: Methuen.

Borgatti, J. 1997. 'Recovering Benin': The conference at Wellesley. *African Arts* 30(4): 9–10.

Bradbury, R. 1973. *Benin Studies*. Oxford: Oxford University Press.

Bray, W.F. 1882. A Visit to a King. *Californian* 5(28): 362–71.

Brinckman, J. 1899. Bronzen und Schnitzereien aus Benin. *Dekorative Kunst* 4 (8 May 1899): 46.

British Museum 1898. *Account of the income and expenditure of the British Museum (special trust funds) for the year ending the 31st day of March 1898, and return of the number of persons admitted to visit the museum and the British*

Museum (Natural History) in each year from 1892 to 1897, both years inclusive; together with a statement of the progress made in the arrangement and description of the collections, and an account of objects added to them in the year 1897. London: Eyre and Spottiswoode (HMSO).

British Museum 1900. *Account of the income and expenditure of the British Museum (special trust funds) in each year from 1894 to 1899, both years inclusive, and. Return of the number of persons admitted to visit the museum and the British Museum (Natural History) in each year from 1894 to 1899, both years inclusive; together with a statement of the progress made in the arrangement and description of the collections, and an account of objects added to them in the year 1899.* London: Eyre and Spottiswoode (HMSO).

British Museum 2002. *Trustees' and Accounting Officer's Annual Report and Foreword for the for the year ended 31 March 2002.* London: British Museum.

British Museum 2010. List of human Remains in the Collection of the British Museum (version 3.0). https://enews.britishmuseum.org/pdf/British-Museum-Human-Remains_August-2010.pdf.

Burns, A. 1929. *History of Nigeria.* London: George Allen and Unwin.

Burns, A. 1963. *History of Nigeria* (sixth edition). London: George Allen and Unwin.

Burton, R. 1863a. *Wanderings in West Africa from Liverpool to Fernando Po* (volume 2). London: Tinsley Brothers.

Burton, R.F. 1863b. My Wanderings in West Africa: A visit to the renowned cities of Wari and Benin. *Fraser's Magazine* 67: 273–89, 407–21.

Burton, R.F. 1870. *Vikram and the Vampire.* London: Longmans.

Byrd, J.A. 2011. *Transit of Empire : Indigenous critiques of colonialism.* Minneapolis: University of Minnesota Press.

Cain, P. and A.G. Hopkins 1987. Gentlemanly Capitalism and British Expansion Overseas II: New imperialism, 1850–1945. *Economic History Review* 40(1): 1–26.

Cain, P. and A.G. Hopkins 1993. *British Imperialism: Innovation and expansion, 1688–1914.* London: Longman.

Callwell, C.E. 1896. *Small Wars: Their principles and practice.* London: Harrison and Sons (HMSO).

Callwell, C.E. 1906. *Small Wars: Their principles and practice* (third edition). London: Harrison and Sons (HMSO).

Carlos, A. and S. Nicholas 1988. Giants of an Earlier Capitalism: The chartered companies as modern multinationals. *Business History Review* 62: 398–419.

Carlsen, F. 1897. Benin in Guinea und seine rätselhaften Bronzen. *Globus* 72: 309–314.

Césaire, A. 1955. *Discours sur le colonialisme.* Paris: Éditions Présence Africaine.

Chatterjee, P. 1994. *The Nation and its Fragments: Colonial and postcolonial histories.* Princeton, NJ: Princeton University Press.

Clifford, J. 1997. *Routes: Travel and translation in the late twentieth century.* Cambridge, MA: Harvard University Press.

Connah, G. 1967. New Light on the Benin City Walls. *Journal of the Historical Society of Nigeria* 3(4): 593–609.

Connah G. 1975. *The Archaeology of Benin: Excavations and other researches in and Around Benin City, Nigeria.* Oxford: Clarendon.

Connah, G. 2015. *African Civilisations: An archaeological perspective* (third edition). Cambridge: Cambridge University Press.

Cook, A.N. 1943. *British Enterprise in Nigeria.* Philadelphia: University of Pennsylvania Press.

Coombes, A. 1988. Museums and the Formation of National and Cultural Identities. *Oxford Art Journal* 11: 57–68.

Coombes, A.E. 1991. Ethnography and the Formation of National and Cultural Identities. In S. Hiller (ed.) *The Myth of Primitivism.* London: Routledge, pp. 156–78.

Coombes, A.E. 1994. *Reinventing Africa: Museums, material culture and popular imagination in late Victorian and Edwardian England.* New Haven, CT: Yale University Press.

Coombes, A.E. 1996. Ethnography, Popular Culture, and Institutional Power: Narratives of Benin culture in the British Museum, 1897–1992. *Studies in the History of Art* 47: 142–57.

Coote, J.P.R.W. 2014. Archaeology, Anthropology, and Museums, 1851–2014: Rethinking Pitt-Rivers and his legacy – an introduction. *Museum History Journal* 7(2): 126–34.

Coote, J.P.R.W. 2015. General Pitt-Rivers and the Art of Benin. *African Arts* 48(2): 8–9.

Coote, J.P.R.W. and C. Morton 2000. A Glimpse of the Guinea Coast: An African expedition at the Pitt Rivers Museum. *Journal of Museum Ethnography* 12: 39–56.

Cowan, R.S. 1985. How the Refrigerator Got Its Hum. In D. MacKenzie and J. Wajcman (eds) *The Social Shaping of Technology: How the refrigerator got its hum.* Milton Keynes: Open University Press, pp. 202–18.

Cuno, J. 2011. *Museums Matter: In praise of the encyclopedic museum.* Chicago, IL: Chicago University Press.

Cuno, J. 2014. Culture War: The case against repatriating museum artifacts. *Foreign Affairs* 93(6): 119–24, 126–9.

Curnow, K. 1997. The Art of Fasting: Benin's Ague ceremony. *African Arts* 30: 46–53.

Curtin, P. 1973. *The Image of Africa: British ideas and action, 1780–1850 (Volume 2).* Madison: Wisconsin University Press.

Dalton, O. 1898. Booty from Benin. *English Illustrated Magazine* 18, 419–29.

Dark, P.J.C. 1980. Introduction. In *Catalogue of a Collection of Benin Works of Art.* London: Sotheby's, pp. 9–10.

Dark, P.J.C. 1982. *An Illustrated Catalogue of Benin Art.* Boston, MA: G.K. Hall and Co.

Dark, P.J.C. 2002. Persistence, Change and Meaning in Pacific Art: A retrospective view with an eye towards the future. In A. Herle, N. Stanley, K. Stevenson and R.L. Welsch (eds) *Pacific Art: Persistence, change, and meaning.* Honolulu: University of Hawai'i Press, pp. 13–39.

Darling, P.J. 1976. Notes on the Earthworks of the Benin Empire. *West African Journal of Archaeology* 6: 143–9.

Darling, P.J. 1984. *Archaeology and History in Southern Nigeria: The ancient linear earthworks of Benin and Ishan (two volumes).* Oxford: British Archaeological Reports (Cambridge Monographs in African Archaeology, BAR International Series, 215 i and ii).

Darling P.J. 1998. A Legacy in Earth – Ancient Benin and Ishan, Southern Nigeria. In K.W. Wesler (ed.) *Historical Archaeology in Nigeria.* Trenton, NJ: African World Press, pp. 143–98.

Darling, P.J. 2016. Nigerian Walls and Earthworks. In G. Emeagwali and E. Shizha (eds) *African Indigenous Knowledge and the Sciences.* New York: Springer, pp. 137–44.

Darwin, J. 1997. Imperialism and the Victorians: The dynamics of territorial expansion. *English Historical Review* 112: 614–42.

Darwin, L. 1935. Sir George Goldie on Government in Africa. *Journal of the Royal African Society* 34(135): 138–43.

Dennett, R.E. 1906. *At the Back of the Black Man's Mind.* London: Macmillan and Co.

Derbyshire, S. 2019. Photography, Archaeology and Visual Repatriation in Turkana, Northern Kenya. In L. McFadyen and D. Hicks (eds) *Archaeology and Photography: Time, objectivity and the archive.* London: Bloomsbury, pp. 166–92.

Desbordes, R. 2008. Representing 'Informal Empire' in the Nineteenth Century. *Media History* 14(2): 121–39.

DiAngelo, R. 2018. *White Fragility.* Boston, MA: Beacon Press.

Didi-Huberman, G. 2002. The Surviving Image: Aby Warburg and Tylorian anthropology. *Oxford Art Journal* 25(1): 61–9.

Du Bois, W.E.B. 1915. The African Roots of War. *Atlantic,* May 1915: 360–71.

Dudley Buxton, L.H. 1929. The Antique Works of Art from Benin. In L.H. Dudley Buxton (ed.) *The Pitt-Rivers Museum Farnham.* Farnham: Farnham Museum, pp. 61–3.

Dutt, R.P. *The Crisis of Britain and the Empire.* New York: International Publishers.

Edwards, B.H. 2017. Introduction to the English edition. In M. Leiris *Phantom Africa* (trans. B.H. Edwards). Calcutta: Seagull, pp. 1–52.

Egharevba, J. 1968. *A Short History of Benin* (4th edition). Ibadan: Ibadan University Press.

Eisenhofer, S. 2007. Catalogue entries 234 and 235: Relief Plaques. In B. Plankensteiner (ed.) *Benin Kings and Rituals: Court Arts from Nigeria.* Ghent: Snoek, p. 454.

Encyclopaedia Britannica. 1797. Benin. In *Encyclopaedia Britannica* (third edition), Volume 3. Edinburgh: A. Bell and C. Macfarquar.

Engels, F. 2010 [1878]. Anti-Dühring. In *Collected Works of Karl Marx and Friedrich Engels Volume 25.* London: Lawrence and Wishart, pp. 3–309.

Es'andah, B.W. 1976. An Archaeological View of the Urbanization Process in the Earliest West African States. *Journal of the Historical Society of Nigeria* 8(3): 1–20.

Erediauwa, O. n'O. and U. Akpolokpolo 1997. Opening Ceremony Address. *African Arts* 30(3): 30–33.

Essner, C. 1986. Berlins Völkerkunde-Museum in der Kolonialära: Anmerken zum Verhältnis von Ethnologie und Kolonialismus in Deutschland. In H.J. Reichhardt (ed.) *Berlin in Geschichte und Gegenwart.* Berlin: Wolf Jobst Siedler Verlag (Jahrbuch des Landesarchivs Berlin), pp. 65–94.

Evans, A. 1884. *The Ashmolean Museum as a Home of Archaeology in Oxford: An inaugural lecture given in the Ashmolean Museum, November 20, 1884.* Oxford: Parker and Co.

Evans, C. 2014. Soldiering Archaeology: Pitt Rivers and 'militarism'. *Bulletin of the History of Archaeology* 24. http://doi.org/10.5334/bha.244

Eyo, E. 1997. The Dialectics of Definitions: "Massacre" and "sack" in the history of the Punitive Expedition. *African Arts* 30(3): 34–5.

Fagg, W. 1953. The Allman Collection of Benin Antiquities. *Man* 53: 165–9.

Fagg, W. 1957. The Seligman Ivory Mask from Benin. *Man* 57: 113.

Fagg, W. 1970. *Divine Kingship in Africa.* London: Shenval Press.

Fagg, W. 1981. Benin. The Sack That Never Was. In F. Kaplan (ed.) *Images of Power. Art of the Royal Court of Benin.* New York: New York University, pp. 20–21.

Fanon, F. 2002 [1961]. *Les damnés de la terre.* Paris: La Découverte.

Feest, C., J.-P. Mohen, V. König and J. Cuno 2007. Preface. In B. Plankensteiner (ed.) *Benin Kings and Rituals: Court arts from Nigeria.* Ghent: Snoek, p. 17.

Flint, J.E. 1960. *Sir George Goldie and the Making of Nigeria.* Oxford: Oxford University Press.

Flint, J.E. 1963. Mary Kingsley: A reassessment. *Journal of African History* 4(1): 95–104.

Forbes, H.O. 1898. On a Collection of Cast-Metal Works of High Artistic Value, Lately Acquired for the Mayer Museum. *Bulletin of Liverpool Museum* 1: 49–70.

Foreign Office 1920. *Treatment of Natives in the German Colonies.* London: HMSO.

Foster 1930. *Highly Important Bronzes, Ivory & Wood Carvings from the Walled City of Benin, West Africa, 1 May 1930 (G.W. Neville Collection from Benin Punitive Expedition of 1897)*. London: Foster.

Foster 1931. *Bronzes, Ivory and Wood Carvings from Benin, West Africa. Also Chinese Bronzes, Iron Heads and Curios, 16 July 1931*. London: Foster.

Fox Bourne, H.R. 1898. Black and White 'Rights' in Africa. *The Living Age* 216(2795): 283–93.

Freud, S. 1913. *Totem und Tabu. Einige* Übereinstimmungen *im Seelenleben der Wilden und der Neurotiker*. Leipzig: Hugo Heller.

Friedman, J. 2002. From Roots to Routes: Tropes for trippers. *Anthropological Theory* 2(1): 21–36.

Frobenius, L. 1911. *Auf dem Wege nach Atlantis; Bericht über den Verlauf der zweiten Reiseperiode der DIAFE in den jahren 1908 bis 1910*. Berlin-Charlottenburg: Vita, deutches Verlaghaus (Deutsche Inner-Afrikanische Forschungs-Expedition. Reisebericht 2).

Gallagher, J. and R. Robinson 1953. The Imperialism of Free Trade. *Economic History Review* 6(1): 1–15.

Galway, H.L. 1893a. Journeys in the Benin Country, West Africa. *Geographical Journal* 1(2): 122–30.

Galway, H.L. 1893b. 'Report on the Benin District, Oil Rivers Protectorate, for the year ending July 31, 1892. In C.M. MacDonald (ed.) *Correspondence Respecting the Affairs of the West Coast of Africa*. London: Harrison and Sons (Africa 11), pp. 7–14.

Galway, H. 1899. *Annual Report of the Niger Coast Protectorate for the year 1897–98, Presented to both Houses of' Parliament by Command of Her Majesty, April 1898*. London: Harrison and Sons (Africa 2).

Galway, H. 1900. *Colonial Reports: Annual (No. 315). Southern Nigeria, 1899–1900, Presented to both Houses of' Parliament by Command of Her Majesty*. London: Darling and Son (HMSO).

Galway, H.L. 1930. Nigeria in the Nineties. *Journal of the African Society* 29(115): 221–47.

Galway, H.L. 1937. The Rising of the Brassmen. *English Review* 64(7): 546–65.

Gilroy, P. 2003. 'Where Ignorant Armies Clash by Night': Homogeneous community and the planetary aspect. *International Journal of Cultural Studies* 6(3): 261–76.

Geary, C.M. 1997. Early Images from Benin at the National Museum of African Art, Smithsonian Institution. *African Arts* 30(3): 44–53, 93.

Geary, W.N.M. 1965 [1927]. *Nigeria under British rule*. London: Frank Cass and Company.

Goldie, G.T. 1888. The Niger Territories. *The Times* 21 December, p. 14.

Goldie, G.T. 1897. Nupe and Ilorin: Discussion. *Geographical Journal* 10(4): 370–74.

Goldie, G.T. 1898. Introduction. In S. Vanderleur *Campaigning on the Upper Nile and Niger.* London: Methuen and Co, pp. ix–xxvii.

Goldie, G.T. 1901. Progress of Exploration and the Spread and Consolidation of the Empire in America, Australia, and Africa. *Geographical Journal* 17(3): 231–40.

Goodwin, A.J.H. 1957. Archaeology and Benin Architecture. *Journal of the Historical Society of Nigeria* 1(2): 65–85.

Gordon, M. 2018. The Dynamics of British Colonial Violence. In P. Dwyer and A. Nettelbeck (eds) *Violence, Colonialism and Empire in the Modern World.* London: Palgrave Macmillan, pp. 153–74.

Gosden, C. and F. Larson 2007. *Knowing Things: Exploring the collections at the Pitt Rivers Museum, 1884–1945.* Oxford: Oxford University Press.

Gosden, C. and Y. Marshall 1999. The Cultural Biography of Objects. *World Archaeology* 31(2): 169–78.

Graeber, D. 2005. Fetishism as Social Creativity or, Fetishes are Gods in the Process of Construction. *Anthropological Theory* 5(4): 407–38.

Gunsch, K.W. 2013. Art and/or Ethnographica? The reception of Benin works from 1897–1935. *African Arts* 46(4): 22–31.

Gunsch, K.W. 2017. *The Benin Plaques: A 16th-century imperial monument.* London: Routledge.

Gunsch, K.W. 2018. The Benin Plaques: A singular monument. *Tribal Art* 22–3(88): 84–97.

Hacking, I. 1999. *The Social Construction of What?* Cambridge, MA: Harvard University Press.

Haraway, D.J. 1991. *Simians, Cyborgs and Women: The reinvention of nature.* London: Free Association Books.

Hart, B. 2015. *George Pitt-Rivers and the Nazis.* London: Bloomsbury.

Harvey, D. 2003. *The New Imperialism.* Oxford: Oxford University Press.

Hawkes, J. 1951. *A Land.* London: Cresset Press.

Helly, D.O. and H. Callaway 2000. Journalism as Active Politics: Flora Shaw, *The Times* and South Africa. In D. Lowry (ed.) *The South African War Reappraised.* Manchester: Manchester University Press, pp. 50–66.

Herle, A. 2008. The Life-histories of Objects: Collections of the Cambridge Anthropological Expedition to the Torres Strait. In A. Herle and S. Rouse (eds) *Cambridge and the Torres Strait: Centenary essays on the 1898 Anthropological Expedition.* Cambridge: Cambridge University Press, pp. 77–105.

Henderson, A. 1892. Letter to the Editor: Royal Niger Company vs Oil Rivers Protectorate. *Glasgow Herald* 13 April.

Heneker, W.C.G. 1907. *Bush Warfare.* London: Hugh Rees.

Hickley, J.D. 1895. An Account of the Operations on the Benin River in August and September, 1894. *Journal of the Royal United Service Institution* 39: 191–8.

Hicks, D. 2008. Material Improvements: The archaeology of estate landscapes in the British Leeward Islands, 1713–1838. In J. Finch and K. Giles (eds)

Estate Landscapes: Design, improvement, and power in the post-medieval landscape. Woodbridge: Boydell and Brewer, pp. 205–27.

Hicks, D. 2010. The Material Cultural Turn: Event and effect. In D. Hicks and M.C. Beaudry (eds) *The Oxford Handbook of Material Culture Studies.* Oxford: Oxford University Press, pp. 21–99.

Hicks, D. 2013a. Characterizing the World Archaeology Collections of the Pitt Rivers Museum. In D. Hicks and A. Stevenson (eds) *World Archaeology at the Pitt Rivers Museum: A characterization.* Oxford: Archaeopress, pp. 1–15.

Hicks, D. 2013b. Four-field Anthropology: Charter myths and time warps from St Louis to Oxford. *Current Anthropology* 54(6): 753–63.

Hicks, D. 2016. 'The Temporality of the Landscape Revisited' and 'Meshwork Fatigue' (with responses by Tim Ingold, Matt Edgeworth and Laurent Olivier). *Norwegian Archaeological Review* 49(1): 5–39.

Hicks, D. 2019a. Event Density. In J. Meades, A. Boyd and D. Hicks *Isle of Rust.* Edinburgh: Luath Press.

Hicks, D. 2019b. The Transformation of Visual Archaeology, Part 1. In L. McFadyen and D. Hicks (eds) *Archaeology and Photography: Time, objectivity and archive.* London: Bloomsbury, pp. 21–54.

Hicks, D. 2019c. The Transformation of Visual Archaeology, Part 2. In L. McFadyen and D. Hicks (eds) *Archaeology and Photography: Time, objectivity and archive.* London: Bloomsbury, pp. 209–42.

Hicks, D. and M.C. Beaudry 2010. Material Culture Studies: A reactionary view. In D. Hicks and M.C. Beaudry (eds) *The Oxford Handbook of Material Culture Studies.* Oxford: Oxford University Press, pp. 1–21.

Hicks, D. and S. Mallet 2019. *Lande: the Calais "Jungle" and beyond.* Bristol: Bristol University Press.

Hollenback, K.L. and M.B. Schiffer 2010. Technology and Material Life. In D. Hicks and M.C. Beaudry (eds) *The Oxford Handbook of Material Culture Studies.* Oxford: Oxford University Press, pp. 303–32.

Home, R. 1982. *City of Blood Revisited.* London: Rex Collings.

Hoskins, J. 1998. *Biographical Objects: How things tell the stories of peoples' lives.* London: Routledge.

House of Commons 1895. *Sessional Papers: Correspondence respecting the Disturbances in Benin and the Operations against the Chief Nanna, 1894.* London: Harrison and Sons (HMSO).

House of Commons 1897. *Second Report from the Select Committee on British South Africa, together with the proceedings of the Committee and Minutes of Evidence.* London: Eyre and Spottiswoode (HMSO).

House of Commons 1899. *Sessional Papers: Royal Niger Company: presented to both Houses of Parliament by Command of Her Majesty.* London: Wyman and Sons (HMSO).

Houses of Parliament 1897. *Papers Relating to the Massacre of British Officials near Benin, and the Consequent Punitive Expedition, Presented to both Houses of*

Parliament by Command of Her Majesty, August 1897. London: Harrison and Sons (HMSO) (Africa 6).

Houses of Parliament 1899a. *Nigeria: Correspondence relation to the Benin Rivers Expedition 1899, presented to both Houses of Parliament by Command of Her Majesty, October 1899.* London: Darling and Son (HMSO).

Houses of Parliament 1899b. *Correspondence Respecting the Peace Conference held at The Hague in 1899, presented to both Houses of Parliament by Command of Her Majesty, October 1899.* London: Harrison and Sons (HMSO).

Igbafe, P.A. 1970. The Fall of Benin: A reassessment. *Journal of African History* 11(3): 385–400.

Igbafe, P.A. 1975. Slavery and Emancipation in Benin, 1897–1945. *Journal of African History* 16(3): 409–29.

Idiens, D. 1986. New Benin Discoveries in Scotland. *African Arts* 19(4): 52–3.

Idiens, D. African Collections in Edinburgh and Perth. *Journal of Museum Ethnography* 3: 31–41.

Im Thurn, E.F. 1893. Anthropological Uses of the Camera. *Journal of the Anthropological Institute of Great Britain and Ireland* 22: 184–203.

Ingold, T, 2014. That's Enough About Ethnography! *Hau: Journal of Ethnographic Theory* 4(1): 383–95.

Ita, J.M. 1972. Frobenius in West African History. *Journal of African History* 13(4): 673–88.

James, L. 1995. *The Fall and Rise of the British Empire.* London: Abacus.

Johnston, H.H. 1923. *The Story of My Life.* Indianapolis, in: Bobbs Merrill Company.

Joyce, T.A., O.M. Dalton and C.H. Read 1910. *British Museum Handbook to the Ethnographical Collections.* Oxford: Horace Hart.

Karpinski, P. 1984. A Benin Bronze Horseman at the Merseyside County Museum. *African Arts* 17(2): 54–62, 88–9.

Kassim, S. 2017. The museum will not be decolonised. https://mediadiversified.org/2017/11/15/the-museum-will-not-be-decolonised/

Kear, J.M. 1999. Victorian Classicism in Context: Sir E.J. Poynter (1836–1919) and the classical heritage (two volumes). Unpublished PhD thesis, University of Bristol.

Kiwara-Wilson, S. 2013. Restituting Colonial Plunder: The case for the Benin Bronzes and Ivories. *DePaul Journal of Art, Technology and Intellectual Property Law* 23(2): 375–425.

King, G, 2007. *Twilight of Splendor: the court of Queen Victoria during her Diamond Jubilee Year.* Hoboken, NJ: John Wiley.

Kingsley, M.H. 1897. *Travels in West Africa.* London: Macmillan and Co.

Kingsley, M.H. 1899. *West African Studies.* London: Macmillan and Company.

Kirk-Greene, A.H.M. 1968. The Niger Sudan Expeditionary Force, 1897: A note on the logistics of a forgotten campaign. *Journal of the Society for Army Historical Research* 46(185): 49–56.

Klein, N, 2007. *The Shock Doctrine*. New York: Henry Holt.

Koch, H.W. 1969. The Anglo-German Alliance Negotiations: Missed opportunity or myth? *History* 54(82): 378–92.

Koe, L.C. 1897. Report in Field, Cross River Expedition. In R. Moor (ed.). *Report for the Year of 1895–6 of the Administration of the Niger Coast Protectorate, Presented to both Houses of' Parliament by Command of Her Majesty, January 1897*. London: Harrison and Sons (Foreign Office Annual Series No. 1834), pp. 77–8.

Kopytoff, I. 1982. Slavery. *Annual Review of Anthropology* 11: 207–30.

Kopytoff, I. 1986. The Cultural Biography of Things: Commoditization as process. In A. Appadurai and I. Kopytoff (eds) *The Social Life of Things: Commodities in cultural perspective*. Cambridge: Cambridge University Press, pp. 64–91.

Krmpotich, C. and L. Peers 2011. The Scholar–Practitioner Expanded: An indigenous and museum research network. *Museum Management and Curatorship* 26(5): 421–40.

Lämmert, E. 1975. *Bauformen des Erzählens*. Stuttgart: J.B. Metzlersche Verlagsbuchhandlung.

Latour, B. 1991. Technology is Society Made Durable. In J. Law (ed.) *A Sociology of Monsters? Essays on power, technology and domination*. London: Routledge (Sociological Review Monograph 38), pp. 103–31.

Layiwola, A. 2007. The Benin-Massacre: Memories and experiences. In B. Plankensteiner (ed.) *Benin Kings and Rituals: Court arts from Nigeria*. Ghent: Snoek, pp. 83–9.

Lévi-Strauss, C. 1966. Overture to *le Cru et le cuit*. *Yale French Studies* 36/37: 41–65.

Lindqvist, S. 1979. Dig Where You Stand. *Oral History* 7(2): 24–30.

Lindqvist, S. 2001. *A History of Bombing* (trans. L. Haverty Rugg). London: Granta.

Linné, S. 1958. Masterpiece of Primitive Art. *Ethnos* 23: 172–4.

Lowenthal, D. 2015. *The Past is a Foreign Country Revisited*. Cambridge: Cambridge University Press,

Lugard, F.D. 1895. British West African Possessions. *Blackwood's Edinburgh Magazine* 157 (June 1895): 970–79.

Lugard, F.D. 1899. *Colonial Reports: Annual, No. 280. Niger: West African Frontier Force, Reports for 1897–8. Presented to both Houses of' Parliament by Command of Her Majesty, June 1899*. London: Darling and Son (HMSO).

Lundén, S. 2016. *Displaying Loot: The Benin Objects and the British Museum*. Gothenburg: Gothenburg University (GOTARC Series B. Gothenburg Archaeological PhD Theses 69).

Lundqvist, S. 2001. *A History of Bombing* (trans. L. Haverty Rugg). London: Granta.

Lutyens, M. (ed.) 1961. *Lady Lytton's Court Diary, 1895–1899*. London: Rupert Hart-Davis.

Luxemburg, R. 1951[1913]. *The Accumulation of Capital* (trans. A. Schwarzschild). London: Routledge Kegan Paul.

MacDonald, C.M. 1895. *Report on the Administration of the Niger Coast Protectorate August 1891 to August 1894. Presented to both Houses of' Parliament by Command of Her Majesty.* London: Harrison and Sons (Africa 1).

MacDonald, C.M. 1896. Report of the Niger Coast Protectorate Force (Constabulary) 1894–95. In C.M. MacDonald (ed.) *Report on the Niger Coast Protectorate 1894–5, Presented to both Houses of' Parliament by Command of Her Majesty, September 1895.* London: Harrison and Sons (Africa 9), pp. 4–5.

McDougall, R. and I. Davidson (eds) 2008. *The Roth Family, Anthropology, and Colonial Administration.* Walnut Creek, CA: Left Coast Press.

MacGregor, N. 2010. *A History of the World in 100 Objects.* London: Allen Lane.

Malinowski, B. 1922. *Argonauts of the Western Pacific.* London: Routledge and Sons.

McWhirter, N. and R. McWhirter 1976. *Guinness Book of World Records.* New York: Bantam Books.

Maliphant, G.K., Rees, A.R., and Rose, P.M 1976. Defense Systems of the Benin Empire Uwan. *West African Journal of Archaeology* 6: 121–30.

Marks, S. and A. Atmore 1971, Firearms in Southern Africa: A survey. *Journal of African History* 12(4): 517–30.

Marx, K. 1867. *Kritik der politischeen Oekonomie. Buch 1: Der Produktionsprocess des Kapitals.* Hamburg: Verlag con Otto Meissner.

Mbembe, A. 2003. Necropolitics. (trans. L. Meintjes) *Public Culture* 15(1): 11–40.

Mbembe, A. 2015. Decolonizing Knowledge and the Question of the Archive. https://wiser.wits.ac.za/system/files/Achille%20Mbembe%20-%20Decolonizing%20Knowledge%20and%20the%20Question%20of%20the%20Archive.pdf.

Mbembe, A. 2019. *Necropolitics* (trans. S. Corcoran). Durham, NC: Duke University Press.

Mbembe, A. and E. Dorlin, 2007. Décoloniser les structures psychiques du pouvoir: Érotisme raciste et postcolonie dans la pensée d'Achille Mbembe. *Dans Mouvements* 51: 142–51.

Menke, R. 2008. *Telegraphic Realism: Victorian fiction and other information systems.* Stanford, CA: Stanford University Press.

Mintz, S. 1985. *Sweetness and Power: The place of sugar in modern history.* New York: Viking.

Mirzoeff, N. 2005. *Watching Babylon: The war in Iraq and global visual culture.* London: Routledge.

Mockler-Ferryman, A.F. 1898. *Imperial Africa: The rise, progress and future of the British Possessions in Africa.* London: Imperial Press.

Monroe, J.C. 2010. Power by Design: Architecture and politics in precolonial Dahomey. *Journal of Social Archaeology* 10: 477–507.

Moor, R. 1895. Further Operations Against Nanna. *House of Commons Sessional Papers: Correspondence respecting the Disturbances in Benin and the Operations against the Chief Nanna, 1894.* London: Harrison and Sons (HMSO), pp. 3–5.

Moor, R. 1897. Consul-General Moor to the Marquess of Salisbury, Benin City 24 February 1897, received March 20. In *Papers relating to the Massacre of British Officials near Benin, and the consequent Punitive Expedition presented to both Houses of Parliament by Command of Her Majesty, August 1897.* London: Eyre and Spottiswode (HMSO, Africa 6), pp. 26–30.

Moor, R. 1898. *Annual Report of the Niger Coast Protectorate for the year 1896–97, Presented to both Houses of' Parliament by Command of Her Majesty, April 1898.* London: Harrison and Sons (Africa 3).

Moor, R. 1899. *Colonial Reports: Annual (No. 289). Niger Coast Protectorate, 1898–1899, Presented to both Houses of' Parliament by Command of Her Majesty.* London: Darling and Son (HMSO).

Morton, C. 2015a. Richard Buchta and the Visual Representation of Equatoria in the Later Nineteenth Century. In C. Morton and D. Newbury (eds) *The African Photographic Archive: Research and curatorial strategies.* London: Bloomsbury, pp. 19–38.

Morton, C. 2015b. Collecting Portraits, Exhibiting Race: Augustus Pitt-Rivers's cartes de visite at the South Kensington Museum. In E. Edwards and C. Morton (eds) *Photographs, Museums, Collections: Between art and information.* London: Bloomsbury, pp. 101–18.

Moreton-Robinson, A. 2015. *White Possessive: Property, power and Indigenous sovereignty.* Minneapolis: University of Minnesota Press.

Nevadomsky, J. 1997. Studies of Benin Art and Material Culture, 1897–1997. *African Arts* 30(3): 18–27, 91–2.

Nevadomsky, J. 2006. Punitive Expedition Photographs from the British Army Museum and the Parody of the Benin Kingdom in the Time of Empire. *Archiv für Völkerkunde* 56: 43–50.

Nevadomsky, J .2012. Iconoclash or Iconoconstrain: Truth and consequence in contemporary Benin B®and brass castings. *African Arts* 45(3): 14–27.

Newbury, C.W. 1971. *British Policy Towards West Africa: Select documents 1875–1914 (Volume 2).* Oxford: Clarendon.

Nixon, R. 2011. *Slow Violence and the Environmentalism of the Poor.* Cambridge, MA: Harvard University Press.

Norman, N. and K.G. Kelly 2006. Landscape Politics: The serpent ditch and the rainbow in West Africa. *American Anthropologist* 104: 98–110.

Nworah, K.D. 1971. The Liverpool 'Sect' and British West African Policy 1895–1915. *African Affairs* 70: 349–64.

Ogundiran, A. 2003. Chronology, Material Culture and Pathways to the Cultural History of Yoruba–Edo Region, 500 BC to AD 1899. In T. Falola and C. Jennings (eds), *Sources and Methods in African History: Spoken, written and unearthed*. Rochester, NY: University of Rochester Press, pp. 33–79.

O'Hanlon, M. and C. Harris 2013. The Future of the Ethnographic Museum. *Anthropology Today* 29(1): 8–12.

Okonta, I. and O. Douglas 2003. *Where Vultures Feast: Shell, human rights, and oil in the Niger Delta*. London: Verso.

Olivier, L. 2008. *Le Sombre Abîme du temps*. Paris: Éditions de Seuil.

Orr, C.W.J. 1911. *The Making of Modern Nigeria*. London: Macmillan and Company.

Osadolor, O.B. 2001. The Military System of Benin Kingdom, c. 1440–1897. Unpublished PhD thesis, University of Hamburg.

Osadolor, O.B. and L.E. Otoide 2008. The Benin Kingdom in British Imperial Historiography. *History in Africa* 35: 401–18.

Parr, A.E. 1962. Museums and Museums of Natural History. *Curator: the Museum Journal* 5(2): 137–44.

Patterson, O. 1982. *Slavery and Social Death*. Cambridge, MA: Harvard University Press.

Pearson, S.R. 1971. The Economic Imperialism of the Royal Niger Company. *Food Research Institute Studies* 10(1): 69–88.

Peckham, R. 2015. Panic Encabled: Epidemics and the telegraphic world. In R. Peckham (ed.) *Empires of Panic: Epidemics and colonial anxieties*. Hong Kong: Hong King University Press, pp. 131–55.

Peers, L. 2013. Ceremonies of Renewal: Visits, relationships, and healing in the museum space. *Museum Worlds*: 136–52.

Pinnock, J. 1897. *Benin. The surrounding country, inhabitants, customs and trade*. Liverpool: Journal of Commerce.

Pitt-Rivers, A.H.L.F. 1900a. *Antique Works of Art from Benin*. London: Privately Printed (Harrison and Sons).

Pitt-Rivers, A.H.L.F. 1900b. Works of Art from West Africa Obtained by the Punitive Mission of 1897 and now in General Pitt-Rivers's Museum at Farnham, Dorset. In *Antique Works of Art from Benin*. London: Privately Printed (Harrison and Sons), pp. iii–iv.

Pitt-Rivers, G.H. 1927. *The Clash of Culture and the Contact of Races: An anthropological and psychological study of the laws of racial adaptability, with special reference to the depopulation of the Pacific and the government of subject races*. London: George Routledge and Sons.

Pitt-Rivers, G.H. 1929. Preface. In L.H. Dudley Buxton (ed.) *The Pitt-Rivers Museum Farnham*. Farnham: Farnham Museum.

Plankensteiner, B. 2007a. Introduction. In B. Plankensteiner (ed.) *Benin Kings and Rituals: Court arts from Nigeria*. Ghent: Snoek, pp. 21–39.

Plankensteiner, B. 2007b. The 'Benin Affair' and its Consequences. In B. Plank-
ensteiner (ed.) *Benin Kings and Rituals: Court arts from Nigeria.* Ghent: Snoek,
pp. 199–211.

Plankensteiner, B. (ed.) 2007c. *Benin. Kings and Rituals. Court arts from Nigeria.*
Ghent & Wien: Snoeck & Museum für Völkerkunde. Benin Kings and
Rituals: Court Arts from Nigeria moved from Vienna to Berlin and Paris.

Plankensteiner, B. 2007d. Benin: Kings and Rituals. *African Arts* 40(4): 74–87.

Plankensteiner, B. 2010. *Benin.* Milan: 5 Continents (Visions d'Afrique).

Price, S. 2007. *Paris Primitive: Jacques Chirac's Museum on the quai Branly.*
Chicago: University of Chicago Press.

Quick, R. 1898. *Seventh Annual Report of The Horniman Free Museum, Forest
Hill, London, S.E.* London: Horniman Free Museum, London.

Qwabe, N. 2018. Protesting the Rhodes Statue at Oriel College. In R. Chanti-
luke, B. Kwoba and A. Nkopo (eds) *Rhodes Must Fall: The struggle to decolonise
the racist heart of empire.* London: Zed, pp. 6–16.

Radcliffe-Brown, A.R. 1941. The Study of Kinship Systems. *Journal of the Royal
Anthropological Society of Great Britain and Ireland* 71(1–2):1–18.

Ratté, M.L. 1972. Imperial Looting and the Case of Benin. Unpublished
Masters thesis, University of Massachusetts Amherst. https://scholarworks.
umass.edu/theses/1898/.

Ravenstein, E.G. The Climatology of Africa. In Anon. (ed.) *Report of the British
Association for the Advancement of Science held at Bristol in September 1898.*
London: John Murray, pp. 603–10.

Rawson, G. 1914. *Life of Admiral Sir Harry Rawson.* London: Edward Arnold.

Read, C.H 1898. Ancient Works of Art from Benin City. In Anon. (ed.) *Report
of the British Association for the Advancement of Science held at Bristol in Sep-
tember 1898.* London: John Murray, p. 1032.

Read, C.H. 1899. Preface. In C.H. Read and O.M. Dalton 1899. *Antiquities
from the City of Benin and from Other Parts of West Africa.* London: British
Museum.

Read, C.H. 1910. Note on Certain Ivory Carvings from Benin. *Man* 10: 49–51.

Read, C.H. and O.M. Dalton 1898. Works of Art from Benin City. *Journal of
the Anthropological Institute of Great Britain and Ireland* 27: 362–82.

Read, C.H. and O.M. Dalton 1899. *Antiquities from the City of Benin and from
Other Parts of West Africa.* London: British Museum.

Rhodes Must Fall Oxford 2018 [2015]. Rhodes Must Fall Oxford founding
statement, Facebook 28 May 2015. In R. Chantiluke, B. Kwoba and
A. Nkopo (eds) *Rhodes Must Fall: The struggle to decolonise the racist heart of
empire.* London: Zed, pp. 3–5.

Roese, P.M. 1981. Erdwälle & Gräben im ehemaligen Königreich von Benin.
Anthropos 76: 166–20.

Roese, P.M., A.R. Rees and D.M. Bondarenko 2001. Benin City before 1897: A town map and a map of the palace area with description. *Ethnographisch-Archäologische Zeitschrift* 42: 555–71.

Roth, F.N. 1897. The Disaster in the Niger Protectorate: A chat with Dr Felix Roth. *The Sketch* 16(208), 20 January 1897: 508–9.

Roth, F.N. 1922. Some Experiences of an Engineer Doctor: With an introduction on our schooldays by H.L. Roth. Edited by H.L. Roth and privately reprinted from *Halifax Courier and Guardian.*

Roth, H.L. 1898. Primitive Art from Benin. *The Studio* 15(69) (December 1898): 174–83.

Roth, H.L. 1900. Stray Articles from Benin. *Internationales Archiv für Ethnographie* 13: 194–7.

Roth, H.L. 1903. *Great Benin: Its customs, art and horrors.* Halifax: F. King and Sons.

Roth, H.L. 1911. On the Use and Display of Anthropological Collections in Museums. *Museums Journal* 10: 286–90.

Rowlands, M. 1993. The Good and Bad Death: Ritual killing and historical transformation in a West African kingdom. *Paideuma: Mitteilungen zur Kulturkunde* 39: 291–301.

Roupell, E.P.S. 1897. Narrative Report of Ediba Expedition—February, March, April, 1896. In R. Moor (ed.). *Report for the Year of 1895–6 of the Administration of the Niger Coast Protectorate, Presented to both Houses of' Parliament by Command of Her Majesty, January 1897.* London: Harrison and Sons (Foreign Office Annual Series No. 1834), pp. 79–86.

Ryder, A. 1969. *Benin and the Europeans 1485–1897.* London: Longman.

Sahlins, M. 1972. *Stone Age Economics.* Chicago, IL: Aldine-Atherton.

Salubi, A. 1958. The Establishment of British Administration in the Urhobo Country (1891–1913). *Journal of the Historical Society of Nigeria.* 1(3)L: 184–209.

Sarr, F. and B. Savoy 2018. Rapport sur la restitution du patrimoine culturel africain. Vers une nouvelle éthique relationnelle. http://restitutionreport2018.com/.

Saunders, P. 2014. 'The Choicest, Best-Arranged Museums I Have Ever Seen': The Pitt-Rivers Museum, Farnham, Dorset, 1880s–1970s. *Museum History Journal* 7(2): 205–23.

Scientific American 1898. Curios from Benin. *Scientific American* 78(5): 73–4.

Scott, J.B. 1909. *The Hague Peace Conferences of 1899 and 1909. Volume 2: Documents.* Baltimore, MD: Johns Hopkins Press.

Scott Keltie, J. 1895. *The Partition of Africa* (second edition). London: Edward Stanford.

Schuster, P.-K. 2004. The Treasures of World Culture in the Public Museum. *ICOM News* 1: 4–5.

Sebald, W.G. 1999. *Luftkrieg und Literatur.* Munich: Cak Hanser Verlag.

Estate Landscapes: Design, improvement, and power in the post-medieval landscape. Woodbridge: Boydell and Brewer, pp. 205–27.

Hicks, D. 2010. The Material Cultural Turn: Event and effect. In D. Hicks and M.C. Beaudry (eds) *The Oxford Handbook of Material Culture Studies*. Oxford: Oxford University Press, pp. 21–99.

Hicks, D. 2013a. Characterizing the World Archaeology Collections of the Pitt Rivers Museum. In D. Hicks and A. Stevenson (eds) *World Archaeology at the Pitt Rivers Museum: A characterization*. Oxford: Archaeopress, pp. 1–15.

Hicks, D. 2013b. Four-field Anthropology: Charter myths and time warps from St Louis to Oxford. *Current Anthropology* 54(6): 753–63.

Hicks, D. 2016. 'The Temporality of the Landscape Revisited' and 'Meshwork Fatigue' (with responses by Tim Ingold, Matt Edgeworth and Laurent Olivier). *Norwegian Archaeological Review* 49(1): 5–39.

Hicks, D. 2019a. Event Density. In J. Meades, A. Boyd and D. Hicks *Isle of Rust*. Edinburgh: Luath Press.

Hicks, D. 2019b. The Transformation of Visual Archaeology, Part 1. In L. McFadyen and D. Hicks (eds) *Archaeology and Photography: Time, objectivity and archive*. London: Bloomsbury, pp. 21–54.

Hicks, D. 2019c. The Transformation of Visual Archaeology, Part 2. In L. McFadyen and D. Hicks (eds) *Archaeology and Photography: Time, objectivity and archive*. London: Bloomsbury, pp. 209–42.

Hicks, D. and M.C. Beaudry 2010. Material Culture Studies: A reactionary view. In D. Hicks and M.C. Beaudry (eds) *The Oxford Handbook of Material Culture Studies*. Oxford: Oxford University Press, pp. 1–21.

Hicks, D. and S. Mallet 2019. *Lande: the Calais "Jungle" and beyond*. Bristol: Bristol University Press.

Hollenback, K.L. and M.B. Schiffer 2010. Technology and Material Life. In D. Hicks and M.C. Beaudry (eds) *The Oxford Handbook of Material Culture Studies*. Oxford: Oxford University Press, pp. 303–32.

Home, R. 1982. *City of Blood Revisited*. London: Rex Collings.

Hoskins, J. 1998. *Biographical Objects: How things tell the stories of peoples' lives*. London: Routledge.

House of Commons 1895. *Sessional Papers: Correspondence respecting the Disturbances in Benin and the Operations against the Chief Nanna, 1894*. London: Harrison and Sons (HMSO).

House of Commons 1897. *Second Report from the Select Committee on British South Africa, together with the proceedings of the Committee and Minutes of Evidence*. London: Eyre and Spottiswoode (HMSO).

House of Commons 1899. *Sessional Papers: Royal Niger Company: presented to both Houses of Parliament by Command of Her Majesty*. London: Wyman and Sons (HMSO).

Houses of Parliament 1897. *Papers Relating to the Massacre of British Officials near Benin, and the Consequent Punitive Expedition, Presented to both Houses of*

Shelton, A. 1985. Introduction, In A. Shelton (ed) *Fetishism: Visualising power and desire.* London: Lund Humphries, pp. 7–9.

Sloan, K. 2003. 'Aimed at Universality and Belonging to the Nation': The Enlightenment and the British Museum. In K. Sloan (ed.) *Enlightenment: Discovering the world in the 18th century.* London: British Museum Press, pp. 12–25.

Srinivasan, A. 2016. After Rhodes. *London Review of Books* 38(7): 32.

Smith, M. 1958. The Seligman Mask and the RAI. *Man* 58: 95.

Soper, R.C. and P. Darling 1980. The Walls of Oyo-Ile. *West African Journal of Archaeology* 10: 61–81.

Spiers, E.M. 1975. The Use of the Dum Dum Bullet in Colonial Warfare. *Journal of Imperial and Commonwealth History* 4(1): 3–14.

Stafford-Clark, D. 1971. Ethnography. In F.C. Francis (ed.) *Treasures of the British Museum.* London: Thames and Hudson, pp. 156–67.

Starkie Gardner, J. 1898. The Metal Workers' Exhibition. *Magazine of Art* 22(10), 10 August 1898: 569–72.

Stern, P. 2015. The Ideology of the Imperial Corporation: 'Informal' Empire Revisited. *Political Power and Social Theory* 29: 15–43.

Stevens 1928. *A Catalogue of Rare Benin Bronzes and Ivories to be Sold by Instructions of Ralph Locke, Esq. (Late Divisional Commissioner of S. Nigeria) January 3rd, 1928.* London: Stevens Auction Rooms.

Stoler, A.L. 2006. On Degrees of Imperial Sovereignty. *Public Culture* 18(1): 125–46.

Stoler, A.L. 2008. Imperial Debris: Reflection on ruins and ruination. *Cultural Anthropology* 23: 191–219.

Stoler, A.L. 2011. Colonial Aphasia. *Public Culture* 23(1): 121–56.

Stoler, A.L. 2016. *Duress: Imperial durabilities in our times.* Durham, NC: Duke University Press.

Sweeney, J.J. 1935. The Art of Negro Africa. In J.J. Sweeney (ed.) *African Negro Art.* New York: Museum of Modern Art, pp. 11–21.

Taussig, M.T. 1992. *Mimesis and Alterity: A particular history of the sense.* London: Routledge.

Terkessidis, M. 2019. *Wessen Erinnerung zählt?* Hamburg: Hoffmann und Campe Verlag.

Thomas, N. 1991. *Entangled Objects: Exchange, material culture, and colonialism in the Pacific.* Cambridge, MA: Harvard University Press.

Thomas, N. 1998. Preface. In A. Gell *Art and Agency: An anthropological theory.* Oxford: Clarendon Press, pp. vii–xiii.

Thomas, N. 2016. *The Return of Curiosity: What museums are good for in the 21st century.* London: Reaktion.

Thompson, H.N. 1911. *Annual Report on the Forestry Department for the Year 1910.* Benin: Forestry Department of Southern Nigeria.

Trevor-Roper, H. 1965. *The Rise of Christian Europe*. London: Thames and Hudson.

Tokarczuk, O. 2018 [2009]. *Drive Your Plow Over the Bones of the Dead* (trans. Antonia Lloyd-Jones). London: Fitzcarraldo Editions.

Tylor, E.B. 1874. Review of Catalogue of the Anthropological Collection Lent by Colonel Lane Fox for Exhibition in the Bethnal Green Branch of the South Kensington Museum: Lane Fox; London, 1874. *Academy* 6(460): 129.

Tylor, E.B. 1900. *Anthropology: An Introduction to the Study of Man and Civilization*. New York: Appleton.

Tythacott, L. 1998. The African Collection at Liverpool Museum. *African Arts* 31(3): 18–35, 93–9.

Upton, D. 2015. *What Can and Can't Be Said*. New Haven, CT: Yale University Press.

Usman, A. 2004. On the Frontier of Empire: Understanding the enclosed walls in Northern Yoruba, Nigeria. *Journal of Anthropological Archaeology* 23: 119–32.

Uzoigwe, G.N. 1968. The Niger Committee of 1898: Lord Selborne's Report. *Journal of the Historical Society of Nigeria* 4(3): 467–76.

Vandeleur, S. 1897. Nupe and Ilorin. *Geographical Journal* 10(4): 349–70.

Vandeleur, S. 1898. *Campaigning on the Upper Nile and Niger*. London: Methuen.

Van Reybrouck, D. 2014. *Congo: The epic history of a people*. London: Harper Collins.

Vansina, J. 2010. *Being Colonized: The Kuba experience in rural Congo, 1880–1960*. Madison: University of Wisconsin Press.

Virilio, P. 1977. *Vitesse et politique: essai de dromologie*. Paris: éditions galilée.

Von Hellermann, Pauline. 2013. *Things Fall Apart? The political ecology of forest governance in southern Nigeria*. Oxford: Berghahn.

von Luschan, F. 1898. Herr F.V. Luschan hält einen Vortrag über Alterthümer von Benin, *Zeitschrift für Ethnologie* 30: 146–64.

von Luschan, F. 1919. *Die Altertümer von Benin*. Berlin: Museum für Völkerkunde.

Wagner, K.A. 2018. Savage Warfare: Violence and the rule of colonial difference in early British counterinsurgency. *History Workshop Journal* 85: 217–37.

Wagner, K.A. 2019. Expanding Bullets and Savage Warfare. *History Workshop Journal* 88: 281–87.

Wang, S. 2019. Atoms and Bits of Cultural Heritage: The use of the Dunhuang Collections in knowledge making, nation building, museum diplomacy, cultural tourism and digital economy. Unpublished PhD dissertation, Aalto University.

Waterfield, H. and J.C.H. King 2006. *Provenance: Twelve collectors of ethnographic art in England 1760–1990*. Paris: Somogy éditions d'art.

Webster, W.D. 1999. *Catalogue 21: Illustrated catalogue of ethnographical specimens, in bronze, wrought iron, ivory and wood, from Benin City, West Africa*.

Taken at the fall of the City in February, 1897, by the British Punitive Expedition under the command of Admiral Rawson, Bicester: W.D. Webster.

Weisband, E. 2017. *The Macabresque: Human violation and hate in genocide, mass atrocity, and enemy-making.* Oxford: Oxford University Press.

Wengraf, L. 2018 *Extracting Profit: Imperialism, neoliberalism and the new scramble for Africa.* Chicago, IL: Haymarket.

Wesseling, H. 2005. Imperialism and the Roots of the Great War. *Daedalus* 134(2): 100–7.

Whyte, W. 2011. Review of Dan Hicks and Mary C. Beaudry (eds) 'The Oxford Handbook of Material Culture Studies'. *English Historical Review* 125(519): 513–15.

Willet, F. 1970. Ife and its Archaeology. In J.D. Fage and R. Oliver (eds) *Papers in African Prehistory.* Cambridge: Cambridge University Press, pp. 303–26.

Wolfe, P. 2016. *Traces of History: Elementary structures of race*, London: Verso.

Wright, P. 2000. *Tank: The progress of a monstrous war machine.* London: Faber.

Wroth, W. 1894. Medals. In S. Lane-Poole (ed.) *Coins and Medals (their place in history and art).* London: Eliot Stock, pp. 236–69.

Zetterstrom-Sharp, J. and C. Wingfield 2019. A 'Safe Space' to Debate Colonial Legacy? The University of Cambridge Museum of Archaeology and Anthropology and the Campaign to Return a Looted Benin Altarpiece to Nigeria. *Museum Worlds* 7: 1–22

찾아보기

대약탈박물관

제국주의는 어떻게 식민지 문화를 말살시켰나

1판 1쇄 2022년 3월 25일

지은이 | 댄 힉스
옮긴이 | 정영은

펴낸이 | 류종필
책임편집 | 김현대
편집 | 이은진, 이정우
마케팅 | 이건호
경영지원 | 김유리
표지 · 본문 디자인 | 박미정

펴낸곳 | (주) 도서출판 책과함께
　　　　주소 (04022) 서울시 마포구 동교로 70 소와소빌딩 2층
　　　　전화 (02) 335-1982
　　　　팩스 (02) 335-1316
　　　　전자우편 prpub@hanmail.net
　　　　블로그 blog.naver.com/prpub
　　　　등록 2003년 4월 3일 제2003-000392호

ISBN 979-11-91432-39-8 03900